京师经管文库

北京师范大学

李翀 / 著

经济学研究

经济科学出版社
Economic Science Press

总　序

北京师范大学是教育部直属重点大学，其前身是 1902 年创立的京师大学堂师范馆，1908 年改称京师优级师范学堂，独立设校，1912 年改名为北京高等师范学校。1923 年学校更名为北京师范大学，成为中国历史上第一所师范大学。1931 年、1952 年北平女子师范大学、辅仁大学先后并入北京师范大学。师大始终同中华民族争取独立、自由、民主、富强的进步事业同呼吸、共命运，经过百余年的发展，秉承"爱国进步、诚信质朴、求真创新、为人师表"的优良传统和"学为人师，行为世范"的校训精神，形成了"治学修身，兼济天下"的育人理念，现正致力于建设成为具有"中国特色、京师风范"的世界一流大学。

经济与工商管理学院是北师大这棵百年大树长出的新枝嫩叶，其前身是北京师范大学政治经济学系，始建于 1979 年 9 月，由著名经济学家陶大镛教授担任第一届系主任。1985 年更名为经济系，1996 年 6 月组建为北京师范大学经济学院，2004 年 3 月更名为经济与工商管理学院。作为改革开放的产物，北师大经管学院一直坚守"经邦济世、励商弘文"的使命，见证了中国近四十年来所取得的伟大成就，并为之做出了自己的贡献，在这过程中，自身不断壮大，成为了中国经济学和工商管理的重要人才培养和科学研究基地。

北师大经管学院现在涵盖了理论经济学、应用经济学和工商管理三个一级学科，在世界经济、政治经济学、西方经济学、劳动经济、收入分配、教育经济、金融、国际贸易、公司治理、人力资源管理、创新创业、会计、市场营销等领域形成了稳定的研究方向，产生了一批有影响的研究成果。比如世界经济，它是国家重点培育学科，其最早的带头人陶大镛先生是我国世界经济学科的创始人之一。学院在此基础上，还衍生出了国际贸易和国际金融两大研究领域，现在都有很强的实力。还比如教育经济，它是国家重点学科，作为新兴学科和交叉学科，它也是经管学院的特色学科，其带头人王善迈教授是我国教育经济学科的创始人之一，他在 20 世纪 80 年代初参与了"六五"国家社会科学重点项目"教育经费在国民收入中的合理比重"的研究，其研究成果为国家财政性教育经费占 GDP 4% 的目标提供了依据。再比如劳动经济和收入分配，已具有广泛的学术影响和社会影响，其带头人李实教授更被国际同行誉为"收入分配先生"（Mr. Distribution），他所主持的 CHIPs 数据库，被誉为迄今中国居民收入分配与劳动力市场研究领域中最具权威性的数据库之一。近些年来，学院通过队伍建设、国际化、体制机制改革等措施，因应国家重大理论和现实问题的能力进一步提升，学术成果的影响力进一步增强。比如在"十二五"期间，学院共承担国家社科基金重大项目、教育部人文社科重大攻关项目、国家社科基金重点项目、国家自科基金重点项目 15 项；在第七届高等学校科学研究优秀成果奖（人文社会科学）评选中，学院 7 项成果榜上有名，其中一等奖 1 项，二等奖 2 项，三等奖 4 项；此外，学院还有多项成果获北京市哲学社会科学优秀成果奖一等奖、孙冶方经济科学奖、安子介国际贸易研究奖、张培刚发展经济学奖、蒋一苇企业改革与发展学术基金优秀专著奖等，并有

3 项成果入选国家哲学社会科学成果文库。

北师大经管学院一直很重视将教师的学术成果集中呈现给社会。早在 1980 年 5 月，就主办了《经济学集刊》，在中国社会科学出版社出版，其宗旨是"促进我国经济科学的繁荣和发展，积极开展经济理论的研究，提高经济科学的水平，更好地为我国社会主义革命和建设服务。"《经济学集刊》收集有胡寄窗、朱绍文、田光等著名经济学家的大作，但更多的是本院教师的作品，如陶大镛教授的《论现代资本主义的基本特征》、詹君仲教授的《劳动价值学说的由来与发展》、杨国昌教授的《〈资本论〉创作发展阶段问题的探讨》、王同勋教授的《墨子经济思想初探》、程树礼教授的《简论人口规律和生产方式的关系》等，出版后产生了很好的影响。后来又陆续出版了多本。现在我国正处于全面建成小康社会的决胜阶段，未来一个时期，仍是经管学科发展的重要战略机遇期。北京师范大学经济与工商管理学院的愿景是成为具有人文底蕴和国际影响力的一流经管学院，要为"两个一百年"中国梦的实现做出更大的贡献。今天，学院与经济科学出版社合作推出《京师经管文库》，目的是要集中展示学院教师取得的成果，发出师大经管人关于中国社会经济改革和发展的声音，并推动各位学者再接再厉，再攀新高。

《京师经管文库》的汇集出版，得到了北京师范大学"985"工程建设项目和一级学科建设项目的慷慨资助，得到了北京师范大学学科建设与规划处、社会科学处、财经处等的具体指导，得到了经济科学出版社的大力支持。此外，学院学术委员会就文库编辑出版事宜多次开会讨论，许多教职员工为之付出了大量心血。在此一并表示感谢。

《京师经管文库》编委会

2016 年 2 月 14 日

C目　录 ONTENTS

自 序

　　我于 1955 年 5 月 16 日出生在广州市一个知识分子家庭。父亲毕业于中山大学，是一位机关干部。母亲毕业于广东省立女子师范学校，是一位小学校长。

　　我的童年和少年是在无忧无虑中度过的。我 6 岁入学，先后就读于广州市的东皋大道小学、文德路小学、中山四路小学。小学给我留下最深刻的印象是，每到文德路小学少先队举行活动的时候，我佩戴着两道红杠的袖章，作为鼓手敲着队鼓，走在队伍的前面。1966 年，在我读小学 5 年级的时候，"文化大革命"爆发了，学校停课。1968 年，学校复课，我直接升入广州市第五十三中学读初中二年级。1970 年，我初中毕业，接着又继续在该校读高中。

　　当时"文化大革命"在继续，我们在初中阶段经常到工厂学工，到农村学农，到山区建分校，课在断断续续地上着。但是，就在这种情况下，我产生了很强烈的求知欲，从心底里发出了"我要学习"的呼声。我所以渴望学习，如果说出来现在的青年人可能都不会相信，就是为了祖国！我发现我们的国家是如此的落后，我觉得我要为祖国的繁荣富强贡献力量，因此我需要学习知识！

　　我已经不满足于学校的课程进度，收集了"文化大革命"前全套数学、物理、化学的教科书，如饥似渴地开始了自学。到了高中阶段，我的各门课程在班上都是名列前茅。不过这种名列前茅不足挂齿，当时弥漫的是读书无用的氛围。我在自学的过程中，对物理产生了浓厚的兴趣。我觉得自然界充满着各种各样的奥秘，能够探索其中的奥秘是多么有意思的事情。

1972年，我高中毕业。我面临着两种选择：一是留校任教；二是当工人。我选择了当工人。这样，我到了广州市教学仪器厂，成为一名生产地球仪的工人。当时，我和一批年轻人住在工厂。年轻的工友们在业余时间快乐地打球、打扑克，我却默默地在车间的角落拉了一盏电灯，摆上一张桌子，继续着我的自学。

人们不断问我：你这样学习究竟是为了什么？确实，当时高考制度已经取消，一辈子可能就是当工人，没有任何可以预见的其他前景。但我觉得，我应该掌握一个高中毕业生应该具备的知识。另外，我还觉得，尽管人生的未来是未知的，但机会总是留给做好了准备的人。

我在工厂白天努力工作，晚上刻苦自学。我经过了3年约1000多个晚上的自学，终于全部完成了"文化大革命"前全套数学、物理、化学教科书的学习。我对自己说：你是一个真正的高中毕业生了！

1975年，工厂推荐我参加工农兵学员上大学的竞争。当时广州市教育局七个直属机构有两个上大学的名额：一个是中山大学政治经济学专业；另一个是华南师范大学教育学专业。我只参加了中山大学的名额的竞争，我想如果我不能到中山大学学习，那么我还是继续当工人。幸运的是，经过各种形式的考察和考试，我从7个竞争者中脱颖而出，成为中山大学政治经济学专业的学生。

二

中山大学是南方地区的最高学府，是为了纪念孙中山先生而用他的名字命名的学校。校园坐落在珠江河畔，一片美丽而又宽大的草坪从学校的中心区延连到北门的江边，草坪旁边是一棵棵垂落着长长树须的大榕树。教学大楼红墙绿瓦，古朴庄重。我能够在这所学校学习，感到十分兴奋！

但是，我很快就感到失落和痛苦，我不喜欢政治经济学专业！我梦寐以求的学科是物理学，于是我开始为转专业而努力，希望能转到物理学系读光学专业。一次一次的努力，最后等来学校教务处最终的决定：在中山大学历史上只有理科转学文科而没有文科转学理科，不予批准。这样，我只好死心塌地继续学习政治经济学。

尽管我不喜欢政治经济学专业，但是我的学习还是很努力的。在大学学习的各门课程中，有两门课程对我的整个学术生涯产生重要影响：一门课程是马克思的《资本论》；另一门课程是经济学说史。

中山大学经济学系从1975级开始试行用马克思《资本论》教学取代用政治经济学教科书教学。王光振教授带领着政治经济学教研室的教师们从《资本论》的第一卷讲到第三卷，同学们从《资本论》的第一卷啃到第三卷。对马克思《资本论》认真而细致的研读，使我对马克思经济学体系有了深刻的和精确的理解，而这种理解影响到我终身的经济学研究工作。后来我博士研究生毕业的时候，我的导师陶大镛教授曾对我说：你有一个明显的优点，就是逻辑思维能力很强。我想，这可能是在研读马克思《资本论》的过程中奠定的基础，马克思是以铁的逻辑推导出他的全部结论。

经济学说史课程由肖步才教授主讲。肖步才教授曾在中国社会科学院经济研究所从事经济学说史的研究，具有深厚的研究功底，他的课程使同学们对经济思想的发展过程产生浓厚的兴趣，追索着各种经济思想的源泉，我也从中得到了扎实的经济思想史的训练。正因为如此，后来我报考北京大学硕士研究生的时候，在专业课"经济学说史"的考试中取得了第一名的成绩。

1977年，我国恢复高考制度，我对物理学已经死了的心思又复活了。我认为凭借着自己的知识基础能够考上名牌大学去攻读自己钟爱的物理学专业，于是我给广东省高等教育厅正式地发出了一封信，申请退学参加高考。广东省高等教育厅给了我一个很认真的回复：如果你是一年级的学生，我们会考虑你的要求的。但你已经是二年级的学生，国家为培养你已经花费了不少钱财，你不宜再退学参加高考。我没有办法，只好又老老实实地继续读政治经济学。

1978 年，我国建立学位制度，各所高等学校开始招收硕士研究生。既然在专业上已经没有别的选择，既然自己爱好学术研究工作，我决定报考硕士研究生。经过认真的比较，我选择报考北京大学西方经济学专业的硕士研究生。

硕士研究生考试是在中山大学图书馆举行，我觉得神圣和兴奋。我没有参加过初中升高中的中考，也没有参加过高中升大学的高考，现在终于参加了大学升硕士生的考试。考试的科目是政治、外语、政治经济学、经济学说史、初等数学。我出师不利，第一门课程考得不好，但后来将情绪稳定下来，越考越好，最后一个科目初等数学我考了 94 分。但是后来才知道，初等数学只是被列为参考科目。

经过焦急的等待，我接到了北京大学硕士研究生复试通知书，要到北京大学参加复试。这是我这个广东人第一次出省来到京城，来到了在我梦中也没有出现过的北京大学。复试采取笔试和面试两种形式，经过复试，我终于被北京大学录取为硕士研究生。

三

北京大学与清华大学并列为我国的最高学府，是学子们梦寐以求的地方。一座座青灰色的教学大楼都具有古典中国建筑特征，肃穆凝重。未名湖边耸立着博雅塔，周围环绕着飘荡的垂柳，格外秀丽。

1978 年，北京大学经济学系招收两个专业的硕士研究生：一个是西方经济学专业，由一个导师组指导，组长是胡代光教授，成员是厉以宁、杜度、范家骧副教授，招收 3 名硕士研究生；另一个是世界经济专业，由田万苍副教授指导，招收 1 名硕士研究生。我就读于西方经济学专业，与梁小民和李庆云成为同学。当时北京大学经济学系西方经济学学科群星荟萃，拥有罗志如教授、樊弘教授、胡代光教授、厉以宁副教授、杜度副教授、范家骧副教授等一批知名学者，在国内高等学校首屈一指。

我是在北京大学被带入经济学的学术殿堂的。我在硕士研究生期间学习了一系列的课程，其中有两门课程给我留下深刻印象。

第一门课程是西方经济学。当时，国内高等学校还没有开设西方经济学课程，没有国内学者撰写的西方经济学的教科书，也没有翻译的西方经济学教科书。我们的教科书是李普赛（Richard C. Lipsey）的《经济学》（英文版）。我从这部《经济学》中发现经济学是多么的有意思，就像我当年从物理学中体会到自然界是如此奥妙一样，我从经济学也体会到经济社会是如此的奥妙。萨缪尔森（Paul A. Samuelson）有一句话说得很好：经济学是社会科学的皇后。不理解经济现象，就不可能真正理解各种社会现象。我对经济学的兴趣就是从这里开始培养起来的。

第二门课程是经济思想史。如果只读西方经济学教科书而不研究经济思想史，西方经济学就成为无本之木，无源之水，就不可能深刻地理解西方经济学。我们重修了本科生的经济学说史课程，认真听取了陈岱孙教授所讲授的经济思想史。除了参加了这门课程的考试以外，还参加了专门为硕士研究生而组织的面试。与此同时，分别由具有不同专长的老师辅导，选读了一系列经济思想史的名著，如斯密的《国民财富的性质和原因的研究》、李嘉图的《政治经济学及赋税原理》、庞巴维克的《资本实证论》和《资本与利息》、马歇尔的《经济学原理》、凯恩斯的《就业、利息和货币通论》等。

我感到很幸运：我全程聆听了德高望重的著名学者陈岱孙先生的课程，这是他离开讲台前的最后一次课。陈岱孙先生1926年获得哈佛大学博士学位，曾担任清华大学法学院院长、北京大学经济学系系主任。我修了我国研究凯恩斯经济学的权威学者樊弘先生讲授的凯恩斯《就业、利息与货币通论》课程，这也是樊弘先生离开讲台前的最后一次课。樊弘先生在剑桥大学留学时曾经发表了一篇关于马克思和凯恩斯思想比较的论文，据说很长一段时间成为剑桥大学经济学研究生的必读文献。我还得到了胡代光、厉以宁、杜度、范家骧先生的亲自指导，我的硕士论文是在厉以宁先生的指导下完成的。一门门课程、一个个讲座、一次次讨论，使我深深地受到了北京大学这所最高学府的学术熏陶。

正是经过硕士研究生阶段的严格训练，使我奠定了比较坚实的西方经济学的理论基础。硕士毕业以后，我没有停止过西方经济学的教学和研究工作。最后，我撰写了题为"经济结构与经济增长的关系——库兹涅茨经济思想研究"的硕士论文，并顺利地通过硕士论文答辩，于1981年成为中国第一批经济学硕士。当时我国还没有设立经济学博士学位，我本人又希望从事学术工作，我面临两种选择：一是留在北京大学任教；二是返回中山大学任教。最后，我选择返回中山大学经济学系任教。

1983年，我国高等学校相继设立了经济学博士学位。1984年，部分高等学校开始招收经济学博士研究生。我想，要在高等学校任教，就应该接受更高学位的教育，我决定报考博士研究生。我首先想到北京大学，希望能够回到母校相近专业深造。但是，在当年我的导师中，陈岱孙、胡代光、杜度、范家骧教授没有招生，厉以宁教授招收的是国民经济管理专业的博士研究生。这样，我只好在北京地区的中国人民大学和北京师范大学选择，最后决定报考北京师范大学陶大镛教授指导的世界经济专业的博士研究生。

我郑重地给陶大镛教授写了封信，表达了报考博士研究生的愿望。我后来得知，陶大镛教授向北京大学我的导师们了解了我的情况以后，给我回了一封信：欢迎报考。当时世界经济是北京师范大学经济学科唯一的博士点，1985年春季是这个博士点第一次招生。博士研究生入学考试的科目是：外语、经济思想史、世界经济。经过认真的准备，我考取了北京师范大学世界经济专业的博士研究生。

四

北京师范大学与北京大学同根同源，与清华大学、北京大学、中国人民大学一起被称为京城四大名校。由于历史上是一所师范院校的原因，北京师范大学历来没有经济学科。改革开放以后，北京师范大学将政治教育系中的哲学和经济学教研室独立出来，分别建立了哲学系和经济学系。

我是1985年3月入学的。作为北京师范大学的首批经济学博士研究生有

2人：我和张小济。由于历史的原因，北京师范大学经济学的师资力量与北京大学不能相提并论，但是陶大镛教授是北京师范大学经济学科的一面旗帜。

陶大镛教授1940年毕业于中央大学，1946～1948年在曼彻斯特大学和伦敦大学从事经济史的研究工作，35岁便出任新中国成立以后我国第一份综合性理论刊物《新建设》的主编，是成名很早的经济学家。我读硕士研究生的导师胡代光教授常称陶大镛教授为老师。我曾问胡代光教授：您只比陶大镛教授小1岁，为什么称陶大镛教授为老师呢？胡代光教授认真地说：从学术辈分来说，他是我的老师。胡代光教授和陶大镛教授都毕业于中央大学经济学系，但是陶大镛教授比胡代光教授早7年毕业。

我完成了公共课的学习以后，就进入到专业课的学习，专业课学习的特点是博览群书。陶大镛教授将当时限量发行的国家图书馆借阅证交给我，这样我既可以为导师借书，也可以为自己借书。陶大镛教授定期向我提供阅读书目，有的书是英文书，有的书是中文书；有的书是精读，有的书是粗读。精读的书要做读书笔记，我每个月向导师汇报一次读书心得。

就这样，我饱览群书，研读了一系列的经济学经典著作。我一边读书，一边研究问题，发表论文。在攻读博士学位的3年时间里，我独立发表了11篇论文。如果用现在CSSCI的标准来看，其中有6篇是CSSCI论文。如果用北京师范大学现行ABC论文分类标准来看，其中B类论文1篇、C类论文1篇、CSSCI论文4篇。

在我的博士研究生的学习阶段里，收获最大的是博士论文的撰写过程。这个过程是一个学习的过程、研究的过程、提高的过程。陶大镛教授建议，由于我系统地学习过马克思经济学和西方经济学，对两个理论体系都很熟悉，应该根据这个特点和优势去选择研究主题。我查阅了大量的文献资料，发现各国经济学界正在争论不休的是价值转化为生产价格这个"世纪难题"。但是，这个选题存在巨大的风险。博士论文并不是对文献的归纳，而是在理论上或方法上有所创新，我能够对这个"世纪难题"提出解决方法吗？陶大镛教授支持这个选题，于是我开始了艰苦的研究过程。

由于这个研究领域基本上没有中文的文献资料，我读遍了国家图书馆所能找到的关于这个研究领域全部研究文献。逐篇论文查阅，逐本专著研读，逐个问题思考。我读了多少著作和论文都记不清了，但在很长的时间里在实质问题上依然没有进展。这样，我面临着能否完成博士论文的严峻问题。由于我一直在苦苦思考着这个问题，甚至在晚上睡觉的时候都会梦见这个问题，有一天突然出现了一闪念。正是这个一闪念，使我在核心问题研究上取得突破。

200 多年来，这个古典的经济学问题一直在困扰着经济学家。李嘉图（D. Ricardo）是劳动价值理论的坚决贯彻者，但是由于他不能解决这个问题而陷入理论困境。以穆勒（J. Mill）和麦克库洛克（J. R. McCulloch）为代表的李嘉图学派试图解决这个问题，但最终因无法解决这个问题而导致解体。马克思（K. Marx）几乎解决了这个问题，但留下了令人遗憾的最后一步。斯拉法（P. Sraffa）为了解决这个问题在苦苦地寻找着"不变的尺度"。米克（R. L. Meek）和梅迪奥（A. Medio）沿着斯拉法的思路进行论证，没有能够成功。波特基维茨（L. V. Bortkiewicz）提出了漂亮的解决方法，但只能证明是一种特例。温特尼茨（J. Winternitz）和塞顿（F. Seton）沿着波特基维茨的思路进行论证，也没有能够成功。但是，我提出了自己的解决方法。

我终于完成 20 万字的博士论文《价值和价格论》。陶大镛教授在社会工作十分繁忙的情况下，逐字逐句地审阅了我的论文，并提出了修改意见。我的论文的第三稿成为了最终稿。陶大镛教授对我的博士论文给予很高的评价，他对我说：你的论证在逻辑上是没有问题的，你做了一件我国老一代经济学者想做而又没有精力去做的事情。答辩委员会的评语是：这是一篇优秀的博士论文。这篇论文于 1989 年以专著形式出版以后，于 1995 年获得首届高等学校人文社会科学优秀研究成果二等奖。

1988 年 3 月，我如期毕业，成为北京师范大学历史上第一个经济学博士。我面临着三个选择：第一，到北京大学任教；第二，留在北京师范大学任教；第三，到中山大学任教。经过反复的思考，我最终还是选择到中山大学任教。

五

两度到北京求学，又两度回到中山大学任教。我所以选择高校教师职业，是因为我觉得高校教师能够掌握自己的命运；我之所以选择中山大学，是因为广州是我出生和成长的地方。我获得硕士学位到中山大学报到的时候已经是 1981 年冬季了，我第一次走上讲台是 1982 年的春季，我第一次教的学生是 1979 级本科生。由于 1979 级本科生是"文化大革命"结束以后招收的第三届学生，年龄差别很大，既有"文化大革命"期间毕业的学生，也有刚刚毕业的学生，其中有的学生的年龄比我还大。

我认为，高等学校的教师首先是教师，一个教师的基本职责是教学，一个教师教学效果不好就是失职。我决心要做一名优秀的教师。我分析了自己的长处和短处：我的长处是逻辑严谨，说话简练，层次分明；我的短处是声音沙哑，缺乏幽默感。因此，我根据自己在中山大学和北京大学上学时对教师教学风格的揣摩和分析，决定用知识和逻辑的力量去征服学生。

由于我具有比较扎实的专业基础，又进行了充分的准备，我第一门课程"西方经济学"的讲授取得成功，同学们学习热情高涨，并对我的教学工作给予了很高的评价。1979 级的同学对前来进行教学检查的教务处工作人员说：电影有百花奖而教学没有百花奖，如果教学有百花奖，我们一定投李翀老师的票！

随着教学工作的继续和教学经验的积累，我的教学水平不断提高，逐渐形成具有个人特点的教学风格：简洁、清晰、严谨、透彻。深入浅出，是人们在教学过程中常说的一句话，但如果没有深厚的教学和研究的功力是做不到的，我认为我做到了。我的教学风格取得了很好的教学效果，受到了同学们的普遍赞扬。另外，我在教学过程中从来不是仅仅传授知识，而是在传递着一种正向能量。我认为，任何一个中国人都应该为国家的富强和民族的振兴而努力。因此，我在讲课的过程中，总是渗透和充满着爱国之情，总能给同学一种激励的力量。

我的教学工作得到了肯定。1989 年，我获得了霍英东教育基金会颁发的全国高等院校青年教师（教学类）三等奖。1995 年，我获得了广东省高等教育厅和广东省人事厅联合授予的"广东省教书育人优秀教师特等奖"。同一年，我获得了教育部和国家人事部共同授予的"全国优秀教师"称号，并获得了"全国优秀教师"奖章。1997 年，我主持的西方经济学课程建设获得了"广东省优秀教学成果一等奖"。

我 2000 年到北京师范大学任教以后，我担任的课程同样受到同学的欢迎。2000 年秋季，学校决定在全校范围内开始评选"北京师范大学最受学生欢迎的十佳教师"，由全校本科生无记名投票，每两年评选一次。我在 2000年第一届的评选中以得票第六的名次获得"最受学生欢迎的十佳教师"称号，在 2002 年第二届的评选活动又以得票第五的名次获得"最受学生欢迎的十佳教师"称号，在 2004 年第三届的评选活动中再以得票第一的名次获得"最受学生欢迎的十佳教师"称号。我连续三届获得"最受学生欢迎的十佳教师"称号，在学校创造了一个纪录。2014 年，在第八届的评选活动中，我再次以得票第一的名次获得"最受学生欢迎的十佳教师"称号。

有一位同学给我发了一封电子邮件："恭喜您登顶北师大最受学生欢迎的十佳教师。虽然您自己可能不在乎这个虚名，但是我们这些小伙伴都是很高兴的，因为就像班长说的，您就是我们全院同学心中的男神。"我回了一封电子邮件："我很在意！我认为没有什么奖励比得到同学的肯定更令人感到高兴。"试想一下，如果一位教师不能得到同学们的认可，他即使得到再多的官方奖励又有什么意义？

2002 年，我获得了宝钢教育基金会颁发的"宝钢教育基金会优秀教师特等奖"。2012 年，我又获得了北京市教育委员会颁发的"北京市高等学校教学名师奖"。

我任教以后，注意总结自己的教学体会撰写教科书。1989 年，我在中山大学出版社出版了第一部教科书《现代西方经济学原理》，后来又配套了参考书《现代西方经济学原理：学习指导与习题解答》。到 2015 年，这部教科书出版了 6 版，印数达到 22 万多册。

1991 年，我在高等教育出版社分别出版了《现代西方微观经济学概论》和《现代宏观经济学概论》。2008 年，由于这两部教材不再再版，我经过大幅度修改以后，在北京师范大学出版社出版了《微观经济学》和《宏观经济学》。

我 2000 年到北京师范大学任教以后，为了金融学专业建设的需要，2001 年在中山大学出版社分别出版了《国家金融市场》、《国际金融市场》和《金融资产投资》。2011 年，由于这三部教材不再出版，我又经过大幅度修改以后，在北京师范大学出版社出版了《金融市场学》。

六

我所以喜欢高等学校教师这个职业，是因为它既是教师也是学者，是因为它可以探索经济社会的奥秘。但是，学者应该是创新者。科学研究的生命在于创新，它需要在前人研究的基础上不断推进前人研究的成果。到 2014 年 12 月，我主持过 6 项国家社会科学基金项目的研究，其中包括 1 项重大项目；主持过 4 项省部级科研项目的研究，其中包括 2 项重大项目。另外，我出版专著 8 部，发表学术论文 208 篇。但是，我认为有所创新的研究成果主要表现在下述六个方面：

第一个方面是提出了价值转化为生产价格的"世纪难题"的解决方法。商品价值取决于劳动量与等量资本获得等量利润存在矛盾是古典经济学的一个难题。马克思在《资本论》中阐述了价值转化为生产价格的过程，提出了这个问题的解决方法。1971 年萨缪尔森（P. A. Samuelson）断言总价值和总生产价格在一般条件下不可能相等，"转化"只是一种理论上的游戏，从而挑起了一场世界范围的大争论。我于 1989 年出版了专著《价值和价格论》，证明马克思价值转化为生产价格的逻辑过程是正确的，但是马克思没有阐明价值转化为生产价格的数量关系，我对价值转化为生产价格的问题提出了解决方法。

第二个方面是阐述了生产价格转化为垄断价格的过程。马克思生活在自由竞争的资本主义时代，不可能对垄断价格进行深入的剖析。我在《价值和价格论》中提出，在价值向生产价格转化以后，继续向垄断价格转化，垄断价格是生产价格的转化形式。但是，垄断价格不是一种市场价格，它在逻辑上先于垄断条件下的市场价格，并作为垄断条件下市场价格变动的基础。体现这两个方面贡献的专著《价值和价格论》在 1995 年教育部首次设立人文社会科学研究优秀成果奖中获得二等奖。

第三个方面是提出了超比较利益学说。李嘉图（D. Ricardo）的比较利益学说是国际贸易的核心理论，国际贸易理论的发展基本上是围绕这一学说展开的。我在 2005 年第 3 期《国际贸易问题》发表了题为《论国际贸易中的超绝对利益》的论文，指出在现实的两个国家的贸易里，一个国家所提供的某种商品往往是另一个国家所不能生产的。从成本或价格角度来看，超比较利益意味着在一个国家生产某种产品的成本或价格为一定，另一个国家生产这种产品的绝对成本或绝对价格趋向于无穷，或者另一个国家生产这种产品的相对成本或相对价格趋向于无穷。我将这种利益称为超绝对利益或者超比较利益，并且论证了超比较利益的源泉。这篇论文被《国际贸易问题》作为头篇论文发表，并被 2005 年第 10 期《新华文摘》全文转载。

第四个方面是提出了超主权国际货币的构建方案。现行的国际货币制度是"牙买加体系"，它以主权货币美元为核心。"布雷顿森林体系"和"牙买加体系"都证明了以某个国家的主权货币作为国际货币具有不可解决的内在缺陷，建立超主权国际货币是国际货币制度改革的必由之路。我在对现有的建立超主权国际货币方案进行深入分析和评价的基础上，提出了自己完整的构建超主权国际货币的方案。我所出版的专著《超主权国际货币的构建——国际货币制度的改革》于 2013 年入选《国家哲学社会科学成果文库》，2015 年被列入中华学术外译基金项目。

第五个方面是以马克思经济学为基础进行马克思经济学与西方经济学的综合。我认为，马克思经济学揭示了资本主义经济现象和经济发展过程内在的、本质的和必然的联系，它是我们认识世界和改造世界的科学理论体系。但是西方经济学对经济现象也进行了有价值的分析，有必要以马克思经济学为基础建立新的经济学理论体系。我在 1998 年出版的《新经济学》在这个方面进行了尝试，这是一种理论体系的创新。专著《新经济学》于 1999 年获得了四年评选一次的广东省优秀社会科学研究成果二等奖。

第六个方面是建立马克思主义的国际经济学理论体系。我根据马克思早年在六册著作中计划所表达的思想以及马克思逝世以后国际经济发生的新变化，完成了 70 万字的专著《马克思主义国际经济学的构建》，分商品资本的跨国流动、生产资本的跨国流动和货币资本的跨国流动三个部分，建立了比较完整的马克思主义国际经济学理论体系。这是一种理论体系的创新，专著《马克思主义国际经济学的构建》在 2013 年获得第六届高等学校人文社会科学研究优秀成果奖三等奖。

从事科学研究不仅需要解决理论问题，而且还要解决实际问题。我十分关注国内和国际重大经济问题，发表了一系列研究国内和国际实际经济问题的论文，也在多次政府的咨询会议上提出意见和建议。在这个方面最令我感到骄傲的事情，是我 2004 年 12 月参加了国务院举行的关于人民币汇率问题的咨询会议。我在会上提出了改革人民币汇率形成机制的八项具体建议，其中有六项建议与政府后来的改革进程是一致的。

在学术职务方面，我 1983 年担任讲师，1988 年担任副教授，1992 年担任教授。另外，我从 1998 年开始担任中华外国经济学说研究会副会长，从 2003 年开始担任中国世界经济学会副会长。

七

在我的学术生涯里，我是一位教师，一位学者，还是一位管理者。在我年轻的时候，我从来没有想过我会当"官"。我认为，当教师或学者可以主宰自己的命运，但是当"官"似乎不能主宰自己的命运，而我是要主宰自己的命运的。但是，历史也将我推到了"官"的位置上。

1989 年，在我 34 岁的时候，我担任了中山大学系改院前的经济学系副主任。当时经济学系只设一个主任一个副主任岗位，石祖培教授担任系主任，我分管教学工作。我积极推进课程设置和教学内容的改革，整顿教学秩序和提高教学质量，推进人事考核和激励制度的改革，努力为这个年轻学系的发展做出自己的贡献。

1993年3月，在我不到38岁的时候，我担任岭南学院第一副院长。1949年前，岭南大学是广东地区的重要大学。1949年以后，我国政府撤销了岭南大学，将中山大学的文学院和理学院迁移到原岭南大学的校址，仍称中山大学；将中山大学的工学院、农学院、师范学院独立出来，在原中山大学校址建立华南工学院、华南农学院和华南师范学院。后来，教育部为了发挥原岭南大学校友爱国爱校的积极性，在中山大学下设立了岭南（大学）学院，院长由卸任的广东省副省长王屏山先生担任，我协助王屏山先生主持学院日常工作。岭南学院由经济学系和计算机科学系组成，但这两个学系都是办学实体，我的工作更多的是协调学校与院董事会的关系，协调两个学系的工作，组织学院的活动等。

1993年5月，在我正好满38岁的时候，我担任了中山大学副校长。我分管的第一项工作是财务和审计工作。1994年，我进入学校党委常委。我除了继续分管财务和审计工作以外，增加了文科科研工作，后来又增加了人事工作。这样，我在学校分管的部门包括财务处、审计室、社科处、人事处、校属研究所、文科学报、图书馆、出版社。1998年3月，我兼任中山大学党委副书记，分管组织工作。1999年8月，我不再兼任副校长而专职担任副书记，分管宣传工作。回想起来很有意思，我在学院里是分管教学工作出身的，但是到了学校，我除了教学和后勤工作没有分管过以外，其他工作基本上都分管过了。

我在担任中山大学副校长和副书记期间，一直强调和坚持用制度治理学校，主张制度面前人人平等，反对分远近亲疏，努力创造一个公平的环境，让干部和教师能够将主要精力放在管理和学术工作上，以推动学校的发展。另外，我在担任中山大学副校长和副书记期间，从来没有中断过教学工作和研究工作。我一直认为，学术工作是我的本分。

1995 年，在我刚满 40 岁的时候，我有两次到党政部门担任正厅级干部的机会，但我都放弃了。当"官"不是我的追求，我舍不得离开高等学校，舍不得离开学术工作。

我博士研究生毕业离开北京师范大学以后，每年都到北京探望我的导师陶大镛教授，陶大镛教授每年都提出希望我能够回北京师范大学任教，这个话题持续了 12 年！到了 1999 年的秋天，我经过深思熟虑，认为是应该回归学者的时候了。我向学校提出辞去党委副书记职务的请求，返回北京师范大学任教。

2000 年 1 月 2 日，我正式到北京师范大学报到，从而留下了一个很有意思的工作证号：00001。2000 年 7 月，曾担任副校长后担任院长的杨国昌教授卸任，我出任经济学院院长。我感觉到，这个从政治教育系转化而来的经济学院学术基础太弱了，当时经济学院只有 1.5 个博士点、6.5 个硕士点、3 个本科专业。要使学院迅速发展，必须走超常规的道路。我明确提出了以学科建设为中心实现经济学院跨越式发展方针。学科建设的指导思想是：巩固和提高理论经济学科，重点发展应用经济学科和工商管理学科，争取在不远的将来将经济学院建成一流的学院。学科建设的发展战略是：规模扩张、结构调整、水平提升同时并进。

在全体教师的努力下，学院迅速发展，并引起国内同行的关注，2004 年前后曾被认为是发展最快的经济学院之一。在我八年的两个任期内，学院增加了 3 个本科专业，4 个硕士点、1 个工商管理专业硕士点（MBA）、2.5 个博士点、1 个一级博士学位授予权、1 个博士后流动站、1.5 个北京市重点学科、1 个国家重点培育学科，0.5 个国家重点学科。当然，这只是数字，更重要的是学院的整体学术水平有了很大的提高。

别的学校仅理论经济学和应用经济学科往往就有 200～300 名教师，而我们学校包括理论经济学、应用经济学和工商管理学科在内仅有 70～80 名教师，所以在学科评估中总是处于不利地位。但根据教育部学位与研究生教育评估所的学科排名，学院理论经济学 2004 年居全国第 11 位，2008 年居全国第 13 位。学院已经有学科逐渐地跻身于国内同类学科的前列了。

回顾在学院担任管理工作的经历，我可以欣慰地说，我为北京师范大学经济与工商管理学院的发展作出了贡献。

八

我正式任教至今已经 34 年了。在我 60 岁的时候，有机会出版这部文集，我感到很高兴。由于我分别读过政治经济学专业、西方经济学专业、世界经济专业，我的研究领域很广泛。本文集分政治经济学研究、西方经济学研究、世界经济研究、金融学研究、中国经济研究五个部分，收录我的研究成果。

在政治经济学研究部分选取了五篇论文：第一篇研究商品价值转化为生产价格问题，第二篇研究商品生产价格转化为垄断价格问题，第三篇研究国际价值问题，第四篇研究国际生产价格问题，第五篇研究马克思主义国际经济学的构建问题。其中第五篇论文形成的研究纲要已经实现，我于 2009 年出版了 70 万字的专著《马克思主义国际经济学的构建》（商务印书馆）。

我在本科阶段学习的是政治经济学专业，这个阶段的训练对我形成了终身的学术影响。尽管我任教以后没有担任过政治经济学的教学工作，也没有参加过政治经济学学会的学术活动，但我从来没有停止过对政治经济学的研究。我对政治经济学研究的重点是如何发展马克思经济学，论文题目往往冠以"构建"两个字。在我的学术生涯里两次获得教育部高等学校人文社会科学优秀成果奖的研究成果，都是马克思主义经济学的研究成果。研究如何解决价值转化为生产价格世纪之谜的专著《价值和价格论》于 1995 年获得教育部高等学校人文社会科学优秀研究成果二等奖，我力图建立马克思主义国际经济理论体系的专著《马克思主义国际经济学的构建》于 2013 年获得教育部高等学校人文社会科学优秀研究成果三等奖。

在西方经济学研究部分选取了五篇论文：第一篇是研究社会分工这个古老而又现实的问题，第二篇是研究国内生产总值的国际比较方法，第三、四篇是对马克思经济学和西方经济学中的经济周期理论和外汇汇率理论进行比较分析，第五篇是对财政赤字观和美国政府债务的分析。

我在硕士阶段攻读的是西方经济学专业，是我国1978年培养的第一批西方经济学专业五个硕士研究生之一。任教以后我一直从事西方经济学的教学工作，担任过微观经济学、宏观经济学等课程的教学，出版过多种西方经济学的教科书，其中由高等教育出版社于1991年出版的《现代微观经济学概论》获得1995年教育部高等学校优秀教材中青年奖，由北京师范大学出版社于2011年出版的《微观经济学》和《宏观经济学》分别入选"十一五"国家规划教材。另外，我还一直从事西方经济学的研究工作，从1998年开始担任中华外国经济学说研究会副会长。我对西方经济学的研究重点是与马克思经济学比较以及分析和解决现实的经济和政策问题。

在世界经济研究部分收录了五篇论文：第一篇研究国际贸易的超比较利益问题，第二篇研究对外直接投资形成的原因，第三篇是分析中美两国贸易失衡的原因、效应和解决方法，第四篇提出推进我国对外经济发展方式转变的战略，第五篇探讨人民币国际化的路径和方法。

我在博士阶段攻读的是世界经济专业，毕业以后一直从事世界经济的研究。我于1998年在中山大学作为学术带头人申报并获得世界经济专业博士学位授予权，成为中山大学经济学科的第一个博士学位点。我从2003年开始担任中国世界经济学会副会长。我对世界经济的研究不是国别经济的研究，而是国际经济的研究。我的研究重点是国际金融，我发表的世界经济研究领域的论文80%都是国际金融的论文。我在2013年获得教育部高等学校人文社会科学优秀研究成果三等奖的专著《马克思主义国际经济学的构建》，既是政治经济学的研究结果，也是世界经济的研究成果，这是我自己认为我最有代表性的研究成果之一。

在金融学研究部分收录了五篇论文：第一篇研究人民币汇率问题，第二篇研究我国外汇储备问题，第三篇研究国际铸币税问题，第四篇研究超主权国际货币问题，第五篇研究国家金融安全问题。

虽然我没有专门攻读过金融学专业，但是我对世界经济的研究是从国际金融的研究开始的，1988年我在北京师范大学获得博士学位到中山大学任教以后，就一直在金融学系任教。2000 年我到北京师范大学任教以后，又主持创办了金融学专业，仍然在金融学系任教。从研究的角度说，由于国际金融和国内金融是相互联系的，我从国际金融研究领域又进入到国内金融研究领域。我先后担任过国际金融、国内金融市场、国际金融市场、投资学等金融类课程的教学，我于 2011 年出版的《金融市场学》于 2014 年被评为北京市精品教材，于 2014 年被评为"十二五"国家规划教材。我对金融学研究的重点仍然是国际金融。我在 2014 年出版的专著《超主权国际货币的构建》是我在这个研究领域的代表作，该专著入选 2013 年《国家哲学社会科学成果文库》，并入选 2015 年中华外译基金推荐书目。

在中国经济研究部分收录了五篇论文：第一篇提出推进我国经济发展方式转变的核心发展战略，第二篇提出我国对外货物贸易发展战略，第三篇提出我国对外服务贸易发展战略，第四篇对我国宏观货币政策力度提出质疑，第五篇讨论人民币汇率形成机制改革问题

我认为，一个经济学者不论是从事哪一个领域的研究，归根到底都要落实到中国经济，都要解释中国经济的现象和解决中国经济的问题。因此，我从来没有停止过对中国经济的研究。由于专业的原因，我对中国经济的研究侧重于对中国金融和中国对外经济的研究。

这部文集在一定程度上反映了我在整个学术生涯里所做的研究工作，欢迎读者指正。

作者
2015 年 8 月于北京京师园

第一篇
政治经济学研究

- 商品价值转化为生产价格"世纪之谜"的解析
- 马克思主义垄断价格理论的构建
- 马克思主义国际价值理论的构建
- 马克思主义国际生产价格理论的构建
- 马克思主义国际经济学的构建

商品价值转化为生产价格"世纪之谜"的解析[*]

一、问题的提出

对于马克思的劳动价值理论，争论最激烈的是价值转化为生产价格的问题。按照马克思的劳动价值理论，商品的价值是由生产商品所耗费的社会必要劳动时间决定的，商品的交换根据商品的价值进行。但是，在资本主义生产过程中，由于存在竞争，如果哪个生产部门投入一定数量的不变资本和可变资本获得的剩余价值高，资本就会通过生产部门之间转移的方法展开竞争，结果形成等量实际预付资本将取得等量剩余价值的状态。这样，尽管商品的价值是由生产商品所耗费的社会必要劳动时间决定的，但是商品的交换不是严格根据商品的价值进行的，而是根据经过剩余价值再分配以后所形成的生产价格进行的。

关于价值转化为生产价格的问题，曾掀起过 3 次世界性争论的浪潮。1896 年，奥地利经济学者庞巴维克（Bohm-Bawerk）出版了名为《马克思体系的终结》的著作，对马克思的劳动价值理论提出了激烈的批评，导致了第一次世界性的争论。1906 年和 1907 年，德国统计学者波特基维茨

---

* 本文最初为本人于 1988 年完成的博士论文的第三章，该博士论文以《价值与价格论》为题 1989 年由中山大学出版社出版，该专著在 1995 年获得首届高等学校人文社会科学优秀研究成果二等奖。由于《价值与价格论》没有电子版，本文采用的是内容基本一致的本人 2009 年由商务印书馆出版的《马克思主义国际经济学的构建》第三章的内容。

（L. V. Bortkiwicz）分别在《社会科学与社会政策杂志》和《国民经济与统计年鉴》上发表了题为《马克思价值体系中的价值计算和价格计算》和《马克思〈资本论〉第三卷基础理论结构的校正》的论文，分析了价值转化为生产价格的数量关系，引起了第二次世界性争论。1970 年和 1971 年，美国经济学者萨缪尔森（P. A. Samuelson）连续在《美国科学院记录汇编》和《经济文献杂志》发表了题为《马克思"价值"到竞争"价格"的"转化"：一个扬弃和替代的过程》和《理解马克思的剥削概念：马克思的价值与竞争价格之间所谓转化问题的概述》的论文，认为价值向生产价格的转化在数量上是不能成立的，掀起了第三次世界性争论。100 多年来，价值转化为生产价格成为一个经济学的世界难题。

二、马克思的解决方法

按照马克思的分析，在资本主义生产过程中，商品的价值等于耗费的不变资本的价值（c）、可变资本的价值（v）和剩余价值（m）之和。其中 c 是不变资本转移的价值，即过去劳动创造的价值；$v + m$ 是现在劳动所创造的价值，m 是可变资本新创造的价值超过可变资本价值的余额。但是，对于资本家来说，$v + m$ 是他所耗费的资本的价值，是生产商品的成本。因此，在资本主义的现象形态上，耗费的生产资本（$c + v$）表现为生产成本（k），商品的价值表现为耗费的生产资本即生产成本（k）与剩余价值（m）之和。这就是耗费的生产资本转化为生产成本的过程。

在耗费的生产资本转变为生产成本以后，剩余价值表现为生产成本的产物。这样，剩余价值采取了利润的现象形态，剩余价值率采取了利润率的现象形态。原来剩余价值是可变资本的产物，设可变资本的价值为 v，剩余价值为 m，剩余价值率为 m'，那么 $m' = m/v$。现在利润变成是生产成本的产物，设生产成本为 k，剩余价值为 m，利润率为 p'，那么 $p' = m/k$。这就是剩余价值转化为利润的过程。

由于各个生产部门的有机构成即不变资本与可变资本的比率不同，在剩余价值率相同的条件下，它们的利润率是不同的。但是，在竞争的条件下，如果各个部门的利润率出现差异，在获得更高利润的动机的推动下，资本所有者将以转移生产资本的方式展开竞争。这就是说，生产资本将从利润率低的生产部门退出，转移到利润率高的部门。这样，原来利润率高的部门由于产量增加而发生销售困难，它们的利润率将下降；原来利润率低的部门由于产量减少而出现畅销局面，它们的利润率将上升，各个生产部门的利润率产生了平均化的趋势。这就是利润转化为平均利润的过程。

在利润转化为平均利润以后，商品的价值不再表现为生产成本（k）与剩余价值（m）之和，也不再表现为生产成本（k）与利润（p）之和，而是表现为生产成本（k）与平均利润（$\bar{p}$）之和。这样，价值转化为生产价格。生产价格由生产成本（k）与平均利润（$\bar{p}$）之和构成。

马克思的价值转化为生产价格的过程可以用列表的形式表达如下。假定有三个生产部门Ⅰ、Ⅱ、Ⅲ，它们的预付资本都是100，剩余价值率都是100%，但是它们的资本有机构成不同，所以剩余价值率也不同。预付资本与剩余价值之和构成商品的价值，所以它们生产的商品的价值也不同。具体情况如表1所示。

表1　　　　　　　　　资本有机构成对利润率的影响

生产部门	预付资本	剩余价值率（%）	剩余价值	价值	利润率（%）
Ⅰ	70c + 30v	100	30	130	30
Ⅱ	80c + 20v	100	20	120	20
Ⅲ	90c + 10v	100	10	110	10

正如前面分析的那样，在利润率不同的条件下，生产资本通过在不同生产部门的转移进行竞争，结果利润率出现平均化的趋势。表2说明了这个过程，三个生产部门根据它们的预付资本都得到了20%的利润。

表2   利润转化为平均利润

生产部门	预付资本	剩余价值率（%）	剩余价值	平均利润率（%）	平均利润
I	70c + 30v	100	30	20	20
II	80c + 20v	100	20	20	20
III	90c + 10v	100	10	20	20

由于商品的价值等于耗费的生产成本与剩余价值之和，生产价格等于耗费的生产成本与平均利润之和，这三个生产部门的生产价格与价值出现了差异。结果可以用表3表示。

表3   价值转化为生产价格

生产部门	预付资本	剩余价值	平均利润	价值	生产价格
I	70c + 30v	30	20	130	120
II	80c + 20v	20	20	120	120
III	90c + 10v	10	20	110	120

马克思认为，从价值到生产价格的分析是从抽象到具体，从本质到现象的分析。首先，在价值的形态上，所耗费的不变资本的价值是转移到商品的，可变资本和剩余价值是新创造出来的，剩余价值是可变资本的产物，剩余价值率表示对劳动的剥削程度。因此，价值的分析可以揭示事物的本质。但是，在生产价格的形态上，所耗费的不变资本和可变资本构成生产成本，它们似乎都在创造价值。可变资本表现为工资，劳动者的全部劳动似乎都得到了报酬。利润表现为生产成本的增加额，利润率成为实际预付资本的增值程度。这样，资本主义生产的本质变得模糊了。其次，在价值转化为生产价格以后，虽然各个生产部门的生产价格与价值发生背离，但是这并不意味着生产价格规律是对价值规律的否定。由于价值总额等于生产价格总额，生产价格受到价值的制约。另外，价值的变化将导致生产价格的变化，生产价格受着价值的支配。

三、商品价值转化为生产价格问题的症结

关于马克思价值转化为生产价格的争论集中在两个方面：一是商品的总价值和总生产价格是否相等？二是在价值转化为生产价格以后，各生产部门的产品是以与价值背离的生产价格来表示的，但各生产部门的生产成本仍然以价值（$c+v$）来衡量。既然生产成本所包括的生产资料和生活资料都是从别的生产部门购买的，它们也是别的部门的商品，也应该用生产价格来表示。如果考虑到这个问题，价值与生产价格在数量上存在什么关系呢？

对于第一个问题，波特基维茨富有创意地增加了一个黄金生产部门，利用黄金既是商品也是货币的特点，运用方程组证明商品的总价值和总生产价格是相等的。但是，这个结论要能够成立，必须有一个前提，即黄金部门的资本有机构成与各生产部门的平均资本有机构成必须相等（Sweezy，pp. 199 - 206）。萨缪尔森则说明，黄金部门的资本有机构成等于各生产部门的平均资本有机构成的前提是不能成立的，商品总价值和总生产价格不可能相等（Samuelson，pp. 415 -416，pp. 419 -420）。

我认为，在这个问题上存在一个严重的误解，这就是商品的生产价格究竟是以什么单位表示的？包括波特基维茨和萨缪尔森在内的大多数经济学者都认为商品的生产价格是用货币来表示的。尽管波特基维茨十分巧妙地引入了黄金生产部门，但这就好像要证明面积和重量相等是不可能的一样，在一般的情况下商品的总价值和总生产价格是不可能相等的。即使引入黄金生产部门可以证明商品的总价值和总生产价格相等，但金本位制在 20 世纪 30 年代已经解体，黄金在国内和国际均非货币化，这是否意味着马克思价值转化为生产价格的分析在金本位制的条件下是正确的，在金本位制解体以后就不能成立了？

实际上，马克思分析的是价值转化为生产价格而不是价值转化为价格。

生产价格与价格是两个不同的范畴：生产价格是价值的转化形式，它是随着利润率的平均化而造成的价值的组成部分（c，v，m）在各个生产部门进行调整的结果。价格则是货币表现，在价值转化为生产价格以前，以货币表示的价值形成价格；在价值转化为生产价格以后，以货币表示的生产价格形成价格。这就是说，生产价格是按照等量资本获得等量利润的规律修正了的价值，它与价值一样都是以社会必要劳动时间来表示的。

既然商品的价值和生产价格都是以社会必要劳动时间表示的，总价值必然恒等于总生产价格。在价值转化为生产价格以后，由于利润的平均化，剩余价值在各个生产部门之间重新分配，各个生产部门的价值并不等于生产价格。但是，由于社会总产量没有变化，生产社会总产量所耗费的总社会必要劳动时间没有变化，总价值与总生产价格必然相等。

对于第二个问题，马克思也意识到各部门的生产成本也应该以生产价格表示，但是马克思没有解决这个问题。也就是说，马克思已经完整地提出了价值转化为生产价格的逻辑过程，但是马克思完全没有解决价值转化为生产价格的数量关系。这个问题可以用下述方法来解决。

四、商品价值转化为生产价格难题的解法

假定存在这样一个简单的资本主义经济：第一，社会生产划分为两个生产部门 A 和 B，分别生产产品 X 和 Y。第二，这两个生产部门的预付资本都由产品 X 和 Y 构成，其中投入到生产部门 A 的不变资本是 30 单位产品 X 和 10 单位产品 Y，投入到生产部门 B 的不变资本是 15 单位产品 X 和 45 单位产品 Y。第三，投入这两个部门的劳动力分别为 6 单位和 4 单位，每单位劳动力工作 10 单位劳动时间，全部劳动都是同类劳动。第四，每单位劳动力得到的实物工资是 5/2 单位产品 X 和 5/2 单位产品 Y，剩余价值率是 100%。第五，生产部门 A 和 B 的产量分别是 100 单位产品 X 和 Y。

这两个生产部门的实物生产情况如表 4 所示。表中不变资本和产量分别

用产品 X 和 Y 的单位表示，必要劳动和剩余劳动用劳动时间表示。由于投入到部门 A 的劳动力是 6 单位，每单位劳动力工作 10 单位劳动时间，在剩余价值率是 100% 的条件下，必要劳动时间和剩余劳动时间同为 30 单位。根据同样的道理，部门 B 的必要劳动时间和剩余劳动时间同为 20 单位。

表4   实物生产情况

生产部门	产品 X	产品 Y	必要劳动	产量
A	30	10	30	100
B	15	45	20	100

由于投入到生产部门 A 的劳动力是 6 个单位，每单位劳动力得到的实物工资是 5/2 单位产品 X 和 5/2 单位产品 Y，投入到该部门的可变资本是 15 单位产品 X 和 15 单位产品 Y。根据同样的道理，投入到生产部门 B 的可变资本是 10 单位产品 X 和 10 单位产品 Y。

设每单位产品 X 的价值是 V_x，每单位产品 Y 的价值是 V_y，生产部门 A 生产出来的体现剩余价值的产品 X 和产品 Y 的数量分别是 C 和 D，生产部门 B 生产出来的体现剩余价值的产品 X 和产品 Y 的数量分别是 E 和 F，那么可以得到下述方程组：

$$(30V_x + 10V_y) + (15V_x + 15V_y) + CV_x + DV_y = 100V_x \tag{1}$$

$$(15V_x + 45V_y) + (10V_x + 10V_y) + EV_x + FV_y = 100V_y \tag{2}$$

$$C + E = 100 - (30 + 15) - (15 + 10) \tag{3}$$

$$D + F = 100 - (10 + 45) - (15 + 10) \tag{4}$$

$$15V_x + 15V_y = 30 \tag{5}$$

$$CV_x + DV_y = 30 \tag{6}$$

方程（1）和方程（2）表示不变资本、可变资本和剩余价值之和等于产品的价值，方程（3）表示生产部门 A 的产量扣除了投入到两个生产部门的不变资本（30 + 15）和可变资本（15 + 10）后的余额。方程（4）同样表示生产部门 B 的产量扣除了投入到两个生产部门的不变资本（10 + 45）和可变资本（15 + 10）后的余额，方程（5）表示生产部门 A 可变资本的价值等于必要劳动时间，方程（6）表示生产部门 A 的剩余价值等于剩余劳动时间。从方程组求 6 个未知数可得 $V_x = 1$，$V_y = 1$，$C + E = 30$，$D + F = 20$。这样，可以得到表 5 表示的价值形成情况。表中的数字是以劳动时间为单位。

表5　　　　　　　　　　价值形成情况

生产部门	不变资本	可变资本	剩余价值	剩余价值率	价值
A	40	30	30	100%	100
B	60	20	20	100%	100

在资本主义生产条件下，不变资本与可变资本构成生产成本，剩余价值作为生产成本的产物而表现为利润，利润在资本转移的竞争中趋向平均化，从而得到表 6。生产部门 A 的生产成本是 70（ = 40 + 30），利润率是 43%（ = 30/70），生产部门 B 的生产成本是 80（ = 60 + 20），利润率是 25%（ = 20/80），平均利润率是 $33\frac{1}{3}$%（ = [30 + 20]/[70 + 80]）；生产部门 A 的平均利润是 $23\frac{1}{3}$（ = 70 × $33\frac{1}{3}$%），生产部门 B 的平均利润是 $26\frac{2}{3}$（ = 80 × $33\frac{1}{3}$%）；生产部门 A 的生产价格是 $93\frac{1}{3}$（ = 70 + $23\frac{1}{3}$），生产部门 B 的生产价格是 $106\frac{2}{3}$（ = 80 + $26\frac{2}{3}$）。

表6　　　　　　　　价值转化为生产价格的第一阶段

生产部门	生产成本	利润率（%）	平均利润率（%）	平均利润	生产价格
A	70	43	$33\frac{1}{3}$	$23\frac{1}{3}$	$93\frac{1}{3}$
B	80	25	$33\frac{1}{3}$	$26\frac{2}{3}$	$106\frac{2}{3}$

完成了价值转化为生产价格的第一个逻辑阶段以后，总剩余价值等于总利润（30 + 20 = $23\frac{1}{3}$ + $26\frac{2}{3}$），总价值等于总生产价格（100 + 100 = $93\frac{1}{3}$ + $106\frac{2}{3}$）。各生产部门生产价格对价值的偏离是由于本部门平均利润对剩余价值的偏离造成的（$93\frac{1}{3}$ − 100 = $23\frac{1}{3}$ − 30；$106\frac{2}{3}$ − 100 = $26\frac{2}{3}$ − 20）。这意味

着，生产价格是在资本转移的影响下剩余价值在各个生产部门中重新分配而形成的。

在这个逻辑步骤里，利润率等于剩余价值除以生产成本，平均利润率等于总剩余价值除以总生产成本，它们都是以价值来表示的利润率。另外，在这个逻辑步骤里，生产成本等于不变资本与可变资本之和，它是用价值来表示的。既然产品 X 和 Y 的生产价格已经与价值发生偏离，而生产成本中的产品 X 和 Y 又是从市场购买的，它们也应该用生产价格表示而不是用价值表示。由此可见，价值转化为生产价格的过程并没有完成。

假设产品 X 和 Y 的生产价格与价值的比率分别是 x 和 y，平均利润率是 r，根据表 5 和表 6 的数据，可以得到下面的方程组：

$$(30x + 10y + 15x + 15y)(1 + r) = 100x \qquad (7)$$

$$(15x + 45y + 10x + 10y)(1 + r) = 100y \qquad (8)$$

$$100x + 100y = 100 + 100 \qquad (9)$$

方程（7）中的 30 和 10 分别是生产部门 A 不变资本的产品 X 和 Y 的价值，15 和 15 是可变资本的产品 X 和 Y 的价值，该方程说明以生产价格表示的不变资本和可变资本之和与（1 + r）的乘积等于产品 X 的生产价格。方程（8）表示相似的意思。方程（9）表示前面论证的恒等式：总价值（100 + 100）等于总生产价格（100x + 100y）。

解上面的方程组得 x = 0.9，y = 1.1，r = 32%。这样，便得到了完成价值转化为生产价格的第二个逻辑阶段的最终的生产价格，如表 7 所示。

表7 价值转化为生产价格的第二阶段

生产部门	生产成本*	利润率（%）	平均利润率*（%）	平均利润	生产价格
A	68	43	32	22	90
B	82	25	32	28	110

注：＊以生产价格表示。

在表 7 中，生产部门 A 的生产成本是（30x + 10y + 15x + 15y），生产部门 B 的生产成本是（20x + 40y + 10x + 10y），它们都是以生产价格表示的。平均利润率是从方程组求出来的，它也是以生产价格表示的。

比较表6和表7可以看到，价值转化为生产价格的过程在继续进行，以价值表示的生产成本进一步转化为以生产价格表示的生产成本，以价值表示的平均利润率进一步转化为以生产价格表示的平均利润率。

还可以看到，最终转化成的生产价格偏离价值的幅度，要大于转化过程中的生产价格偏离价值的幅度。究其原因，是因为经过第一个逻辑步骤的转化以后，产品X的生产价格低于价值，而生产部门投入的不变资本和可变资本又包含较多的产品X，经过第二个逻辑步骤的转化以后，即不变资本和可变资本的价值转化为生产价格以后，产品X的生产价格低于价值的幅度增大了。根据同样的道理，产品Y的生产价格高于价值的差额也扩大了。

比较表6和表7还可以看到，经过第一个逻辑步骤的转化以后，总价值（=100+100）等于总生产价格（=$93\frac{1}{3}$+$106\frac{2}{3}$）。再经过第二个逻辑步骤的转化以后，总价值（=100+100）仍然等于总生产价格（=90+110）。

根据价值转化为生产价格的分析可以得到下述结论：在价值转化为生产价格的过程中，不仅剩余价值在各个生产部门中发生了重新的分配，而且生产成本也因为单位产品的生产价格与价值的偏离在数量上也发生了变化。这就是说，生产价格的形成不仅是剩余价值在各个生产部门中重新分配的结果，而且也是不变资本和可变资本的价值在各个生产部门中重新配置的结果。

根据价值转化为生产价格的分析还可以得到下述结论：尽管马克思没有完成生产成本应该用生产价格表示而不是用价值表示而产生了价值转化为生产价格的问题，但是马克思的结论是正确的，生产价格是由价值转化而来的，总价值等于总生产价格，商品的价值是商品的生产价格的基础。

五、商品的生产价格和市场价格

在价值转化为生产价格以后，价格和市场价格形成的基础从价值变为生产价格。正如前面的分析指出的那样，商品的生产价格与价值一样，都是以劳动时间来表示的。当商品的生产价格以货币的形式表现出来，便形成了竞争条件下的商品的价格。由于商品的生产价格与价值已经发生了背离，在货币因素为一定的条件下，商品生产价格的货币表现即相对于生产价格而言的价格与价值的货币表现即相对于价值而言的价格也发生了背离。

当商品投入到市场以后，以商品的生产价格为基础的价格将受到供给与需求的影响，从而形成竞争条件下的商品的市场价格。由于在需求量大于供给量的时候商品的市场价格将上升，在需求量小于供给量的时候商品的市场价格将下降，商品的市场价格还将与价格发生背离。

商品的价值、生产价格、价格、市场价格的关系如图 1 所示。

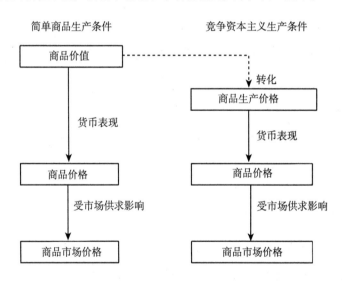

图1　商品价值和生产价格的关系

参考文献

［1］Samuelson, P. A., Understanding the Marxian Notion of Expoitation, Journal of Economic Literature, June 1971.

［2］Sweezy, P. A., edited, Karl Marx and the Close of His System by E. N. Bohm-Bawerk's Criticism of Marsx by Hilferding, Augustus M. Kelley Publisher, New York.

马克思主义垄断价格理论的构建[*]

一、马克思主义垄断价格的分析结构

垄断是指少数几个厂商通过控制市场的供给或需求来获得超额利润的行为。在竞争的压力下，厂商为了在竞争中处于有利地位，不断地把部分剩余价值用于扩大再生产，或者不断地兼并或收购别的厂商以扩大规模，即通过资本积累和资本集聚的方法进行扩张。当生产集中发展到一定的程度时，在一个生产部门内往往只有少数几家厂商，它们可以有效地排斥别的厂商的竞争，从而形成了垄断。

马克思生活在竞争的资本主义时代，他没有也不可能对垄断的形成以及垄断条件下的各个经济范畴展开分析。但是，马克思已经敏锐地感觉到垄断的萌芽。马克思曾经将垄断区分为自然的垄断和人为的垄断。自然的垄断是指某些自然的因素阻碍了别的部门的资本的竞争而在某个部门中形成垄断，人为的垄断是指资本主义生产方式造成的垄断。马克思在《资本论》第三卷中论述资本转移时曾经这样写道："第一个条件的前提是：社会内部已有完全的商业自由，消除了自然垄断以外的一切垄断，即消除了资本主义生产方式

---

* 本文发表于《马克思主义研究》2009 年第 11 期，中国人民大学复印资料《理论经济学》2010 年第 4 期全文转载。关于本文核心观点的分析最早出现在本人 1989 年由中山大学出版社出版的《价值和价格论》第五章。

本身造成的垄断……"(《马克思恩格斯全集》第25卷，第219页）马克思所说的人为的垄断就是资本主义经济的垄断。

另外，马克思也意识到资本的集中将会限制竞争，从而形成垄断。马克思在《资本论》第一卷中指出："资本的这种集中和资本吸引资本的规律，不可能在这里加以阐述。简单地提一些事实就够了。竞争斗争是通过使商品便宜来进行的。在其他条件不变时，商品的便宜取决于劳动生产率，而劳动生产率又取决于生产规模。因此，较大的资本战胜较小的资本。其次，我们记得，随着资本主义生产方式的发展，在正常条件下经营某种行业的所需要的单个资本的最低限量提高了。因此，较小的资本挤到那些大工业还只是零散地或不完全占领的生产领域中去。在那里，竞争激烈的程度同互相竞争的资本的多少成正比，同互相竞争的资本的大小成反比。"(《马克思恩格斯全集》第23卷，第219页）

马克思对竞争条件下的资本主义生产方式进行了精辟的分析，他分析了资本主义竞争条件下商品的价值以及价值转化为生产价格，创立了劳动价值理论。接着，马克思又以劳动价值理论为基础建立了剩余价值理论，以剩余价值理论为基础建立了他的宏大的经济学理论体系。但是，当今的时代是垄断资本主义时代，马克思主义经济学者应该根据马克思的基本理论和基本方法，在马克思价值转化为生产价格的基础上探讨生产价格转化为垄断价格的规律，进一步完善马克思主义的理论体系。

长期以来，马克思主义经济学者对垄断进行了全面和深入的分析，但是还没有人按照价值、生产价格、垄断价格这样的逻辑去分析垄断价格范畴。美国经济学者斯威齐（P. M. Sweezy）在他出版的被认为是马克思经济学权威解释论著的《资本主义发展理论》中认为垄断价格的决定没有规律可言。他写道："在垄断条件下，交换比率既不与劳动时间的比率相一致，也不像在生产价格的情形那样与劳动时间的比率有从理论上可以证实的关系。……这不是经济学家的过错，也不是像一些人所说的这纯粹是科学落后的表现。在这个课题里，困难是内在的。没有理由发现垄断价格的一般规律，因为本来就

不存在这样的规律。"（Sweezy，pp. 270 –271）

垄断价格果真没有规律吗？笔者认为，任何基本的经济范畴都具有内在的规律。经济规律不是经济现实本身，而是对经济现实最本质的反映。随着简单商品生产到资本主义商品生产的发展，价值转化为生产价格。随着竞争的资本主义到垄断的资本主义的发展，生产价格也将转化为垄断价格。

马克思曾经指出："超额利润还能在下列情况下产生出来：某些部门可以不把它们的商品价值转化为生产价格，从而不把它们的利润化为平均利润。"（《马克思恩格斯全集》第25卷，第222页）马克思的思想给予我们下述重要启示：第一，在垄断条件下，利润平均化的过程将受到阻碍；第二，以超额利润为形式的垄断利润就会产生，垄断价格就会形成。

笔者认为，要按照马克思的基本逻辑构建马克思主义垄断价格理论，首先需要明确垄断价格的分析结构。

在马克思经济学的范畴里，价值与市场价格是不同的概念，价值是市场价格的基础，市场价格是价值的货币表现并在市场供求的影响下发生变化。因此，价值转化为生产价格不是价值转化为市场价格，而是一种价值转化为另一种价值。当许多经济学者都在这个问题上感到困惑的时候，波兰经济学者罗博津斯基（R. Rosdolsky）曾经指出："马克思所说的'生产价格'在事实上绝不是'价格'，只不过是平均利润率的介入后修正了的价值。"（Rosdolsky，P. 411）罗博津斯基的认识与马克思的原意是相符合的。价值和生产价格实际上都是以劳动时间为单位，而市场价格是以货币为单位。在简单商品生产条件下，市场价格以价值为基础变化。在竞争资本主义条件下，市场价格以生产价格为基础变化。这样，生产价格转化为垄断价格也是一种价值转化为另一种价值，它们也是以劳动时间表示的。

从价值转化为生产价格，再从生产价格转化为垄断价格，都是价值形态的变化，这是从抽象到具体，从本质到现象的一种过渡。在价值转化为生产价格以前，价值的货币表现形成价格，价格在市场上受供求影响形成市场价格。在价值转化为生产价格以后，生产价格的货币表现形成价格，价格在市场上受供求影响形成市场价格。同样，在生产价格转化为垄断价格以后，垄断价格的货币表现形成价格，价格在市场上受供求影响形成市场价格。在经济不同的发展阶段，市场价格的基础是不同的，它分别经历了从价值到生产价格，再到垄断价格的变化。

由此可见，价值、生产价格、垄断价格分别称为价值、生产价值、垄断价值似乎更加准确。但是，在马克思以前和以后的理论研究中，已经将生产价值称为生产价格，所以本文仍沿用生产价格的说法。另外，既然已经用生产价格表示生产价值，在本文也用垄断价格表示垄断价值。但是，应该明确的是，生产价格是经平均利润率规律调整后的价值，垄断价格是经垄断利润规律进一步调整后的价值，它们都是价值，都是以劳动时间表示的。价格仅仅是不同的价值形态即价值、生产价格、垄断价格的货币表现，它们是以货币来表示的。市场价格则是在市场需求和供给影响下形成的价格，它也是用货币来表示的。

二、生产价格转化为垄断价格的逻辑过程和数量关系

如果说商品的生产价格是按等量资本获得等量利润的规律来调整的价值，那么商品的垄断价格是按照垄断利润规律来调整的生产价格。生产价格转化为垄断价格的逻辑过程如下：

第一，按最劣生产条件决定本部门的"生产价格"。在竞争的条件下，某个生产部门形成的生产价格是以正常的生产条件下厂商可以获得平均利润为基础，这是严格意义的生产价格。但是，在垄断的条件下，由于垄断厂商控制了本部门的生产，从而抑制了本部门的竞争，该生产部门的"生产价格"将以最劣生产条件下进行生产的厂商仍然能够得到平均利润作为基础。但是，这已经不是严格意义的生产价格，而是向垄断价格转化过程中的生产价格。这样，生产条件最劣的厂商得到与别的竞争部门相似的平均利润，而其他厂商则得到超额利润。

第二，阻碍利润率的平均化过程以实现超额利润。如果垄断厂商通过对本部门生产的控制以希望获取超额利润，但又不能有效地阻碍别的生产部门的厂商通过生产资本的转移的方式来分享这部分超额利润，那么超额利润不会转化为垄断利润，生产价格不会转化为垄断价格。然而，既然垄断厂商控制了本部门生产，它就能够有效地排斥别的生产部门的厂商的竞争。首先，垄断厂商的生产规模已经很大，原料来源和产品销路已经很稳定，要打入该垄断部门，必须具有一定的优势，这对于别的生产部门的厂商来说是极为困难的。其次，即使别的生产部门的厂商具有一定的优势，当它进入到这个垄断部门的时候，将与该生产部门的垄断厂商产生激烈的冲突，从而面临很大的风险。正因为这些原因，跨部门的生产资本的转移受到了抑制。

第三，实现垄断价格以获取垄断利润。在垄断资本主义阶段，各个生产部门的垄断程度是不一样的，因而存在垄断的生产部门和非垄断的生产部门，它们的产品分别用垄断价格和生产价格表示。但是，在生产价格转化为垄断价格的过程中，垄断的和非垄断的生产部门的投入品都是以生产价格表示。既然投入品也是商品，也是从市场上购买的，那么来自垄断生产部门的投入品也应该以垄断价格表示，来自非垄断生产部门的投入品仍然以生产价格表示，这样垄断的和非垄断的生产部门的利润将发生一定程度的调整。如果假定工人的实际工资率不变，将有一部分利润从非垄断生产部门转移到垄断生产部门。这意味着垄断价格是生产价格的转化形式，它是利润在垄断的和非垄断的生产部门之间重新调整的结果。从整个社会来看，垄断价格与非垄断价格之和仍然等于总生产价格。

为了更清楚地说明这个逻辑过程，下面通过一种假设的经济来说明价值转化为生产价格以及生产价格转化为垄断价格的数量关系。假定某资本主义经济有两个生产部门 A 和 B，分别生产产品 X 和 Y。生产部门 A 用 30 单位产品 X、10 单位产品 Y、6 单位劳动力生产出 100 单位产品 X，生产部门 B 用 20 单位产品 X、40 单位产品 Y、4 单位劳动力生产出 100 单位产品 Y。在生产部门 B 中，生产条件最劣的企业是 C，它用 5 单位产品 X、9 单位产品 Y、1 单位劳动力生产出 20 单位产品 Y。在这些部门和企业中，每个单位劳动力的劳动时间是 10 单位劳动时间，他们的劳动质量是相同的。另外，每单位劳动力得到的实物工资是 5/2 单位产品 X 和 5/2 单位产品 Y，剩余价值率为 100%。

根据这些假定，可以得到表 1 所示的实物的生产情况。如果生产部门 B 中各企业的生产条件是正常的生产条件，可以得到表 2 所示的生产价格的生产情况。①

表 1   实物的生产情况

生产部门	投入产品 X	投入产品 Y	投入劳动量	产量
A	30	10	60	100
B	25	45	40	100
C（企业）	5	9	10	20

表 2   生产价格的形成情况

生产部门	生产成本*	利润率（%）	平均利润率*（%）	平均利润	生产价格
A	68	43	32	22	90
B	82	25	32	28	110

注：* 以生产价格表示。

随着生产和资本的集中，生产部门 B 成为垄断部门。由于垄断厂商可以控制本部门的生产，它将按照本部门最劣生产条件的厂商 C 仍然能够得到平均利润决定本部门的"生产价格"。因此，假设本部门每单位产品 Y 的"生产价格"为 V_y，那么它等于满足下述方程的 V_y 的解。

$$[(5 \times 0.9 + 9 \times 1.1) + (2.5 \times 0.9 + 2.5 \times 1.1)](1 + 32\%) = 20V_y \quad (1)$$

方程（1）表示，厂商 C 不变资本的生产价格（5X0.9 + 9X1.1）加上可变资本的生产价格（2.5X0.9 + 2.5X1.1）之和，即生产成本在能够得到平均利润 32% 的条件下，该厂商生产的产品 Y 的生产价格。解方程得 $V_y = 1.28$。

———————————

① 这个过程涉及比较复杂的分析，但这个分析不是本文的主题，可参看李翀：《马克思主义国际贸易理论的构建》，中国财政经济出版社 2006 年版，第 83~88 页。

这意味着如果厂商 C 仍然能够得到平均利润，生产部门 B 所生产的每单位产品 Y 的"生产价格"是 1.28。这里需要再次强调，这个"生产价格"不是严格意义的生产价格，而是向垄断价格转化中的生产价格，可以称为最初的垄断价格。

在生产部门 B 所生产的产品 Y 形成最初的垄断价格以后，由于产品 Y 是生产部门 A 和 B 的投入品，它也是从市场上购买的，因而不能只将生产部门 B 的产品 Y 的生产价格转化为垄断价格，还要将投入到生产部门 A 和 B 的产品 Y 的生产价格转化为垄断价格。又由于产品 Y 的垄断价格高于生产价格，生产部门 A 和 B 并不是同比例地使用产品 Y，因而它们的生产成本和利润率都将发生变化。这样，设 x^p 是产品 X 调整后的生产价格与调整前的生产价格的比率，y^m 是产品 Y 最终的垄断价格与生产价格的比率，r 是平均利润率，R 是垄断利润率，那么在同时作为投入品和产出品的产品 Y 都以最终的垄断价格表示的条件下，整个调整过程必须满足下列方程组：

$$(45x^p + 25y^m)(1 + r) = 100x^p \tag{2}$$

$$(25x^p + 55y^m)(1 + R) = 100y^m \tag{3}$$

$$(7.5x^p + 11.5y^m)(1 + r) = 20y^m \tag{4}$$

$$100x^p + 100y^m = 90 + 110 \tag{5}$$

方程（2）说明，生产部门 A 是非垄断部门，它投入的产品 X 用调整后的生产价格表示，投入的产品 Y 用最终的垄断价格表示，产出的产品 X 用调整后的生产价格表示以后，它的生产成本得到了平均利润率 r。

方程（3）说明，生产部门 B 是垄断部门，它投入的产品 X 用调整后的生产价格表示，投入的产品 Y 用最终的垄断价格表示，产出的产品 Y 用最终的垄断价格表示以后，它的生产成本得到了超额利润率 R。

方程（4）说明，生产条件最劣的厂商 C 处于垄断部门 B，它投入的产品 X 用调整后的生产价格表示，投入的产品 Y 用最终的垄断价格表示，产出的产品 Y 用最终的垄断价格表示以后，它的生产成本仍然得到了平均利润率 r。

方程（5）说明，由于生产价格和垄断价格都是用劳动时间表示的，在生产价格转化为垄断价格的过程中，社会产量没有变化，投入的劳动时间没有变化，所以在生产价格转化为垄断价格以后，产品 X 调整后的总生产价格与产品 Y 的最终的总垄断价格之和，等于生产价格转化为垄断价格以前产品 X 和产品 Y 的总生产价格。

求解由方程（2）到方程（5）构成的方程组，可以得到 $x^p=0.8$，$y^m=1.2$，$r=21.21\%$，$R=39.53\%$，从而可以得到表 3 所示的生产价格和垄断价格形成情况。在表中，生产成本是不变资本与可变资本之和。

021

表 3 生产价格和垄断价格的形成情况

生产部门	生产成本	利润率（%）	生产价格和垄断价格
A	36 + 30	21.21	80
B	20 + 66	39.53	120
C（企业）	6 + 13.8	21.21	24

从表 4 可以看到，非垄断部门 A 在生产部门 B 的产品 Y 的生产价格转化为垄断价格以后，由于不得不按照垄断价格购买产品 Y，它得到的平均利润率从 32% 下降到 21.21%，它的产品 X 的生产价格从每单位产品 0.9 下降到 0.8。垄断部门 B 在本部门生产的产品 Y 的生产价格转化为垄断价格以后，即使按照垄断价格购买产品 Y，它得到的利润率从 32% 上升到 39.53%，它的产品 Y 的生产价格从每单位产品 1.1 上升到 1.2。厂商 C 是垄断部门生产条件为最劣的企业，它仍然得到了平均利润 21.21%。正因为它得到了平均利润，本部门的垄断厂商得到了超额利润，这种超额利润就是垄断利润。

从生产价格转化为垄断价格的过程可以看到，转化以后的生产价格（80）与垄断价格（120）之和，仍然等于转化前的生产价格之和（90 + 110），生产价格转化为垄断价格实际上是部分非垄断部门的利润转移到垄断部门，生产价格在垄断和非垄断部门重新配置的结果。正如价值支配着生产价格一样，价值也支配着垄断价格。

马克思主义垄断价格理论的构建

三、垄断价格与垄断条件下的市场价格

垄断价格是以劳动时间表示的。如果说生产价格是利润率平均化条件下的价值，那么垄断价格就是生产集中导致垄断条件下的价值。垄断价格的货币表现形成垄断条件下的价格，垄断条件下的价格在市场上受到供给和需求影响形成垄断条件下的市场价格。价值、生产价格和垄断价格是抽象层次的分析，价格是过渡层次的分析，市场价格是现象层次的分析。商品的价值、生产价格、垄断价格、价格、市场价格的关系如图 1 所示。

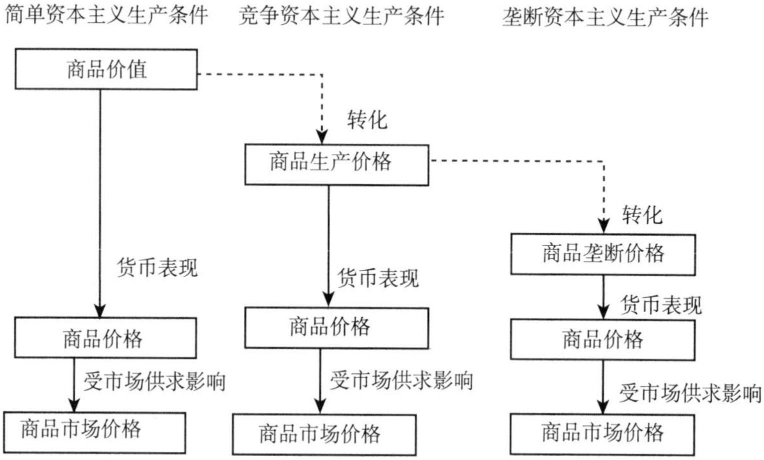

图 1　垄断价格的分析结构

在垄断条件下的市场价格的研究领域，张伯伦（E. H. Chanberlin）和罗宾逊（J. Robinson）建立的不完全竞争条件下的价格理论具有一定的借鉴意义。这里需要强调的是，正如前面的分析所指出的，垄断价格和垄断条件下的市场价格是两种不同层次的分析。

应该指出，张伯伦和罗宾逊对垄断形成的原因的分析是肤浅的。按照张伯伦和罗宾逊的看法，垄断是由产品的差别造成的。张伯伦指出："如有差别则垄断发生，差别的程度越大，垄断的因素也越大。盖产品如有任何程度的差别，即可说该售卖者对他的产品拥有绝对的垄断，但却要或多或少遭到不完全替代品的竞争。这样则每人都是垄断者，而同时也是竞争者，我们可以称他们为'垄断竞争者'，而称这种力量为'垄断竞争'特别适宜。"（张伯伦，第7页）

这种看法有两个明显的理论缺陷：第一，它忽视了垄断的形成是一个历史的过程。产品的差别自从人类开始生产产品以来就产生并且永远存在。如果垄断是产品差别造成的，垄断就成为自古就有而且永恒存在的现象。众所周知，垄断资本主义是19世纪70年代开始形成的。当然，垄断与垄断资本主义不能相提并论。但是，只有在垄断资本主义形成以后，垄断才成为一种普遍的现象。显然，垄断形成的原因应该从资本主义的生产方式去寻找。第二，它否认了垄断是一种生产关系。任何产品都存在差异，如果垄断是产品差别造成的，那么就像张伯伦所说的，每个生产者都是垄断者。这样，就歪曲了一个公认的事实：在垄断的市场上，少数几个厂商控制了某种商品的生产和销售，它们通过这种对市场的控制获取了高额的利润。显然，垄断不是产品的自然特点产生的，而是资本主义生产关系的一个发展阶段。

但是，也应该指出，张伯伦和罗宾逊的分析方法能够揭示垄断条件下市场价格形成的特点。根据从张伯伦和罗宾逊开始的，后来经经济学家们不断完善的分析，垄断条件下市场价格形成过程如下：在垄断的条件下，厂商不再是市场价格的被动接受者，他的销售量的大小对市场价格将产生影响。该厂商的销售量越大，买者愿意支付的价格就越低。因此，在以横轴表示该厂商某种商品的销售量，以纵轴表示该商品价格的坐标系里，该厂商面临的需求曲线即他的平均收益曲线是一条向右下方倾斜的曲线，如图2（a）的曲线AR所示。由于该厂商的平均收益随着销售量的增加而递减，而边际收益又是增加商品的销售量所增加的收益，边际收益曲线也是一条位于平均收益曲线下方的向右下方倾斜的曲线，如图2（a）的曲线MR所示。这样，该厂商的按照边际收益等于边际成本的最大利润原则决定商品的销售量Oq，相对这个销售量的商品价格是 Op（萨缪尔森，第 152 页）。另外，图 2（b）的曲线 D 表示需求曲线，曲线 S 表示供给曲线，由需求曲线 D 和供给曲线 S 的交点决定的均衡价格是 Op，均衡交易量是 Oq。

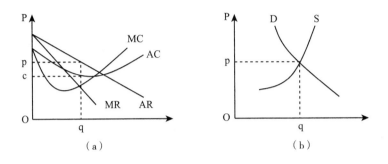

图 2　垄断条件下市场价格的形成

在完全垄断的条件下，即在这家厂商是这种商品的唯一生产者的条件下，该厂商的价格（图 2（a）中的 Op）就是市场的价格（图 2（b）的 Op），该厂商的产量（图 2（a）中的 Oq）就是市场的均衡供给量（图 2（b）的 Oq）。在寡头垄断的条件下，即在少数几家厂商控制了这种产品的市场的条件下，如果这些厂商存在勾结或默契的行为，各个厂商的价格等于市场的价格，各个厂商产量的总和等于市场的均衡供给量。如果这些厂商不存在勾结或默契的行为，各个厂商的价格与市场价格存在一定的差异，各个厂商产量的总和仍然等于市场的均衡供给量。在垄断竞争的条件下，即存在众多的厂商，它们能够在一定程度限制竞争但又不能完全排除竞争的条件下，别的行业的厂商在利润动机的支配下将进入这个行业进行生产，图 2（b）中的供给曲线向右方移动，市场价格将下降，图 2（a）的 AR 和 MR 曲线将向下移动，最后使单位产品的垄断利润 cp 趋向于消失。

应该指出，前面对生产价格转化为垄断价格的分析与张伯伦、罗宾逊以及后来的经济学者对垄断价格的分析存在差异：

第一，生产价格转化为垄断价格的分析是价值形态的分析，在生产价格转化为垄断价格的过程中，各个变量都是以劳动时间表示的。张伯伦和罗宾逊对垄断价格的分析是市场价格形态的分析。虽然他们从某个厂商的角度分析垄断条件下如何制定价格，但是该厂商制定的价格与市场的价格是相互联系相互影响的。在图2（b）中，在该厂商的平均成本和边际成本曲线为一定的条件下，如果该产品的需求曲线或供给曲线发生了移动，市场价格将发生变化，那么图2（a）的 AR 和 MR 曲线将发生移动，厂商的价格也将发生变化。相反，在该产品的市场需求为一定的条件下，如果该厂商的平均成本和边际成本曲线发生变化，厂商的价格也将发生变化，市场的供给曲线将发生变化，市场价格也将发生变化。因此，生产价格转化为垄断价格的分析和在垄断的条件下厂商价格决定的分析是不同层次的分析。

第二，生产价格转化为垄断价格的分析主要涉及寡头垄断条件下厂商存在着不同形式的勾结这种垄断的情形，张伯伦、罗宾逊以及后来的经济学者对垄断价格的分析涉及垄断竞争、寡头垄断和完全垄断三种不同程度的垄断的情形。由于完全垄断的情形在现实的经济中几乎是不存在的，所以西方经济学者对垄断的分析范围更广。生产价格转化为垄断价格的分析所以选择寡头垄断作为分析的前提，是因为垄断竞争接近于竞争，完全垄断是理论上的极端情形，寡头垄断就成为垄断最有代表性的形态。但是，应该指出，张伯伦、罗宾逊以及后来的经济学者对垄断价格数量关系的分析能够从市场价格的形态上反映垄断价格的形成过程。

本文的分析表明，在生产价格转化为垄断价格以后，商品的市场价格将以垄断价格的货币表现为基础并在需求或供给的影响下发生变化。

参考文献

［1］《马克思恩格斯全集》第23卷，人民出版社1972年版。

［2］《马克思恩格斯全集》第25卷，人民出版社1972年版。

［3］李翀：《价值和价格论》，中山大学出版社1989年版。

［4］罗宾逊：《不完全竞争经济学》，陈家璧译，商务印书馆1961年版。

［5］萨缪尔森：《微观经济学》，肖琛等译，人民邮电出版社2004年版。

［6］张伯伦：《垄断竞争理论》，郭家麟译，三联书店1958年版。

[7] Baran, P. A. and P. M. Sweezy, Monopoly Capital, New York: Monthly Review Press, 1968.

[8] Rosdolsky, R., The Making of Marx's "Capital", London: Pluto Press, 1977.

[9] Sweezy, P. M., Theory of Capitalist Development, New York: Monthly Review Press, 1946.

马克思主义国际价值理论的构建 *

一、国际价值实体与国际价值量

原来马克思准备在他的六册写作计划的《对外贸易》中讨论国际价值的问题，遗憾的是马克思在他的有生之年未能完成《对外贸易》的著述。但是，马克思在《资本论》以及其他著作中已经明确地提出了国际价值的范畴。国际价值的讨论由来已久，但在经济全球化的今天全面地概括和建立马克思主义的国际价值理论，对于深入地认识国际经济现象具有重要的意义。

笔者认为，马克思主义的国际价值理论包括国际价值实体、国际价值量、国际价值的本质、国际价值与国际市场价格、国际价值与国际商品交换、国际价值与国际贸易产生等组成部分。

首先应该指出，不是所有的商品都会形成国际价值，只有参与国际贸易的商品才有可能形成国际价值。商品进入世界市场进行交换，商品的国内价值将转化为国际价值。从历史上看，国际商品交换在国内商品交换还不是很发达的时候就已经发生。但是从理论上分析，世界商品市场是国内商品市场发展到较高的阶段才会形成。问题的关键在于个别的商品交换不等同于整个

* 本文发表于《当代经济研究》2007 年第 4 期，是本人主持的 2005 年国家社会科学基金一般项目"马克思主义国际贸易理论的构建"的研究成果。中国人民大学复印报刊资料《理论经济学》2007 年第 6 期全文转载。

商品市场。因此，国际价值的逻辑起点是国内价值。这就是说，在商品进入世界市场以前，不同生产者生产这种商品的个别价值已经转化为国内价值。在商品进入世界市场以后，商品各种不同的国内价值将转化为国际价值。

从价值实体的角度来分析，国际价值实体仍然是劳动，是凝结在商品中的抽象劳动。马克思曾经指出："棉花的价值尺度不是由英国的劳动小时，而是由世界市场上的平均必要劳动时间来决定。"（《马克思恩格斯全集》第47卷，第405页）如果说商品的国内价值体现了国内生产者之间的一定的生产关系，那么商品的国际价值则体现了不同国家的生产者群体之间的生产关系。商品的国际价值的形成是国民劳动和国际劳动的矛盾的产物。在一个国家内部，工人在资本家雇佣下进行生产，他们的劳动是国民劳动。但是，在国际分工的条件下，他们又是处于国际分工体系中的整体工人的一个部分。他们不仅为本国的市场而生产，而且为国际市场而生产，他们的劳动又是国际劳动。不同国家的商品要进行交换，国民劳动要表现为国际劳动，只能采取等量劳动交换的方式。正因为这样，不同程度的复杂劳动将化简为同样复杂的劳动，国内的社会必要劳动转化为国际必要劳动，从而形成了商品的国际价值。

商品国际价值形成的机制是竞争条件下的国家之间的商品交换。假定有两个国家 A 和 B，A 国生产某种商品耗费的社会必要劳动时间是 3 个单位，B 国生产同样的商品耗费同质的社会必要劳动时间是 5 个单位。在 A、B 两国之间存在商品交换的前提下，A 国生产者将把这种商品运到 B 国出售。在不考虑运输成本和关税的条件下，A 国生产者出售这种商品的价值大于或等于 3，小于或等于 5。如果 A 国生产者按照 5 的价值出售，由于存在着 B 国生产者的竞争，他的销售量将受到影响。如果 A 国生产者按照 3 的价值出售，他又失去了本来可以得到的更多的利润。因此，这种商品的国际价值将处于 3~5 之间。显然，如果没有国家之间的商品交换，没有商品生产者之间的竞争，国际价值将不会形成。

布哈林曾经指出："世界分工和国际交换是世界市场和世界价格存在的前

提。一般地说，价格的水平不是像地方的或'国家的'生产那样取决于生产成本。'国家的'与地方的价格差距在很大程度上被拉平，形成世界价格。"布哈林还证明，世界各国生产谷物的条件有着很大的差距，但是20世纪初期在5个国家的城市中谷物价格的差距已经很小了（布哈林，1983，第6页）。虽然布哈林在这里说的是世界价格的形成，但他所提到的机理适合于国际价值形成的分析。

从价值量的角度来分析，商品的国际价值仍然是由抽象劳动凝结而成的，是由生产商品所耗费的劳动量决定的。如果说商品的国内价值量是由生产该商品国内必要劳动时间决定的，那么商品的国际价值量是由生产该商品国际必要劳动时间决定的。马克思曾经指出："劳动中位强度是一国和一国不同的；它会在这里更大，在那里更小。不同的各国的平均数，因此会形成一种阶梯，而以世界劳动的平均单位作为尺度单位。因此，强度较大的国民劳动，比强度较小的国民劳动，将会在同等的时间内生产出更多的价值，表现为更多的货币。价值规律在国际上的应用，还会由于下述情况而发生更大的变化；只要生产效率较高的国家没有因竞争而被迫把它们的商品的出售价格降低到和商品价值相等的程度，生产效率较高的国民劳动在世界市场上也被算作强度较大的劳动。一国的资本主义生产愈是发展，那里民族的劳动强度和生产率，就会按同一程度高于国际水平。因此，在不同国内用同一劳动时间生产的不等量同种商品，将会有不等的国际价值，那表现为不同的价格，那就是，按国际价值表现为不同的货币额。"（马克思，第一卷，第610页）

笔者认为，如果要用一个简洁的公式来表示国际价值量，那么一种商品的国际价值即国际必要劳动时间可以表示为国内价值的加权平均数。设 n 个国家分别生产某种商品的国内价值即花费的必要劳动时间是 V_1，V_2，…，V_n，分别生产这种商品的数量是 Q_1，Q_2，…，Q_n，国际价值 V 为：

$$V = \frac{Q_1 V_1 + Q_2 V_2 + \cdots + Q_n V_n}{Q_1 + Q_2 + \cdots + Q_n} = \frac{\sum_{i=1}^{n} (Q_i V)_i}{\sum_{i=1}^{n} Q_i} \quad (i = 1,2,\cdots,n)$$

在世界市场上，国内必要劳动时间形成国际必要劳动时间，商品根据国际必要劳动时间来进行交换。对于所耗费的国内必要劳动时间多于国际必要劳动时间的那些国家的生产者来说，他们所耗费的劳动有一部分得不到补偿，他们在国际竞争中处于不利的地位。对于所耗费的国内必要劳动时间少于国际必要劳动时间的那些国家的生产者来说，他们所耗费的劳动不但全部得到补偿，而且还得到额外的收益，他们将在国际竞争中处于有利的地位。

虽然马克思没有专门分析国际价值量的决定，但是马克思有一段话可以揭示商品的国际价值量形成的特点。马克思指出："投在对外贸易上的资本所以提供较高的收益率，首先是因为，和它们竞争的商品，在其他国家，是用较小的生产便利生产的，因此，那个比较发达的国家，虽然比竞争国家按比较便宜的价格来售卖商品，但仍然是在它们的价值以上售卖。"（马克思，第三卷，第 258 页）如果利用上面的关于国际价值量的计算公式，马克思的话可以解释如下：假定存在发达国家 A 和发展中国家 B，A 国生产某种商品耗费的社会必要劳动时间是 3 个单位，产量是 50 个单位；B 国生产同样的商品耗费同质的社会必要劳动时间是 5 个单位，产量也是 50 个单位。按照国际价值量的计算公式，国际价值量是 4（ = [3 × 50 + 5 × 50] ÷ [50 + 50]）。这样，正如马克思所说的，发达国家按照比较便宜的价格 4 （ < 5）来售卖商品，但仍然是在它们的价值以上 （ > 3）售卖。

上述分析表明，国际价值形成的机理与国内价值是相同的。国内价值是个别价值扩展为社会价值，国际价值是国内价值扩展为国际价值。在国内价值的形成过程中，商品的交换突破了小区域的市场而扩大到大区域或全国的市场，因而国内价值除了生产商品所耗费的劳动时间以外，还涉及运输费用。但是，在国际价值的形成过程中，除了地处同一个大陆的小国之间交换的商品的国际价值所包括的运输费用与国内价值相似以外，大多数商品的交换都需要海洋运输或航空运输，因而国际价值中所包括的运输费用通常高于国内价值。

二、国际价值、国际价格与国际市场价格

国际价值是国际价格和国际生产价格的基础。在现实的世界市场上，国际价值是以国际价格和国际市场价格的形式表现出来。

国际价格是国际价值的货币表现。正如前面引用马克思的话所说的："在不同国内用同一劳动时间生产的不等量同种商品，将会有不等的国际价值，那表现为不同的价格，那就是，按国际价值表现为不同的货币额。"（马克思，第一卷，第610页）在金本位条件下，黄金本身是商品，也具有价值，商品的国际价格与国际价值成正比，与黄金的价值成反比。但是，金本位在20世纪30年代已经解体，国际金汇兑本位在20世纪70年代也已经解体，现行的国际货币制度是以国际储备货币为中心的浮动汇率制度。因此，商品的国际价格是以国际储备货币来表示的国际价值，它将受到国际储备货币汇率和数量的影响。

例如，美元和欧元都是国际储备货币，以美元或欧元来表示的商品的国际价格要受到美元与欧元汇率的影响。如果美元对欧元降值了，对于某种商品来说，即使以美元来表示的这种商品的国际价格没有变化，但相对于以欧元表示的某种商品的价格来说，以美元表示的这种商品的国际价格上升了；即使以欧元表示的这种商品的国际价格没有变化，但相对于以美元表示的某种商品来说，以欧元表示的这种商品的国际价格下降了。具体地说，假定原来1美元兑换1.20欧元，现在1美元兑换1.10欧元，美元对欧元降值。原来某种商品的国际价格是1.20欧元或1美元，现在它仍然是1.20欧元，但是它已经是1.09美元了。这就是说，相对于欧元价格来说，该商品的美元价格上升了。同样，原来某种商品的国际价格是1.20欧元或1美元，现在它仍然是1美元，但是它已经只有1.10欧元。这就是说，相对于美元价格来说，该商品的欧元价格下降了。

另外，以某一种国际储备货币来表示的某种商品的国际价格还受到该国

际储备货币数量的影响。如果该国际储备货币投放的数量过大，它所代表的价值同样会发生下降，商品的国际价格将上升。

商品的国际价格与国内价格不同的地方，除了国际价值与国内价值不同的地方以外，还在于国际价格包括关税，而国内价格不包括关税。假如其他因素不变，商品的国际价格要高于商品的国内价格。

当商品投放到国际市场以后，商品的国际价格要受到商品的供给和需求的影响。在国际商品市场上商品的供给和需求的影响而表现出来的价格就是国际市场价格。当商品供不应求的时候，商品的国际市场价格将会上升；当商品供过于求的时候，商品的国际市场价格将会下降；当商品供求均衡的时候，商品的国际市场价格趋向稳定。由此可见，商品的国际市场价格将会偏离它的国际价格。它们的相等是偶然的和暂时的，而它们的偏离则是必然的和长期的。即使是在商品的国际市场价格保持均衡的条件下，由于这种均衡可以是在较高的市场价格水平上的均衡，也可以是在较低的市场价格水平上的均衡，商品的国际市场价格与国际价格也是偏离的。

尽管商品的国际市场价格不等同于同样以货币表示的国际价格，更不等同于以劳动时间表示的国际价值，但是商品的国际价值和国际价格对国际市场价格的内在影响则是显而易见的。商品的国际价值表示国际商品是劳动的产品，如果生产商品所耗费的劳动数量发生变化，即商品的国际价值发生变化，商品的国际市场价格也将发生变化。商品的国际价格是国际价值的货币表现，如果国际储备货币的汇率发生变化，或者国际储备货币的数量发生变化，即商品的国际价格发生变化，商品的国际市场价格也将发生变化。当然，商品国际价值或国际价格的变化可能在一定程度上被国际市场上供给和需求的变化所抵消，但这种影响是内在的，具有基础性质的影响。

三、国际价值与商品的交换

日本经济学者名和在 20 世纪 30 年代和 40 年代相继发表了题为《国际贸

易中的价值问题》和《国际价值论》的文章，试图将国内价值分析推广到国际价值分析，用马克思的劳动价值理论来分析国际贸易现象。在这两篇论文中，名和提出了国际贸易中的不等价交换问题。

名和认为，按照李嘉图的比较利益学说，各国的生产力的差异构成了国际贸易的基础，它们通过国际贸易都可以得到相应的利益。但是，在发达国家与发展中国家的贸易中，由于发达国家劳动者的劳动生产率高于发展中国家，发达国家出口商品包含的劳动量比较少，因而价值从发展中国家流向发达国家，商品的交换是不等价的。名和做了如下的解释：假定某工业国 A 生产某工业产品的效率是某农业国 B 的 12 倍，生产某农业产品的效率是该农业国的 2 倍。按照李嘉图的比较利益学说，A 国应该专门生产工业产品而 B 国应该专门生产农业产品。这样，A 国实际上是用 1 个单位的劳动生产的工业产品与 B 国交换 6 个单位劳动生产的农业产品，这两个国家的交换是不等价的交换（张忠任，第 108 ~ 109 页）。

实际上，李嘉图在提出比较利益学说时曾指出过这个问题。李嘉图在分析英国与葡萄牙进行毛呢和葡萄酒的交换时写道："因此，英国将以 100 人的劳动产品交换 80 人的劳动产品。这种交换在同一个国家中的不同个人间是不可能发生的。不可能用 100 个英国人的劳动交换 80 个英国人的劳动，但却能够用 100 个英国人劳动的产品去交换 80 个葡萄牙人、60 个俄国人或 120 个东印度人的劳动产品。关于一个国家和许多国之间的这种差别是很容易解释的。我们只要想到资本由一国转移到另一国以寻找更为有利的用途是怎样困难，而在同一个国家中资本必然会十分容易地从一省转移到另一省，情形就很清楚。"（李嘉图，第 114 页）这就是说，在李嘉图看来，由于资本在国与国之间转移受到阻碍，造成了这种不等价交换。

后来，马克思在分析国际贸易时，似乎也提出了同样的问题。马克思指出："就工业品来说，大家知道，拿英国比如说同俄国相比，100 万人生产的产品，不仅数量多得多，而且产品价值也大得多，……"（马克思，第 2 册，第 542 页）"一个国家的三个工作日也可能同另一个国家的一个工作日交换。

价值规律在这里有了重大的变化。"（马克思，第 3 册，第 112 页）但是，笔者认为，马克思的话的意思与李嘉图不同。马克思不是说明国际贸易的交换是不等价交换，而是说在等价交换的前提下发生了价值转移。马克思曾经很明确地指出："交换是等价物的交换，这种交换同对外贸易中的交换一样不会增加价值。"（《马克思恩格斯全集》第 46 卷，下册，第 317 页）根据马克思关于国际价值形成过程的分析可以看到，由于国际价值是由国内价值或国民价值转化而来的，尽管某个国家生产某种产品耗费的劳动较多，但如果这个国家的劳动生产率较低，那么只能形成比较少的价值；相反，尽管某个国家生产某种产品耗费的劳动较少，但如果这个国家的劳动生产率较高，那么也可以形成比较多的价值。在按照国际价值进行等价交换的条件下，就会发生一个国家的三个工作日同另一个国家的一个工作日交换的情况。

笔者认为，在国际贸易中商品是等价交换还是不等价交换，问题是用什么价值来度量。如果用各国的国内价值来度量，商品肯定是不等价交换的。这就像李嘉图所说的，用 100 个英国人劳动的产品去交换 80 个葡萄牙人劳动的产品。但是，如果用国际价值来度量，商品将是等价交换的。然而，很显然，在国际贸易中，商品的交换应该用国际价值来度量而不是用国内价值来度量。即使在现实的国际贸易中不等价交换也是经常发生的，从理论上研究国际贸易也必须从等价交换出发。首先，如果从不等价交换出发，那么将会得到剩余价值来自交换的结论，从而掩盖了剩余价值的真正来源。其次，如果从不等价交换出发，那么将不能深入到交换现象背后去认识生产的本质，而只在交换上兜圈子。最后，不等价交换的现象只有通过等价交换的分析才能更好地认识。但是，应该指出，即使商品按照国际价值进行等价交换的条件下，也会发生剩余价值的转移。

例如，假定有两个国家 A 和 B，原来分别生产 50 个单位的商品 X 和 Y。A 国生产商品 X 和商品 Y 耗费的社会必要劳动时间分别是 3 单位和 5 单位，B 国生产商品 X 和商品 Y 耗费的社会必要劳动时间分别是 1 单位和 3 单位。当这两种商品进入国际市场以后，将形成国际必要劳动时间即国际价值。按照商品国际价值量的计算公式，商品 X 和 Y 的国际价值分别是：

$$商品 X 的国际价值 = \frac{3 \times 50 + 1 \times 50}{50 + 50} = 2 \text{ 单位劳动时间}$$

$$商品 Y 的国际价值 = \frac{5 \times 50 + 3 \times 50}{50 + 50} = 4 \text{ 单位劳动时间}$$

A 国在商品 X 和 Y 的生产中都处于绝对不利地位，但却在商品 X 的生产中处于相对有利的地位。如果 A 国专门生产商品 X 而 B 国专门生产商品 Y，那么 A 国将用 2 个单位的商品 X 与 B 国交换 1 单位商品 Y。从国内价值的角度来看，交换是不等价的，A 国用 10 个单位的劳动与 B 国交换 3 个单位的劳动。但是，从国际价值的角度看，交换则是等价的，A 国用 4 单位劳动与 B 国交换 4 单位劳动。

在李嘉图看来，所以不能等价交换是因为资本在这两个国家之间不能充分流动。实际上，即使资本在这两个国家之间不能充分流动，在市场竞争的影响下同样形成商品的国际价值。例如，在上面的例子中，A 国生产商品 X 耗费了 3 个单位劳动时间，而 B 国生产商品 X 只耗费了 1 个单位劳动时间，A 国的商品 X 就可能被淘汰出市场。正是在这样的竞争中，商品 X 形成了 2 个单位劳动时间的国际价值。当然，商品的国际价值的形成不会像求各种商品国内价值的加权平均值这么简单，但求加权平均值可以用一种简洁的方式表现国际价值形成的关键过程。

但是，在等价交换的前提下，将会发生剩余价值的转移。假定存在两个国家，一个是发达国家，另一个是发展中国家，它们都有两个相同的生产部门 I 和 II，分别生产相同的两种产品 X 和 Y，产量都是 100 个单位，剩余价值率都是 100%，不变资本在生产期间耗费完毕，那么发达国家和发展中国家商品的价值如表 1 和表 2 所示。

表 1　　　　　　　　发达国家商品的价值

生产部门	预付资本	剩余价值率（%）	剩余价值	价值	国际价值
I	70c + 30v	100	30	130	135
II	90c + 10v	100	10	110	115

表2 发展中国家商品的价值

生产部门	预付资本	剩余价值率（%）	剩余价值	价值	国际价值
Ⅰ	60c + 40v	100	40	140	135
Ⅱ	80c + 20v	100	20	120	115

根据前面分析的结论，商品 X 的国际价值是 135（ = [130 × 100 + 140 × 100] ÷ [100 + 100]），商品 Y 的国际价值是 115（ = [110 × 100 + 120 × 100] ÷ [100 + 100]）。如果只有这两个国家向其他国家提供这两种商品，那么发达国家每出售 100 单位商品 X 得到的剩余价值是 35（ = 135 - 100），比它原来得到的剩余价值 30 多了 5。发展中国家每出售 100 单位商品 X 得到的剩余价值是 35（ = 135 - 100），比它原来得到的剩余价值 40 少了 5。这就是说，每 100 个单位的商品有数量为 5 的剩余价值从发展中国家转移到发达国家。商品 Y 的情况也是如此。这就是说，表面上的平等掩盖着实际上的不平等。

四、国际价值的本质

在国际商品市场上，人们相互交换商品，实际上是在交换劳动，商品的国际价值同样体现着各国生产者之间的关系。

在资本主义生产条件下，如果说商品的国内价值体现了一个国家内部的资本家阶级和工人阶级的生产关系，商品的国际价值则体现世界资本家阶级和世界工人阶级的生产关系以及不同国家的资本家阶级之间的生产关系。例如，在前面的表1 和表2 列举的例子里，发达国家的资本家阶级不仅占有本国工人阶级生产的 30 的剩余价值，而且占有发展中国家工人阶级生产的 5 的剩余价值，这就体现了世界资本家阶级和世界工人阶级的关系。另外，发达国家的资本家阶级多得到了 5 的剩余价值，发展中国家的资本家阶级少得了 5 的剩余价值，这也体现了不同国家的资本家阶级之间的生产关系。马克思曾经指出，"两个国家可以根据利润规律进行交换，两国都获利，但一国总是吃亏。"（《马克思恩格斯全集》第 46 卷，下册，401 页）虽然马克思没有详细和具体分析国际价值的问题，但是马克思也指出了国际价值的本质。继续引用前面引用过的马克思的话可以说明这一点。马克思指出："投在对外贸易上的资本所以提供较高的收益率，首先是因为，和它们竞争的商品，在其他国家，是用较小的生产便利生产的，因此，那个比较发达的国家，虽然比竞争国家按比较便宜的价格来售卖商品，但仍然是在它们的价值以上售卖。只要比较发达的国家的劳动会在这里当作比重较高的劳动来增殖价值，利润率就会提高；因为，不当作高级劳动来支付报酬的劳动，在这里，将会当作高级劳动来出卖。"（马克思，第 3 卷，第 258 页）马克思这段话实际上表明了，资本家通过国际贸易不但占有本国工人创造的剩余价值，即马克思所说的不当作高级劳动来支付报酬的劳动在这里当作高级劳动来出卖，而且还占有外国工人创造的剩余价值，即马克思所说的那个比较发达的国家虽然比竞争国家按比较便宜的价格来售卖商品，但仍然是在它们的价值以上售卖。马克思还更直接地指出："一国可以不断攫取另一国的一部分剩余劳动而在交换中不付任何代价，……"（《马克思恩格斯全集》第 46 卷，下册，第 402 页）

五、国际价值与国际贸易的原因

马克思没有从国际价值的角度专门分析国际贸易的原因，但是从马克思在《资本论》第 3 卷第 14 章讨论对外贸易对利润率的影响时所说过的一段话来看，他赞同李嘉图的比较优势学说。马克思指出："投在对外贸易上的资本所以提供较高的收益率，首先是因为，和它们竞争的商品，在其他国家，是用较小的生产便利生产的，因此，那个比较发达的国家，虽然比竞争国家按比较便宜的价格来售卖商品，但仍然是在它们的价值以上售卖。只要比较发达的国家的劳动会在这里当作比重较高的劳动来增殖价值，利润率就会提高；因为，不当作高级劳动来支付报酬的劳动，在这里，将会当作高级劳动来出卖。同样的情况，对商品输往并有商品从那里取得的国家来说，也可能发生。

这种国家尽管用实物来说，要超过所得到的物质化劳动，付出更多的物质化劳动，但是和本国自己生产的时候相比，它还是便宜地得到了商品。"（马克思，第 3 卷，第 258 页）马克思后半段话实际上表明了，即使一个国家生产某两种商品所耗费的劳动都多于另一个国家，但是它仍然会从另一个国家进口一种商品而向另一个国家出口另一种商品。两个国家之间的贸易发生的原因是，如果这个国家不进口这种商品而自己生产这种商品，它将耗费更多的劳动。

笔者将从国际价值的角度表述李嘉图的比较优势理论，以揭示国际贸易的原因、流向和利益。

假定有 A 和 B 两个国家，分别生产 X 和 Y 两种商品。如表 3 所示，A 国生产 1 单位商品 X 需要耗费 40 单位社会必要劳动时间，生产 1 单位商品 Y 需要耗费 30 单位社会必要劳动时间。B 国生产 1 单位商品 X 需要耗费 50 单位社会必要劳动时间，生产 1 单位商品 Y 需要耗费 60 单位社会必要劳动时间。

表 3 商品的价值

国家	商品种类	社会必要劳动时间
A 国	商品 X	40
A 国	商品 Y	30
B 国	商品 X	50
B 国	商品 Y	60

再假定在 X 和 Y 这两种商品的国际价值的形成过程中，国别价值的权重分别是 50%，那么：

商品 X 的国际价值 = 40X50% + 50X50% = 45 单位国际必要劳动时间

商品 Y 的国际价值 = 30X50% + 60X50% = 45 单位国际必要劳动时间

A 国生产商品 X 和 Y 分别耗费 40 和 30 单位社会必要劳动时间，B 国生产商品 X 和 Y 分别耗费 50 和 60 单位社会必要劳动时间，而商品 X 和 Y 的国际价值是 45 和 45 单位国际必要劳动时间，A 国生产这两种商品的国内价值都低于国际价值，B 国生产这两种商品的国内价值都高于国际价值。显然，A 国在商品 X 和 Y 的贸易中都具有绝对优势，B 国在商品 X 和 Y 的贸易中都处于绝对劣势。但是，这两个国家仍然有发生国际贸易的可能。

在 A 国，由于生产 1 单位商品 X 和 Y 分别耗费 40 和 30 单位社会必要劳动时间，商品 X 和 Y 的交换比率是 3 单位商品 X＝4 单位商品 Y。这意味着 A 国增加 1 单位商品 X 的生产需要放弃 4/3 单位商品 Y 的生产，增加 1 单位商品 Y 的生产需要放弃 3/4 单位商品 X 的生产。在 B 国，由于生产 1 单位商品 X 和 Y 分别耗费 50 和 60 单位社会必要劳动时间，商品 X 和 Y 的交换比率是 6 单位商品 X＝5 单位商品 Y。这意味着 B 国增加 1 单位商品 X 的生产需要放弃 5/6 单位商品 Y 的生产，增加 1 单位商品 Y 的生产需要放弃 6/5 单位商品 X 的生产。

如果把增加 1 单位某种商品的生产而不得不放弃的别的商品的产量称为相对价值，那么 A 国生产商品 Y 的相对价值（＝3/4）低于 B 国生产商品 Y 的相对价值（＝6/5），B 国生产商品 X 的相对价值（＝5/6）低于 A 国生产商品 X 的相对价值（＝4/3）。如果将相对价值较低的商品称为具有比较优势的商品，那么 A 国在商品 Y 的贸易中具有比较优势，B 国在商品 X 的贸易中具有比较优势。

在国际市场上，由于商品 X 和商品 Y 的国际价值分别是 45 和 45 单位国际必要劳动时间，商品 X 与商品 Y 的交换比例＝1 单位商品 X：1 单位商品 Y。这样，如果 A 国专门生产它具有比较优势的商品 Y，然后与 B 国交换商品 X，那么它在国内耗费 30 单位社会必要劳动时间生产的 1 单位商品 Y，就可以交换到 1 单位商品 X。但在 A 国内，生产 1 单位商品 X 需要耗费 40 单位社会必要劳动时间。同样，如果 B 国专门生产它具有比较优势的商品 X，然后与 A 国交换商品 Y，那么它在国内耗费 50 单位社会必要劳动时间生产的 1 单位商品 X，就可以交换到 1 单位商品 Y。但在 B 国内，要生产 1 单位商品 Y 需要耗费 60 单位社会必要劳动时间。国际贸易给双方都带来利益。

假设在没有发生国际贸易的条件下，A 国分别生产和消费 1 单位商品 X 和 Y，B 国也分别生产和消费 1 单位商品 X 和 Y。在发生国际贸易的条件下，

如果 A 国专门生产它具有比较优势的商品 Y，可以生产 2.33 单位商品 Y（=
4/3+1）；如果 B 国专门生产它具有比较优势的商品 X，也可以生产 2.20 单
位商品 X（=1+6/5）。如果 A 国按照国际商品市场上 1 单位商品 X：1 单位
商品 Y 的比率，用 1 单位商品 Y 与 B 国交换 1 单位商品 X，那么发生国际贸
易以后，A 国可以消费 1 单位商品 X 和 1.33 单位商品 Y（=2.33-1.00），B
国则可以消费 1.20 单位商品 X（=2.20-1.00）和单位 1 商品 Y。在耗费的
社会资源没有变化的情况下，世界的产量分别增加了 0.20 单位商品 X 和 0.33
单位商品 Y，A、B 两国分别可以多消费 0.20 单位商品 X 和 0.33 单位商品 Y。
表 4 概括了国际贸易发生前后的情况。

表4　　　　　　　　　　　　　国际贸易的利益

国家	贸易前产量和消费量		贸易后产量		贸易后消费量	
	商品 X	商品 Y	商品 X	商品 Y	商品 X	商品 Y
A 国	1	1	0.00	2.33	1.00	1.33
B 国	1	1	2.20	0.00	1.20	1.00
总和	2	2	2.20	2.33	2.20	2.33

根据基于国际价值的比较优势分析，国际贸易的原因是一个国家某种商
品的价值相对地低于另一个国家，因而它在这种商品的生产上具有比较优势；
国际贸易的流向是各个国家出口本国有比较优势的商品，进口本国处于比较
劣势的商品；国际贸易的利益是各国实行专业化生产，即专门生产本国有比
较优势的商品的条件下，从各国可以生产和消费更多的商品。由此可以得到
的推论是：由于商品价值是由耗费的不变资本的价值、可变资本的价值和剩
余价值构成，这三部分价值的大小决定是否存在比较优势，这三部分价值的
变化将会导致比较优势的变化。但是，由于商品的市场价格将偏离价值，除
了商品价值这个基本因素以外，影响商品市场价格的别的因素也会对国际贸
易产生影响。

从基于国际价值的比较优势分析可以看到，在国际贸易中，商品的交换
是等价的，都按照商品的国际价值进行。但是，对于一个特定的国家来说，

由于有的商品耗费的劳动量较多，有的商品耗费的劳动量较少，如果它专门生产具有比较优势的商品，以交换处于比较劣势的商品，可以在商品的生产和消费数量不变的前提下节约劳动量，或者在耗费的劳动量不变的前提下生产和消费更多的商品。

参考文献

［1］《马克思恩格斯全集》第 46 卷，下册，人民出版社 1980 年版。

［2］《马克思恩格斯全集》第 46 卷，下册，人民出版社 1980 年版。

［3］《马克思恩格斯全集》第 47 卷，人民出版社 1979 年版。

［4］布哈林：《世界经济与帝国主义》，中国社会科学出版社 1983 年版。

［5］李嘉图：《政治经济学及赋税原理》，商务印书馆 1976 年版。

［6］马克思：《资本论》第 1 卷，人民出版社 1963 年版。

［7］马克思：《资本论》第 3 卷，人民出版社 1966 年版。

［8］马克思：《剩余价值理论》第 2 册，人民出版社 1975 年版。

［9］马克思：《剩余价值理论》第 3 册，人民出版社 1975 年版。

［10］张忠任：《马克思主义经济思想史（日本卷）》（程恩富主编），东方出版中心 2006 年版。

马克思主义国际生产价格理论的构建*

一、国际生产价格的范畴

马克思没有明确提出国际生产价格的范畴。但是，恩格斯在"《资本论》第三卷的补充"一文中曾经指出："现在，生产价格适用于国际贸易和批发商业，但在城市的零售商业上，价格的形成是有完全不同的利润率来调节。"（马克思，第三卷，第1060页）由此可见，恩格斯认为存在国际生产价格的范畴。然而，在马克思主义经济学界，对国际生产价格的范畴一直存在着争论。

有一部分马克思主义经济学者认为，虽然劳动力在国家之间的流动受到限制，但资本在国际之间的流动已经比较自由。另外，随着跨国公司的发展，公司内部的贸易在国际贸易中已经占据了一定的比例，出现了企业内部的国际分工。企业内部的分工是一种隐蔽形式的国际劳动力流动。在劳动力和资本在国际间流动的影响下，各个国家的利润率趋向平均化，国际生产价格的范畴已经产生。

也有一部分马克思主义经济学者认为，国际生产价格的范畴是不存在的。国际生产价格是在各国利润率趋向平均化的条件下形成的，而国际贸易所以

　＊　本文发表于《马克思主义研究》2007 年第 7 期，是本人主持的 2005 年国家社会科学基金一般项目"马克思主义国际贸易理论的构建"的研究成果。

能够发生，正是各个国家不同的生产部门具有不同的利润率。另外，资本有机构成高的生产部门集中在发达国家，资本有机构成低的生产部门集中在发展中国家，发达国家和发展中国家生产部门的利润率是难以平均化的。即使在发达国家之间，由于语言、地理、文化等因素的限制，资本和劳动力不可能自由地和充分地流动，国际生产价格难以形成。

还有一部分马克思主义经济学者认为，虽然在世界范围内难以形成平均的利润率，因而难以形成世界性的国际生产价格，但是在局部的区域内仍然有可能形成国际生产价格。例如，在欧洲联盟内部，资本和劳动力的流动已经比较自由，在欧洲联盟内可以形成国际生产价格。

笔者认为，上述经济学者的看法都有一定的道理。实际上，是否存在国际生产价格范畴这个问题的关键是如何确定国际生产价格的定义。如果把国际生产价格看作是一个十分严格的定义，即只有在各国的利润率都已经平均化的条件下，国际生产价格才会形成，那么目前确实没有形成国际生产价格。但是，如果这样看待国际生产价格的范畴，那么不仅现在不存在国际生产价格的范畴，而且永远不可能存在国际生产价格的范畴。显然，即使人类社会再经过 1000 年，各国的利润率也不会完全平均化。

另外，如果这样看待国际生产价格的范畴，不仅国际生产价格的范畴不存在，国内生产价格的范畴也不存在。在各个国家内部，由于各个生产部门的自然和技术条件不同，由于各个地区的自然和人文环境不同，再加上种种制度的因素，资本和劳动力也难以在各个生产部门和各个地区自由和充分地流动，各个生产部门和地区也没有形成一致的利润率，国内生产价格的范畴也不存在。

在笔者看来，似乎不应该这样确定国际生产价格的定义。马克思指出："一般的规律，当作一种起统治作用的趋势，也总只是按一种错综复杂和近似的方式，作为不断变动的、永远不能确定的平均来发生作用。"（马克思，第三卷，第 165 页）

首先，国际生产价格的形成是一个过程，它是一个动态的范畴而不是一个静态的范畴，它是一个趋势的概念而不是一个时点的概念。只要各国的利润趋向于平均化，国际生产价格的范畴就已经产生。各国的利润率越来越一致，国际生产价格的范畴就越来越成熟。其次，第二次世界大战以后，国际生产资本在各国之间大规模流动。它们不断从利润率低的国家流向利润率高的国家，促成了利润平均化的趋势。虽然劳动力在各国之间的流动没有生产资本流动的规模大，但发展中国家的劳动力也大量流向发达国家。另外，在世界范围内还出现了很多区域经济一体化组织形式，在这些组织内生产资本和劳动力的自由流动更加自由和充分。最后，从研究方法来看，即使国际生产价格的形成仅仅是一种倾向，也应该从完全成熟的国际生产价格的角度去研究。即使永远不可能达到完全成熟形态的国际生产价格，也只有了解了完全成熟形态的国际生产价格，才能更加清楚地认识在趋向这个完全成熟形态的国际生产价格的过程中的各种现象。因此，笔者认为国际生产价格的范畴已经开始形成。

在一个国家内部，商品的生产价格是因为不同生产部门利润率趋向平均化而由商品的价值转化而来的。从逻辑上说，在国家之间，商品的国际生产价格也是因为各个国家不同生产部门利润率趋向平均化而由商品的国际价值转化而来的。正如国内不同生产部门利润率的平均化是由国内资本在国内不同生产部门的转移所造成的一样，不同国家的不同生产部门利润率的平均化也是由国际资本在不同的国家和不同的生产部门的转移所造成的。但在实际上，商品的国际生产价格的形成要比国内生产价格的形成要复杂得多。

从国内生产价格的形成过程来看，分析的起点是每个生产部门所生产的商品都形成了统一的价值，由于按照价值出售商品所得到的剩余价值或利润率不一样，导致生产资本在不同生产部门的转移，从而形成了商品的生产价格。但是，从国际生产价格的形成过程来看，国际生产资本跨越国境转移要受到东道国的制度和政策的制约。如果东道国对国际生产资本的流动采取限制性的制度和政策，国际生产资本将难以实现跨越国境的转移，国际生产价格将不可能形成。从实际情况来看，国际生产资本发生大规模的跨国转移是20世纪50年代以后的事情，而国际生产资本发生大范围的跨国转移是80年代以后的事情。如果说国际生产价格50年代开始在一定的范围内开始形成，80年代开始在较大范围内形成，那么国际生产价格形成的时间不但比国际价值形成的时间晚得多，而且也比国内生产价格形成的时间晚得多。

这样，即使在国际市场上商品按国际价值出售，由于各国的生产条件不同，不仅不同的商品有不同的利润，同一种商品也有不同的利润。这意味着国际生产资本的转移与国内生产资本的转移不同：国内生产资本仅在不同的生产部门之间转移，由于不同的国家有同样的生产部门，国际生产资本既在不同国家同样的生产部门之间转移，也在不同国家不同的生产部门之间转移。这也意味着不仅商品的国际价值对国际生产价格产生影响，而且商品的国内生产价格也对国际生产价格产生影响。从逻辑上说，商品的国际生产价格是从国际价值转化而来，而不是从国内生产价格转化而来。但是，由于国内价值转化为国内生产价格的过程先于国际价值转化为生产价格的过程，在国内商品的生产价格已经形成的条件下，国际生产资本既在不同国家同样的生产部门之间转移也在不同国家不同生产部门之间转移将会导致不同国家不同生产部门之间利润的平均化。

从目前的情况来看，国际生产资本跨越国境转移的限制已基本消除。20世纪90年代以来，越来越多的国家采取了有利于国际直接投资的政策，绝大部分国家对国际直接投资都采取鼓励的政策。虽然20世纪90年代以来国际生产资本跨越国境转移基本上不存在限制，但是与国内生产资本在不同部门转移相比，它仍然存在下述风险：第一，政策风险。各个国家不排斥外国生产资本流入本国，甚至争取外国生产资本流入本国，但这并不意味着东道国政府不在某些特定的情况下调整政策。当东道国政府的政策发生不利的变化时，将会对外国生产资本产生不利的影响。第二，制度风险。各个国家的法律制度、商业规则、办事效率、廉洁程度是不一样的，外国生产资本转移到一个国家以后，会遇到与自己国家不同的问题，并因为不适应而有可能出现损失。第三，文化风险。各个国家的文化传统是不一样的。一种做法在一个国家是习以为常的事情，在另外一个国家却是不能接受的。外国生产资本转移到一个国家以后，会产生文化上的冲突，并有可能对经营管理造成影响。第四，汇率风险。外国生产资本转移到一个国家涉及两种货币的兑换，如果外国生产资本在投入资金时东道国的货币升值，在汇回利润时东道国的货币贬值，外国生产资本将遭受损失。

正由于这个缘故，国际生产资本的流动比国内资本的流动更不充分。如果说国内各个生产部门不可能获得完全一样的利润率，国内生产价格的形成是一种趋势，那么世界范围内的各个生产部门更不可能获得完全一样的利润率，国际生产价格的形成更是一种趋势。另外，如果说国内生产资本在不同部门之间的转移取决于不同部门的利润率，那么由于国际生产资本与国内生产资本相比要冒更大的风险，它在不同国家之间转移则取决于用风险来修正的利润率。这就是说，由于国际生产资本的转移比国内生产资本的转移存在更大的风险，外国的利润率扣除风险因素以后高于国内的利润率，才可能发生国际生产资本的转移。因此，在商品的国际生产价格的形成过程中，趋向平均的不是一般的利润率，而是经风险修正的利润率。

二、国际生产价格的形成过程

伊曼纽尔（F. Emmanuel）曾经按照马克思国内生产价格的思想阐述过国际生产价格的形成。伊曼纽尔假定有 A、B 两个国家，各有 3 个生产部门。各个生产部门的资本有机构成不同，不变资本在一个生产周期内折旧完毕，剩余价值率为 100%。表 1 表示 A 国生产价格的形成情况。在资本在不同的生产部门之间流动的影响下，这三个生产部门的利润率出现平均化，它们的价值转化为生产价格。表 2 以相似的方式说明 B 国生产价格的形成。

表 1   A 国生产价格的形成

生产部门	不变资本 （c）	可变资本 （v）	剩余价值 （m）	价值 （V）	利润率 （T）	利润 （p）	生产价格 （L）
I	80	20	20	120	20%	20	120
II	90	10	10	110	20%	20	120
III	70	30	30	130	20%	20	120
总和	240	60	60	360	20%	60	360

表 2   B 国生产价格的形成

生产部门	不变资本 （c）	可变资本 （v）	剩余价值 （m）	价值 （V）	利润率 （T）	利润 （p）	生产价格 （L）
I	40	20	20	80	33.33%	20	80
II	50	10	10	70	33.33%	20	80
III	30	30	30	90	33.33%	20	80
总和	120	60	60	240	33.33%	60	80

在资本在国家之间可以自由流动的条件下，资本不仅在同一个国家内不同生产部门之间流动，而且在不同的国家和不同的生产部门之间流动。这样，如表 3 所示，在 2 个国家 6 个生产部门中出现了利润率平均化的倾向，形成了各个部门的国际生产价格。如果略去各个生产部门，这两个国家总的国际生产价格如表 4 所示（Emmanuel, pp. 52 - 56）。

表 3   A、B 两国各部门国际生产价格的形成

生产部门	不变资本 （c）	可变资本 （v）	剩余价值 （m）	价值 （V）	利润率 （T）	利润 （p）	生产价格 （L）
I A	80	20	20	120	25%	25	125
II A	90	10	10	110	25%	25	125
III A	70	30	30	130	25%	25	125
I B	40	20	20	80	25%	25	125
II B	50	10	10	70	25%	25	125
III B	30	30	30	90	25%	25	125
总和	360	120	120	600	25%	120	600

表 4 A、B 两国国际生产价格的形成

生产部门	不变资本 (c)	可变资本 (v)	剩余价值 (m)	价值 (V)	利润率 (T)	利润 (p)	生产价格 (L)
A	240	60	60	360	25%	75	375
B	120	60	60	240	25%	45	225
	360	120	120	600	25%	120	600

伊曼纽尔说明了国际生产价格形成的核心过程，但过于简单。下面，笔者将根据马克思关于国内价值转化为生产价格的思想，说明国际生产价格的形成过程。

虽然商品的国内价值转化为国内生产价格在历史上和逻辑上都先于商品的国际价值转化为国际生产价格，但是在现实经济里，国内资本流动尚未充分展开，国际资本流动已经发生，国内价值转化为国内生产价格与国际价值转化为国际生产价格是相互交错的。因此，下面将从两个方面分析国际生产价格的形成：一个方面是从各国的价值出发，说明国际生产价格的形成；另一方面从各国的生产价格出发，说明国际生产价格的形成。

显然，如果要完整地解释商品价值转化为生产价格的过程，就要解释生产成本包括的商品用生产价格表示以后所发生的变化（李翀，第 137~157 页）。而要做到这一点，既要说明各个国家实物的投入和产出情况，又要说明它们的价值构成情况，这样将使表述变得非常复杂，理解起来也不那么清晰。因此，在下面的分析中，将回到马克思原来的分析方法，即不考虑生产成本包括的商品用生产价格表示以后所发生的变化。这样，就像马克思所说的将存在误差（马克思，第三卷，第 169 页），但问题可以表述得比较清楚。

假定存在两个国家，一个是发达国家，另一个是发展中国家，它们都有两个相同的生产部门 I 和 II，生产相同的两种产品，剩余价值率都是 100%，不变资本在生产期间耗费完毕，那么发达国家和发展中国家商品的价值如表 5 和表 6 所示。

表 5 发达国家商品的价值

生产部门	预付资本	剩余价值率（%）	剩余价值	价值	利润率（%）
I	$70c + 30v$	100	30	130	30
II	$90c + 10v$	100	10	110	10

表 6 发展中国家商品的价值

生产部门	预付资本	剩余价值率（%）	剩余价值	价值	利润率（%）
I	$60c + 40v$	100	40	140	40
II	$80c + 20v$	100	20	120	20

首先从各国的价值出发来分析国际生产价格的形成。如果国与国之间资本和劳动力的流动是充分的，由于发展中国家的利润率高于发达国家，发达国家的资本将流向发展中国家，而发展中国家的劳动力将流向发达国家。这两个国家不同生产部门生产不同的产品，在技术上的要求不同，即使发生了资本和劳动力的流动，它们的资本的有机构成也是不同的。但是，这两个国家同一个生产部门生产同一种产品，假定所有劳动力都是同质的，工资率的变化是有弹性的，在资本和劳动力流动的影响下，它们的资本的有机构成趋向相同。例如，由于发达国家在技术和资本上处于优势地位，发达国家生产同类产品的资本有机构成以及劳动力的成本通常高于发展中国家，在资本和劳动力充分流动的条件下，一方面发达国家的资本将流向发展中国家以通过提高劳动生产率获得更多的利润；另一方面发达国家将吸纳发展中国家廉价的劳动力以增加利润，从而使发达国家和发展中国家同一个生产部门的资本有机构成趋向相等。

参看表7，原来发达国家和发展中国家生产部门 I 的资本有机构成分别为 $70c + 30v$ 和 $60c + 40v$，现在都变为 $65c + 35v$；原来发达国家和发展中国家该生产部门的利润率分别是 30% 和 40%，现在形成平均利润率 35%（ ＝[30% ＋40%]÷2）。这样，这两个国家生产部门 I 的生产价格变为 135（ ＝$65c + 35v + 35$）。按照同样的道理，发达国家和发展中国家生产部门 II 的资本有机构成变为 $85c + 15v$，平均利润率变为 15%，生产价格变为

115（=85c+15v+15）。

表7　　　　　　　　不同国家相同生产部门生产价格的形成

生产部门Ⅰ	资本有机构成	平均利润率（%）	生产价格
发达国家	65c+35v	35	135
发展中国家	65c+35v	35	135
生产部门Ⅱ	资本有机构成	平均利润率（%）	生产价格
发达国家	85c+15v	15	115
发展中国家	85c+15v	15	115

由于生产部门Ⅰ的利润率是35%，生产部门Ⅱ的利润率是15%，在不同的国家相同的生产部门之间发生资本流动的同时，在不同的国家不同的生产部门之间发生资本流动。具体来说，资本将从生产部门Ⅱ流向生产部门Ⅰ。这样，在生产部门Ⅰ和生产部门Ⅱ之间最终形成了平均利润率25%（=[35%+15%]÷2）以及生产价格125（=65c+35v+25；85c+15v+25）。这就是最终形成的国际生产价格，如表8所示。

表8　　　　　　　　不同国家不同生产部门国际生产价格的形成

发达与发展中国家	资本有机构成	平均利润率（%）	国际生产价格
生产部门Ⅰ	65c+35v	25	125
生产部门Ⅱ	85c+15v	25	125

其次从各国的生产价格出发来分析国际生产价格的形成。参看表9，在发达国家里，生产部门Ⅰ的利润率是30%，而生产部门Ⅱ的利润率是10%，资本将从生产部门Ⅱ流向生产部门Ⅰ。在资本流动的影响下，这两个生产部门形成了平均利润率20%（=[30%+10%]÷2），并形成了生产价格120（=70c+30v+20；90c+10v+20）。另外，在发展中国家里，生产部门Ⅰ的利润率是40%，而生产部门Ⅱ的利润率是20%，资本将从生产部门Ⅱ流向生产部门Ⅰ。在资本流动的影响下，这两个生产部门形成了平均利润率30%（=[40%+20%]÷2），并形成了生产价格130（=60c+40v+30；=80c+20v+30）。

表9	相同国家不同生产部门生产价格的形成		
发达国家	资本有机构成	平均利润率（%）	生产价格
生产部门Ⅰ	70c + 30v	20	120
生产部门Ⅱ	90c + 10v	20	120
发展中国家	资本有机构成	平均利润率（%）	生产价格
生产部门Ⅰ	60c + 40v	30	130
生产部门Ⅱ	80c + 20v	30	130

同样，如果国与国之间资本和劳动力的流动是充分的，即使发生了资本和劳动力的流动，这两个国家不同生产部门由于生产不同的产品，它们的资本的有机构成也是不同的。但是，这两个国家同一个生产部门生产同一种产品，在资本和劳动力流动的影响下，它们的资本的有机构成趋向相同。

参看表10，原来发达国家和发展中国家生产部门Ⅰ的资本有机构成分别为 70c + 30v 和 60c + 40v，现在都变为 65c + 35v；原来发达国家和发展中国家该生产部门的利润率分别是 20% 和 30%，现在形成平均利润率 25%（= [20% + 30%] ÷ 2）。这样，这两个国家生产部门Ⅰ的生产价格变为 125（= 65c + 35v + 25）。按照同样的道理，发达国家和发展中国家的生产部门Ⅱ的资本有机构成变为 85c + 15v，平均利润率变为 25%（= [20% + 30%] ÷ 2），生产价格变为 125（= 85c + 15v + 25）。这就是最终形成的国际生产价格。

表10	不同国家不同生产部门国际生产价格的形成		
发达与发展中国家	资本有机构成	平均利润率（%）	国际生产价格
生产部门Ⅰ	65c + 35v	25	125
生产部门Ⅱ	85c + 15v	25	125

从上面的分析可以看到，如果国与国之间资本和劳动力的流动是充分的，不论是从各国价值出发分析国际生产价格，还是从各国生产价格出发分析国际生产价格，都得到这两个国家的两个生产部门的生产价格都是 125 的结论。

从上面的分析还可以看到，在国际生产价格的形成过程中，剩余价值发生了从发展中国家到发达国家的转移。原来发展中国家在生产部门Ⅰ和生产部门Ⅱ分别得到40和20的剩余价值，即总剩余价值是60。但是，在国际生产价格形成以后，发展中国家在生产部门Ⅰ和生产部门Ⅱ分别得到25和25的剩余价值，即总剩余价值是50，比以前减少了10的剩余价值。相应地，原来发达国家在生产部门Ⅰ和生产部门Ⅱ分别得到30和10的剩余价值，即总剩余价值是40。但是，在国际生产价格形成以后，发达国家在生产部门Ⅰ和生产部门Ⅱ分别得到25和25的剩余价值，即总剩余价值是50，比以前增加了10的剩余价值。

应该指出，上述分析是在一系列严格的条件下进行的。这些条件包括两个国家的剩余价值率相同以及两个国家之间资本和劳动力充分流动。下面继续放宽这些假定，来分析国际生产价格的形成过程以及由此带来的变化。

首先，放宽两个国家的剩余价值率相同的假定。在现实的经济里，发达国家的工会组织比较健全，工人不断地与资本家进行斗争以提高工资。另外，发达国家经济发展水平较高，资本家从高额利润拿出一部分来缓和阶级矛盾，并不影响他们的根本利益。因此，发达国家的剩余价值率一般低于发展中国家的剩余价值率。假定发达国家的情况不变，表11与表5相同。发展中国家其他情况相同，但剩余价值率为150%，表12与表6相比发生了变化。

表11　　　　　　　　　　发达国家商品的价值

生产部门	预付资本	剩余价值率（%）	剩余价值	价值	利润率（%）
Ⅰ	70c＋30v	100	30	130	30
Ⅱ	90c＋10v	100	10	110	10

表12　　　　　　　　　　发展中国家商品的价值

生产部门	预付资本	剩余价值率（%）	剩余价值	价值	利润率（%）
Ⅰ	60c＋40v	150	60	160	60
Ⅱ	80c＋20v	150	30	130	30

按照与上面相同的分析方法可以得到：两个生产部门的平均利润率为 $32\frac{1}{2}\%$ ；两个生产部门的国际生产价格为 $132\frac{1}{2}$ 。

这样，在国际生产价格形成以前，原来发达国家和发展中国家分别得到40 和 90 的剩余价值。在国际生产价格形成以后，发达国家和发展中国家分别得到 65 和 65 的剩余价值。有 25 的剩余价值转移到发达国家。由此可见，如果发展中国家的剩余价值率高于发达国家，将有更多的剩余价值从发展中国家转移到发达国家。

其次，放宽在两个国家之间劳动力充分流动的假定并假定劳动力完全不流动。在劳动力不流动的条件下，发达国家和发展中国家的工资差异将存在。为了说明劳动力不流动的情况下国际生产价格的形成，假定在发达国家 1 个单位可变资本可以雇佣 1 单位劳动力，在发展中国家 1 个单位可变资本可以雇佣 2 单位劳动力，但是发达国家劳动力的质量是发展中国家劳动力的 2 倍。

下面的分析从表 13 和表 14 出发，这两个表分别与表 5 和表 6 相同。但是应该注意的是，发达国家 30 和 10 单位可变资本分别可以雇佣 30 和 10 单位劳动力，发展中国家 40 和 20 单位可变资本可以分别雇佣 80 和 40 单位劳动力。但是，由于发达国家劳动力的质量是发展中国家的 2 倍，在劳动时间相等的假设下，这意味着发达国家 30 单位劳动力创造的价值与发展中国家 60 单位劳动力创造的价值是相等的。

表 13　　　　　　　　　发达国家商品的价值

生产部门	预付资本	剩余价值率（%）	剩余价值	价值	利润率（%）
I	$70c + 30v$	100	30	130	30
II	$90c + 10v$	100	10	110	10

表 14　　　　　　　　　发展中国家商品的价值

生产部门	预付资本	剩余价值率（%）	剩余价值	价值	利润率（%）
I	$60c + 40v$	100	40	140	40
II	$80c + 20v$	100	20	120	20

在两个国家之间资本充分流动的条件下，两个国家相同的生产部门生产资料和劳动力的技术构成将趋向相同。但是，由于两个国家工资差异的

存在，不变资本和可变资本的价值构成未必趋向相同。为了使问题变得简单，上面关于工资差异和劳动力质量的假定避免了技术构成与价值构成的差异问题。

这样，由于以同质劳动来度量发达国家 1 单位劳动力等于发展中国家 2 单位劳动力，发达国家生产部门Ⅰ的技术构成是 70 所代表的生产资料与 30 单位劳动力，发展中国家的生产部门Ⅰ的技术构成是 70 所代表的生产资料与 60 单位劳动力。而要达到这个技术构成，发达国家生产部门Ⅰ资本有机构成不变，仍然是 $70c + 30v$。发展中国家生产部门Ⅰ的资本有机构成发生变化，变为 $70c + 30v$。这就是说，发展中国家有 20 单位劳动力失业。

在资本流动的过程中，发展中国家生产部门Ⅰ的资本有机构成提高了，劳动生产率提高了，但是工资却没有提高，这意味着剩余价值率提高了。假定发展中国家的剩余价值率提高到 120%，那么发达国家生产部门Ⅰ的剩余价值还是 30，发展中国家生产部门Ⅰ的剩余价值是 36，平均利润率是 33%（$= [30 + 36] \div [100 + 100]$），两个国家生产部门Ⅰ的生产价格都是 133（$= 100 + 33$）。

根据同样的道理，发达国家生产部门Ⅱ的技术构成是 90 所代表的生产资料与 10 单位劳动力，资本有机构成是 $90c + 10v$，剩余价值是 10。发展中国家的生产部门Ⅱ的技术构成都是 90 所代表的生产资料与 20 单位劳动力，资本有机构成变为 $90c + 10v$，剩余价值是 12。这样，平均利润率是 11%（$= [10 + 12] \div [100 + 100]$），两个国家生产部门Ⅱ的生产价格是 111。

由于资本不仅在同一个生产部门流动，而且还向不同的生产部门流动。资本在生产部门Ⅰ和生产部门Ⅱ之间的流动形成了这两个部门的平均利润率 22%（$= [33\% + 11\%] \div 2$），最后形成了这两个国家两个生产部门的国际生产价格 122。

上面的分析是从不同的国家同一个生产部门首先形成生产价格开始的，当然同样的分析也可以从同一个国家不同的生产部门首先形成生产价格开始。在同样的假定下，发达国家和发展中国家的两个生产部门分别形成了生产价格

120 和 124，最后形成了这两个国家两个生产部门的国际生产价格122。在资本流动的过程中，发展中国家也发生了 20 单位（= 40 - 20）劳动力的失业。

从上面的分析可以看到，在国家之间资本充分流动而劳动力完全不流动的条件下，在国际生产价格的形成过程中同样发生了剩余价值从发展中国家转移到发达国家的现象。在国际生产价格形成的过程中，发达国家创造的剩余价值是 40（= 30 + 10），发展中国家创造的剩余价值是 48（= 36 + 12）。在国际生产价格形成以后，发达国家得到的剩余价值是 44（= 22 + 22），发展中国家得到的剩余价值是 44（= 22 + 22），有 4 的剩余价值从发展中国家转移到发达国家。但是，如果发展中国家相应提高劳动力的工资，则不会发生剩余价值的转移。

另外，从上面的分析还可以看到，在国家之间资本充分流动而劳动力完全不流动的条件下，发展中国家由于资本有机构成的提高而发生了失业。但是应该指出，这个结论是在静态分析条件下得到的结论。这就是说，在发展中国家这两个生产部门的生产已经完全满足本国的需求而且发展中国家只有这两个生产部门的条件下，失业将会发生。如果发展中国家这两个生产部门的生产可以扩大，如果发展中国家别的生产部门还有很大的发展空间，失业不一定发生。但是从一定的生产部门和一定的生产规模的角度看，国际生产价格的形成过程将会造成发展中国家失业的增加。

当然，在现实的世界里，国家之间资本的流动不可能是充分的。因此，国际生产价格的形成也不可能是充分的。但是，只要发生国家之间的资本流动，上面分析所提到的现象就会在不同程度发生。

为了明确起见，将国际生产价格形成的结论概括如下：如果国家之间资本和劳动力的流动的充分的，在剩余价值率相同的条件下，国际生产价格的形成将发生剩余价值从发展中国家转移到发达国家的现象。如果国家之间资本和劳动力的流动是充分的，在发达国家的剩余价值率低于发展中国家的条件下，国际生产价格的形成将有更多的剩余价值从发展中国家转移到发达国家。如果国家之间资本的流动是充分的，但劳动力完全不流动，国际生产价格的形成同样发生剩余价值从发展中国家转移到发达国家的现象，而且对一定的生产部门和一定的生产规模而言发展中国家还会发生失业增加的情况。

因此，国际生产价格的形成导致生产关系的变化。原来一个国家内部资本家阶级和工人阶级的关系发展为世界资本家阶级和工人阶级的关系。发达国家的资本家阶级不但占有本国工人阶级的剩余价值，而且还占有发展中国家工人阶级的剩余价值。

三、国际生产价格与商品交换

伊曼纽尔（F. Emmanuel）是从国际生产价格的角度论证国际贸易不等价交换的最有代表性的学者。他于 1972 年出版了著作《不平等交换——对贸易的帝国主义的研究》，以马克思劳动价值论为基础系统地分析了国际贸易的不等价交换。

伊曼纽尔将不平等交换分为广义的不平等和狭义的不平等交换。广义（broad sense）的不平等交换是在两国的工资率相同但资本有机构成不同的条件下所发生的不平等交换。狭义（strict sense）的不平等交换是在两国的工资率和资本有机构成均不同的条件下所发生的不平等交换。广义不平等交换分析的假定条件是：第一，资本可以在国与国之间自由流动，各国的利润率趋向平均化。第二，劳动力可以在国与国之间自由流动，各国的工资率趋向于相等。第三，投入的不变资本不等于耗费的不变资本，在一个生产周期内不变资本没有耗费完毕。第四，各国的剩余价值率相等。狭义不平等交换分析的假定条件是：第一，资本可以在国与国之间自由流动，各国的利润率趋向平均化。第二，劳动力不能在国与国之间自由流动，各国的工资率不相等。第三，投入的不变资本不等于耗费的不变资本，在一个生产周期内不变资本没有耗费完毕。第四，各国的剩余价值率不相等。

伊曼纽尔根据这些假定并按照马克思关于价值转化为生产价格的思路，

分析了发达国家和不发达国家贸易中广义和狭义的不平等交换。广义的不平等交换发生的情况如表 15 所示，假定有 A、B 两国，A 国是发达国家，B 国是不发达国家。在这两个国家的剩余价值率相同以及耗费的不变资本和可变资本价值之和相等的条件下，这两个国家的商品价值将相等。但是，由于发达国家的资本有机构成高于不发达国家，在国际价格的形成中将出现剩余价值从 B 国转移到 A 国的情况，发生 190 单位生产价格与 150 单位生产价格交换的现象。原来发展中国家与发达国家的价值之比是 170/170，现在生产价格之比是 150/190，170/170 > 150/190。

表 15 广义的不平等交换

	总资本 （K）	不变资本 （C）	可变资本 （V）	剩余价值 （M）	价值 （V）
A 国	240	50	60	60	170
B 国	120	50	60	60	170
总和	360	100	120	120	340

	生产成本 （R）	平均利润率 （T）	利润 （P）	生产价格 （L）	
A 国	110	33.3%	80	190	
B 国	110	33.3%	40	150	
总和	220		120	340	

在伊曼纽尔看来，狭义的不平等交换更符合世界现实。如表 16 所示，假定 A 国的工资率是 B 国工资率的 10 倍，但 A 国的劳动强度是 B 国的 2 倍，因此 A 国的可变资本是 B 国的 5 倍。如 1 个单位的同质劳动创造 1 个单位的剩余价值，那么两国的剩余价值率不同，A 国的剩余价值率低于 B 国剩余价值率。但是，两国的商品价值相同。这样，在国际生产价格的形成过程中，仍然出现剩余价值从 B 国转移到 A 国的情况，仍然发生 230 单位生产价格与 110 单位生产价格交换的现象。原来发展中国家与发达国家的价值之比是 170/170，现在生产价格之比是 110/230。不平等交换的情况进一步加剧：170/170 > 150/190 > 110/230。

表 16			狭义的不平等交换		
	总资本 （K）	不变资本 （C）	可变资本 （V）	剩余价值 （M）	价值 （V）
A 国	240	50	100	20	170
B 国	120	50	20	100	170
总和	360	100	120	120	340
	生产成本 （R）	平均利润率 （T）	利润 （P）	生产价格 （L）	
A 国	150	33.33%	80	230	
B 国	70	33.33%	40	110	
总和	220		120	340	

对于广义和狭义的不平等交换，伊曼纽尔认为狭义的不平等交换对于研究国家之间的不平等交换具有更加重要的意义。首先，在资本主义体系里，不论交换是一个国家内部的交换还是不同国家之间的交换，由资本有机构成不同所造成的广义不平等交换都会发生。但是，在一个国家内部由于具有相同的劳动立法和统一的劳动力市场，工资率趋向于相等。但在不同的国家里由于有着不同的劳动立法以及劳动力流动受到限制，工资率不可能相同。因此，由工资差异造成的狭义不平等交换往往只发生在不同国家的交换中。其次，资本有机构成的差异是由技术的因素造成的，即使在完全竞争的条件下，各个生产部门的有机构成也不可能相同。因此，资本有机构成的差异是一个客观条件，而工资率的差异是一个制度因素。显然，国家之间的不平等交换应该用制度的因素来分析。

伊曼纽尔指出，除了工资率不同以外，广义和狭义的不平等交换所举的这两个例子中的其他条件都相同，但是交换比率却发生了从 150/190 到 110/230 的变化。因此，他得到了一个重要的结论：假定其他条件不变，工资率的不平等本身就是交换不平等的原因。接着，他又对这个结论做了进一步的引申，指出工资率是资本主义体系的独立变量（independent variable）。他写道："我知道我的这个定义是一个有争议的定义，它将工资率看作是这个体系的独立变量。然而我通过有关表格所进行的分析表明，正是工资造成了相对价格的差异，而不是别的因素造成了相对价格的差异。"（Emmanuel, pp. 57 - 64, pp. 161 - 164）

伊曼纽尔提出的不平等交换理论，在马克思主义经济学界引起了争论，争论的焦点是工资是不是一个独立的变量。曼德尔（E. Mandel）和阿明（S. Amin）都肯定伊曼纽尔不平等交换理论的意义，但都指出在世界资本主义经济体系中工资不是独立的变量。

从伊曼纽尔的分析可以看到，他的不平等交换有双重意思：一是商品的交换是不等价的，如190单位生产价格与150单位生产价格、230单位生产价格与110单位生产价格相交换；二是商品的交换是不平等的，发达国家获得了发展中国家的剩余价值。当然，伊曼纽尔注重的是第二种意义的不平等交换。

应该指出，伊曼纽尔第一种意义上的不平等交换是不存在的。即使在国家之间资本不流动的条件下，在国际商品市场上商品的交换也不是按照各个国家的国内生产价格进行。各个国家的生产价格将会在竞争的影响下趋向于形成一个一致的价格，商品将按照这个价格进行交换。这意味着生产价格较高的国家的商品在竞争中将处于不利地位，而生产价格较低的国家的商品在竞争中将处于有利地位。在国家之间资本充分流动的条件下，正如笔者在前面所证明的，一种商品将会形成一个国际生产价格，在国际商品市场上商品的交换将按照这个国际生产价格进行。

当然，在现实的世界里，不论在国际贸易中还是在国内贸易中，不等价交换的现象是大量存在的。但是，经济学的研究必须从等价交换出发，否则经济学的研究将无从进行。例如，如果商品的交换不是按照价值进行，马克思又如何得到剩余价值理论。另外，即使许多商品的交换都是不等价的，这种现象也只有通过等价交换的分析得到更好的说明。马克思曾经很明确地指出："交换是等价物的交换，这种交换同对外贸易中的交换一样不会增加价值。"（《马克思恩格斯全集》第46卷，下册，第317页）

但是，伊曼纽尔第二种意义上的不平等交换是存在的。笔者认为，关于工资是不是一个独立变量的问题对不平等交换的研究没有实质性的影响。显然，发展中国家的工资水平不是不变的，它通过国际贸易的效应受到发达国家工资水平的影响，它还受到发展中国家资本积累、经济发展、制度变革、社会进步等许多因素的影响。但是，在现实的世界里，发达国家经济发展水平较高，在工人阶级不懈的斗争下，工人阶级的状况有了很大的改善。发达国家工人的工资大幅度高于发展中国家的现象是普遍存在的，以这个事实作为前提来论证不平等交换是可行的。

实际上，发达国家技术比较先进，资本比较雄厚，生产同类产品的资本有机构成通常高于发展中国家。也正如笔者在前面所证明的，即使不考虑工资的差异，在国际生产价格的形成过程中，也会出现剩余价值从发展中国家向发达国家转移的现象。但是，工资差异也是造成剩余价值转移的一个原因。如果发展中国家的劳动力的剩余价值率高于发达国家，或者发展中国家的劳动力没有能够得到与劳动生产率相应的工资，同样会发生剩余价值从发展中国家到发达国家的转移。

从国际生产价格的分析可以看到，在国际商品市场上，表面上的平等交换隐藏着实际上的不平等交换。

参考文献

[1] 李翀：《价值和价格论》，中山大学出版社 1989 年版。

[2]《马克思恩格斯全集》第 46 卷，下册，人民出版社版 1961 年版。

[3] 马克思：《资本论》第三卷，人民出版社 1966 年版。

[4] F. Emmanuel, Unequal Exchange: A Study of the Imperialism of Trade, Monthly Review Press, 1972.

马克思主义国际经济学的构建*

一、建立国际经济学理论体系是马克思的遗愿

19世纪50年代末期，马克思曾准备在"政治经济学批判"的总标题下，按照从抽象到具体的方法，分六册著作来阐述他对资本主义经济制度的研究成果。这六册著作分别是：第一册《资本》，第二册《土地所有制》，第三册《雇佣劳动》，第四册《国家》，第五册《对外贸易》，第六册《世界市场》。最后的两册就是对国际经济关系的研究。

1859年，马克思出版了《政治经济学批判》第一分册，该分册只包括"商品"、"货币或简单流通"两章，它实际上是马克思六册著作写作计划中第一册《资本》的前两章。1867年，马克思出版了《资本论（第一卷）》。该著作原来准备作为《政治经济学批判》第一分册的续篇发表，后来决定以资本论为主标题、以政治经济学批判为副标题单独出版。在《资本论（第一卷）》出版以后，马克思继续进行《资本论（第二卷）》和《资本论（第三卷）》手稿的写作。但是，这三卷本的《资本论》仍属于马克思六册著作写

---

* 本文发表于《当代经济研究》2002年第7期，是本人主持的2001年教育部人文社会科学十五规划项目"马克思主义国际经济学的构建"的研究成果。本文提出的构建马克思主义国际经济学的纲要已经形成专著《马克思主义国际经济学的构建》，该专著于2009年出版，2010年获得北京市第十一届哲学社会科学优秀成果二等奖，2012年获得第六届高等学校人文社会科学优秀成果三等奖。

作计划中第一册《资本》的内容，马克思并没有放弃其他五册著作的写作计划。对于国际生产关系的研究，马克思更是明确指出可能是《资本论》续篇的内容："一般来说，世界市场是资本主义生产方式的基础和生活条件。但资本主义生产的这些比较具体的形式，只有在理解了资本的一般性质以后，才能得到全面的说明；不过这样的说明不在本书计划之内，而属于本书一个可能的续篇的内容。"（《马克思恩格斯全集》第25卷，第126~127页）马克思所以说可能，是马克思预感到他不一定能够全部完成他宏伟的写作计划。

按照马克思的想法，《对外贸易》册主要研究"生产的国际关系。国际分工。国际交换。输出和输入。汇率。"（《马克思恩格斯全集》第46卷，第46页）或者"对外贸易。汇率。货币作为国际铸币。"（《马克思恩格斯全集》第46卷，第219页）这就是说，马克思计划在《对外贸易》册主要研究国际分工、国际贸易、国际货币、货币汇率等国际贸易和国际金融的核心问题。虽然马克思未能完成《对外贸易》册的著述，但是马克思在他的其他著作里表达了他对该册有关范畴的思考。在马克思看来，国际分工是社会分工超越国家的界限而形成的国际社会的分工。虽然它受到各国自然条件的影响，但它主要是由资本主义生产方式的对外扩张造成的（《马克思恩格斯全集》第23卷，第494~495页）。国际分工是国际贸易的基础，但国际贸易的发展又深化了国际分工。国际分工和国际贸易相互推动，使国际资本主义生产方式得以确立（《马克思恩格斯全集》第9卷，第247页）。

在国际分工和国际贸易条件下，产生了国际价值（《马克思恩格斯全集》第23卷，第614页），导致世界货币流动（《马克思恩格斯全集》第46卷，第439页），形成了各国货币的汇兑比率（《马克思恩格斯全集》第25卷，第650~651页）。国际信用体系在推动国际贸易发展的同时，又会触发资本主义的经济危机（《马克思恩格斯全集》第25卷，第55页）。马克思对上述范畴的分析，主要是为了揭示超越国境的国际资本主义生产关系。

另外，按照马克思的想法，《世界市场》册主要从狭义和广义两个角度分析世界市场。狭义的世界市场是指各国经济往来所形成的市场。在世界市场形成以后，人们不仅为国内市场生产商品，而且为世界市场生产商品。广义的世界市场是指从世界范围来考察的资本主义经济体系（《马克思恩格斯全集》第22卷，第388页）。马克思试图通过对世界市场的研究，探讨世界资本主义的总危机（《马克思恩格斯全集》第22卷，第二册，第247页）。

由上述分析可以看到，在马克思的六册著作写作计划里，马克思准备用最后两册分析国家与国家之间的经济关系和世界资本主义经济体系。但遗憾的是，马克思在他的有生之年未能完成这六册著作的写作计划。把《资本论》的基本原理和研究方法运用于国际经济活动的分析，构造研究国内经济和国际经济的完整的理论体系，成为马克思的遗愿。完成马克思的遗愿，是我们这一代马克思主义经济学者的重要任务。

二、马克思主义国际经济学的研究方法

建立马克思主义国际贸易理论必须采用马克思经济学的研究方法，包括从抽象到具体的方法以及历史和逻辑相一致的方法。

从抽象到具体的方法是先从简单的和抽象的经济范畴开始，逐步上升到复杂的和具体的范畴，最后说明丰富多彩的经济现象。只有采用这种方法，才能揭示和再现经济现象的内部联系，并以此为基础更深刻地说明经济现象。历史和逻辑相一致的方法是指思维的进程必须反映历史的进程。这就是说，历史从哪里开始，思维进程也应该从哪里开始，但思维进程应该是历史进程在抽象的和前后一致的形式上的反映。正如恩格斯所指出的："历史从哪里开始，思想进程也应该从哪里开始，而思想进程的进一步发展不过是历史过程在抽象的、理论前后一贯的形式的反映；这种反映是经过修正的，然而是按照现实的历史过程本身的规律修正的。"（《马克思恩格斯全集》第2卷，上册，第122页）

在马克思逝世以后，包括中国在内的世界各国的马克思主义经济学者遵循马克思的研究方法对国际经济问题进行了大量的研究，形成了丰富的

和宝贵的研究成果。对马克思主义国际经济理论的研究，应该参考这些研究成果。

另外，应该指出，马克思经济学主要是研究资本主义生产关系的政治经济学，他把注意力集中在资本主义经济规律的探讨上而不是放在资本主义经济的某些现象形态上，这是当时的时代赋予马克思的揭示资本主义历史局限性的历史任务。在当今的时代，除了继续完成马克思的遗愿以外，我们对马克思主义国际贸易理论的研究还肩负为政府的对外经济政策的制定提供理论依据的任务。因此，马克思主义国际贸易理论应该定位在对世界资本主义生产方式的研究而不仅仅定位在世界资本主义生产关系的研究。按照这种新的定位，我们不仅要探讨国际贸易的本质以及本质的联系，而且还要分析大量的国际贸易现象。在研究国际贸易现象时，西方国际经济学许多研究成果，特别是实证分析的成果是可以借鉴的。

从这个意义上说，我们可以借鉴西方国际经济学某些分析经济现象的方法，如：均衡分析方法，即分析有关经济变量处于相对稳定状态的条件；非均衡分析方法，即探讨有关经济变量处于非均衡状态的原因和特点；比较静态分析方法，即通过对有关经济变量不同均衡状态的比较以寻找导致这种变化的因素；动态分析方法，即研究有关经济变量的调整和变化的过程等。当然，这些方法主要是对国际贸易现象进行分析的方法，它们不能取代马克思的分析方法。

例如，在国际贸易问题的研究中，国际价值、国际生产价格、国际垄断价格范畴有助于认识国际贸易现象的本质，但是国际商品市场价格范畴有助于具体解释许多国际贸易的现象。笔者在利用国际商品市场价格范畴分析国际贸易现象时，借鉴了西方经济学的某些基本分析方法。又如，在国际金融问题的研究中，国际金融资产的虚拟价值以及新汇兑平价学说有助于理解市场汇率变化的基础，但市场汇率的变化与汇兑平价是背离的。笔者在利用市场汇率范畴分析国际金融现象时，也借鉴了西方经济学的某些基本分析方法。

三、马克思主义国际经济学的研究纲要

长期以来，我国经济学界以马克思经济学为指导对世界经济现象进行研究，形成了世界经济的研究领域。我国世界经济的研究大致可以分为三种类型：第一种类型是国别经济或地区经济，如美国经济、日本经济、欧洲经济、亚太经济等。从过去了就是历史的角度来看，这种类型的研究是从外国经济史学向现、当代的延伸。第二种类型是当代资本主义，如战后私人垄断资本主义的发展、战后国家垄断资本主义的发展、科学技术革命对世界经济的影响等。这种类型的研究是政治经济学向世界范围延伸。第三种类型是国家之间的经济关系，如国际贸易、国际投资、国际金融等。这种类型的研究是与国内经济相区别的国际经济的研究。客观地说，由于世界经济研究领域包括的内容过于庞杂，它至今尚未形成一个逻辑严密的理论体系。笔者所提出的马克思主义国际经济学的研究是以第三种类型的研究为主、第二种类型的研究为辅的两种类型研究的结合，它主要探讨国际经济规律和国际经济现象。

马克思从来不拒绝借鉴包括资产阶级经济学家在内的研究成果，他为了研究政治经济学阅读了大量的资产阶级经济学者的著作，形成了《巴黎笔记》和《伦敦笔记》。他的《资本论》正是在借鉴英国古典经济学而又超越英国古典经济学的基础上完成的。经济学发展的历史实际上也是国际贸易理论发展的历史，经济学者们在研究国内经济现象时也探讨了大量的国际经济现象，如斯密的绝对优势学说、李嘉图的比较优势学说、俄林的资源禀赋学说、米德的国际收支学说、卡塞尔的购买力平价学说，等等。我们在按照马克思六册著作著述计划的构想来研究国际经济问题的同时，也应该借鉴西方国际贸易理论中某些具有科学成分的思想。

因此，笔者在分析各个国际经济问题时，首先探讨马克思、恩格斯、列宁等人的思想，作为对这些国际经济问题展开研究的基本依据。但与此

同时，笔者按照学术研究的规范，也回顾了西方经济学者的主要研究文献，并以马克思经济学为指导、以客观事实为根据进行分析和评论。对其中不正确的看法予以扬弃，对其中有价值的观点加以肯定。另外，在马克思经济学创立以后，许多马克思主义经济学者按照马克思经济学的基本原理和基本方法对国际经济问题进行了大量的研究，形成了马克思主义经济学的组成部分。笔者在对国际经济问题研究的过程中，也努力挖掘这些宝贵财富。

根据马克思在六册著作著述计划所表达的思想以及马克思逝世以后国际经济发生的新变化，按照国际经济关系的主要类型以及国际经济关系的本质，笔者拟分三卷构建马克思主义国际经济学的研究纲要：第一卷是"商品资本的跨国流动"。由于国际贸易实际上是带有剩余价值的商品资本如何在国际市场上实现的问题，本卷主要从商品资本的跨国流动的角度分析国际贸易的本质、原因、流向、利益，探讨国际贸易对资本积累、社会资本再生产、资本主义经济体系的影响。第二卷是"生产资本的跨国流动"。由于国际直接投资实际上是如何在国外形成生产资本以生产剩余价值的问题，本卷主要从生产资本跨国流动的角度分析国际直接投资的原因、流向、效应，探讨国际直接投资对资本积累、社会资本再生产、资本主义经济体系的影响。第三卷是"货币资本的跨国流动"。由于国际资金融通实际上是金融资产形式存在的货币资本向世界范围扩展以获取更高收益的问题，本卷主要从生产资本跨国流动的角度分析国际资金融通的原因、流向、效应，探讨国际金融投资对资本积累、社会资本再生产、资本主义经济体系的影响。

第一卷"商品资本的跨国流动"的研究思路是：从马克思的劳动价值理论出发，分析国际价值转化为生产价格的过程以及国际生产价格转化为国际垄断价格过程，然后再用国际价值、国际生产价格、国际垄断价格的范畴说明西方经济学所使用的国际市场价格的范畴，最后再分别从国家价值的角度和国际市场价格两个角度分析各种国际贸易现象。这意味着本书对西方经济学的国际市场价格范畴经过马克思主义式的重新解释。显然，马克思并不否认商品的市场价格受需求和供给的影响，马克思主要从市场价格抽象出价值，然后通过价值分析商品生产和商品交换所体现的生产关系。因此，马克思的价值范畴与加以修正了的西方经济学的市场价格范畴并不是矛盾的。

第二卷"生产资本的跨国流动"的研究思路是：从国际剩余价值生产出发，分析了国际直接投资的基本原因以及具体原因，并以此为基础探讨了国际直接投资对母国和东道国经济的影响以及国际直接投资利益的分配，最后从国际直接投资的角度分析了资本积累和社会资本再生产的过程以及世界生产体系的形成对资本主义经济体系的影响。笔者研究过程中引用了西方经济学者关于直接投资原因的理论，这些理论属于对国际直接投资具体原因的分析，与资本的本质是追求剩余价值的论断并不是冲突的。笔者在借鉴这些理论的同时，也指出这些理论在逻辑上的不足，并力求建立一种在逻辑上更加完整的国际直接投资理论。

第三卷"货币资本的跨国流动"的研究思路是：从国际金融资产的虚拟价值出发，建立了新的汇兑平价学说，并以此为基础说明市场汇率的决定和变化。另外，从投资组合的选择、金融资产投资优势、跨国公司财务管理等角度分析了货币资本跨国流动的原因和效应，最后从国际金融的角度分析了资本积累和社会资本再生产的过程以及世界金融市场的形成对资本主义经济体系的影响。

四、马克思主义国际经济学的构建方式

建立马克思主义国际经济学体系是一项极为艰苦的任务，也是一项很有意义的工作。

马克思对一些国际经济问题有所阐述，但马克思本人没有建立国际经济学体系。马克思以后的马克思主义经济学者对各种国际经济问题进行过讨论，

但也没有建立系统完整的和逻辑一致的马克思主义国际经济学。关于马克思主义国际经济学构建的问题，有三种不同的看法：第一种看法是认为马克思经济学已经过时，现代西方经济学已有完整的国际经济学理论体系，没有必要构建马克思主义的国际经济学。第二种看法是有必要构建马克思主义的国际经济学，但这种构建必须是严格限于马克思经济学的概念和范畴，必须与西方经济学划清界限，并且只能从资本主义的生产关系的角度研究国际经济问题。第三种看法是有必要构建马克思主义的国际经济学，但这种构建应该是从国际经济的客观事实出发，坚持马克思经济学的基本观点、基本原理和基本方法，借鉴现代西方国际经济学的科学成分，从更广泛的资本主义生产方式的角度来研究国际经济问题。笔者持第三种看法。

关于第一种看法，笔者认为，现代西方经济学确实已建立了完整的国际经济学理论体系，而且在现代西方国际经济学中也有不少有价值分析和论断。但是，现代西方国际经济学是从西方经济学的基本原理和基本方法来讨论国际经济的问题，它注重国际经济现象的分析而忽略国际经济本质的分析，它注重国际经济数量的分析而忽略国际生产关系的分析。另外，经济学作为一门社会科学，是不可能不带有阶级性和民族性的。由发达国家经济学者建立的现代西方国际经济学，主要代表和体现了发达国家的经济利益，因此，很有必要建立马克思主义的国际经济学，按照马克思经济学的基本理论和基本方法揭示国际经济的本质和现象，使人们对国际经济问题有更加全面、深刻和清楚的认识。

关于第二种看法，笔者认为，马克思经济学的基本观点、基本原理和基本方法是正确的。但是，马克思经济学的建立至今已经有140年。在这140年中，资本主义世界发生了巨大的变化。马克思是人，马克思经济学是科学，我们不可能指望马克思能够预料到140年后国际经济所发生的一切变化，也不可能指望马克思经济学能够解释140年后国际经济的所有问题。我们需要做的工作是从国际经济的事实出发，根据马克思经济学的基本观点、基本原理和基本方法，借鉴包括现代西方国际经济学在内的一切人类文明的成果，来建立马克思主义的国际经济学。如果马克思说过的话我们才能说，西方经济学说过的话我们不能说，无疑会窒息和断送马克思经济学。我们应该忠实的是马克思的基本观点、基本理论和基本方法，而不是马克思说过的每一句话和提及的每一种看法。

另外，当代马克思主义经济学者面临的任务与马克思当年面临的任务不同。历史赋予马克思的使命，是揭示资本主义生产方式发生、发展和灭亡的规律，说明资本主义社会是人类历史的一个发展阶段。因此，马克思的研究对象是资本主义的生产关系。但是，历史赋予当代马克思主义经济学者的任务，是不仅要破坏一个旧世界，而且还要建设一个新世界。而要建设一个新世界，不仅需要对人与人的关系进行研究，而且还要对人与自然的关系进行研究。例如，我们需要研究如何通过国际经济促进经济的发展，如何从国际经济得到应有的利益等现实的经济问题。因此，不仅需要对生产关系进行研究，而且还需要对生产力进行研究。也就是说，需要对资本主义生产方式进行研究。例如，当政府需要我们马克思主义经济学者对中国的国际经济问题提出咨询意见时，显然我们不能只告诉政府：国际贸易、国际投资和国际金融是资本主义再生产的一个环节，它们体现了发达国家的资产阶级对发展中国家的剥削关系，如此等等。

经济学是一门实证的科学，它需要接受实践的检验而不是仅仅在概念上进行演绎和论证。因此，处理关于如何建立马克思主义国际经济学的争议的唯一办法，是让不同的理论体系接受实践的检验，以考察哪一个理论体系最终被时代所抛弃，哪一个理论体系最终是坚持和发展了马克思经济学。笔者认为，在如何对待马克思经济学的问题上，经济思想史上的李嘉图学派的教训值得注意。毫无疑问，李嘉图学派忠诚于李嘉图的学说，但它最终因严重脱离经济现实而葬送了李嘉图的学说。马克思经济学不是一成不变的教条而是一门科学，它需要不断地用生动活泼的经济事实和人类文明的成果来丰富和发展。

参考文献

［1］《马克思恩格斯全集》第 9 卷，人民出版社 1961 年版。

［2］《马克思恩格斯全集》第 22 卷，人民出版社 1961 年版。

［3］《马克思恩格斯全集》第 23 卷，人民出版社 1961 年版。

［4］《马克思恩格斯全集》第 25 卷，人民出版社 1961 年版。

［5］《马克思恩格斯全集》第 26 卷，人民出版社 1961 年版。

［6］《马克思恩格斯全集》第 46 卷，人民出版社 1961 年版。

第二篇
西方经济学研究

- 论社会分工、企业分工和企业网络分工
- 国内生产总值的国际比较方法研究
- 经济周期理论的比较与思考
- 外汇汇率理论的比较与思考
- 财政赤字观和美国政府债务的分析

论社会分工、企业分工和企业网络分工

——对分工的再认识[*]

一、社会分工的发生和深化

社会分工是指社会生产力的发展而引起的单一的生产群体分化为相互独立而又相互依赖的部门。社会分工既包括不同部门之间的分工，如生产部门包括工业、农业、商业等，也包括部门内部的分工，如工业分为冶金业、机器制造业、纺织业等。

在原始社会相当长的一段时期里，并没有出现社会分工。在氏族成员之间，只存在着以性别、年龄等生理因素为基础的自然分工。男人从事打猎、捕鱼等获取食物的工作，妇女担负管理家务、采集植物、制作食物和缝制衣服等工作，老人则负责制造劳动工具。

在开始于公元前1万年的新石器时代，男人从长期狩猎活动中发现了某些动物可以驯化，他们开始进行动物的驯化。首先驯化的是狗，其次是羊、猪、牛等。妇女则从植物的采集过程中发现了植物的生长规律，她们也逐步从采集植物发展为种植农作物。随着牧业和农业的发展，大约在公元前4000年，出现了专门从事农业和牧业的部落，这是第一次社会大分工。

* 本文发表于《当代经济研究》2005年第2期，是本人主持的2001年教育部人文社会科学十五规划项目"马克思主义国际经济学的构建"的研究成果。

在牧业和农业发展的同时，手工业也有了一定的发展。早在开始于公元前1万年的新石器时代，人类已发明了制陶和纺织，并逐渐用陶轮来制陶，用织机来纺织。到了开始于公元前5000年的金石并用时代，人类从用天然铜来制作工具到用冶铜来制作工具。随后，冶金、建筑、运输、工具制造不断地发展。这样，手工业逐渐从农、牧业分离出来，形成了专门的行业。这是第二次社会大分工。

在社会大分工以后，由于出现了农业、牧业、手工业，人们已经不是为自己进行生产，而是为交换进行生产，商品交换成为必要。这样，交换变为经常性的和固定化了，交换的规模和范围也不断扩大。到了奴隶社会初期，又出现了专门从事商品交换的商人，使商业从农业、牧业、手工业中分离出来，形成了第三次社会大分工。

这就是学术界公认的三次社会大分工。但在实际上，社会大分工仍在继续。由于原材料的供给、产品的加工、产品的消费不在同一个地方，交通运输开始发展起来。另外，人类在满足了吃、穿、住的基本需要以后，产生了文化和娱乐的需求，一部分人开始专门从事文化和娱乐活动。随着经济的发展，类似的行业不断出现。特别值得提出的是金融业的出现。随着商品交换的发展，货币开始广泛采用。在商品交换的过程中，需要对货币的真伪进行辨别以及对货币的成色进行鉴定，于是出现了在集市上以识别和兑换货币为业的钱商。在这些钱商积累了一定数量的货币以后，他们开始经营汇款和借贷业务。到了14世纪，在热那亚和佛罗伦萨出现了银行，随后在其他欧洲国家也相继建立了银行。这些主要为生产和消费提供服务的服务业从农业、牧业、手工业、商业中分离出来，形成了新的一次社会分工。

我认为，服务业的形成是等同于三次社会大分工的社会分工。从社会生产部门的特征来看，农业主要从事植物的种植，牧业主要从事动物的饲养，手工业主要从事的是产品的加工，商业主要从事的是商品的交换，而服务业主要提供服务。

首先，虽然服务业与农业、牧业、手工业一样都在提供某种产品，但是农业、牧业和手工业提供的是有形的产品，这些产品可以是生产性的，也可以是消费性的；而服务提供的是无形的产品，这些产品同样可以是生产性的，也可以是消费性的。既然根据产品的基本特征分别将提供农产品、畜产品、加工品的部门划分为农业、牧业、手工业，也应该将提供无形服务的服务业看作是同一层次的社会生产部门。

其次，虽然服务业与商业都在提供某种服务，但是商业提供的服务是发生在商品生产出来以后的交换过程，而服务业提供服务本身就是商品的生产过程，两者具有本质的区别。目前，在学术界中关于是不是全部服务的提供都是生产行为还存在分歧，但相当大的一部分服务的提供属于生产行为已没有异议。这就是说，服务业提供服务是在生产某种无形的产品，而商业则是从事已经生产出来的产品的交易，这两个部门显然是不同的。

再次，服务业已经是当代经济中比重最大的经济部门。从各国经济发展的时间序列分析以及发达国家和发展中国家的横截面分析来看，经济发展水平越高，服务业的产值在国内生产总值的比重就越大；科学技术水平越高，服务业在各个生产部门中的地位就越重要。但是，在社会大分工中却没有出现服务业的分工，这显然有悖于经济现实。

因此，不能将服务业看作是手工业或商业中的一个分支部门，它是一个与农业、牧业、手工业、商业平行的社会生产部门。因此，服务业的产生可以称为第四次社会分工。

在第四次社会大分工出现以后，形成了社会生产部门的基本格局，但这并不意味着社会分工已经结束，这些基本的社会生产部门内部的社会分工从来没有停止过。以手工业为例，到公元前 700 年，罗马的手工业已经出现了金工、木工、陶工、皮革工等专业分工，其他文明古国也有类似的情况。这些专业分工已不是一个手工业内的工种的分工，而是不同的手工业的分工。到了 14 世纪，手工业内部的社会分工已发展到相当高的程度，如巴黎的手工业约有 350 种，法兰克福的手工业约有 107 种。在当代，工业内部的社会分工已经发展到很高的水平。目前工业通常包括采掘业、制造业、公用事业三大类型，其中的制造业就有 29 种行业，如果再细分就更多了。

在社会和经济的发展过程中，几乎每一次重要的技术创新，都会导致新的社会分工。例如，人类发明了电以后，就出现了电气设备制造业、发电业、电器产品制造业；电子计算机技术产生以后，也出现了计算机制造业、软件制造业、计算机服务业；如此等等。可以预料，只要存在商品生产和商品交换，只要科学技术在不断发展，社会分工就不会停止。

毫无疑问，社会分工是人类在生产过程中形成的一种生产关系，它的产生和发展是由社会生产力的发展决定的。社会生产力愈发展，生产部门就愈多，社会分工就愈细。当然，社会分工的发展又通过提高劳动者的熟练程度，改进生产技术和提高劳动生产率反过来促进社会生产力的发展。但是，导致社会分工的机制是什么呢？这就是说，在社会生产力发展使社会分工成为可能的情况下，是什么机制使社会分工成为现实？

二、社会分工形成的机制

社会分工形成的机制是市场。在这里，市场是指商品交换的过程，它可以有不同的发展程度和存在的形式。在第一次社会大分工出现以前，各个部落内部已经有了剩余的产品，各个部落之间已经发生偶然的和不固定的产品交换，这就形成了市场的雏形。正因为可以进行产品的交换，某些部落才能够专门从事牧业或农业的活动，然后通过产品的交换来满足自己的其他需要，第一次社会大分工才会出现。显然，如果没有产品的交换，各个部落必须要为满足自己的需要而生产，也就不可能出现第一次社会大分工。马克思曾经指出："交换没有创造个生产领域间的差别，但使已经不同的生产领域发生关系，并使它们转化为社会总生产中多少相互依赖的部门。在这个场合，社会的分工，是由原来不同并且互相独立的生产领域之间的交换而起。"（马克思，第 374 页）马克思揭示了社会分工形成的机制是市场。

但是，在市场处在雏形的阶段里，市场机制并没有形成，它还没有作为一种异己的力量调节人类的生产活动，它只是第一次社会大分工的条件。在这个阶段里，使第一次社会大分工成为现实的机制是劳动的效率，即人类付出劳动以后希望得到更多和更稳定的食物来源。在人类猎获动物和采集植物来充饥的情况下，人类的生活是很不稳定的。在没有猎获到动物和采集到植物时，人类只好忍受着饥饿。因此，当人类发现动物可以驯化、粮食可以种植以后，他们为了改变饥饱不匀的生活，开始驯化动物和种植粮食。后来，人类在生产活动中发现，专门驯化动物或种植粮食可以生产出更多的产品。这样，专门驯化动物或种植粮食的部落相继出现，终于发生了第一次社会大分工。

在第一次社会大分工出现以后，商品的交换变得经常和固定了，市场也在不断发展。这样，市场机制逐渐开始发挥作用。所谓市场机制是指在市场中存在的竞争机制和价格机制。当生产者将他们的商品拿到市场上出售时，他们的商品便形成了竞争的关系。谁的商品质量高或价格低，谁的商品在竞争中就处在有利的地位。因此，在竞争机制的调节下，生产者不得不以最低的成本生产同样质量的商品，或者以同样的成本生产最高质量的商品。另外，在市场上，当某种商品供不应求时，商品的价格就会上升，这种商品的生产者就会获得更多的利润，这种商品的生产者就会增加。相反，当某种商品供过于求时，商品的价格就会下降，这种商品的生产者的利润就会下降，这种商品的生产者就会减少。

在竞争机制和价格机制的作用下，生产者必须用更有效率的方法去生产市场需要的商品，而社会分工能够提高劳动者的熟练程度，改进生产的技术和提高劳动生产率，它是达到这个目的的有效途径，因而，一次次社会大分工相继出现，每一个生产部门内的社会分工也不断细化。随着市场的成熟和发展，市场机制对社会分工的调节作用越来越大。

虽然市场的调节是有效率的，但是市场也会发生失灵。从社会分工的角度分析，市场失灵表现在下述两个方面：一是市场不能调节公共物品的生产。例如，义务教育、疾病控制、公共道路，等等，市场是不会提供的；二是市场对产业结构的调节比较缓慢。例如，在一项新的技术产生以后，如果这项技术不能带来利润，它是不会商品化的。因此，从一项技术的创新到形成一定的生产规模要有一个过程。从20世纪50年代开始，主要的资本主义国家普遍加强了政府对经济的干预，出现了各种形式的市场经济体制，如美国式的有调节的市场经济体制、德国式的社会市场经济体制、日本式的政府导向的市场经济体制。

在新的历史条件下，社会分工的调节机制除了市场以外，还存在政府的作用。政府的作用表现在下述两个方面：一是由政府来提供公共物品。这样，有些公共物品的生产部门如义务教育、疾病控制的社会分工是由政府来调节的；二是由政府来催化新的产业的发展。对于某些有助于促进本国经济增长的新的技术和新的产品，政府往往通过财政和金融的手段来加快这些技术的采用和这些产品的生产，从而推动了社会分工。

在各种形式的市场经济中，对社会分工调节作用最大的是政府导向的市场经济。以日本为例，日本政府具有明确的产业政策。产业政策包括产业结构政策和产业组织政策，其中产业结构政策是使产业结构向有利于本国的方向发展。日本政府每个时期都确定该时期的主导产业，然后通过各种措施扶持这些主导产业的发展。例如，在20世纪50年代以后，日本政府先后将钢铁、造船、石油化工、汽车、合成纤维、电子计算机、家用电器、电子设备作为主导产业。在90年代以后，又将微电子、新材料、生物工程等产业作为主导产业。在确定了主导产业以后，日本政府就通过税收减免、优惠贷款、贸易保护等方式来促进这些主导产业的发展。在这种情况下，政府对于社会分工的发展发挥了重要的调节作用。

综上所述，在社会生产力发展到一定水平的基础上，在市场机制的调节下，由于社会分工可以带来劳动生产率的提高，从而出现了社会分工。

三、企业内部的分工

企业内部分工的出现要比社会分工晚得多，它是社会分工的产物。

在第二次社会大分工即手工业从农业和牧业中分离出来以后，在很长的一段时间里，手工业都是家庭手工业。家庭手工业是企业的雏形。到了16世纪，工场手工业开始产生，这标志着企业的形成。17世纪，在英国、法国、德国、荷兰等国家相继出现了规模较大的工场手工业。马克思曾经指出，从16世纪中叶到18世纪末叶，是手工制造业占统治地位的时期。马克思认为，手工制造业主要通过两种方式产生：一是"当一种产品在最后完成以前，必须通过不同种独立手工业的劳动者的手的时候，这些劳动者在同一个资本家的指挥下，在一个工场内结合起来。"二是"可以有多数做同一或同种工作的手工业者同时在同一个工场为同一个资本所使用。"（马克思，第356～357页）

在英国的产业革命发生以后，推动了企业的发展。工场手工业被采用机器进行生产的工厂所取代。1771年，在英国诞生了第一家水力纺织工厂，它标志着工厂发展阶段的开始。马克思曾经将工厂称为"以机器经营为基础的工场"，他指出："如果把劳动者除开不说，这种协作原来是若干同种又同时发生作用的工作机在空间上的集合。所以，许多机器织机在同一个工作建筑物内集合时，便形成了一个织布工厂；许多缝纫机在同一个工作建筑物内集合时，便形成了一个缝衣工厂。"（马克思，第402～403页）

但是，具有现代意义的企业是在1840年以后开始出现的。根据企业史学家钱德勒（A. D. Chandler）的研究，1840年以后建立的美国铁路运营公司是最早出现的现代企业。要经营铁路客运和货运业务，需要进行复杂的车辆调度等工作，因而需要一大批经理人员来安排、指挥和协调铁路运输，这样便产生了企业管理的层级制。从企业管理的角度分析，管理层级制是现代企业的基本特征（钱德勒，第328页）。

19世纪60年代，企业开始跨越国境向外发展。1856年，美国一家企业在英国爱丁堡建立了一家硫化橡胶厂，成为最早进行跨国经营的企业，但是该企业于19世纪60年代被关闭。1867年，美国胜家缝纫机公司在英国开办了工厂，成为第一家成功地进行跨国经营的企业。1873年和1883年，该公司又相继在加拿大和澳大利亚设立装配厂和制造厂，并建立了世界性的销售网络。

由此可见，企业的发展经历了家庭手工业、工场手工业、工厂、现代企业、跨国企业的过程。与企业发展相适应的是企业制度的发展。在家庭手工业的企业雏形阶段，企业制度基本上是业主制，即由一个人出资举办和自己经营的企业。到了工场手工业的发展阶段，开始出现合伙制和公司制，但是业主制和合伙制是企业制度的主要形式。合伙制是由两个以上的人出资举办、共同经营的企业。公司制企业是通过发行股份筹集资本，并由股东大会选举产生的董事会聘任经理进行管理的企业。1553年，世界第一家股份公司穆斯科维公司（The Muscovy Company）在伦敦成立，它标志着公司制企业的开始。从工厂发展阶段开始，公司制企业得到了迅速的发展。到了现代企业的发展阶段，公司制企业已经成为最重要的企业制度。

企业内部的分工是在工场手工业发展阶段产生的。在工场手工业规模扩大以后，产生了在工场手工业内部划分工种的需要，从而出现了工种的分工。在17世纪，实行较细的分工的毛纺工场手工业在英国已经变得比较普遍。到了工厂的发展阶段，需要按照机器设备和生产工艺的要求来组织生产，在工厂内部不仅出现了工种的分工，而且出现了生产人员和管理人员的分工、生产与原材料的供应以及产品的销售的分工，等等。在现代企业的发展阶段，则发生了在管理人员之间的进一步分工，如在生产管理、技术管理、营销管理、人事管理等方面的分工，并且产生了管理的层级制。

斯密（A. Smith）曾经对企业内部的分工做了充分的论述，并将它看作国民财富增长的基本原因。他在其代表作《国民财富的性质和原因的研究》第一篇中，用三章的篇幅论述了劳动分工。斯密以扣针制造业为例，说明在18种操作分别由18个人承担的条件下，劳动生产率大幅度提高。斯密认为，劳动分工的好处在于：提高劳动者的熟练程度，减少因工作转换而发生的时间的损失，推动可以简化和节省劳动的机械的发明。关于企业内部分工的原因，斯密认为是人类交换的倾向。用他的话来说，是人类互通有无，物物交换，互相交易的倾向（斯密，第12页）。显然，斯密混淆了社会分工和企业内部的分工。企业内部的分工是由不同的人来完成同样的产品，产品的交换导致不同的人聚集在一个企业内来制作同样的产品，但没有导致他们之间的分工。企业内部的分工不是由产品的交换引起的，社会分工才是由产品的交换促成的。

马克思同样对企业内部的分工给予关注，他认为劳动分工还具有另外两个好处：一是以前在时间上依次进行的各个生产阶段，现在可以在空间上齐头并进了，这样能够在短时间生产出大量的产品；二是由于工序的衔接使一组工人劳动的结果成为另一组工人劳动的始点，从而加强了劳动的强度（马克思，第366～367页）。但是，马克思明确地区分了社会分工和企业内部的分工，他指出："社会内部的分工和工场内部的分工，尽管有许多类似点和联系，但是两者仍然不仅有程度上的差别，而且有本质上的区别。"（马克思，第377页）按照马克思的分析，这些区别表现在下述方面：第一，社会分工的特征是劳动者的产品是商品，企业内部分工的特征是劳动者的产品不是商品，他们共同的产品才是商品。第二，社会分工是以生产资料分散在许多生产者手里为前提的，而企业内部分工是以生产资料集中在一个资本家手里为前提的。第三，社会分工是市场调节的，企业内部的分工是按照计划进行的。第四，社会分工只承认竞争的权威，企业内部的分工则承认资本家的权威（马克思，第377～379页）。

在马克思以后，企业内部的分工似乎没有引起主流经济学家们的注意。马歇尔（A. Marshall）在《经济学原理》第十和十一章中研究分工与工业地点的选择以及大规模生产的关系，但他所说的分工是社会分工。1928年，扬格（A. Young）发表了题为《递增报酬与经济进步》的文章，提出市场的扩大将导致劳动分工的深化，企业可以获得内部经济和外部经济的好处，试图唤起主流经济学对劳动分工问题的重视。但是，后来的经济学家们对劳动分工的研究并不多。琼·罗宾逊（J. Robinson）和萨缪尔森（P. A. Samuelson）在《现代经济学导论》和《经济学》中，基本没有提及企业内部的分工。

斯密提出了企业内部分工的调节机制是产品的交换，但他实际上分析的是社会分工的调节机制。马克思没有专门分析企业内部分工的调节机制，但从马克思的论述中可以看到，马克思认为企业内部的分工是由资本家决定的。

马克思指出："手工制造业的分工，假定生产资料已经集中在一个资本家手里，在手工制造业内，比例数或比例性的铁则，使一定数的工人归属于一定的职能。"他明确提出了"资本主义生产方式的社会内社会分工的无政府与手工制造业分工的专制是互为条件的事情。"（马克思，第378~380页）

由此可见，在资本主义条件下，企业内部的分工，是资本所有者的一种生产安排。而资本所有者能够和需要作出分工的安排，必须具备两个前提条件：一是生产资料已经私有化，生产的组织者拥有生产资料的所有权；二是存在市场的竞争，资本所有者为了获得更多的利润不得不不断地推动劳动分工。因此，企业内部分工的原因可以表述为，由于企业内部的分工可以促进劳动生产率的提高，在生产资料被私人占有以及市场存在激烈竞争的条件下，资本所有者或代理人为了资本的利益将生产过程中的某一部分职能赋予特定的劳动者。这意味着社会分工是由"看不见的手"来调节的，而企业内部的分工是由"看得见的手"来调节的。

企业内部分工涉及企业起源的问题。关于企业的起源最有影响的解释有两种：一种是从斯密开始并由马克思发展的分工理论；另一种是科斯（R. H. Coase）提出的交易成本学说。按照马克思的看法，由于分工可以创造更高的劳动生产率，生产资料所有者将雇佣工人，以分工协作的方式进行生产，从而形成了企业。按照科斯的解释，使用市场价格机制是有成本的，这种成本称为交易成本。交易成本包括寻找信息的成本、合同谈判的成本、合同履行的成本等。企业存在的基本原因，是由于交易成本较高，人们为了节约成本，倾向于用内部的协调机制来取代市场价格机制，从而产生了企业这种组织形式（Coase, pp. 386-405）。

科斯的交易成本理论说明，当内部的协调机制的成本低于市场价格机制的成本时，人们选择在企业内部生产这种产品，从而形成了企业。当市场价格机制的成本低于内部的协调机制的成本时，人们选择在不同的企业生产这种产品，从而形成社会分工。具体地说，在产品由若干个部分组成的条件下，如果只存在市场，生产者只能通过市场购买中间产品，然后组装为最终产品，这样需要签订很多个契约，支付很高的交易成本。如果由代理人购买各种生产要素，在它的组织和管理下进行最终产品的生产，将可以节约很多的交易成本，企业就是在这种情况下产生的。

从表面上看，马克思强调的是生产效率，科斯强调的是交易成本，两者存在一定的联系：如果生产效率低，交易成本不可能低；如果交易成本高，生产效率不可能高。但是，马克思的分工理论可以解释企业起源而科斯的交易成本理论则难以说明企业的起源。首先，科斯的解释存在逻辑上的混乱。如果人们可以进行内部协调机制和市场价格机制的比较，那么已经存在企业，这样又如何能够用这种比较来说明企业的产生？如果不存在企业，人们又如何进行内部协调机制和市场价格机制的比较？其次，科斯的解释存在历史上的错位。在家庭手工业向工场手工业转变的过程中，虽然商品的交换变得经常了，但是市场并不完善，市场价格机制还没有形成，人们也无法进行尚未存在的内部协调机制和尚未形成的市场价格机制的比较。

实际上，企业的雏形在家庭手工业就产生了。对于家庭手工业者来说，只要分工能够生产更多的产品，他就采用分工的方式进行生产。这种分工从家庭成员内部的分工发展到使用帮工进行分工。随着财富的积累，随着帮工数量的增加，家庭手工业就转化为工场手工业，企业由此而形成。因此，马克思的解释清楚地说明，企业是一种生产资料所有制的形式，也是具有生产功能的组织形式。在社会生产力发展到一定的水平而私人又拥有生产资料的条件下，业主为了获得更高的利润雇佣工人以分工的方式进行生产，便产生了企业。

四、社会分工与企业分工的替代

前面的分析表明，企业内部分工不同于社会分工。但是，企业内部分工与社会分工又存在着密切的关系。由于马克思清楚地区分了企业内部分工与社会分工，他明确地指出："手工制造业的分工规定社会内部的分工要已经有相当程度的发展。反之，手工制造业的分工也会发生反作用，使社会的分工发展并且增加。劳动工具分化了，生产这种工具的职业就会越来越分化。"（马克思，第 375~376 页）马克思的分析表明，社会分工是企业内部分工的前提。显然，如果手工制造业不从农业和牧业中分离出来，就不可能发生企业内部的分工。但是，企业内部的分工将使生产工具日益专门化，从而带动生产这些专门工具的部门的发展，即带动了手工制造业之间的分工。马克思的研究从一般规律上揭示了企业内部分工与社会分工的关系。

但是，如果撇开第一个层次的社会分工即农业、工业、商业和服务业的分工，讨论第二个层次的社会分工，如农业、工业、商业、服务业内部的分工，特别是这种工业和那种工业的社会分工，那么社会分工与企业内部的分工还存在某种替代关系。这就是说，商品的生产既可以采用社会分工的形式，也可以采用企业内部分工的形式。如果社会分工与企业内部的分工存在替代关系，那么又是什么机制在调节着这种替代关系呢？

马克思的分工理论不仅可以解释企业的产生，同样可以解释社会分工与企业分工的替代。马克思一开始分析企业内部的分工就把它与协作联系在一起。企业内部的分工协作是为了实现更高的生产效率而产生的。但是，当企业内部的分工越来越细而企业又发展到一定的规模时，根据企业生产的产品的性质有可能出现两种情况：一种是难以有效地协作，造成生产效率的下降；另一种是可以有效地协作，仍然能够保持较高的生产效率。在前一种情况下，企业内部的分工将转化为社会分工。在后一种情况下，企业仍然实行内部的分工。这就是说，社会分工与企业分工的替代仍然取决于这两种分工的生产效率。

在社会分工与企业分工相互替代这个问题上，还有两种研究成果值得注意：一是施蒂格勒的产业生命周期假说；二是科斯的交易成本理论。

施蒂格勒（G. J. Stigler）指出，产业存在着生命周期。在一个产业的新生时期，由于市场狭小，生产过程的各个环节的规模比较小，不可能将各个生产环节独立为各个产业，因而该产业的产品由一个全能型的企业生产，分工主要表现为企业内部的分工。企业不仅生产最终产品，而且生产从原材料到最终产品的各种中间产品。但是，随着市场规模的扩大，该产业生产过程的各个环节的规模已很大，这些环节逐渐分化出去由各个独立的企业来承担，企业内部的分工转化为社会分工。到了这个产业的衰落时期，随着市场规模的缩小，已经分别由独立的企业来承担的各个生产环节又重新返回一个企业的内部，社会分工又转化为企业内部的分工（施蒂格勒，第22页）。这种假说可以解释，例如在钢铁企业建立的初期，由于钢铁的市场规模比较小，钢铁企业不仅冶炼钢铁，而且采掘铁矿石，冶炼和采掘是企业的内部分工。但是，在钢铁市场规模扩大以后，钢铁生产规模也随之扩大，铁矿石的采掘与钢铁的冶炼相分离，企业内部的分工转变为冶炼业和采掘业的社会分工。

但是，产业生命周期假说还只是一个假说，目前还很难证实社会分工是可逆的。这就是说，当企业内部的分工被社会分工所取代后，社会分工是否会重新被企业内部的分工所取代。在社会分工已经发生的条件下，如果市场规模缩小，企业也可以相应缩小生产规模，而不需要将社会分工重新转变为企业内部的分工。

科斯的交易成本理论在前面已经作了阐述。正如前面所指出的，科斯的交易成本理论不能很好地解释企业的产生。但是，在市场价格机制已经形成并且变得较为完善的条件下，在企业内部生产日益复杂化并形成了内部协调机制以后，科斯的交易成本理论可以从成本的角度解释社会分工与企业分工的替代。例如，在某种最终产品的生产过程中，需要经过一系列中间产品的生产阶段。如果从市场获得中间产品的交易成本高于企业内部协调生产的成本，企业将选择在企业内部生产中间产品，即企业采取内部分工的方式。相反，如果从市场获得中间产品的交易成本低于企业内部协调生产的成本，那么中间产品和最终产品将由不同的企业完成，即生产采取社会分工的方式。

五、企业网络分工

社会分工和企业分工是劳动分工的两种基本的形态。但是，在20世纪70

年代以后，出现了一种新的劳动分工的形态——企业网络分工。企业网络分工是指若干家企业以交易契约的方式形成了一个相互依赖的企业网络，来生产某种最终产品。处于这个网络的企业形成垂直的生产关系，一个企业的产出品是另一个企业的投入品。

企业网络分工是介于社会分工和企业分工之间的一种分工。企业网络分工与企业分工不同，前者是由多个企业完成同一个生产过程，后者是由一个企业完成同一个生产过程。从这个角度来看，企业网络分工与社会分工是相似的。但是，企业网络分工也与社会分工不同，前者是指一个企业专门为另一个企业生产，企业之间存在密切的契约关系；后者是指一个企业为一般的企业生产，企业之间不存在密切的契约关系。从这个角度来看，企业网络分工又与企业分工是相似的。

企业网络在20世纪70年代最早出现在日本和意大利。日本的企业网络是以大企业为核心形成的企业组织形式，意大利的企业网络是由中小企业形成的组织形式。这种形式的分工同样可以用马克思的分工理论来解释。企业网络是为了克服企业内部分工协作出现困难而形成的。有的最终产品极为复杂，包括许多零部件，如果由一家企业来生产全部零部件，将出现极为复杂的分工，有可能产生协作上的困难，出现生产效率下降的现象。但是，这些最终产品的零部件并不都是通用的，而是某种最终产品所特有的，如果这些零部件以社会分工的方式来生产，由市场机制来调节，同样会影响这种最终产品的生产效率。正是在这种情况下，产生了企业网络的分工。企业内部的分工转变为企业之间的分工，但企业之间通过契约的关系形成稳定的联盟。

例如，汽车的生产包括上万种零部件，而且每个零部件要通过许多工序才能完成。如果全部零部件都由一家企业来生产，将有可能由于协调上的困难出现生产效率下降的情况。如果全部零部件由各不相干的企业来生产，即便可能，汽车的生产将缺乏效率。正由于这个缘故，汽车行业最早出现诸如"丰田生产体制"的企业网络分工。但是，由于各个企业的管理方式和管理技术不同，不同分工形式的生产效率不一定是一样的，同样一种产品的生产所采用的分工方式就会不同。例如，日本汽车行业采用企业网络分工的方式来生产汽车，而美国汽车行业则采用企业内部分工的方式来生产汽车，这说明企业网络分工和企业内部分工的生产效率在这两个国家并不是一样的。

对于企业网络分工，科斯的交易成本理论也可以从成本的角度进行解释。如果某种最终产品的生产需要许多零部件才能完成，那么社会分工、企业内部分工和企业网络分工都是有可能发生的，关键问题在于协调这三种分工的成本的高低。社会分工需要市场来协调，企业内部分工需要企业来协调，企业网络分工需要网络来协调。这三种协调机制都要花费成本，哪一种协调机制的成本低，就会发生哪一种分工。从目前世界各国的情况来看，采用社会分工的方式生产包括许多零部件的最终产品协调成本过高，因而通常采用企业内部的分工和企业网络的分工来生产这些产品。

如果说社会分工的调节机制是市场，企业内部分工的调节机制是企业，那么网络企业调节机制是什么呢？里查德逊（G. B. Richardson）在 1972 年 9 月号的《经济杂志》上发表了一篇题为《产业组织》的论文，提出了劳动分工具有三种协调方式，即市场、企业、网络（Richardson, pp. 883－896）。根据里查德逊的分析，网络协调方式适合于具有十分密切和相互依赖的两个或两个以上的企业的活动。如果企业的活动是同时为多家企业提供服务的通用性活动，企业之间不需要进行事前的计划和协调，因而可以通过市场机制来调节。如果企业的活动是为特定的企业提供服务的特定活动，企业之间就需要进行事前的计划和协调，这就是网络协调方式。由此可见，网络分工的调节方式实际上是企业之间进行劳动分工合作的调节方式。

网络机制是指各个企业通过长期和稳定的契约关系来规定各自的权利和责任，协调各自的生产活动。网络机制的交易成本主要是达成契约和履行契约的成本。处于核心地位的大企业与一系列中小企业进行谈判，根据生产的要求签订一系列契约，然后监督着契约的履行。一旦各个企业形成同生死共存亡的关系，网络机制的调节成本就会下降。

在私有制消亡以后，劳动者在资本所有者的雇佣下为生存而被束缚在某道工序上，这种意义的分工将不存在。但是，只要有生产，人们在同一时点上总在从事着某个行业、某个机构、某种工作这种意义上的分工就将存在。随着经济的发展和科学技术的进步，社会分工、企业分工、企业网络分工将不断发展和深化。从这个角度看，分工将是一个永恒的研究课题。

参考文献

［1］马克思：《资本论》（第一卷），人民出版社 1953 年版。

［2］钱德勒：《看得见的手：美国企业的管理革命》，商务印书馆 1987 年版。

［3］施蒂格勒：《市场容量限制劳动分工》，收录于《产业组织与政府管制》，上海三联书店 1996 年版。

［4］斯密：《国民财富的性质和原因的研究》，商务印书馆 1972 年版。

［5］Coase, R. H., The Nature of the Firm, Economica, November, 1937.

［6］Richardson, G. B., The Organization of Industry, The Economic Journal, September, 1972.

国内生产总值的国际比较方法研究*

一、国内生产总值的比较方法

各国的产值都是用本国货币计量的，如何进行各国产值的比较？显然，需要将各个国家用本国货币表示的产值折算为用某种统一货币如美元表示的产值。但接着产生的问题是，如何将各个国家的货币折算为美元？关于这个问题，目前在国际经济学界有两种解决方法：一种是货币汇率法；另一种是购买力平价法。

货币汇率法是指按照外汇市场上各国货币与美元的汇率，将以各国货币表示产值统一折算为以美元表示的产值，然后加以比较。但是，货币汇率是每时每刻都发生变化。在比较各国的产值时，通常用本年度本国货币兑换美元的平均汇率来进行折算。

购买力平价法是指按照各国货币与美元的购买力所形成的平价，将以各国货币表示的产值折算为以美元表示的产值。所谓购买力是一单位某种货币所能购买商品的数量，所谓购买力平价是按照各种货币的购买力来计算的彼此的比价。

---

* 本文发表于《学术研究》2015 年第 2 期。本人曾经在 2005 年第 3 期的《中国经济问题》发表了《两种国际经济比较方法缺陷性差异的分析》一文，中国人民大学报刊复印资料《世界经济导刊》2005 年第 8 期全文转载。本文是 2005 年论文分析的深化。

但是，用这两种方法对各国国内生产总值进行比较会出现很大的差异。以 2013 年为例，按照国际货币基金组织 2014 年 4 月公布的预测数据，美国、中国和日本这三大经济体的以货币汇率计算的国内生产总值分别是 167997 亿美元、91814 亿美元和 49015 亿美元，以购买力平价计算的国内生产总值分别是 167997 亿美元、133954 亿美元和 46988 亿美元（IMF，April 2014）。这意味着如果以货币汇率计算，中国的产值只是美国产值的 55%。但是，如果以购买力平价方法计算，中国的产值已达到美国产值的 80%。

2014 年 10 月，国际货币基金组织公布了经过核实的 2013 年各国国内生产总值的数据，美国、中国和日本以货币汇率和购买力平价计算的国内生产总值的差距进一步扩大。国际货币基金组织将 2013 年人民币与美元的购买力平价从原来的 4.247 元∶1 美元调整为 3.633 元∶1 美元。2013 年，美国、中国和日本这三大经济体的以货币汇率计算的国内生产总值分别是 167681 亿美元、94691 亿美元和 48985 亿美元，以购买力平价计算的国内生产总值分别是 167681 亿美元、161491 亿美元和 46676 亿美元（IMF，April 2014）。中国以购买力平价计算的产值已经十分接近美国。

两种比较方法所以出现差异，是因为国际货币基金组织在计算购买力平价的时候，将美国的价格水平作为基准，也就是将美元购买力作为基准。由于相对于美国来说，中国的价格水平比较低，人民币的购买力比较强，人民币与美元的购买力平价为 4.247 元∶1 美元或者 3.633 元∶1 美元，以购买力平价计算的国内生产总值高于以货币汇率计算的国内生产总值。同样，由于相对于美国来说，日本的价格水平较高，日元的购买力比较低，日元与美元的购买力平价是 101.806 日元∶1 美元或者 102.425 日元∶1 美元，以购买力平价计算的国内生产总值低于以货币汇率计算的国内生产总值。正因为如此，国际货币基金组织指出，如果用购买力平价方法计算，2014 年中国的国内生产总值将超过美国。

从上面国际货币基金组织的数据可以看到，货币汇率和购买力平价的方法存在很大的差异。这样，就产生了这样的问题：在进行各国国内生产总值比较的时候，货币汇率方法和购买力平价法哪种方法更可取？如果用货币汇率方法或购买力平价法来比较各个国家的产值，又会产生什么样的偏差？

二、关于货币汇率比较方法的分析

要分析货币汇率方法在比较国内生产总值中的客观性和准确性，首先就要明确货币汇率是如何决定和如何变化的。一种货币的汇率实际上是用另一种货币表示的这种货币的价格，它是这两种货币兑换过程中这种货币的供给与需求决定的。如果这种货币供不应求，这种货币汇率就将升值；如果这种货币供过于求，这种货币汇率就会贬值。

在外汇市场上，影响某种货币供给与需求的主要因素是国际贸易、短期资本流动和长期资本流动。短期资本流动是指在性质上一年以内可以逆转的资本流动，如国际借贷、证券投资等。长期资本流动是指在性质上一年之内难以逆转的资本流动，如直接投资等。如果某个国家某个时期出口贸易、短期资本流入和长期资本流入大于进口贸易、短期资本流出和长期资本流出，该国外汇收入大于外汇支出。由于机构和企业得到外汇收入通常需要结汇，即卖出外汇买进本币；机构和企业支出外汇通常需要购汇，即卖出本币买进外汇，在外汇收入大于外汇支出的情况下本币需求量大于本币供给量，本币汇率将会升值；相反，本币汇率将会贬值。

因此，如果用货币汇率的方法来比较两个国家的产值，那么只有在下面的严格条件下才是客观的和准确的：两个国家之间的经济活动只有国际贸易活动，两个国家的商品全部都是可以进入国际贸易领域的商品，两个国家在国际贸易方面的竞争力相似。显然，在这样的条件下，这两个国家全部商品的价格都会对这两个国家货币的汇率产生影响，在不考虑国际贸易成本的条件下，两个国家任何一种商品以其中一种货币表示的价格都将相等。这样，两个国家货币的汇率准确地反映了两个国家各种商品的交换价值，从而可以客观地比较两个国家的经济活动。但是，这个条件与现实世界距离太远，用货币汇率的方法来比较各个国家的产值将产生严重的偏差。

首先，在现实的世界中，各个国家国际贸易的竞争力是不同的。例如，在发展中国家与发达国家的贸易中，发达国家处于竞争的优势地位，发展中国家需要进口的发达国家的商品往往是自己难以生产或者无法生产的商品，而发达国家需要进口的发展中国家的商品往往是自己也能生产但由于劳动力成本过高而减少生产或者是放弃生产的商品。这样，在国际市场商品供给与需求因素的影响下，发达国家的商品价格被提高而发展中国家的商品价格被压低，同时发展中国家要用较多单位的本币才能兑换到发达国家的 1 单位货币。如果以这样形成的货币汇率来比较发展中国家和发达国家的产值，将严重地低估发展中国家的产值。

其次，各个国家的商品分为参与国际贸易的商品和不参与国际贸易的商品，一个国家不参与国际贸易的商品价格对该国货币汇率的形成没有直接影响，而且与参与国际贸易商品的价格存在较大的差异，如果用该国货币汇率去度量这部分商品的产值，显然不能客观地反映这部分商品的产值。国际货币基金组织很重视这个因素所产生的偏差，但是笔者认为，这个因素是存在的，但它所产生的偏差远没有国际贸易竞争力差异所产生的偏差大。如果一个国家的货币汇率能够比较客观地反映一个国家参与国际贸易商品的交换价值，那么即使参照这部分参与国际贸易商品的交换价值去度量不参与国际贸易商品的交换价值，也不会产生过于严重的偏差。

再次，一个国家金融资产的交易是不计算到国内生产总值的，只有为金融资产交易提供的服务才会计算到国内生产总值。因此，短期资本流动带来的金融资产的跨境流动没有对国内生产总值带来直接的影响，但却对该国货币汇率产生很大影响。这样，即使一个国家真实的国内生产总值没有变，但如果短期资本流动导致该国货币汇率变化，以外国货币表示的该国的国内生产总值将会发生变化，甚至会发生很大的变化。例如，当被称为"热钱"的投机性资金大规模撤离新兴市场经济国家时，该国货币汇率往往发生比较大幅度的贬值。即使该国物品和服务的数量没有变化，但是用货币汇率计算的产值将出现比较大幅度的减少。

最后，一个国家接受外国直接投资通常伴随着专利权、机器设备、原材料等的进口，同时也会导致这个国家产量的增加。但是，假如其他条件不变，长期资本流进一个国家将导致这个国家货币汇率升值，结果造成以外币计算的该国全部的产值都增加了，从而也会产生偏差。但是，一个国家的对外直接投资或接受外国直接投资的相对数量不是很大，这个因素在国际经济活动比较中产生的偏差不是很大。

由此可见，用货币汇率的方法比较各国的国内生产总值不是一种客观和准确的方法。但是，货币汇率方法的优点是简单易行，它可以直接利用外汇市场上所形成的汇率进行比较而不需要进行复杂的计算。

三、关于购买力平价比较方法的分析

考虑到货币汇率方法在产值比较中存在的缺陷，在联合国统计委员会（United Nations Statistical Commission）的授权下以及在世界银行和福特基金会（Ford Foundation）的资助下，美国宾夕法尼亚大学（University of Pennsylvania）从 1968 年开始启动"国际比较计划"（International Comparison Program，ICP），以提供对各国产值进行比较的可行的方法，购买力平价方法就是该计划所提出的产值的比较方法。到 2011 年，该计划已经进入到第八轮，也是最后一轮的研究工作，全世界共有 199 个经济体即超过 90% 的经济体参与了该计划。我国从 2005 年开始向该计划提供 11 个省市商品的价格数据，直到2011 年才开始向该计划提供全部商品的价格数据。

在"国际比较计划"的实施过程中，购买力平价方法处在不断的改进之中。到了 2005 年，该方法趋向于成熟。但到了 2011 年，该方法在统计细节上又有进一步的创新。按照购买力平价法，所谓的购买力是指 1 单位货币购买物品和服务的数量，所谓购买力平价是指按照两种货币购买力计算的这两种货币的比率。例如，如果在美国用 1 美元可以买到的物品和服务在欧元区国家用 1.20 欧元可以买到，那么欧元与美元的购买力平价是 1.20 欧元等于 1 美元。因此，各个国家提供的相同商品的价格数据就成为计算各种货币对美元的购买力平价的基本依据。

购买力平价方法主要从支出的角度，即从消费支出和投资支出的角度估算一种货币的购买力。该方法要求各个国家提供国民核算体系中各个年度一系列最终商品的价格和支出。由于一个国家不同地区或不同时期的价格是不同的，而且价格也有不同的类型，"国际比较计划"确定，所谓价格是在现实市场上购买最终物品和服务所支付的价格，而且是一个国家或地区一年内各个区域或各个时期的价格的平均数。

在计算购买力平价的时候，最终商品分类采用 1993 年联合国公布的国民经济核算体系（The System Of National Accounts）的分类标准，该标准如表 1 所示。从表 1 可以看到，最小的分类是"目"，但是"目"还包括许多商品。

表 1　　　　　　　　　购买力平价计算的商品分类

	类（Categories）	组（Groups）	种（Classes）	目（Headings）
个人消费				
居民	13	43	90	110
机构	1	1	1	1
政府	5	7	16	21
共同消费				
政府	1	1	5	5
总资本形成				
固定资本	3	6	11	12
存货与贵重物品	2	2	2	4
进出口差额	1	1	1	1

资料来源：World Bank，ICP，http：//web. worldbank. org.

另外，在计算购买力平价的时候，各个国家的最终商品必须是可比的，即具有相似的质量与相同的实物或经济特征，以保证所计算的商品价格是同样商品的价格。在"目"的层次中，商品的价格按照算术平均方法计算。在"种"以上的层次中，商品的价格按照加权平均方法计算。

"国际比较计划"还提出购买力价格指数的概念。两种货币的购买力平价取决于相应两个经济体的相对价格水平，而两个经济体相对价格水平的高低则可以用购买力价格指数来表示。它是一种空间价格指数而不是时间价格指数，它表示相对于某个基准经济体的价格水平来说，某个经济体一组物品和服务的价格水平。它所以是空间价格指数而不是时间价格指数，是因为它不是与基准时期的价格水平相比，而是与基准经济体的价格水平相比。

购买力平价是两种货币的比率，它本身并不能表示两个经济体的价格水平的高低，如1.20欧元等于1美元的购买力平价并不能说明欧元区和美国价格水平的高低，而只能说明1.20欧元和1美元的购买力相当，因而购买力平价指数必须以基准货币表示。在"国际比较计划"中，购买力平价指数以美国为基准经济体，以美元为基准货币。这样，可以用以美元为基础货币表示的某个经济体购买力平价除以以美元为基础货币表示的该经济体货币汇率再乘以100，来表示该经济体标准化的购买力平价指数，这个指数称为价格水平指数（Price Level Indexes，PLIs）。如果某个经济体价格水平指数大于100，说明该经济体的价格水平高于基准经济体的价格水平。例如，假定欧元与美元的购买力平价是1.20欧元等于1美元，欧元对美元的汇率是0.97欧元等于1美元，那么以美元为基准货币，欧元区的价格水平指数是152（＝1.20÷0.97×100）。这就是说，在欧元与美元的购买力平价和汇率为一定的情况下，一组物品和服务的价格在欧元区比在美国贵52%（World banks Group，2014，pp. 13 - 14）。

目前，"国际比较计划"的研究成果和统计数据已经成为各个国际经济组织公布购买力平价和进行国内生产总值比较的资料来源。

为了考察一下购买力平价方法的可信度，下面以人民币与美元的购买力平价为例来分析一下人民币与美元的购买力平价是否能够反映中美两国价格水平的变化。表2的购买力平价是国际货币基金组织于2014年4月提供的数据，其中2013的购买力平价是预测值。到2014年10月，国际货币基金组织将该数值修正为3.267元:1美元。

表2 人民币与美元的购买力平价与中美两国物价上涨率比较

年份	2004	2005	2006	2007	2008
人民币/美元	3.267	3.403	3.448	3.472	3.641
中国消费品价格（%）	3.9	1.8	1.5	4.8	5.9
中国投资品价格（%）	11.4	8.3	6.0	4.4	10.5
美国消费品价格（%）	3.2	3.7	2.2	4.1	0.7
美国投资品价格（%）	4.2	5.5	4.0	3.8	7.9
年份	2009	2010	2011	2012	2013
人民币/美元	3.848	3.796	3.999	4.228	4.247
中国消费品价格（%）	-0.7	3.3	5.4	2.6	2.6
中国投资品价格（%）	-7.8	9.6	9.1	-1.8	-2.0
美国消费品价格（%）	1.9	1.6	3.1	1.8	1.2
美国投资品价格（%）	-4.9	5.0	7.8	2.1	0.4

资料来源：International Monetary Fund, World Economic Outlook Database, April 2014, http://www.imf.org；国家统计局，年度数据，http://www.stats.gov.cn；US Department of Labor, Statistics, http://www.dol.org。

从表2可以看到，从2004年到2013年，中国反映消费品价格变化的居民消费价格指数平均上涨率是3.11%，反映投资品价格变化的生产者购进价格指数的平均上涨率是4.77%，两者的平均数约4.0%。美国反映消费品价格变化的消费者价格指数平均上涨率是2.35%，反映投资品价格变化的生产者价格指数的平均上涨率是3.58%，两者的平均数约3.0%。这就是说，中国的价格水平平均每年以超过美国1个百分点的比率上升。这意味着10年来中国的价格水平上升了48.0%，1元人民币贬值为0.6757元（=1/1.48）；美国的价格水平上升了34.4%，1美元贬值为0.7440美元（=1/1.34）。按照这样的平均价格水平上涨速度进行大致估算，2013年人民币与美元的购买力平价约为3.5974:1，该数据接近于国际货币基金组织公布的结果。这意味着，如果2004年的基础数据是准确的，人民币与美元的购买力平价的变化情况能够反映两国实际价格水平的变化情况。

从购买力平价的计算过程可以看到，购买力平价比较方法近似于实物的比较方法。从方法本身来说，它更能够反映一个国家国内生产总值的真实情况。但是，在具体计算一种货币兑美元的购买力平价的时候，又会遇到各种复杂的问题：

首先，各个国家市场化的程度是不一样的，它们的物品和服务的价格并不能全部反映这些物品和服务的真实价格。例如，我国政府为了使贫困的学生能够接受高等教育，对本科生的学费实行限制，一个本科生一年学费不能超过 5000 元人民币。但是，培养一个本科生一年的成本远远高于 5000 元人民币。如果用 5000 元人民币/年的价格计算我国高等教育服务的价格，显然会高估人民币的购买力。如果再用人民币的购买力来比较我国的国内生产总值，将会高估我国的国内生产总值。

其次，如何甄别商品的质量是十分困难的。"国际比较计划"确定了具体的计算购买力平价的商品的种类，解决了选择商品的类型的问题。但是，各个国家相同种类商品的质量是存在差别的，甚至是很大的差别。各个国家统计部门只上报各种商品的价格，这样如何辨别各个国家商品的质量呢？要做到对质量相似的商品的价格进行比较几乎是不可能的。由于发展中国家相同商品的质量一般低于发达国家，这样将高估了发展中国家货币的购买力。如果用购买力平价的方法来比较发展中国家和发达国家的国内生产总值，将会高估发展中国家的国内生产总值。

由此可见，购买力平价比价方法存在的问题不在于方法本身，而在于计算过程，在于各国收集的数据是否准确。

四、国内生产总值比较方法的比较

应该如何来看待货币汇率方法和购买力平价方法呢？国际货币基金组织曾对货币汇率方法进行如下的评价：首先，两种货币汇率不断发生波动，而两个国家货币的购买力平价则保持相对稳定。因此，如果用货币汇率来比较一个国家的产值，即使这个国家以本国货币表示的产值没有发生什么变化，但以美元来表示的这个国家的产值有可能发生比较大的变化。其次，一个国家的商品包括贸易商品和非贸易商品，即参与国际贸易的商品和不参与国际贸易的商品，货币的汇率仅仅与贸易商品有关，而与非贸易商品无关。但在现实的世界里，发展中国家的非贸易商品价格通常低于发达国家。因此，如果用汇率来比较发展中国家和发达国家的产值的时候，将低估发展中国家的产值。从上面两个角度来分析，购买力平价方法优于货币汇率方法。

但是，国际货币基金组织也指出，购买力平价方法最大的缺点是难以计算。首先，计算购买力平价是一项十分艰巨的统计工作。其次，各个国家统计部门上报的商品价格往往出现时间滞后的情况。最后，用现在的购买力平价的观察值与以前购买力平价的观察值进行比较还常常产生计算方法上的难题（IMF，March 2007）。

世界银行也对货币汇率方法发表了相似的评价。世界银行在《购买力平价与真实的世界经济规模》的报告中指出，货币汇率的方法可以用相同的货币来度量各个国家的产值，但是不能做到用相同的价格水平来度量各个国家的产值，从而在经济规模和物质福利度量方面会产生很大的误差。由于发达国家的价格水平高于发展中国家，发达国家与发展中国家非贸易商品的价格差异要大于发达国家与发展中国家贸易商品的价格差异，如果用汇率的方法来比较各个国家的产值，将低估发展中国家的产值。购买力平价方法则能够解决货币汇率方法存在的问题。

但是，世界银行明确指出，购买力平价方法主要是用于进行各个国家产值的比较，而不是用于进行各个国家货币流或贸易流的比较。如果要进行诸如对外发展援助、对外直接投资、移民的汇款、进出口贸易等方面的比较，仍然应该采用货币汇率的方法（World banks Group，2014，pp. 12 – 13）。

国际货币基金组织和世界银行的评价是中肯的。从比较两个国家产值的角度来看，购买力平价方法远优于货币汇率方法。但是笔者认为，国际货币基金组织和世界银行对货币汇率方法和购买力平价方法的缺陷的分析还不够全面，对由此造成的误差的估计仍然不足。如果说用货币汇率的方法比较发达国家和发展中国家的产值会产生比较大的误差，那么用购买力平价的方法比较发达国家和发展中国家的产值也会产生一定的误差。

首先来考察造成货币汇率方法与购买力平价方法比较结果差异的主要因素。世界银行在 2001 年《世界发展指标》中曾经将 148 个国家分为低收入国家、中低收入国家、中高收入国家、高收入国家，并以美元为基础货币计算它们的货币汇率与购买力平价的比率，得到表 3 所表示的货币汇率对购买力平价的比率与人均国民生产总值的关系。

表 3　　　　　　　不同收入水平国家市场汇率对购买力平价的比率

国家	人均国民生产总值	汇率/平价
低收入国家	420	4.48
中低收入国家	1200	3.54
中高收入国家	4870	1.02
高收入国家	26440	0.97

资料来源：The World Bank Group, World Development Indicators, 2001, pp. 12 - 15, http: // web. worldbank. org.

世界银行的数据表明：第一，在人均国民生产总值居前 20 位的国家或地区，也就是经济发展水平与美国接近的国家或地区，它们的货币对美元的市场汇率与购买力平价的比率在 0.75 ~ 1.26 之间变化。这意味着这些国家或地区的货币与美元的市场汇率接近它们与美元的购买力平价。第二，对于低收入国家或者中低收入国家来说，也就是对于广大的发展中国家来说，它们的货币的汇率几乎无一例外地远高于购买力平价，货币汇率与购买力平价的比率高达 3 ~ 4 倍。

另外，如果将 148 个国家中资料齐全的 135 个国家的货币汇率与购买力平价的比率按照人均国民生产总值进行排列，还可以发现一个重要的结果：货币汇率对购买力平价的比率与人均国民生产总值存在相当严格的负相关的关系，相关系数 = - 0.6839。这样，可以得到下述结论：人均国民生产总值越高的国家，它们的货币对美元的汇率越接近于购买力平价；人均国民生产总值越低的国家，它们的货币对美元的汇率越高于购买力平价。

从上面统计结果可以发现，导致货币汇率偏离购买力平价的主要因素是人均国民生产总值。对于人均国民生产总值接近的发达国家来说，使用货币汇率方法与使用购买力平价方法不会产生很大的差异。但对于人均国民生产总值差异很大的发达国家和发展中国家来说，使用货币汇率方法与使用购买力平价方法将会产生很大的差异。因为人均国民生产总值体现了一个国家或地区的经济发展水平，所以导致货币汇率偏离购买力平价的主要因素是经济发展水平。笔者认为，经济发展水平差异既从货币汇率方面也从购买力平价方面扩大了两种比较方法比较结果的差异。

国际货币基金组织和世界银行主要从贸易商品与非贸易商品区别的角度说明用货币汇率方法比较各个国家的产值将低估发展中国家的产值，这种分析是不充分的。即使发展中国家与发达国家在贸易商品和非贸易商品的价格差异减小，使用货币汇率方法来比较各个国家的产值仍然会低估发展中国家的产值。

发展中国家与发达国家的经济发展水平存在很大的差异，从而造成了它们在国际市场上的竞争力存在很大的差异。发达国家在国际贸易中处于主导或垄断地位，从而造成了发展中国家需要用较多的本国货币才能兑换到发达国家一定数量的货币，也就是造成了发展中国家货币以美元为基础货币表示的汇率较高。如果以这样形成的货币汇率方法来比较发展中国家的产值，将严重低估发展中国家的产值。

另外，国际货币基金组织和世界银行主要从统计过程与统计方法的困难来说明购买力平价方法的不足，这种分析同样是不充分的。即使统计过程和统计方法不断完善，使用购买力平价方法来比较各个国家的产值仍然会高估发展中国家的产值。

发展中国家与发达国家的经济发展水平存在很大的差异，发展中国家市场化程度低于发达国家，它们同样的投资品和消费品的质量一般也低于发达国家。如果仅仅根据商品的价格去计算一种货币的购买力，将会低估发展中国家与发达国家由于市场化程度不同和商品质量不同导致的价格差异，即高估了发展中国家货币的购买力。如果再以这样形成的购买力平价方法来比较各个发展中国家的产值，将高估了发展中国家的产值。

由此可见，用货币汇率方法和购买力平价方法比较发达国家之间的产值发生的差异不大，但比较发展中国家和发达国家的产值则产生很大的差异。因此，对于发展中国家来说，真实的产值应该介于用货币汇率方法得到的结果与用购买力平价方法得到的结果之间，但更接近于用购买力平价方法得到的结果。中国真实的国内生产总值在逐步接近美国，但在 2014 年不可能超过美国。

五、两种方法比较的结论

使用货币汇率的方法比较各个国家的产值不能客观地反映各个国家产值的差异，但是这种方法计算简单并早已存在，它仍然可以作为一种参考的方法继续使用。由于货币汇率方法存在缺陷，世界银行长期推动"国际比较计划"是值得肯定的，该计划提供了一个相对客观的产值比较方法。

但是，"国际比较计划"还需要继续推进，购买力平价方法还需要继续完善，不应该到第八轮就停止了。笔者认为，应该从下面两个方面继续改进购买力平价方法：

第一，改进发展中国家市场化程度较低导致的货币购买力高估问题。改进的方法是：在发展中国家中对于市场化程度较低的物品和服务不用购买价格来计算，而是用实际成本来计算。例如，在前面提到的中国高等教育费用的问题，不能用 5000 元/年的购买价格来计算，而是应该用高等学校实际发生的约 15000 元/年的成本来计算。

第二，改进发展中国家商品质量偏低导致的货币购买力高估问题。由于要做到在发达国家和发展中国家选择质量完全相同的商品进行价格比较几乎是不可能的，因而可以采用抽样调查的方法，选择部分典型的投资品和消费品，考察它们质量的差异对价格造成的影响，再用抽样调查的结果对发展中国家货币的购买力进行调整和修正。

另外，国内生产总值体现经济规模，人均国内生产总值体现生活水平，但是在进行国内生产总值或人均国内生产总值的国际比较中，还存在如何处理进口商品价格的问题。从表1所显示的"国际比较计划"所选择的商品种类可以看到，在计算购买力平价的时候没有对进口商品的价格给予关注。但是，在现实的世界里，发展中国家往往大量进口它们所不能生产的奢侈品。由于发达国家在奢侈品的生产上具有垄断地位，这些商品在发达国家价格较低而在发展中国家价格很高。

如果是从国内生产总值的角度比较发展中国家的经济规模，那么重要的是考察发展中国家生产了多少商品，不考虑这部分进口奢侈品的价格是可取的。但是，如果是从人均国内生产总值的角度比较发展中国家的生活水平，那么重要的是要考察人们享受了多少商品和什么样的商品，不考虑这部分奢侈品的价格将高估了发展中国家货币的购买力，从而高估了发展中国家的生活水平。显然，发展中国家享受这些奢侈品所付出的代价远远高于发达国家。因此，在比较国内生产总值和人均国内生产总值的时候，要区别对待进口商品价格问题。

参考文献

［1］International Monetary Fund，Finance and Development，March 2007，Volume 44，Number1，http：//www. imf. org.

［2］International Monetary Fund，World Economic Outlook Database，April 2014，http：//www. imf. org.

［3］International Monetary Fund，World Economic Outlook Database，October 2014，http：//www. imf. org.

［4］World Banks Group，ICP，http：//web. worldbank. org.

［5］World Banks Group，Purchasing Power Parities and the Real Size of World Economies：A Comprehensive Report of the 2011 International Comparison Program，2014，http：//web. worldbank. org.

［6］The World Bank Group，World Development Indicators，2001，http：//web. worldbank. org.

经济周期理论的比较与思考[*]

一、马克思主义和西方的经济周期理论

马克思在《资本论》中并没有专门分析经济周期或经济危机，但是马克思在《剩余价值理论》中多次提到经济危机的问题。马克思指出："如果货币执行流通手段的职能，危机的可能性包含在买和卖的分离中。如果货币执行支付手段的职能，货币在两个不同的时刻分别起着价值尺度和价值实现的作用，危机的可能性就包含在这两个时刻的分离中。"（马克思，1975，第587页）

这就是说，马克思说明了经济危机在形式上存在两种可能性：第一，在货币执行流通手段的职能以后，商品流通分离为卖和买的过程。商品生产者把商品卖出去得到货币，再用货币去购买商品。这样，如果把商品卖出去以后不再购买商品，商品就存在卖不出去的可能性。第二，在货币执行支付手段的职能以后，商品生产者以赊账的方式购买商品，相互之间形成了债权和债务关系的链条。一旦债权人不能支付欠款，将产生连锁反应，导致商品的过剩。

另外，马克思在《资本论》中指出固定资本的更新和周转是经济周期的物质基础。马克思写道："若干互相联系的（固定资本——引者）周转在若干

　　* 本文收录于吴易风主编的《马克思主义经济学与西方经济学比较研究》，中国人民大学出版社2009年版。

年内形成的周期（资本因有固定成分所以会陷在这种周期之内），为周期的危机给予了一个物质基础。在周期的危机中，营业要依次通过萧条，比较活跃，急噪和危机的时期。当然，资本投下的时期是极其不同的，分散的。但危机往往是大规模更新的起点。"（马克思，第二卷，1953，第188页）在危机过后，资本家大规模地进行固定资本的更新来迎接经济的高涨，但又为新一轮的生产过剩奠定了基础。

虽然马克思没有专门分析经济危机的原因，但是马克思敏锐地感觉到必须从资本主义再生产过程去寻找经济危机的根源。他指出："有简单的货币流通，甚至有作为支付手段的货币流通——这两者早在资本主义生产以前很久就出现了，却没有引起危机——而没有危机是可能的，也是现实的。……现实的危机只能从资本主义生产的现实运动、竞争和信用中引出。"（马克思，1975，第584~585页）

正因为如此，在马克思以后，马克思主义经济学者们按照马克思的启示从资本主义经济制度去寻找经济危机的原因，形成了经典的马克思主义的经济周期理论。按照这个理论，经济周期形成的根源是资本主义的基本矛盾，即生产的社会化与生产资料的私人占有之间的矛盾。由于存在资本主义的基本矛盾，各个企业内部的生产是有组织的，但整个社会生产处于无政府状态，资本主义生产可以迅速扩张，但劳动人民有支付能力的需求却相对缩小。这样，经济将不断处于扩张或收缩之中，从而形成了经济周期。

西方经济学者很早就开始对经济周期的研究，形成了各种各样的经济周期理论。据说，如果将西方经济理论逐一介绍，那么篇幅最大的将是经济周期理论。一般来说，西方经济周期理论可以分为内因论和外因论。内因论将经济周期的原因归于经济体系的内部因素，外因论则将经济周期的原因归于经济体系的外部因素。如果不提杰文斯（W. S. Jevons）等人用太阳黑子的运动解释经济周期，或者庇古（A. C. Pigou）等人用乐观和悲观心理的交替解释经济周期这样的经济周期理论，比较有影响的经济周期理论有：（1）货币数量理论，如弗里德曼（M. Fridman）认为，经济周期是由货币数量和信贷的扩张和收缩造成的。（2）乘数和加速数模型，如汉森（A. Hansen）和萨缪尔森（P. A. Samuleson）用投资和产值的相互和交替作用解释经济周期。（3）政治周期理论，如诺德豪斯（W. D. Nordhaus）提出政治家为了重新当选而对财政政策和货币政策进行操纵，从而导致经济周期。（4）均衡经济周期理论，如卢卡斯（R. E. Lucas）、巴罗（R. J. Barro）和萨金特（T. J. Sargent）等人认为，劳动者对工资和价格的错觉导致他们提供的劳动过多或过少，从而形成了经济周期。（5）实际经济周期理论，如普雷斯科特（C. I. Prescott）等人提出，某一个经济部门的技术创新或劳动生产率的变化会在整个经济中进行传播，从而导致就业和产量的波动。（6）供给冲击理论，许多经济学者都认为，当供给发生变化如石油价格飞涨，将对产量和价格造成影响，导致经济的波动。

不可否认，许多因素，包括外部和内部的因素，经济和非经济的因素，都会导致经济的波动。但是，经济波动与经济周期是相互联系而又有所区别的范畴。经济波动是指经济的变化，而经济周期则是指经济有规则的变化，对这两个范畴不应该混淆。要探索经济为什么会发生有规则的变化，应该从经济内部的因素去寻找。从这个角度来看，西方经济周期理论中内因论比外因论要深刻。

但是，如果将马克思主义经济周期理论与西方经济周期的内因论相比较，马克思主义经济周期理论则要深刻得多。以经典的内因论——乘数和加速数模型来说，投资和产量确实会相互作用，这种相互作用确实会助长经济有规则的变化，但这是经济周期形成的技术层面的因素而不是本质层面的因素。如果说投资和产量的相互作用是经济周期的根本原因，那么人类社会的投资活动很早就有了，但是为什么经济周期在资本主义经济中才产生呢？正如马克思在分析经济危机发生的可能性时所反复说的，这些西方经济学者所分析的实际上是经济危机的形式而不是本质的问题。马克思曾经这样写道："信用的伸张和收缩，不过是产业循环周期变化的症状。政治经济学会把这种症状看为是产业循环周期变动的原因，不说别的，单有这点，已经显示出它是如何浅薄了。"（马克思，第一卷，1953，第696页）

显然，经济周期的根本原因应该从制度因素去寻找。但是，当学术界从理论和实践上证实经济制度与经济体制是两种不同的制度时，我认为有必要对经济周期的原因进行再思考。经济制度是以生产资料所有制为基础的生产和分配的制度，经济体制是社会资源的调节方式和机制。在历史上，资本主义经济制度和市场经济体制是孪生兄弟。各种市场的发展和成熟以资本主义私有制为前提，而在资本主义经济制度确立以后就采用市场经济体制对社会资源进行配置的。人们长期以来一直认为，只有在资本主义制度下才有可能实行市场经济体制，资本主义制度和市场经济体制就变得更加密不可分了。另外，在历史上，也是在市场经济体制和资本主义经济制度发展到一定的程度，才出现明显的经济周期。因此，马克思主义经济学者们从资本主义经济制度本身去寻找经济周期的原因，在方向上是正确的。但是，在商品生产和交换的一定发展时期里，即使国家或集体所有制取代了资本主义私有制，经济周期是否就会消失呢？

二、对经济周期形成原因的新认识

实际上，如果说货币执行流通手段和支付手段的职能使经济危机的发生成为可能，那么市场经济体制的形成将使经济危机的发生成为现实（马克思，第一卷，1953，第696页）。西方经济学者们很早就意识到市场调节的失灵现象，但是他们所指出的市场调节失灵主要是在微观经济领域的失灵。在经济出现垄断的情况下，在市场信息不完全的情况下，在存在负的外部效应的情况下，在公共产品的生产领域，市场的调节是失灵的。但是，市场的调节不仅在微观经济领域存在失灵的现象，在宏观经济领域同样存在失灵的现象。马克思早就指出："价值规律……是当作盲目的自然规律来发生作用，并且要在生产的各种偶然变动中，维持着生产的社会平衡。"（马克思，第三卷，1966，第1034页）后来的马克思主义经济学者们也指出了市场经济体制自发和盲目发生作用的特点。

在市场经济条件下，社会资源的配置是通过价格机制的调节实现的。但是，价格机制的调节一方面是低成本的和有效率的，另一方面是自发的和盲目的。在存在商品生产和交换的条件下，各个生产者是独立的，他们为利润而进行生产。如果某种商品出现供不应求的现象，商品市场将通过价格的上升向生产者发出信号。在利润动机的支配下，生产者将增加这种商品的生产。由于生产者之间没有协调也不可能协调，一旦生产者的反应过度，这种商品将出现过剩。如果许多商品都发生这种情况，那么生产将会出现过剩，经济在扩张以后就是收缩，经济周期由此产生。

上述分析表明，经济周期的产生有两个条件：第一，社会生产力已经发展到一定的水平，社会生产可以迅速地扩张。从历史上看，虽然市场经济体制在资本主义经济中才趋向成熟，但商品生产和交换早在资本主义经济产生以前就存在。如果把价格机制的形成和发展看作是一个过程，那么尽管在资本主义经济产生以前价格机制并不完善，但是它也在一定的程度上、以一定的形式发挥作用。经济周期所以在资本主义经济产生以前并不明显，原因在于社会生产力水平还不高，虽然生产者发现商品出现短缺的情况，他们也不可能迅速地扩大产量，普遍生产过剩不大可能发生。第二，商品市场已经发展到一定的程度，价格机制在社会资源的配置中发挥主要的作用。由于在企业内部生产是有组织的，但社会生产是通过价格机制的调节实现的，由于社会生产可以迅速扩张而人们有支付能力的需求不一定同步增加，经济周期将不可避免。但是，市场经济体制是在社会生产力发展到一定的水平才形成的，所以第一个条件在分析市场经济体制时已经成立，市场经济体制将成为经济周期最主要的原因。

如果说市场经济体制是经济周期的主要原因，那么经济制度在经济周期的形成中起了什么作用？由于市场经济体制是在一定的经济制度下运行的，经济制度将起着加剧或缓和市场经济体制弱点的作用。

在资本主义经济制度下，生产已经社会化了，但是生产资料却是私人占有。资本唯利是图的本质使社会生产处于更加无秩序的状态，资本家将越来越多的财富聚集在自己手里削弱了劳动人民有支付能力的需求，这一切都加剧了价格机制调节的盲目性，从而使经济周期性的变化变得更加强烈。20 世纪 30 年代资本主义世界的经济大萧条就是一个有力的例证。这次大萧条生动地说明，传统的资本主义经济制度与市场经济体制的结合将导致经济更加剧烈的波动。要么调整资本主义经济制度，要么调整市场经济体制，否则资本主义经济将不断受到大幅度的经济动荡的折磨。

正是在这样的情况下，在西方经济学中出现了"凯恩斯革命"。虽然凯恩斯（J. M. Keynes）没有意识到经济周期的基本原因在于市场经济体制，而资本主义经济制度又强化了市场经济体制的弱点，但是经济大萧条的铁的事实是凯恩斯意识到资本主义经济不可能保持充分就业的国民收入的均衡。凯恩斯从生产过剩的现象得出与"生产过剩"属于同义反复的"需求不足"的原因，又进一步把"需求不足"的原因归咎于人们的心理特点。理论上的解释可以含糊其辞，政策上的建议则必须能够解决问题。尽管凯恩斯对经济萧条的原因的解释是肤浅的，但经济现实告诉凯恩斯私人经济的需求是不足的，必须通过政府的干预来刺激总需求。基于这样的认识，凯恩斯提出了宏观财政政策和宏观货币政策的建议。政府可以通过调整财政支出和财政收入的宏观财政政策调整政府的需求以及私人的消费需求与投资需求，还可以通过调整货币供给来影响利率，并进而影响私人的消费需求与投资需求。这就是说，用政府这只"看得见的手"去弥补市场这只"看不见的手"的缺陷。

在第二次世界大战以后重建经济时，面对着20 世纪30 年代经济萧条的沉重教训，资本主义国家在经济制度和经济体制上进行了一定的调整。首先，资本主义国家在保持资本主义私有制不变的前提下对资本主义的生产关系进行一定的调整，特别是对资本主义的分配关系进行了一定的调整。一方面通过累进的所得税和高额的遗产税来调节收入分配的差异，另一方面通过建立社会福利制度来维持失业者和贫穷家庭的最低生活需要。其次，资本主义国家采用了凯恩斯学派的政策建议，不断用宏观财政政策和宏观货币政策去调节社会需求，以保持经济的稳定。

应该指出，资本主义国家在经济制度和经济体制上的调整对于缓和经济周期的波动幅度发挥了一定的作用。累进的所得税制和社会福利制度在一定程度上缓和了生产迅速扩张和社会需求相对缩小的矛盾，政府的宏观经济政策在一定程度上缓和了企业生产的有组织和社会生产的无政府状态的矛盾。正因为如此，在第二次世界大战以后，再也没有发生像20世纪30年代那样严重的经济萧条。但是，资本主义国家只是对经济制度和经济体制进行调整，它们没有改变资本主义经济制度和市场经济体制的基本特征。价格调节机制的盲目性受到了抑制，但它还发挥着主要的作用。资本主义经济制度强化价格调节机制弱点的作用有所缓和，但还仍然存在。因此，在第二次世界大战以后，经济周期还是一次一次地发生。

既然经济周期发生的基本原因是市场经济体制，那么在社会主义经济制度下，只要实行市场经济体制，经济周期仍然会发生。在现实的社会主义经济制度中，国家所有制、集体所有制、个人所有制等多种所有制并存，商品生产者是彼此独立的，他们为利润进行生产。因此，他们对市场的反应是很敏感的，他们将根据市场价格的信号来调整产量，价格调节机制的自发性和盲目性仍然存在，经济周期仍然会发生。即使社会主义经济制度中只存在国家所有制和集体所有制的公有制形式，在市场经济体制下，商品生产者之间的关系仍然是相互独立的商品交换的关系，价格调节机制仍然自发地发挥作用，经济周期同样会发生。

但是，应该说明的是，在指出市场经济体制的弱点的同时不能否认它的优点。像我国这样一个社会主义国家实行市场经济体制是正确的。显然，在我国现有的社会生产力发展水平上，不可能指望有一个计划机构能够有效地对数十万种社会产品的生产做出安排，也不能想象行政性的计划指令有利于发挥数十万个企业的积极性和创造性。但是，市场经济体制能够有效地对社会资源的配置进行调节，激励商品生产者的积极性和创造性，我国是根据长期的经济实践才选择了市场经济体制的。但是，任何的经济决策都是有收益和有代价的，任何经济体制都是有优点和有缺点的，市场经济体制不会因为我国选择了这种体制就会变得完美无缺。

改革开放以来，我国市场经济体制的逐步建立激发了经济活力，促进中国经济长期和高速增长。但是，经济周期也开始显现出来。1979 年以来，中国经历了 4 次通货膨胀和 1 次通货紧缩。4 次通货膨胀发生的时间分别是 1984 ~ 1985 年、1988 ~ 1989 年、1993 ~ 1994 年、2003 ~ 2004 年，1 次通货紧缩发生的时间是 1998 ~ 2002 年。在改革开放以前，中国的经济是短缺经济，改革开放所产生的经济动力在相当长的时间里有可能导致的是通货膨胀。但是，随着供给短缺的改善，经济的迅速扩张终于在 1998 ~ 2002 年导致了生产过剩。虽然这次生产过剩没有造成国内生产总值的负增长，但造成了国内生产总值增长率的逐年下降和价格水平的下降。显然，经济周期在我国已经成为不可回避的事实。

如果说资本主义经济制度起着加剧市场经济体制弱点的作用，那么社会主义经济制度又发挥着什么作用呢？在社会主义经济制度下，国有企业处于经济的核心部门，在经济中发挥主导的作用。因此，在社会主义经济制度下，政府除了可以用宏观财政政策和宏观货币政策对经济进行调节以外，还可以通过国有企业产量的扩张和收缩对经济进行调节。这意味着在社会主义经济制度下政府对经济调节的力度和效率要强于资本主义经济制度，社会主义经济制度起着缓和市场经济体制弱点的作用。

三、在国际贸易条件下经济周期的"传染"

经济周期不仅在市场经济体制的运转过程中形成，而且还会通过国际贸易在国家与国家之间"传染"。

首先，国际贸易传导着国内生产总值的扩张和收缩。经济学家们利用统计数据对进口进行了分析，发现进口是本国国内生产总值和本国与外国商品的相对价格的函数（萨缪尔森，第 230 页）。设进口为 M，本国国内生产总值

是 Y_d，本国商品的价格水平是 P_d，外国商品的价格水平是 P_f，那么

$$M_d = f(Y_d, P_d/P_f)$$

进口函数形成的原因是：第一，当一个国家的国内生产总值增加时，居民的收入趋向于增加，居民一方面增加对国内商品的消费支出，另一方面增加对外国商品的消费支出，从而导致进口的增加。第二，在一个国家的国内生产总值的增加过程中，厂商需要投入更多的原材料和机器设备，而这些原材料和机器设备不可能完全由国内厂商提供，从而导致进口的增加。第三，当一个国家的国内生产总值增加时，政府的财政收入也在增加，政府将相应增加支出。在政府增加对进口商品的支出时，将导致进口的增加。第四，当本国商品相对于外国商品的价格上升时，本国将增加对外国商品的进口，从而导致进口的增加。

由于一个国家的出口就是另一个国家的进口，根据同样的道理，一个国家的出口将受到进口国的国内生产总值和本国与外国商品的相对价格的影响。设出口为 X，外国国内生产总值是 Y_f，其他符号的意义不变，

$$X_d = f(Y_f, P_d/P_f)$$

根据进口函数和出口函数，便可以考察国际贸易如何传导着国内生产总值的扩张和收缩。假定有 A、B 两个国家，这两个国家的价格水平不变，如果 A 国的国内生产总值发生增加，根据 A 国的进口函数，A 国的进口将增加。A 国进口的增加就是 B 国出口的增加。B 国出口的增加导致 B 国国内生产总值的增加，从而导致 B 国进口的增加。B 国进口的增加是 A 国出口的增加，而 A 国出口的增加又导致 A 国国内生产总值的增加。这个过程将继续下去，最后导致这两个国家国内生产总值的扩张。相反，如果 A 国的国内生产总值出现减少，将导致这两个国家国内生产总值的收缩。这样，各国经济周期将趋向于同步。

正由于存在国际贸易，在存在闲置的社会资源的条件下，当一个国家的支出增加时，按照乘数原理的分析，国内生产总值将发生一定的倍数的增加。该国国内生产总值的增加通过该国进口的增加、外国出口的增加、外国国内

生产总值的增加、外国进口的增加、本国出口的增加等环节，又导致本国国内生产总值的增加，因而乘数将会扩大。

林德特（P. H. Lindert）曾经分析了考虑到两个国家通过国际贸易相互影响的乘数（林德特，第 557～558 页）。假定只有两个国家，在不考虑政府支出和政府税收的条件下，设储蓄为 S，投资为 I，s 为边际储蓄倾向，m 为边际进口倾向，下标 d 表示本国，f 表示外国。根据注入量等于漏出量的原理，

$$S_d + M_d = I_d + X_d, S_d - I_d = X_d - M_d \tag{1}$$

根据同样的道理，从外国的角度看，

$$S_f - I_f = X_f - M_f, S_f - I_f = M_d - X_d \tag{2}$$

假定本国的投资发生增加，将公式（1）和公式（2）的变量表示为增量，可以得到：

$$s_d \Delta Y_d - \Delta I_d = m_f \Delta Y_d - m_d \Delta Y_d \tag{3}$$

$$s_f \Delta Y_f = m_d \Delta Y_d - m_f \Delta Y_f \tag{4}$$

对这两个方程求 $\Delta Y_d / \Delta I_d$ 的解可以得到：

$$\frac{\Delta Y_d}{\Delta I_d} = \frac{1 + (m_f / s_f)}{s_d + m_d + (m_f s_d / s_f)} \tag{5}$$

从上面的分析可以看到，国家之间还通过乘数的作用在强化着国内生产总值的扩张和收缩。

其次，国际贸易传导着通货膨胀和通货紧缩。如果一个国家发生了通货膨胀，出口商品的价格上升，如果外国不得不进口这些商品，在这些商品是投资品的条件下，外国的生产成本将会提高，价格水平将会上升；在这些商品是消费品的条件下，外国的价格水平同样上升。这样，一个国家的通货膨胀通过国际贸易传递给外国。相反，如果一个国家发生了通货紧缩，出口商品的价格下降，外国将增加对这些商品的进口，外国的生产成本和价格水平将会下降。这样，一个国家的通货紧缩也通过国际贸易传递给外国。

从上面的分析可以看到，外国对该国出口商品的需求的价格弹性是能否传递通货膨胀的条件。如果该国出口商品的需求的价格弹性很大，外国将大

幅度减少甚至停止这些商品的进口，通货膨胀的传递将受到阻碍。如果该国出口商品的需求的价格弹性很小，外国将继续进口这些商品，通货膨胀得到有效的传递。但是，外国对该国出口商品的需求的价格弹性不是能否传递通货紧缩的条件。不管该国出口商品的需求的价格弹性是大是小，外国都将进口这些商品，通货紧缩都得到传递。

四、在国际金融条件下经济周期的"传染"

在存在国际金融联系的条件下，一个国家的经济衰退或繁荣将导致本国和外国的金融市场的变化，而本国和外国的金融市场的变化又对外国的经济衰退或繁荣产生影响。这就是说，金融市场会在一定程度上起到传递经济衰退或经济繁荣的作用。

首先来分析股票市场的影响。前面的分析表明，一个国家经济的衰退或繁荣会通过进出口传递到另一个国家。在存在世界金融市场的条件下，这种传递作用将被强化。假定某个国家发生经济衰退，该国国内生产总值下降，对外国商品的进口减少，从而导致外国国内生产总值的下降。与此同时，由于人们预测股票未来的收益将减少，未来股票价格将下降，他们倾向于出售股票，从而导致现在股票价格的下降。在人们普遍持有股票的情况下，人们的财富将减少。这样，人们不仅由于收入效应减少进口，而且由于财富效应减少进口，从而加剧了进口的减少，将经济衰退传递到别的国家。相反，假定某个国家出现经济繁荣，股票价格变化的财富效应也将经济繁荣传递到别的国家。

另外，股票市场不仅通过强化进出口的变化来传递经济衰退或经济繁荣，而且还通过市场的传染来传递经济衰退或繁荣。在金融全球化的条件下，股票市场的变化出现相似的变化趋势。当一个主要的国家的股票价格上升或下降时，其他国家的股票价格也发生相似的变化。股票市场这种传染效应也将传递经济衰退或经济繁荣。假定某个主要国家发生经济衰退，该国股票价格将会下降。当该国股票价格下降传染到别的国家的股票市场时，别的国家的股票价格也将下降。别的国家的股票价格下降将导致别的国家消费需求和投资需求的减少，从而导致别的国家一定程度的经济衰退。相反，某个主要国家的经济繁荣也会通过股票市场的传染传递到别的国家。

其次来分析国际借贷市场的影响。在国际借贷大量和普遍发生的条件下，它将起着传递经济衰退或繁荣的作用。假定一个国家发生了经济衰退，该国偿还外国银行的债务出现困难，因而不得不推迟偿还外国银行的债务。这样，外国银行的不良资产增加，外国银行不得不收缩贷款，从而对外国的经济产生不利的影响，在一定程度上将经济衰退传递到外国。假如这个国家借入的外国银行的债务过多，经济衰退导致的不是暂时的偿还债务的困难而是爆发债务危机，那么将导致外国的银行体系的动荡，并有可能导致外国严重的经济衰退。相反，如果一个国家出现经济繁荣，偿还外国银行债务不会发生任何问题，外国银行将处在良性运转之中，对外国的经济也形成良好的影响。

最后来分析汇率制度的影响。由于现实经济是错综复杂的，需要在固定和浮动汇率制度、进出口商品需求的价格弹性的不同组合中讨论通货膨胀和通货紧缩的传递过程。假定有两个国家 A 和 B，A 国通货膨胀或通货紧缩传递到 B 国的过程将有 16 种情形，不同的情形可能适用于不同类型的国家。但是，由于篇幅所限，下面选择一种情况分析通货膨胀的传递过程。

假定汇率制度是固定的，A 国的出口商品缺乏需求的价格弹性而 B 国出口商品富有需求的价格弹性。当 A 国发生通货膨胀时，A 国商品价格相对昂贵而 B 国商品的价格相对便宜，在 A 国的出口商品缺乏需求的价格弹性而 B 国出口商品富有需求的价格弹性的条件下，B 国的进口总额将会增加而出口总额也会增加，B 国的国际收支状况取决于进出口总额的增量的大小。

如果 B 国的国际收支发生逆差，那么 B 国货币的汇率出现降值的压力。B 国为了维持固定汇率将卖出国际储备货币买进本国货币，本国的货币供给将会收缩，本国将出现通货紧缩的压力。在这种情况下，B 国进口商品价格上升将在不同程度上被 B 国货币供给的收缩所抵消，A 国通货膨胀的传递被减弱。

如果 B 国的国际收支发生顺差，B 国货币的汇率出现升值的压力。B 国为了维持固定汇率将卖出本国货币买进国际储备货币，本国的货币供给将会扩张，本国将出现通货膨胀的压力。在这种情况下，A 国通货膨胀通过 B 国进口商品价格上升和 B 国货币供给增加传递到 B 国。这种汇率制度和价格弹性的组合在实行钉住汇率制度的发展中国家与发达国家之间是存在的，发达国家处在 A 国的地位而发展中国家处在 B 国的地位。

综合上述分析，可以得到这样的结论：在国际贸易的条件下，一个国家发生的经济变化将被传递到另一个国家。在国际金融的条件下，有的因素在强化这种传递作用，有的因素在弱化这种传递作用。但是，在经济全球化的条件下，各国经济周期的趋同性增强了。

参考文献

［1］马克思：《剩余价值理论》第二卷，人民出版社 1975 年版。

［2］马克思：《资本论》第二卷，人民出版社 1953 年版。

［3］马克思：《剩余价值理论》第二卷，人民出版社 1975 年版。

［4］马克思：《资本论》第一卷，人民出版社 1953 年版。

［5］马克思：《资本论》第一卷，人民出版社 1953 年版。

［6］马克思：《资本论》第三卷，人民出版社 1966 年版。

［7］林德特：《国际经济学》，经济科学出版社 1994 年版。

［8］萨缪尔森：《宏观经济学》，人民邮电出版社 2004 年版。

外汇汇率理论的比较与思考 *

一、马克思关于汇率理论的看法

19世纪50年代末期，马克思曾准备在"政治经济学批判"的总标题下，按照从抽象到具体的方法，分六册著作来阐述他对资本主义经济制度的研究成果。这六册著作分别是：第一册《资本》，第二册《土地所有制》，第三册《雇佣劳动》，第四册《国家》，第五册《对外贸易》，第六册《世界市场》。最后的两册就是对国际经济关系的研究。在1867年《资本论（第一卷）》出版以后，马克思继续进行《资本论（第二卷）》和《资本论（第三卷）》手稿的写作。但是，这三卷本的《资本论》仍属于马克思六册著作写作计划中第一册《资本》的内容，马克思并没有放弃其他五册著作的写作计划。

按照马克思的想法，第五册《对外贸易》主要研究"生产的国际关系。国际分工。国际交换。输出和输入。汇率。"（《马克思恩格斯全集》第46卷，第46页）或者"对外贸易。汇率。货币作为国际铸币。"（《马克思恩格斯全集》第46卷，第219页）这就是说，马克思计划在第五册《对外贸易》中主要研究国际分工、国际贸易、国际货币、货币汇率等国际贸易和国际金融的

---

* 本文收录于吴易风主编的《马克思主义经济学与西方经济学比较研究》，中国人民大学出版社2009年版。另外，本文是本人主持的2001年教育部人文社会科学十五规划项目"马克思主义国际经济学的构建"的研究成果。

核心问题。

虽然马克思未能完成《对外贸易》册的著述，但是马克思在他的其他著作里表达了他对汇率理论的思考。概括起来，马克思对汇率理论的思考体现在下述方面：

第一，汇率形成的问题。马克思生活在金本位时代。在马克思看来，在国际分工和国际贸易条件下，产生了国际价值（《马克思恩格斯全集》第23卷，第614页），导致世界货币流动（《马克思恩格斯全集》第46卷，第439页），形成了各国货币的汇兑比率（《马克思恩格斯全集》第25卷，第650～651页）。马克思指出，黄金和白银存在两种形式的跨国流动：一种形式是黄金和白银作为普通的商品进行贸易，主要用作制造奢侈品等产品的原料；另一种形式是黄金和白银作为特殊的商品进行流动，主要用作国际之间的支付。前者是后者的基础（《马克思恩格斯全集》第13卷，第142页）。在金本位条件下，各国货币都规定有含金量，黄金和白银作为世界货币用于国际支付时，便形成了各国货币的兑换比率即汇率。

第二，汇率变化的问题。马克思认为："外汇率可以由于以下原因而发生变化：（1）一时的支付差额。不管造成这种差额的是什么原因——纯粹商业的原因，国外投资，或国家支出，如战时的支出等等，只要由此会引起对外的现金支付。（2）一国货币的贬值。不管是金属货币还是纸币都一样。在这里汇兑率的变化纯粹是名义上的。如果现在1镑只代表以前代表的货币的一半，那它就自然不会算作25法郎，而只算作12.5法郎了。（3）如果一国用银，一国用金作'货币'，那末，在谈到这两国的汇兑率时，这种汇兑率就取决于这两种金属价值的相对变动，因为这种变动显然影响这两种金属的平价。"（《马克思恩格斯全集》第25卷，第668～669页）

关于马克思提及的汇率变化的第一个原因，恩格斯作了一个很好的解释："如果英国对德国的支付多于德国对英国的支付，马克的价格，以英镑表示，就会在伦敦上涨；英镑的价格，以马克表示，就会在汉堡和柏林下跌。如果英国多于德国的这个支付义务，比如说，不能由德国在英国的超额购买来恢复平衡，向德国开出的马克汇票的英镑价格，就必然会上涨到这样一点，那时不是由英国向德国开出汇票来支付，而是输出金属——金币或金块——来支付变得合算了。"（《马克思恩格斯全集》第25卷，第650～651页）

恩格斯的话实际上说明，由于支付差额导致对英镑和马克需求和供给的变化，使英镑和马克的汇率在黄金的输出或输入点之间变化。这就是说，由于纸质货币代表一定重量的黄金，不同的纸质货币根据它们所代表的黄金的价值形成了相互之间的平价。例如，假定某纸币A的含金量是1/30盎司黄金，某纸币B的含金量是1/60盎司黄金，那么1单位纸币A所代表的黄金的价值与2单位纸币B所代表的黄金的价值相等，纸币A与纸币B的汇兑平价是1:2。

由于把黄金从一个国家运送到另一个国家需要支付运输费用和保险费用，还会损失运送期间的利息收益，两种纸币的平价加上或减去这些费用构成黄金的输入点和输出点，两种纸币的汇率将在这个范围内变化。例如，继续上面的例子，假定运输费用、保险费用和利息收益是0.1单位货币B，当1单位纸币A兑换多于2.1（=2+0.1）纸币B时，B国人不愿意用本国纸币兑换货币A以进口A国商品，而愿意用本国纸币兑换黄金，再用黄金进口A国商品，这对于A国来说意味着黄金输入。相反，当1单位纸币A兑换少于1.9（=2-0.1）纸币B时，A国人不愿意用本国纸币兑换货币B以进口B国商品，而愿意用本国纸币兑换黄金，再用黄金进口B国商品，这对于A国来说意味着黄金输出。这就是说，纸币A与纸币B的汇率在1:2±0.1的范围内变化。这表明，两种纸币兑换比率形成的基础是它们的含金量之比，也就是它们所代表的价值之比。两种纸币的实际兑换比率将在这个基础上在黄金输入点和输出点的范围内变化。

关于马克思提及的汇率变化的第二个原因，主要是说明货币的汇兑平价发生了变化所导致的汇率的变化。继续前面的例子，如果某纸币A的含金量不是1/30盎司黄金，而是贬值到1/60，某纸币B的含金量仍然是1/60盎司黄金，那么1单位纸币A所代表的黄金的价值与1单位纸币B所代表的黄金的价值相等，纸币 A 与纸币 B 的汇兑平价是 1:1。至于为什么不管是金属货币还是纸币都一样，马克思在第三个原因中作了解释。

关于马克思提及的汇率变化的第三个原因，仍然是主要说明货币的汇兑平价发生了变化所导致的汇率的变化。例如，假定某纸币 A 的含金量是 35 盎司白银，某纸币 B 的含金量是 1 盎司黄金，在 35 盎司白银等于 1 盎司黄金的条件下，1 单位纸币 A 所代表的白银的价值与 1 单位纸币 B 所代表的黄金的价值相等，纸币 A 与纸币 B 的汇兑平价是 1:1。但是，如果白银的价值下降，75 盎司白银才等于 1 盎司黄金，那么纸币 A 与纸币 B 的汇兑平价变成了 2:1。

国际货币的产生和汇率的形成都促进了世界市场的发展。马克思指出："金银作为世界货币，既是一般商品流通的产物，又是进一步扩展流通范围的手段。""金银帮助了世界市场的形成。"（《马克思恩格斯全集》第 13 卷，第 142 页）

二、具有代表性的西方汇率理论

在西方经济学中，汇率是一个重要的研究领域。在长期的发展中，形成了许多种汇率理论。由于篇幅的关系，不再逐一赘述，在这里选择具有代表性的汇率理论分析如下：

第一，购买力平价学说。它是从国际贸易的角度分析汇率的决定的代表性理论。卡塞尔（Gustav Cassel）在 1916 年 3 月的《经济杂志》上发表的一篇题为《关于外汇的目前形势》的文章中初步提出了购买力平价的思想，后加以修正和发展形成了购买力平价学说（Cassel，1922）。

假定不存在国际贸易的障碍，不存在交易成本，不存在资本流动，价格具有充分的弹性，那么在各国以同一种货币来表示的同一种商品的价格是相等的。设 P_a 是 A 国某种商品的价格，P_b 是 B 国同一种商品的价格，E 是以 1 单位 B 国货币所兑换的 A 国货币来表示的汇率，那么：

$$P_a = P_b \times E \qquad (1)$$

既然以同一种货币来表示的每一种商品的价格都相等，P_a 和 P_b 可以表示 A 国和 B 国的价格水平。根据上面的公式可以得到：

$$E = P_a/P_b \qquad (2)$$

这就是绝对购买力公式，按照这个公式，两种货币的汇率是由这两个国家的价格水平决定的。

如果以指数的方式表示汇率的变化，设为基期 o，为报告期 t，A 国和 B 国的价格水平的变化可以表示为：

$$P_a^t/P_a^o; P_b^t/P_b^o \qquad (3)$$

由于

$$E^o = P_a^o/P_b^o, E^t = P_a^t/P_b^t \qquad (4)$$

$$\frac{E^t}{E^o} = \frac{P_a^t/P_b^t}{P_a^o/P_b^o} = \frac{P_a^t/P_a^o}{P_b^t/P_b^o} \qquad (5)$$

这就是相对购买力平价公式。按照这个公式，两种货币的汇率的变化是由这两个国家的价格水平的变化决定的。

第二，资产分析方法，它是从国际金融角度分析汇率的决定的代表性理论。资产分析方法将外汇看作一种资产，将汇率看作外汇资产的相对价格，用外汇资产的收益率来解释汇率。这种思想可以追溯到费雪。费雪（I. Fisher）在 1930 年出版的《利息理论》的著作中，分析了现行即期汇率、预期的即期汇率和利率的关系，将汇率与债券的分析联系在一起。20 世纪 70 年代以来，随着资本频繁和大规模地流动，经济学家们重视起资本流动对汇率的影响。多恩布什（R. Dornbush）、布兰森（W. H. Branson）等经济学家，都对这个问题进行了研究（Dornbush，1985）。

按照克鲁格曼（Paul R. Krugman，1997）的表述，资产是一种将购买力从现在转向未来的手段。一种资产的现时价值，取决于对这种资产的未来购买力的预期。在对一种资产进行评价时，人们要考虑这种资产的预期收益率，即所投资的资产价值在一定时期内的预期增长率。外汇存款也是一种资产，影响外汇存款需求的因素与影响其他资产需求的因素一样，是对外汇存款未来价值的评价。而外汇存款的未来价值取决于两个因素：一是这种外汇存款的利率；二是这种货币相对于其他货币预期的汇率变化。

设 R 为目前 1 年期欧元存款利率，$E_{\$/\epsilon}$ 为目前美元/欧元汇率（每欧元可以兑换美元的数量），$E_{\$/\epsilon}^{e}$ 为预期 1 年后的美元/欧元汇率。这样，欧元存款的美元预期收益率可以表示为欧元利率与美元相对于欧元的预期贬值率之和，即：

$$R + (E_{\$/\epsilon}^{e} - E_{\$/\epsilon})/E_{\$/\epsilon} \tag{6}$$

把欧元存款的预期收益率与同样期限的美元存款利率 $R_{\$}$ 相比较，就可以确定在美元存款和欧元存款中，哪一种存款可以提供更高的预期收益率。因此，美元存款和欧元存款的预期收益率之差等于 $R_{\$}$ 减去式（6）：

$$R_{\$} - [R + (E_{\$/\epsilon}^{e} - E_{\$/\epsilon})/E_{\$/\epsilon}] = R_{\$} - R - (E_{\$/\epsilon}^{e} - E_{\$/\epsilon})/E_{\$/\epsilon} \tag{7}$$

当这个差额为正数时，美元存款具有更高的收益率；当这个差额为负数时，欧元存款具有更高的收益率。

上面的分析用美元来表示收益。但是，如果选择用欧元或其他货币来表示收益，所得到的结果是一样的。假设以欧元来表示美元存款的收益，那么美元利率加上欧元相对于美元的预期贬值率等于美元存款的预期收益率。欧元对美元的预期贬值率可以近似地看作美元对欧元的预期升值率，即在美元对欧元的预期贬值率的前面加一个负号。这样，以欧元表示的美元存款收益率为：

$$R_{\$} - (E_{\$/\epsilon}^{e} - E_{\$/\epsilon})/E_{\$/\epsilon} \tag{8}$$

式（8）与 R 之差，等于式（7）。因此，只要用同一种货币来计量，不论是选择美元还是选择欧元，都不会对比较结果产生影响。

假定所有存款的风险和流动性都一样，外汇市场参与者对外汇资产的需求完全取决于对不同资产预期收益率的比较。当所有的货币存款都提供相同的预期收益率时，外汇市场处于均衡状态。用相同货币衡量的任意两种货币存款的预期收益率相等的条件，被称为利率平价条件。这一条件意味着外汇存款的持有者把所有的外汇存款都视为有同等意愿持有的资产。

只有当所有的预期收益率都相等时，才不会存在一种货币存款过度供给、另一种货币存款过度需求的现象。只有当所有的货币存款都不存在过度供给和过度需求时，外汇市场才能处于均衡状态。因此，只有当下面的利率平价条件满足时，外汇市场才能处于均衡状态：

$$R_\$ = R + (E_{\$/\epsilon}^e - E_{\$/\epsilon})/E_{\$/\epsilon} \tag{9}$$

当美元存款比欧元存款提供更高的收益时，人们将会把欧元资金转化为美元，美元会相对于欧元升值；反之，当欧元存款比美元存款提供的收益更高时，投资者将会把美元资金转化为欧元，美元会相对于欧元贬值。

外汇存款收益率不仅受外汇存款的利率和外汇预期汇率变化的影响，而且还受目前外汇汇率变化的影响。继续前面的例子，在美元预期的贬值幅度为一定的条件下，目前美元/欧元汇率的上升（美元相对于欧元的贬值），意味着美元只需要再有较小幅度的贬值，就可以达到确定的预期的贬值程度，这样欧元存款预期的美元收益率将降低。目前美元/欧元汇率的下降（美元相对于欧元的升值），意味着美元还需要有较大幅度的贬值，才能达到确定的预期的贬值程度，这样欧元存款预期的美元收益率将上升。

由此可见，欧元存款预期的美元收益率 $[R + (E_{\$/\epsilon}^e - E_{\$/\epsilon})/E_{\$/\epsilon}]$ 与目前的美元/欧元汇率（$E_{\$/\epsilon}$）存在反方向变化的关系。如果以目前的美元/欧元汇率为纵轴，以欧元存款预期的美元收益为横轴，欧元存款预期的美元收益率与目前的美元/欧元汇率的关系表现为一条向右下方倾斜的曲线，美元存款的收益率表现为一条垂直线。当欧元存款收益曲线与美元存款收益相交时，两种货币的收益率相等，形成了均衡的汇率。

按照这种分析，可以得到如下的结论：假定其他条件不变，一种货币存款利率上升将使这种货币相对于别的货币升值，一种货币存款利率下降将使这种货币相对于别的货币贬值。另外，假定其他条件不变，一种货币预期汇率的上升将使它的目前汇率上升，一种货币预期汇率下降将使它的目前汇率下降。

第三，供求分析方法。它是从整个国际收支来分析汇率决定的代表性理论。供求分析方法是在国际借贷学说的基础上，把国际收支的分析和马歇尔的均衡价格理论相结合提出的分析方法。

1861年，戈森（G. Goschen）出版了名为《外汇理论》的著作，提出了汇率的国际借贷学说。国际借贷学说认为汇率是由外汇的供给和需求决定的，而外汇的供给和需求是由国际借贷所产生的，因此国际借贷关系是影响汇率变化的主要因素。戈森所说的国际借贷关系不仅包括贸易往来，还包括资本的输出和输入。国际借贷学说认为，资金流动是汇率波动的直接影响因素，而推动一国资金流入或流出的根本原因是国际借贷的出超或入超。也就是说，汇率的波动实际上取决于一个国家对其他国家的债权、债务数量。国际借贷出超，国际市场上对该国货币供小于求，则该国货币升值；反之，国际借贷入超，国际市场上该国货币供过于求，则该国货币贬值。戈森认为，汇率直接取决于外汇供求关系，国际借贷关系是影响汇率波动的关键。

戈森提出，汇率决定于外汇的供给与需求，而外汇的供求又是由国际借贷所引起的。商品的进出口、债券的买卖、利润与捐赠的收付、旅游支出和资本交易等都会引起国际借贷关系。但是，在国际借贷关系中只有已进入支付阶段的借贷即国际收支才会影响外汇的供求关系。当一国发生国际收支顺差时，外汇的供给大于需求，外汇汇率下降；当一国发生国际收支逆差时，外汇的需求大于供给，外汇汇率上升；如果国际收支平衡，外汇供求相等，外汇汇率处于均衡状。在戈森看来，除了国际借贷因素外，其他因素，包括物价、黄金存量、利率水平、信用状况等也会对汇率变动产生一定的影响。

戈森进一步提出，国际借贷可分为流动借贷和固定借贷。国际借贷反映的是一国总体的国际收支状况，并非所有的债权和债务都以同样的力度引起汇率波动。戈森对国际借贷进行了进一步的划分，将国际借贷分为固定借贷和流动借贷两种类型。所谓固定借贷，是指借贷关系已经形成，但尚未进入实际收付阶段的借贷，相当于长期债权债务关系；所谓流动借贷，是指已进入实际收付阶段的借贷，类似于经常项目收支。流动借贷与固定借贷的本质区别在于是否立即引起现金收付。戈森认为，固定借贷对当期资本流动、外汇供求的影响具有较大的不确定性，只有流动借贷的改变才会对外汇供求产生影响（Goschen，1861）。

后来，经济学者们在戈森的国际借贷学说的基础上把国际收支的分析和马歇尔的均衡价格理论相结合，提出了供求分析方法。供求分析方法认为，在存在国际资本流动的条件下，均衡汇率不仅由商品进、出口决定，而且还受国际资本流动的影响。资本流动包括外汇投机、国际借贷、证券投资和直接投资。

以美元与英镑的汇率为例，在以横轴表示美元数量、纵轴表示 1 单位美元可以兑换英镑的汇率的坐标系里，汇率越低，美国商品在英国的价格就越低，美国商品的出口就越多，对美元的需求量就越大，美元的需求曲线是一条向右下方倾斜的曲线；汇率越高，英国商品在美国的价格就越低，英国商品的进口就越多，美元的供给量就越大，美元的供给曲线是一条向右下上方倾斜的曲线。美元的供给曲线和需求曲线以及由这两条曲线决定了均衡的市场汇率。

假定人们卖出美元买进英镑以进行外汇投机，或向英国发放美元贷款，或卖出美元买进英镑对英国的证券进行投资，或卖出美元买进英镑到英国设厂生产，美元的供给会增加。美元的供给曲线会向右方移动，美元将对英镑贬值。同理，如果美元的需求增加，美元将对英镑升值。由此可以判断，影响汇率变动的因素有：

（1）货币供给。当某个货币供给增加时，会导致利率的下降、国民收入的增加或价格水平的上升，这三者都会造成这个国家国际收支的恶化，从而带来这个国家货币汇率的下降。反之，则带来这个国家货币汇率的上升。

（2）相对通货膨胀率。一个国家较高的通货膨胀率通常会削弱其产品在国际市场上的竞争力，从而导致该国出口减少和进口增加，该国货币汇率将会贬值。另外，在一个国家的通货膨胀率较高时，持有该国货币的人可能对该国货币产生贬值的预期，因此将手中的该国货币转换成他国货币，即发生所谓货币替代，从而使该国货币的汇率下降。

（3）相对利率。相对利率变动通过套利活动影响着国际资本流动。当一个国家利率水平相对上升时，为了获取更高的利息收入，更多的资本将流入这个国家，该国货币汇率将会上升。反之，该国货币汇率将会下降。

（4）相对利润率。在其他条件不变的情况下，如果一个国家的利润率较高，将会导致直接投资流入这个国家，从而导致这个国家货币汇率的上升。反之，则导致这个国家货币汇率的下降。

（5）经济心理预期。当人们预期某种货币的汇率将会上升，他们将买进这种货币，这种货币的汇率就会上升。引起心理预期变化的因素是多种多样的，包括经济、政治和社会文化诸方面因素。一般来说，对汇率变动有重大影响的心理预期包括对国际收支状况变动的预期、对通货膨胀水平变动的预期、对利率水平和投资收益水平变动的预期，以及对汇率本身走势的预期等。

三、马克思汇率理论与西方汇率理论的比较

从上面的分析可以看到，马克思的汇率理论具有下述特点：

第一，马克思是以劳动价值论为基础建立汇率理论的。在金本位条件下，作为货币的黄金是商品，它本身具有价值。由于各国的纸币、银行券、汇票等纸质货币具有一定的含金量，它们代表一定的价值。这些纸质货币代表的价值之比，便构成了各国纸质货币的兑换比率。马克思的论证逻辑是从国际价值到世界货币流动，再到各国货币的汇兑比率。

第二，马克思对汇率的分析风格与他对其他经济问题的分析风格一样，关注的是事物的本质，关注决定事物变化最基本或最根本的因素。马克思很清楚，纸质货币的供求将影响它们之间的汇率，关于汇率变化的第一个原因表明这一点。但是，马克思更关心作为汇率基础的汇兑平价的变化，这是最基本或最根本的因素。马克思关于汇率变化的第二和第三个原因都是分析汇兑平价的变化。

第三，马克思生活在金本位时代，虽然马克思还来不及撰写他的六册写作计划中的第五册《对外贸易》，但是马克思已经比较清晰地勾画出金本位条

件下的汇率理论。但是，金本位在 20 世纪 30 年代已经解体了，如何按照马克思的基本理论和基本方法建立马克思主义的汇率理论，是马克思主义经济学者的任务。

与马克思汇率理论不同，西方汇率理论更关注汇率现象即市场汇率的变化。西方经济学者们运用均衡的分析方法，从外汇的需求函数和供给函数，从国际贸易、国际金融或国际收支的角度分析均衡汇率的形成和变化。

卡塞尔虽然也生活在金本位时代，但是金本位的危机已开始显现出来。卡塞尔不是用纸币所代表的特殊商品黄金的价值建立汇兑比率的基础，而是用纸币的购买力即它所代表的一般商品的价值来建立汇兑比率的基础。从这个角度来看，卡塞尔的思想与马克思的思想是接近的。因此，卡塞尔的购买力平价学说的意义在于：在金本位制解体以后，纸币已没有含金量，不再代表一定数量的黄金的价值。但是，纸币作为国家强制流通的法币，它体现一定数量的商品价值。而它所体现的一定数量的商品价值，就是它对一组商品所具有的购买力。由于它体现的一定数量商品的价值是国家所赋予的，这种价值是虚拟价值。从国际贸易的角度分析，两种纸币的兑换平价就是它们的虚拟价值之比。

关于卡塞尔的购买力平价学说，应该指出下面两个问题：首先，卡塞尔关于商品贸易既不存在任何障碍，也不存在交易成本的假定是必要的。在这样的条件下，两种纸币兑换平价才能是它们的虚拟价值之比。其次，尽管从卡塞尔的前提条件可以得到两个国家任何一种商品以同一种纸币表示的价格将相等的结论，但由于完全自由的商品贸易和完全有弹性的价格体系距离现实经济较远，这个结论过于极端。实际上，并不需要以这个结论作为逻辑起点。既然要研究一种纸币所具有的虚拟价值，只要选择一组商品，计算它们的价格的加权平均数，就可以得到这种纸币对这组商品的购买力，这就是纸币的虚拟价值。

另外，在卡塞尔提出了购买力平价学说以后，在众多的批评意见中，下述意见是正确的：第一，一个国家的商品包括贸易商品和非贸易商品，即参与国际贸易的商品和不参与国际贸易的商品。非贸易商品价格的变化将会对价格指数产生影响，但不会对汇率产生影响。因此，在价格指数的计算中包括非贸易商品，将造成价格水平变化和汇率变化的不一致。第二，卡塞尔在用价格指数来衡量价格水平时，把每一种商品的价格的权数看作是等同的。但实际上，在一个国家中，不同商品的重要性是不同的，因而它们的价格的权数也应该是不同的。因此，购买力平价公式应该用商品市场价格的加权平均数。

资产分析方法将外汇看作是一种资产，从外汇存款的需求和供给分析了市场汇率的决定和变化。但是，在现实的经济中，外汇存款仅仅是一种金融资产。当然，对外汇存款的分析可以扩展到其他的金融资产，因而可以将资产分析方法理解为从国际金融的角度分析的市场汇率理论。资产分析方法的意义在于它反映了这样的现实：在当今的国际经济活动中，资本流动具有越来越重要的地位，它对汇率的变化发挥着越来越大的影响。对于以前人们比较注重从国际贸易的角度分析汇率的变化来说，资产分析方法无疑是汇率理论的一种发展。

但是，资产分析方法存在下述问题：第一，从理论上说，资产分析方法是将利率平价条件与供求分析方法结合的产物，在内容上它主要分析外汇资金的借贷所导致的国际资本流动对汇率的影响。但是，在国际金融市场迅速发展的今天，国际资本流动远远不止外汇资金的借贷。对国际股票等国际权益工具以及各种衍生金融工具的投资占据着重要的地位。如何反映各种各样的资本流动对汇率的影响，是资产分析方法需要解决的问题。第二，资产分析方法与马克思的分析方法不同，与卡塞尔的分析方法也不同，它不是分析汇率形成的基础，而主要是分析市场汇率，即在外汇资金需求和供给影响下的汇率。但是，市场汇率的基础是什么？对市场汇率起着长期的基本作用的因素是什么？这些问题还需要进一步分析。

供求分析方法从国际收支的角度分析均衡汇率的决定和变化，它比购买力平价学说的资产分析方法都要全面。显然，不但国际贸易对汇率产生影响，国际金融和直接投资都会对汇率产生影响。但是，与资产分析方法相同，供求分析方法主要分析市场汇率。

四、马克思主义汇率理论的构建

汇率是一种货币兑换另一种货币的比率，也就是用别的货币来表示的某种货币的价格。马克思生活在金本位时代，他精辟地分析了货币的起源和货币的本质。马克思指出，货币是从商品的生产和交换的发展过程中产生的，是商品内在矛盾激化的结果。货币所以能充当一般等价物，是因为它本身也具有价值。

在金本位制度下，黄金是货币，它执行价值尺度、流通手段、贮藏手段、支付手段、世界货币的职能。纸币是黄金的符号，它代表一定重量的黄金执行价值尺度、流通手段、贮藏手段、支付手段的职能。在国家与国家之间的经济活动中，最终是用黄金来清偿的。马克思生活在金本位时代。从马克思的设想来看，马克思准备分析的汇率是金本位条件下的汇率。由于纸币代表一定重量的黄金，不同的纸币根据它们所代表的黄金的价值形成了相互之间的平价。

20世纪30年代，资本主义世界爆发了前所未有的大危机，资本主义经济遭受了沉重的打击。一方面，黄金数量的增长已不能适应商品数量增长的需要；另一方面，纸币的数量取决于黄金的数量已不适应政府利用货币手段对经济进行调节的需要，英国在1931年率先宣布废除金本位制，葡萄牙、爱尔兰、挪威、瑞典、加拿大、日本、美国、法国、荷兰、瑞士等国也相继停止实行金本位制。到30年代中期，金本位制宣告解体，代之而起的是信用货币和纸币。

马克思从货币的价值构建汇率理论，笔者认为在新的货币制度条件下建立的马克思主义的汇率理论也应该用货币的虚拟价值来构建汇率理论。马克思的汇率理论是研究汇率的基础，笔者认为在新的货币制度条件下建立的马克思主义的汇率理论也应该研究汇率的基础。

在现代经济生活中，硬币、纸币、存款货币、部分定期存款成为狭义的货币。这样，两种货币兑换比率的基础已不是黄金的价值或纸币所代表的黄金的价值，而是货币所代表的商品、金融资产和实物资产的价值，也就是货币的虚拟价值。由于国际贸易、国际金融和国际投资都会对货币的虚拟价值，从而对货币的汇率产生影响，本文分别从这三个方面讨论在金本位解体的条件下汇率形成的基础。应该指出，市场汇率与货币汇兑平价是不同的，货币汇兑平价是市场汇率的基础，市场汇率在供求的影响下发生对货币汇兑平价的偏离，而本文研究的是货币的汇兑平价。

五、从贸易角度分析的外汇的虚拟价值

在金本位制解体以后，黄金已不是货币，纸币不再代表一定数量的黄金的价值。但是，纸币作为国家强制流通的法币，它代表一定数量的商品价值，而这种价值是通过它对一组商品所具有的购买力体现出来的。由于它代表的一定数量商品的价值是国家所赋予的，这种价值实际上是虚拟价值。从国际贸易的角度分析，两种货币的汇兑平价就是它们的虚拟价值之比。

假定商品贸易既不存在任何障碍，也不存在交易成本。设 P 为商品的市场价格，a 和 b 为 A 国和 B 国的商品，n 为 A、B 两国贸易商品的种类数，X 为根据商品的重要性而确定的权重，m 种商品的权重之和等于 1，那么 A、B 两国 m 种商品市场价格的加权平均值分别是：

$$\sum_{i=1}^{m} P_i^a X_i^a \; ; \; \sum_{i=1}^{m} P_i^b X_i^b \tag{10}$$

A、B 两国 1 单位货币的购买力即虚拟价值分别为：

$$1/\sum_{i=1}^{m} P_i^a X_i^a \; ; \; 1/\sum_{i=1}^{m} P_i^b X_i^b \tag{11}$$

1 单位 B 国货币可以兑换 A 国货币的平价是两种纸币的虚拟价值之比：

$$\sum_{i=1}^{m} P_i^a X_i^a / \sum_{i=1}^{m} P_i^b X_i^b \tag{12}$$

　　既然货币的虚拟价值决定了货币的兑换平价，那么货币虚拟价值的变化将影响到货币的汇兑平价。由于中央银行可以控制一个国家的货币数量，而货币的虚拟价值是法律所赋予的，在货币流通速度不变的条件下，如果该国家货币的增长快于物品、劳务和金融资产交易量的增长，物品、劳务和金融资产的市场价格将会上升，该国货币的虚拟价值将会下降。另外，物品、劳务和金融资产的市场价格受市场需求和供给的影响，而不是仅仅受货币数量的影响。当它们的市场价格由于除了货币数量以外的因素的影响上升了，该国货币的虚拟价值也会下降。

　　从两种货币汇兑平价的计算公式可以看到，在 B 国贸易商品市场价格不变的前提下，如果 A 国贸易商品的价格水平上升了，A 国货币的虚拟价值下降，1 单位 B 国货币可以兑换的 A 国货币减少。在 A 国贸易商品市场价格不变的前提下，如果 B 国贸易商品的价格水平上升了，B 国货币的虚拟价值下降，1 单位 B 国货币可以兑换的 A 国货币增加。

　　上述分析借鉴了卡塞尔（Gustav Cassel，1922）的购买力平价学说，但是上述分析与卡塞尔的购买力平价学说存在下述区别：

　　首先，卡塞尔以完全自由的商品贸易和完全有弹性的价格体系作为前提条件，得到两个国家任何一种商品以同一种纸币表示的价格将相等的结论，并把它作为逻辑起点来分析货币的购买力平价。但是，完全有弹性的价格体系距离现实经济较远，这个结论过于极端。上述分析并不需要以这个结论作为逻辑起点。既然要研究一种纸币所具有的虚拟价值，只要选择一组商品，计算它们的价格的加权平均数，就可以得到这种纸币对这组商品的购买力，这就是货币的虚拟价值。

　　其次，卡塞尔在用价格指数来衡量价格水平时，把每一种商品的价格的权数看作是等同的。但实际上，在一个国家中，不同商品的重要性是不同的，因而它们的价格的权数也应该是不同的。在上述分析中，货币虚拟价值的计算采用的是商品市场价格的加权平均数。

　　最后，卡塞尔的购买力平价学说认为一个国家所有商品的价格都会影响该国货币的购买力。但是，在实际上，一个国家的商品包括贸易商品和非贸易商品，即参与国际贸易的商品和不参与国际贸易的商品。非贸易商品价格的变化对两种货币的平价不产生影响。上述分析在探讨两种货币的平价时只考虑贸易商品。

六、从金融角度分析的外汇的虚拟价值

在国与国之间不仅存在着商品的贸易，而且存在着金融资产的投资。不但在国与国之间的商品贸易需要进行货币的兑换，在国与国之间的金融资产的投资也要进行货币的兑换。从国际金融的角度分析，汇率形成的基础同样是两种货币的虚拟价值的比率，但货币的虚拟价值取决于它投资国内金融资产的盈利能力。

首先分析金融资产的收益。金融资产的期限是不同的，人们持有金融资产的期限是不同的。为了进行比较，需要以同样的期限如 1 年来度量金融资产的收益。设某金融资产在期初的价格为 P_0，在期末的价格为 P_1，这个期间的天数是 t，分派的利息或股息是 D，那么以年率表示的持有期间收益率 R 为：

$$R = \frac{D + (P_1 - P_0)}{P_0} \times \frac{360}{t} \tag{13}$$

其次分析金融资产的风险。金融资产的风险主要是违约风险等。在金融市场上，金融资产的风险越大，收益率通常就越高。因此，在金融资产的投资中，不能仅考虑收益而不考虑风险。要在与风险的比较中分析收益，可以采取类似于夏普比率（Sharpe Ratio）的指标。在夏普比率中，如果用收益率的标准差 σ 表示风险，用 R_f 表示无风险收益率，持有期间收益率仍为 R，那么夏普比率 SR 为：

$$SR = \frac{R - R_f}{\sigma} \tag{14}$$

在上式中，具有风险的金融资产的收益率减去没有风险的金融资产如国

库券的收益率之差，便是对风险的报酬。用风险的报酬除以收益率的标准差，得到相对于风险而言的收益率。如果金融市场是完全有效率的，套利是充分的，那么各种金融资产的夏普比率趋向一致。如果某种金融资产的风险报酬相对于风险来说较高，投资者将会选择这种金融资产，这种金融资产的价格将会上升，风险报酬将会下降，从而夏普比率趋向相等。但在现实的金融市场上，金融市场不是完全有效率的，套利不是充分的，因而没有必要设立这样的假定。

但是，夏普比率给出的是一个相对数，而不是收益率。为了得到明确的收益率，我认为可以改变表达方式，不用扣除无风险收益率的方式表示相对于风险而言的收益率，而是反过来用扣除风险报酬的方式表示相似风险的收益率。对于风险报酬，则可以用金融市场对不同信誉等级的金融资产所要求的收益率来估算。如果以最低风险的金融资产作为标准，不同风险的金融资产的收益率减去最低风险的金融资产收益率之差，就是对风险的报酬。设风险报酬是 R_s，持有期间收益率仍为 R，扣除了风险报酬的收益率即我所称之为标准收益率 $\bar{R}$ 就是：

$$\bar{R} = R - R_s \tag{15}$$

正如前面分析夏普比率所指出的那样，如果金融市场是完全有效率的，套利是充分的，那么各种金融资产扣除风险报酬后的标准收益率将相等。但是，在现实的金融市场上，它们并不相等。在从金融的角度分析汇率形成的基础的分析中，标准收益率比夏普比率优越的地方，是它可以表示一个国家的金融资产的基本收益水平。显然，具有不同收益率的金融资产也具有不同的风险，扣除了风险报酬以后的收益率就成为基本的收益水平。

假定国与国之间的金融资产的投资不受限制，国内金融资产和国际金融资产的交易成本相同；设可供跨国交易的金融资产标准收益率为 $\bar{R}$，a 和 b 为 A 国和 B 国可供跨国交易的金融资产，n 为 A、B 两国可供跨国交易的金融资产种类数，Y 为根据金融资产的重要性而确定的权重，n 种金融资产的权重之和等于 1，那么 A、B 两国 n 种可供跨国交易的金融资产收益率的加权平均值分别是：

$$\sum_{i=1}^{m} \bar{R}_i^a Y_i^a ; \quad \sum_{i=1}^{n} \bar{R}_i^b Y_i^b \tag{16}$$

在对金融资产的投资充分自由的条件下，如果两个国家相同风险的金融资产标准收益率不同，投资者们将卖出标准收益率低的金融资产和买进收益率高的金融资产，前一种金融资产的收益率将上升，后一种收益率将下降，从而使用同一种货币来表示的同类金融资产标准收益率相同。设 S 表示目前以 1 单位 B 国货币可以兑换的 A 国货币数量的平价，S^e 表示预期的 1 年以后以 1 单位 B 国货币可以兑换的 A 国货币数量的平价，如果用 1 单位 B 国货币投资 B 国的金融资产，1 年以后的收益是 $1 + \sum_{i=1}^{n} \bar{R}_i^b Y_i^b$。如果把 1 单位 B 国货币转换为 A 国货币并用于投资 A 国金融资产，在 1 年以后再换回 B 国货币，收益是 $\frac{s}{s^e}(1 + \sum_{i=1}^{n} \bar{R}_i^a Y_i^a)$。在以同一种货币来表示的同样风险的金融资产标准收益率相同的条件下：

$$1 + \sum_{i=1}^{n} \bar{R}_i^b Y_i^b = \frac{s}{s^e}(1 + \sum_{i=1}^{n} \bar{R}_i^a Y_i^a) \tag{17}$$

这意味着，在预期的 1 年以后以 1 单位 B 国货币可以兑换的 A 国货币数量的平价为一定的条件下，目前以 1 单位 B 国货币可以兑换的 A 国货币数量的平价为：

$$s = s^e(1 + \sum_{i=1}^{n} \bar{R}_i^b Y_i^b) / (1 + \sum_{i=1}^{n} \bar{R}_i^a Y_i^a) \tag{18}$$

在这里，几乎全部国际金融工具都可以看作是金融资产，如以存款或贷款方式存在的货币、债务工具、权益工具、金融衍生工具。跨国金融资产投资表现为国际借贷、债务工具、权益工具、金融衍生工具的投资等。由于货币具有高度流动性，它可以以任何一种金融资产的形式存在。从金融的角度分析，投资本国金融资产可以得到的标准收益率，即货币的赢利能力，就是货币的虚拟价值。在 S^e 为一定的条件下，两种货币的虚拟价值的比率，就是从国际金融角度分析的兑换平价。

从两种货币兑换平价的计算公式可以看到，在 B 国金融资产标准收益率不变的前提下，如果 A 国金融资产的标准收益率上升了，A 国货币的虚拟价值上升，1 单位 B 国货币可以兑换的 A 国货币减少。在 A 国金融资产标准收益率不变的前提下，如果 B 国金融资产的标准收益率上升了，B 国货币的虚拟价值上升，1 单位 B 国货币可以兑换的 A 国货币增加。

七、从投资角度分析的外汇的虚拟价值

在国与国之间不仅存在着商品的贸易和金融资产的投资，而且还存在实物资产的投资即直接投资。不但在国与国之间的商品贸易和金融资产投资需要进行货币的兑换，而且在国与国之间的实物资产的投资也要进行货币的兑换。从国际投资的角度分析，汇率形成的基础也同样是两种货币的虚拟价值的比率，但货币的虚拟价值取决于它投资国内实物资产的赢利能力即利润率。

实物资产投资与金融资产投资的特点不同。金融资产投资的主要特点是风险的差异，实物资产投资则主要是投资规模和回报期限的差异。有的实物资产投资项目需要资金较少，而且得到回报的期限很短；有的实物资产投资项目需要资金较多，而且得到回报的时间很长。因此，为了使不同类型的实物资产投资可以相互比较，应该从一个相当长的时期来考察，计算不同类型的实物资产投资年平均利润率。

在一个国家内，在资本转移的影响下，利润率存在平均化的趋势。但是，利润率的平均化也只是一种趋势，不同的行业之间，不同的投资项目之间，利润率并没有完全平均化。因此，在这里的分析中，仍然认为不同的实物资产投资项目可以有不同的平均收益率。

假定国家与国家之间的实物资产的投资即直接投资不受限制，设可供跨国投资的实物资产的年平均利润率为 $\bar{r}$，a 和 b 为 A 国和 B 国的可供跨国投资的实物资产，O 为 A、B 两国可供跨国投资的实物资产种类数，Z 为根据实物资产的重要性而确定的权重，Z 种实物资产的权重之和等于 1，那么 A、B

两国 n 种可供跨国投资的实物资产年利润率的加权平均值分别是：

$$\sum_{i=1}^{o} \overline{r}_i^a Z_i^a \; ; \; \sum_{i=1}^{o} \overline{r}_i^b Z_i^b \tag{19}$$

在对实物资产的投资充分自由的条件下，如果两个国家同类实物资产平均利润率不同，投资者们将放弃平均利润率低的实物资产的投资，转向平均利润率高的实物资产的投资，前一种实物资产投资的平均利润率将上升，后一种实物资产投资的平均利润率将下降，从而使用同一种货币来表示的同类实物资产投资的平均利润率相同。设 S 表示目前以 1 单位 B 国货币可以兑换的 A 国货币数量的平价，S^e 表示预期的 1 年以后以 1 单位 B 国货币可以兑换的 A 国货币数量的平价，如果用 1 单位 B 国货币投资 B 国的金融资产，收益率是 $1 + \sum_{i=1}^{o} \overline{r}_i^b Z_i^b$。如果把 1 单位 B 国货币转换为 A 国货币并用于投资 A 国金融资产，在 1 年以后再换回 B 国货币，收益率是 $\frac{s}{s^e}(1 + \sum_{i=1}^{o} \overline{r}_i^a Z_i^a)$。在以同一种货币来表示的同样风险的金融资产标准收益率相同的条件下：

$$1 + \sum_{i=1}^{o} \overline{r}_i^b Z_i^b = \frac{s}{s^e}(1 + \sum_{i=1}^{o} \overline{r}_i^a Z_i^a) \tag{20}$$

这意味着在预期的 1 年以后以 1 单位 B 国货币可以兑换的 A 国货币数量的平价为一定的条件下，目前以 1 单位 B 国货币可以兑换的 A 国货币数量的平价为：

$$s = s^e(1 + \sum_{i=1}^{o} \overline{r}_i^b Z_i^b) / (1 + \sum_{i=1}^{o} \overline{r}_i^a Z_i^a) \tag{21}$$

与前面的分析相似，由于货币具有高度流动性，它既可以进行金融资产的投资，也可以进行实物资产的投资。从直接投资的角度分析，一种货币投资本国实物资产可以得到的平均利润率，即货币的赢利能力，就是货币的虚拟价值。在 S^e 为一定的条件下，两种货币的虚拟价值的比率，就是从直接投资角度分析的兑换平价。

从两种货币兑换平价的计算公式可以看到，在 B 国实物资产投资的平均利润率不变的前提下，如果 A 国实物资产投资的平均利润率上升了，A 国货币的虚拟价值上升，1 单位 B 国货币可以兑换的 A 国货币减少。在 A 国实物资产投资的平均利润率不变的前提下，如果 B 国实物资产投资的平均利润率上升了，B 国货币的虚拟价值上升，1 单位 B 国货币可以兑换的 A 国货币增加。

八、综合的汇兑平价分析

由于国家与国家之间的经济活动不同，货币兑换平价形成的特点也就不同。前面根据国际经济活动的类型，分别从商品贸易、金融资产投资和实物资产投资三个角度分析了货币的兑换平价。但是，在现实的经济中，这三种类型的经济活动是交错在一起的，两种货币之间的兑换平价只有一个，因而还需要把这三种汇兑平价构建成一种汇兑平价。

在一定的时期里，两个国家之间的经济活动的规模是一定的。这样，可以根据某两个国家之间商品贸易、金融资产投资和实物资产投资的规模，来确定前面分析的三种汇兑平价在统一的汇兑平价中的权重，然后构建综合的汇兑平价。

设 x、y、z 为商品贸易、金融资产投资和实物资产投资所决定的汇兑平价的权重，而且 $x + y + z = 1$，那么以 1 单位 B 国货币可以兑换的 A 国货币数量表示的综合的汇兑平价 E 为：

$$E = x\left(\sum_{i=1}^{m} P_i^a X_i^a / \sum_{i=1}^{m} P_i^b X_i^b \right) + y s^e \left(1 + \sum_{i=1}^{n} \bar{R}_i^b Y_i^b \right) / \left(1 + \sum_{i=1}^{n} \bar{R}_i^a Y_i^a \right)$$

$$+ z s^e \left(1 + \sum_{i=1}^{o} \bar{r}_i^b Z_i^b \right) / \left(1 + \sum_{i=1}^{o} \bar{r}_i^a Z_i^a \right) \tag{22}$$

从统一的汇兑平价的计算公式可以看到，统一的汇兑平价取决于每一种国际经济活动所导致的汇兑平价的变化。如果三种类型的国际经济活动都是导致汇兑平价向一个方向变化，那么统一的汇兑平价将朝着相同的方向变化。如果三种类型的国际经济活动导致各自的汇兑平价的变化不一致，那么统一的汇兑平价的变化方向等于这三种汇兑平价的变化经过加权计算的代数和。

九、货币汇兑平价的检验

因为无法收集世界各国金融资产的标准收益率和直接投资的利润率，所以无法对综合的货币汇兑平价的分析进行检验。根据可以掌握的资料，可以对从贸易角度分析的货币汇兑平价进行检验。

2001 年，世界银行在《世界发展指标》中公布了 1999 年 148 个国家或地区以市场汇率和购买力平价计算的国民生产总值，为分析市场汇率与购买力平价的关系提供了宝贵的资料。将 148 个国家分为低收入国家、中低收入国家、中高收入国家、高收入国家，它们的货币的市场汇率与购买力平价的比率如表 1 所示。

表 1   **不同收入国家市场汇率对购买力平价的比率**

国家	人均产值	汇率/平价
低收入国家	420	4.48
中低收入国家	1200	3.54
中高收入国家	4870	1.02
高收入国家	26440	0.97

资料来源：The World Bank Group, World Development Indicators, 2001, pp. 12 – 15.

如果将 148 个国家中资料齐全的 135 个国家的市场汇率与购买力平价的比率按照人均国民生产总值进行排列，可以发现一个重要的结果：市场汇率对购买力平价的比率与人均国民生产总值存在相当严格的负相关的关系，相关系数 = − 0.6839。结合上表所说明的情况，可以得到这样的结论：经济发展水平越高的国家，它们的货币对美元的市场汇率越接近于购买力平价；经济发展水平越低的国家，它们的货币对美元的市场汇率越高于购买力平价。

从上面统计的结果，可以发现导致市场汇率偏离购买力平价的原因。由于人均国民生产总值体现了一个国家或地区的经济发展水平，据此可以得到下述重要结论：

第一，在人均国民生产总值居前20位的国家或地区，也就是经济发展水平与美国接近的国家或地区，它们的货币对美元的市场汇率与购买力平价的比率在0.75~1.26之间变化，这意味着这些国家或地区的货币与美元的市场汇率已经十分接近它们与美元的购买力平价，购买力平价构成它们的货币的市场汇率的基础。所以如此，是因为发达国家或地区的对外经济活动接近于购买力平价分析的前提：它们之间的贸易没有什么障碍，对相互之间的商品的需求比较充分，贸易商品的价格便成为一项进出口最基本和最重要的因素。

第二，对于广大的发展中国家来说，它们的货币的市场汇率无一例外地高于购买力平价，甚至远高于购买力平价。显然，发展中国家与发达国家的经济发展水平存在很大的差异，它们需要向发达国家购买多种类型的投资品和高技术的消费品，但它们能够向发达国家出售的主要是自然资源和普通的日用品。再加上发展中国家众多，从而形成了发展中国家对发达国家的商品存在大量的需求而发达国家对发展中国家的商品的需求却不充分的局面。这样，对于发达国家和发展中国家之间的商品贸易来说，不仅价格的因素发生作用，而且数量的因素也发生作用。正是这种相互需求的差异，即发展中国家对发达国家商品的需求很大，从而在外汇市场上对它们的货币的需求很大，但发达国家对发展中国家商品的需求不大，从而在外汇市场上它们的货币的供给很小，造成了市场汇率对购买力平价的严重偏离。

由此可见，两个国家的经济发展水平越接近，相互对商品的需求越充分，市场汇率就越接近于购买力平价。由购买力平价形成的货币汇兑平价，是汇率形成的基础。

参考文献

[1]《马克思恩格斯全集》第46卷，人民出版社1979年版。

[2]《马克思恩格斯全集》第23卷，人民出版社1979年版。

[3]《马克思恩格斯全集》第25卷，人民出版社1972年版。

[4]《马克思恩格斯全集》第 13 卷，人民出版社 1962 年版。

[5] Cassel, Gustav, Money and Foreign Exchange after1914, London：Constable & Co. 1922.

[6] Dornbush, R. , Expectations and Exchange Rate Dynamics, Journal of Political Economy, December, 1976；W. H. Branson and D. W. Henderson, The Specification and Influence of Asset Markets, Handbook of International Economics, Oxford：North-Holland, 1985.

[7] Goschen, G. , The Theory of Foreign Exchanges, Effingham Wilson, 1861.

[8] Krugman, Paul R. and Maurice Obstfeld, International Economics：Theory and Policy, Addison-Wesley Longman 1997.

139

第二篇 西方经济学研究

外汇汇率理论的比较与思考

财政赤字观和美国政府债务的分析 *

一、财政赤字观的四次转变

2011 年是世界政府债务危机激化的一年。希腊依靠欧洲联盟的支持才勉强避免了不能偿还政府债务的情况，葡萄牙、爱尔兰、西班牙、意大利的政府债务状况也十分危险。就连经济最发达的美国，政府债务也于 2011 年 5 月达到了 142900 亿美元的上限。尽管美国两党在 8 月 2 日的最后期限到来以前达成了妥协，但标准普尔公司在 8 月 5 日仍然将美国政府债务的信用评级从 AAA 降低为 AA +，从而引起了世界金融市场的一片动荡。这样，就产生了一个严重的问题：如何看待政府的财政赤字？

财政赤字观实际上是政府的理财观，也就是政府应不应该有财政赤字，或者应该有多大的财政赤字的理念和观点。在现代经济中，政府的财政赤字观是否正确，是否符合本国的实际经济情况，将对本国经济发展产生重要影响。美国经济学者萨缪尔森（P. A. Samuelson）曾经指出："当今宏观经济学中，可以说没有任何一个问题能比巨额财政赤字的经济影响更富争议。"（萨缪尔森，2008，第 619 页）

在经济学史上，明确和系统地提出应该用赤字财政的方法克服经济衰退

---

* 本文发表于《经济学动态》2011 年第 9 期，中国人民大学复印报刊资料《世界经济》2011 年第 11 期全文转载。

问题的是英国经济学者凯恩斯（J. M. Keynes）。在凯恩斯以前，经济学者们几乎一致反对财政赤字，世界各主要国家的政府也都恪守着预算平衡的理念。但是，在20世纪30年代大萧条爆发以后，特别是在凯恩斯《就业、利息和货币通论》于1936年出版以后，这种传统的财政赤字观受到了挑战。

凯恩斯认为，在经济发生衰退的情况下，政府应该采用扩张性的财政政策即增加政府支出减少政府税收的方法去刺激总需求。由于政府支出来源于政府税收，扩张性的财政政策将导致财政赤字和政府债务的产生。因此，凯恩斯指出："举债支出虽然'浪费'，但结果可是使社会致富。如果政治家因为受经典学派熏染太深，想不出更好的方法，则建造金字塔。甚至地震、战事等天灾人祸都可以增加财富。"他在举债支出的附注中说明："'举债支出'是一个很方便的名词，包括一切政府举债净额，不论政府举债是为兴办资本事业，或为弥补预算不足。前者增加投资，后者增加消费倾向。"（凯恩斯，1963，第109～110页）这是财政赤字观的第一次大的转变。

凯恩斯明确指出，在经济衰退时期，克服衰退是首要的问题，政府不仅可以有财政赤字，而且应该有财政赤字。但是，凯恩斯主要是在是否应该有财政赤字这个问题上实现了突破，他还没有形成完整的财政赤字观。凯恩斯没有回答财政赤字是否应该常态化，财政赤字的规模是否可以不受限制等问题。

1947年，美国经济发展委员会提出了充分就业盈余的概念。所谓充分就业盈余（full employment surplus）是指按照现行的税收制度，假如劳动者都就业和设备都被利用的条件下政府的支出和税收的差额。它将充分就业条件下的预算与实际的预算进行比较，以决定如何实行赤字财政的政策。美国经济发展委员会成立于1942年，经济主张是"保守的宏观经济学"。他们认为应该运用财政政策对总需求进行管理，但对财政政策应该加以一定的限制。

关于充分就业盈余的概念可以借助于萨缪尔森《经济学》的表述加以说明。萨缪尔森将预算分为实际预算、结构性预算和周期性预算。实际预算（actual budget）是在一定的时期内实际的政府税收和政府支出的差额，结构性预算（structural budget）是指假定产值达到充分就业状态政府税收和政府支出的差额。周期性预算（cyclical budget）是指实际预算与结构性预算的差额。

根据政府支出的产值效应可以估算增加多少政府支出可以达到充分就业的产值，根据现行税率可以估算当产值增加到充分就业水平的时候政府税收增加多少，从而可以得到结构性预算。如果将结构性预算设定为盈余，就是充分就业盈余。美国经济发展委员会建议，政府的预算政策应该保证"在高就业的国民收入水平下有适当的盈余"（Committee for Economic Development，1947，pp. 22 – 25）。这样，充分就业盈余的理念就提供了制定财政政策的目标：在经济衰退的情况下，实际产值低于充分就业的产值，政府应该用赤字财政的方法刺激经济。随着产值的增加，政府的税收将增加。当产值到达充分就业状态时，政府的预算将出现盈余。这样，政府可以用充分就业状态下的盈余去弥补经济衰退情况下的赤字。

1956 年，美国经济学者布朗（E. C. Brown）使用了这个概念并对财政政策进行了分析（Brown，1956，pp. 857 – 879）。由于布朗的论文在经济学界产生很大的影响，许多经济学文献都认为是布朗第一次提出充分就业盈余的范畴（多恩布什，2003，第 212 页）。

另外，我国经济学界还有一个误解，不少教科书都提到类似于充分就业盈余思想的补偿性的财政政策是美国经济学者汉森（A. H. Hansen）在 20 世纪 50 年代提出来的。所谓补偿性财政政策是指：在经济衰退时期，政府应该增加支出或减少税收来刺激总需求，在经济繁荣时期则应该减少支出或增加税收来抑制总需求。这样，经济衰退时期出现的财政赤字能够被经济繁荣时期出现的财政盈余所弥补（鲁友章等，1975，第 262 页）。确实，汉森提出过补偿性的财政政策的概念，但不是指财政盈余对财政赤字的补偿。汉森在 1941 年出版的专著《财政政策与经济周期》中将财政政策分为诱导性财政政策和补偿性财政政策。诱导性财政政策（pump-priming fiscal policy）是指政府通过增加支出或减少税收引导私人增加投资，补偿性财政政策（compensatory fiscal policy）是指在经济衰退时期应该用政府支出的增加来弥补私人支出的减少（Hansen，1941）。

按照充分就业盈余的财政赤字观，政府要做到的不是经济周期中某个阶段的财政收支平衡，而是要争取做到整个经济周期的财政收支平衡。即使经济繁荣时期的财政盈余弥补不了经济衰退时期的财政赤字，也应该对财政赤字加以一定的限制。这就是说，财政赤字不应长态化。这种财政赤字观对 20世纪 50 年代西方国家政府的预算和财政政策具有很大的影响。这是财政赤字观的第二次大的转变。

到了 20 世纪 60 年代，以赫勒（W. W. Heller）为主席的肯尼迪总统经济顾问委员会提出了潜在国民生产总值水平上的预算平衡的思想。所谓潜在国民生产总值是指失业率为 4% 的条件下所生产的国民生产总值，也称为充分就业的国民生产总值。所谓潜在国民生产总值水平上的预算平衡是指只要实际的国民生产总值低于潜在国民生产总值，就应该使用扩张性的财政政策来刺激经济。只要在潜在国民生产总值水平上达到预算平衡就可以了。

肯尼迪总统经济顾问委员会成员的托宾（J. Tobin）指出："联邦预算如果只是作为反周期补偿，即逆着经济周期风向而动，这是不够的。通过任意变动反周期预算来加强这些'内在稳定器'，甚至也是不够的。必须做到财政政策的长期水平和长期趋势与充分就业的增长轨道一致才行。"（托宾，1980，第 13 页）

艾森豪威尔总统经济顾问委员会主席的伯恩斯（A. F. Burns）曾这样来表述这种财政赤字观："政策应该是增长取向的而不是周期取向的；最重要的问题是实际产出与潜在产出之间的缺口是否存在。当缺口存在时，应该使用财政赤字和货币工具来促进扩张；倘若在刺激过程中没有形成向上的较大通货膨胀压力，那么必须保证刺激足以填补缺口。"（Burns，A. F. and Paul A. Samuelson，1967，pp. 31 - 32）

按照潜在国民生产总值水平上的预算平衡的财政赤字观，政府不但不应该追求某个阶段的财政收支平衡，而且还不应该追求整个经济周期的财政收支平衡。这意味着财政赤字可以长态化。这种财政赤字观对 20 世纪 60 和 70

年代西方国家政府的预算和财政政策具有很大的影响。这是财政赤字观的第三次大的转变。

20 世纪 70 年代，西方发达国家普遍发生了停滞膨胀。一方面经济停滞不前，另一方面价格水平则不断上升。根据西方经济学界的反思，政府使用扩张性的财政政策和货币政策对经济过度干预是停滞膨胀的重要原因。在这种情况下，凯恩斯的宏观经济政策受到了质疑，争论的焦点从是否需要以财政赤字来保持经济稳定转变为为履行政府职能可以承受多高的财政赤字。

萨缪尔森在 1976 年出版的《经济学》曾经这样表达：除了下面两个要点以外，政府已经没有什么财政原则可以选择：第一，政府预算必须避免浪费和提高效率；第二，以民主的方式决定政府使用多少资源和如何使用资源（萨缪尔森，1979，第 514 页）。这就是说，经过国会和政府博弈决定的财政赤字，就是可以接受的财政赤字了。

1991 年 12 月，欧洲共同体首脑会议在荷兰的马斯特里赫特（Maastricht）举行，通过并草签了《欧洲经济与货币联盟条约》和《政治联盟条约》，即《马斯特里赫特条约》，为建立欧洲经济与货币联盟确立了目标与步骤。按照《马斯特里赫特条约》的规定，欧洲国家加入欧洲经济与货币联盟必须达到的标准之一是财政赤字不超过国民生产总值的 3%，公共债务不超过国民生产总值的 60%。这个标准本来是入盟经济标准，后来却成为世界主要国家认可并努力遵守的标准。

按照这种新的财政赤字观，只要政府的财政赤字和由此导致的政府债务没有达到可能导致政府无法偿还债务的警戒线，财政赤字都是可以接受的。这是财政赤字观的第四次大的转变。

对历史的反思表明，传统经济学的平衡预算观是一种保守的观念。政府要履行稳定经济的职能，在必要的时候应该实行赤字预算，凯恩斯的财政赤字观是可取的。但是，财政赤字和政府债务必须是有节制的。由于经济的常态是非充分就业，按照潜在产值的预算平衡的观念制订预算方案，只会导致财政赤字和政府债务的不断积累。而财政赤字和政府债务的比例只是一条警戒线，由于有可能出现各种突发事件，政府要履行稳定经济和社会服务的职能，不能在警戒线边缘运行。因此，可取的财政赤字观是动态平衡的财政赤字观，在一段时期出现的赤字必须能够被另一段时期的盈余所弥补。

二、美国的财政赤字和政府债务

第二次世界大战以后，凯恩斯的政策主张成为美国政府制定经济政策的根据。布坎南在 20 世纪 80 年代曾这样描述 20 世纪 50 年代以后美国的预算政策：“这些规则中最为重要的一个是‘充分就业水平上的预算平衡’规则，这一规则于 20 世纪 40 年代提出，在 20 世纪 50 年代作为政策的准则而被广泛接受。在 20 世纪 60 年代，这一规则在一定程度上被‘潜在国民生产总值水平上的预算平衡’所代替。”（布坎南，1993，第 119 页）

20 世纪 50 年代的美国政府涉及杜鲁门和艾森豪威尔两届政府。杜鲁门（Harry S Truman）在 1945～1953 年担任美国总统期间以及艾森豪威尔（D. D. Eisenhower）在 1953～1961 年担任美国总统期间，基本上按照充分就业盈余的理念制定财政政策：财政赤字和盈余应该随着经济的变化而变化，但在正常的情况下应该保持平衡预算。在此期间，扣除了战争支出以后的政府支出对国民生产总值的比例缓慢提高。另外，在 1947～1948 年以及在 1953～1954 年曾进行有节制的减税。在艾森豪威尔 8 年的任期内，预算赤字的年份有 5 年，预算盈余的年份有 3 年。最高年度预算赤字是 1959 年的 128 亿美元，占当年国民生产总值的比例为 2.7%，其余赤字年份占国民生产总值的比例基本小于 1%。最高年度预算盈余是 1956 年的 39 亿美元，占国民生产总值的比例为 0.9%。到 1961 年 6 月 30 日，政府债务余额为 2890 亿美元，占当年国民生产总值的比例为 55.25%。

20 世纪 60 年代的美国政府主要涉及肯尼迪和约翰逊两届政府。肯尼迪（John Fitzgerald Kennedy）在 1961 年担任美国总统以后，采纳了更加激进的凯恩斯主义的主张，只要没有达到潜在的国民生产总值，政府就应该使用财政政策扩张经济。1962 年，肯尼迪政府提出了大规模的减税计划，这项政策被看作凯恩斯主义意义上的财政革命。但是还没有来得及实行减税计划，肯尼迪便于 1963 年遇刺身亡。

约翰逊（L. B. Johnson）在 1963～1968 年担任美国总统期间，不但实施了肯尼迪政府的减税计划，还提出了"向贫穷开战"的口号，大规模增加政府社会福利支出，财政赤字和政府债务不断增加。进入 1967 年以后，美国发生通货膨胀，为了抑制总需求的过度增加，约翰逊政府提出了增加税收的决定。从 1963 年到 1968 年，政府的预算全部为赤字，其中最高赤字的年份是 1968 年，达到 252 亿美元，占当年国民生产总值的比例为 3.0%。到 1969 年 6 月 30 日，政府债务余额为 3537 亿美元，但是由于国民生产总值增长较快，政府债务余额占当年国民生产总值的比例下降为 37.78%。

20 世纪 70 年代的美国政府涉及尼克松、福特和卡特三届政府。尼克松（R. M. Nixon）从 1969 年到 1973 年担任美国总统，他曾宣称："我现在是凯恩斯主义者。"而总统经济顾问委员会主席斯坦（H. Stein）则称尼克松是思想解放的保守主义者（斯坦，1989 年）。尼克松上任以后面临的经济问题是通货膨胀，尼克松政府继续采取收缩性的财政政策，但美国的价格水平没有下降，经济却陷入衰退。进入 70 年代以后，美国出现了停滞膨胀的现象，尼克松政府在 1971 年和 1973 年不得不两次实行强制性的工资和物价管制。从 1969 年到 1973 年，政府预算有 1 个年度是盈余，4 个年度是赤字，其中最高赤字的年份是 1972 年，达到 234 亿美元，占当年国民生产总值的比例为 2.0%。1974 年 6 月 30 日，政府债务余额为 4751 亿美元，占当年国民生产总值的比例为 33.62%。

福特（G. R. Ford）从 1974 年到 1977 年担任美国总统。福特上任初期，通货膨胀形势仍然严峻，但经济已经陷入战后最严重的衰退。在这种情况下，福特政府实行温和的扩张经济的方案：对投资给予减税鼓励，对建筑业给予资助等。到 1976 年，美国经济情况开始好转。从 1975 年到 1977 年，政府预算全部为赤字，其中最高赤字年份是 1976 年，达到 737 亿美元，占当年国民生产总值的比例为 4.4%。到 1977 年财政年度结束的 9 月 30 日，政府债务余额为 6988 亿美元，占当年国内生产总值的比例为 34.42%。

卡特（J. E. Carter）从 1977 年到 1981 年担任美国总统。卡特政府重新实行潜在国民生产总值的预算平衡的规则，根据当时的情况将 4.9% 的失业看作是充分就业的指标，并采用减税等扩张性的财政政策使失业率降低到 4.9%。尽管美国的失业率有所下降，但通货膨胀再度恶化。从 1978 年到 1981 年，政府预算全部为赤字，其中最高赤字年份是 1981 年，达到 790 亿美元，占当年国民生产总值的比例为 2.7%。到 1981 年财政年度结束的 9 月 30 日，政府债务余额为 9979 亿美元，占当年国内生产总值的比例为 31.91%。

20 世纪 80 年代的美国政府主要涉及里根政府。里根（R. W. Reagan）在 1981～1989 年担任美国总统的时期，是美国政府宏观经济政策大转变时期。里根政府提出减少政府的福利支出，减少政府对经济的干预，告别凯恩斯的经济政策，更多发挥市场的调节作用等主张。另外，里根政府利用降低个人所得税的方法刺激人们工作和投资的积极性，以达到增加供给的目的。但是，大幅度的降低税率并没有达到刺激经济增长从而导致税收额增加的目的，政府的财政赤字却在不断增加。从 1982 年到 1989 年，政府预算全部为赤字，其中最高绝对赤字年份是 1985 年，达到 2123 亿美元，占当年国民生产总值的比例为 5.4%。其中最高相对赤字年份是 1983 年，达到 2078 亿美元，占当年国民生产总值的比例为 6.3%。到 1989 年财政年度结束的 9 月 30 日，政府债务余额为 28574 美元，占当年国内生产总值的比例为 52.12%。里根政府打破了前任美国政府的两个纪录：一个纪录是年度预算赤字超过 1000 亿美元。另一个纪录是政府债务余额超过 10000 亿美元。

20 世纪 90 年代的美国政府主要涉及老布什和克林顿两届政府。老布什（George Herbert Walker Bush）在 1989～1993 年担任美国总统期间，基本延续着里根政府的经济政策。尽管老布什政府没有像里根政府那样大规模减税，但是仍然努力减少政府对经济的干预。从 1990 年到 1993 年，政府预算全部为赤字，其中最高赤字年份是 1992 年，达到 2904 亿美元，占当年国民生产总值的比例为 4.9%。到 1993 年财政年度结束的 9 月 30 日，政府债务余额为 44115 亿美元，占当年国内生产总值的比例为 66.17%。

克林顿（W. J. Clinton）的执政时期是从 1993 年到 2001 年。这个时期是美国政府的宏观经济政策再次转变的时期。克林顿政府既反对完全自由放任的经济政策，又反对过度干预的经济政策，试图寻求政府适度干预经济的"第三条道路"。克林顿政府推行审慎的财政政策，争取减少政府财政赤字。在财政支出方面，美国政府通过减少国防支出、福利支出、医疗补贴等方面控制政府支出；在财政收入方面，尽管美国政府没有提高税率，但是由于信息技术革命导致的经济的增长使居民和厂商的收入不断增加，政府税收不断增加。经过多年的努力，美国政府的财政收支终于从赤字转为盈余。从 1994 年到 2001 年，政府预算有 4 个年度是盈余，4 个年度是赤字，其中 1998 年、1999 年、2000 年、2001 年的财政盈余分别达到 693 亿美元、1256 亿美元、2362 亿美元和 1282 亿美元。到 2001 年财政年度结束的 9 月 30 日，政府债务余额为 58075 亿美元，占当年国内生产总值的比例为 56.46%。

进入 21 世纪以后的美国政府主要涉及小布什政府。小布什（George Walker Bush）在 2001~2009 年担任美国总统期间，又重新实行类似于里根政府和老布什政府的经济政策，并提出了在 10 年内减税 16000 亿美元的计划。结果，美国政府的财政赤字又迅速增加。从 2002 年到 2009 年，政府预算全部为赤字，其中最高赤字年份是 2009 年，达到 14127 亿美元，占当年国民生产总值的比例为 10.0%。到 2009 年财政年度结束的 9 月 30 日，政府债务余额为 119098 亿美元，占当年国内生产总值的比例为 85.44%。这样，小布什政府又打破了前任美国政府的两个纪录：一个纪录是年度预算赤字超过 10000 亿美元。另一个纪录是政府债务余额超过 100000 亿美元。

奥巴马（B. H. Obama）开始执政的第二年 2010 年，美国政府的财政赤字达到 12935 亿美元。到 2010 年 12 月 31 日，政府债务余额为 140252 亿美元，接近当年国内生产总值的 96.55%。

从美国战后的历程来看，美国所谓的民主政治体制并没有能够解决财政赤字和政府债务的问题。从经济的角度看，不论是主张政府干预还是主张经济自由的政府，都带来财政赤字和政府债务的不断积累。从政治的角度看，党派的利益之争，竞选总统的需要，政府的短期行为，都造成了财政赤字和政府债务居高不下。美国政府债务状况并不比希腊、意大利等国家好多少，如果美元不是国际储备货币，如果各国不是以购买美国国债的方式持有外汇储备，美国可能已经发生政府债务危机了。

三、高额政府债务的不利影响

与财政赤字观密切联系的问题是政府债务。当政府出现财政赤字的时候，只能用两种方法弥补赤字：一种方法是发行货币，另一种方法是借入债务。由于不断发行货币将导致严重的通货膨胀，借入债务几乎成为唯一的弥补财政赤字的方法。因此，财政赤字观的争论实际上就是政府债务不断增加的利弊的争论。

20世纪50年代，是不同的财政赤字观以及关于政府债务利弊看法大碰撞的时期。英国经济学者米德（J. E. Meade）、美国经济学家布坎南（J. M. Buchanan）和美国经济学者汉森这三位著名学者的争论，能够基本概括关于政府债务利弊看法的基本要点。

米德在1958年发表了一篇题为《公债是一种负担吗?》的论文，指出了财政赤字导致公债大量的增加将对经济产生下述不利影响：第一，公债的增加通过"庇古效应"对储蓄造成不利影响。在这里，所谓"庇古效应"是指财富效应，即人们持有更多的公债意味着他们拥有更多的财富，这样储蓄倾向将下降，从而对投资的源泉形成不利影响。第二，公债的增加通过"卡尔多效应"对工作造成不利影响。在这里，所谓"卡尔多效应"是指公债的增加使依靠利息维持生活的食利者增加，从而减弱了人们工作的积极性。第三，为偿还高额的公债而征收的赋税将使投资和工作的收益减少，从而对投资和工作造成不利影响。第四，由"庇古效应"导致的储蓄减少将导致利率的上升，从而对消费和投资产生不利影响（米德，1958 年）。另外，布坎南在1958 年出版的《公债的公共原理》中提出，政府公债的增加实际上是将这一代人造成的负担转嫁给下一代人（汉森，1964，第 190 页）。

汉森反驳说，公债是经济的内在稳定器，为偿还公债而征收的赋税实际上是为保持经济稳定所收取的保险费。公债的内在稳定器的作用是通过财富效应和付息制度实现的。在衰退时期，一方面人们由于持有更多的财富而增加消费支出，另一方面人们由于照样得到公债利息而增加消费支出，从而有助于缓和经济衰退。在经济繁荣时期，尽管财富效应不明显，但由于在累进税率的影响下赋税的增加快于国民收入的增加，从而有助于抑制总需求的过度增长导致的通货膨胀。汉森指出，没有实际证据表明，公债的增加导致工作和投资积极性的下降。

另外，汉森还指出，如果将来的纳税人将缴纳更多的赋税以应付公债持有者更多的货币收入，那么后代因公债而更加富有还是更加贫困，并没有明确的答案。他还举例说，如果战时举债能够使资源转入战争用途，在资源得到充分和有效利用的条件下，社会在战后可以得到更好的发展，后代将因战时举债而受益（汉森，1964，第 180 ~ 191 页）。

萨缪尔森在 2005 年出版的《经济学》中，综合了经济学者们的看法，比较全面地分析了由财政赤字导致的政府债务增加的利弊。他认为政府债务利弊问题可以区分为短期和长期、少量和大量等不同的方面进行讨论。从时期来看，如果政府短期增加债务是用增加政府支出或减少政府税收来克服衰退，这对增加产值和就业是有利的。另外，从数量来看，如果政府债务是少量的，这将对社会需求发挥着调节的作用又不会产生不良的影响。但是，从长期来看，巨额的政府债务对经济造成不利影响：

第一，政府债务的增加意味着货币市场资金的需求增加，从而导致利率的上升。利率的上升产生了两个不良后果：一个后果是通过挤出效应导致投资的减少，另一个后果是通过资本流入导致货币汇率升值，并进一步对对外贸易产生不利影响。但是，萨缪尔森强调，由于在经济衰退时期利率很低，上述现象只发生在接近充分就业的时期。

第二，政府债务的增加最终还依靠增加赋税来偿还，即使是向同一个人征收赋税来支付他的政府债务利率，也会导致激励机制的扭曲。他将会因持有政府债务的增加而减少储蓄，因税收的增加而减少工作。

第三，政府对内债务的增加意味着人们更多地持有政府债券而不是公司股票和公司债券，从而造成了私人资本存量被政府债务替代的情况。这样，资本的形成将受到不利影响，经济效率将会下降。

第四，政府对外债务的增加最终还是需要以增加出口的方式来偿还，这意味着该国居民可以支配的社会资源减少，从而对该国社会福利造成不利影响（萨缪尔森，2008，第619~623页）。

上面的分析言之成理，但是除了上面提到的不利影响以外，还产生下面两个不利影响：首先，一旦政府不能按期偿还债务的本金和利息，它的信用等级将下降，它的融资成本将上升，它的债务工具将贬值，金融市场将发生动荡。其次，一旦政府不能按期偿还债务的本金和利息，如果政府选择减少政府支出和增加政府税收的方法来减轻债务负担，不仅对经济造成强烈的收缩性的影响，而且还会因为社会福利的减少导致社会的动荡；如果政府选择发行货币的方法来减轻债务负担，将会发生恶性通货膨胀。

由于美元是国际储备货币，美国是世界经济的中心，一旦美国发生政府债务危机，不仅对本国经济而且对世界经济都将造成严重的不利影响。美国时间2011年8月4日（星期四），由于投资者担心美国政府债务问题恶化，道琼斯工业平均指数下跌了4.31%，标准普尔500种股票指数下跌了4.78%，纳斯达克综合指数下跌了5.08%，创下了美国金融危机爆发以来的最大跌幅。8月5日（星期五），标准普尔降低美国政府债务的信用等级。在星期一开市的时候，亚洲、欧洲、大洋洲的股票市场大幅度下跌，美国道琼斯工业平均指数、标准普尔500种股票指数纳斯达克综合指数再度重创5.55%、6.66%和6.90%。股票价格暴跌将通过"财富效应"对美国和世界经济造成不利影响。同时，各国货币当局持有的美元储备都受到了不同程度的损失。

现在是各国政府认真地调整财政赤字观、严肃地思考政府债务问题的时候了。

注释：本文关于美国预算赤字和政府债务的数据均来自：Executive Office of the President of the United States：Historical Tables，http：//www. gpoaccess. gov；Department of The Treasury of the United States：Monthly Statement of the Public debt of the United States，http：//www. treasurydirect. gov.

参考文献

[1] 布坎南：《民主财政论》，商务印书馆 1993 年版。

[2] 多恩布什：《宏观经济学》，中国财政经济出版社 2003 年版。

[3] 汉森：《二十世纪六十年代的经济问题》，商务印书馆 1964 年版。

[4] 凯恩斯：《就业、利息和货币通论》，商务印书馆 1963 年版。

[5] 鲁友章：《资产阶级政治经济学史》，人民出版社 1975 年版。

[6] 米德：《公债是一种负担吗?》，《牛津经济文丛》，1958 年。转引自汉森：《二十世纪六十年代的经济问题》，商务印书馆 1964 年版。

[7] 萨缪尔森：《经济学》，商务印书馆 1979 年版。

[8] 萨缪尔森：《经济学》，人民邮电出版社 2008 年版。

[9] 斯坦：《总统经济学》，中国计划出版社 1989 年版。

[10] 托宾：《十年来的新经济学》，商务印书馆 1980 年版。

[11] Brown, E. C., Fiscal Policy in the Thirties：a Reappraisal, American Economic Review, 46 (5), December, 1956.

[12] Burns A. F. and Paul A. Samuelson, Full Employment, Guideposts and Economic Stability, American Enterprise Institute for Public Policy Research, Washington D. C., 1967.

[13] Committee for Economic Development, Taxes and Budget：A Program for Prosperity in a Free Economy, Washington, November, 1947.

[14] Hansen, A. H., Fiscal Policy and Business Cycles, New York：Norton, 1947.

第三篇
世界经济研究

超比较利益学说的构建*

一、超比较利益的定义

李嘉图（D. Ricardo）的比较利益学说是国际贸易中的经典学说和核心学说，当代的国际贸易学说基本上是围绕着比较利益学说展开的。根据比较利益学说，国际贸易的原因是一个国家某种商品的生产成本或市场价格相对地低于另一个国家，因而它在这种商品的贸易中具有比较利益；国际贸易的流向是各个国家出口本国具有比较利益的商品，进口本国处于比较不利的商品；国际贸易的利益是在各国实行专业化生产，即专门生产本国具有比较利益的商品的条件下，通过国际贸易各国可以生产和消费更多的商品。萨缪尔森（P. A. Samuelson）曾把比较利益学说称为："经济学中最深刻的真理之一"（萨缪尔森，第 561 页）。

但是，比较利益学说假定两个国家都能够生产两种商品，当一个国家某种商品的生产成本或市场价格相对地低于对方国家时，它在这种商品的贸易上具有比较利益。但在现实的经济里，一个国家能够生产的某种商品可能是另一个国家所不能生产的，这就不存在着在这两个国家里相对成本或相对价

---

* 本文发表于《学术月刊》2010 年第 3 期，中国人民大学报刊复印资料《国际贸易研究》2010 年第 7 期全文转载。本人最早提出超绝对利益的概念是在 2005 年第 3 期《国际贸易问题》发表的题为《论国际贸易的超绝对利益》的文章中，《新华文摘》2005 年第 10 期全文转载。在此基础上，本人不断完善这个范畴的分析，形成了本篇文章的内容。

格的高低问题，因而也就不是李嘉图所说的比较利益的问题。

假定存在 A、B 两个国家，某种商品只有 A 国能够生产而 B 国不能生产，那么在这两个国家进行这种商品的贸易中 A 国具有不可比拟的利益，笔者将这种利益称为超比较利益（super comparative advantage）。如果从成本或价格的角度分析，对于贸易双方来说，比较利益意味着当一个国家生产某种产品的成本或价格为一定时，另一个国家生产这种产品的相对成本或相对价格较低。超比较利益则意味着当一个国家生产某种产品的成本或价格为一定时，另一个国家生产这种产品的相对成本或相对价格趋向于无穷。

比较利益学说的假定是与李嘉图所处的时代相适应的。李嘉图处于产业革命的时期，科学技术水平还不高，除了一些国家所特有的某些商品以外，贸易双方进行只有一方能够生产的商品的贸易的现象并不普遍。例如，英国和别的国家都可以生产纺织品，它们的区别在于英国用蒸汽机生产，而别的国家用手工生产。但是，在第三次科学技术革命以后，科学技术日新月异，许多高技术商品是大部分国家不能生产的，贸易双方进行只有一方能够生产的商品的贸易的现象变得越来越普遍。例如，目前能够生产大型客机的企业只有美国的波音公司和欧盟的空客公司，能够生产中央处理器的企业主要是英特尔公司，如此等等。当这些国家与别的国家进行贸易时，它们在这些商品的贸易中就具有超比较利益。

超比较利益与比较利益的差异可以用图 1 和图 2 来表示。假定有 A、B 两个国家，生产 X、Y 两种商品，它们的产量是 x、y，A 国生产这两种商品的成本是 c_x^a 和 c_y^a，B 国生产这两种商品的成本是 c_x^b 和 c_y^b，这两个国家生产这两种产品支出的总成本分别是 C_a 和 C_b。对于 A 国来说，在支出的总成本为一定的条件下，可以得到的这两种商品的产量是：

$$x = \frac{1}{c_x^a} C_a \tag{1}$$

或者
$$y = \frac{1}{c_y^a} C_a \tag{2}$$

用方程（2）除以方程（1）可以得到：

$$\frac{y}{x} = \frac{c_x^a}{c_y^a} \qquad (3)$$

即

$$y = \frac{c_x^a}{c_y^a}x \qquad (4)$$

对于 B 国来说，同样可以得到：

$$y = \frac{c_x^b}{c_y^b}x \qquad (5)$$

方程（4）和方程（5）在图 1 中表现为从原点出发的两条射线。

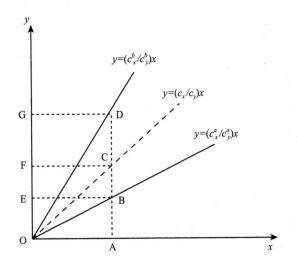

图 1 比较利益的分析

设 A 国的直线 $y = (c_x^a/c_y^a)x$ 与横轴的夹角是 α，B 国的直线 $y = (c_x^b/c_y^b)x$ 与横轴的夹角是 β，那么 $\tan\alpha = c_x^a/c_y^a$ 是 A 国生产这两种商品的比较成本，$\tan\beta = c_x^b/c_y^b$ 是 B 国生产这两种商品的比较成本。由于 A、B 两国的直线不重合，表示这两个国家生产这两种商品的比较成本出现差异。设表示贸易条件的射线与横轴的夹角是 γ，那么 $\tan\gamma = c_x/c_y$ 便是两种商品的交换比率。如果贸易条件直线 $y = (c_x/c_y)x$ 位于 A、B 两国的直线之外，A 国或 B 国在国内用一种商品交换到的另一种商品多于与对方国家交换到的另一种商品，国际贸易不会发生。如果贸易条件直线 $y = (c_x/c_y)x$ 与 A、B 两国的直线重合，A 国或 B 国在国内用一种商品交换到的另一种商品等于与对方国家交换到的另一种商品，国际贸易也不会发生。如果贸易条件直线 $y = (c_x/c_y)x$ 位于 A、B 两国的直线之间，即 $c_x^a/c_y^a < c_x/c_y < c_x^b/c_y^b$，那么两个国家将发生贸易。A 国向 B 国出口商品 X，从 B 国进口商品 Y；B 国向 A 国出口商品 Y，从 A 国进口商品 X。

这两个国家的贸易利益是明显的。按照贸易条件，OA 数量的商品 X 可以与 OF 数量的商品 Y 交换。对于 A 国来说，如果没有国际贸易，按照国内的价格，放弃的 OA 的商品 X 只能得到 OE 的商品 Y，但是现在出口 OA 的商品 X 便可以得到 OF 的商品 Y，即多得到 EF 的商品 Y。对于 B 国来说，如果没有国际贸易，按照国内的价格，需要放弃 OG 的商品 Y 才能得到 OA 的商品 X，但是现在出口 OF 的商品 Y 便可以得到 OA 的商品 X，即少放弃 FG 的商品 Y。这就是李嘉图的比较利益学说。

但是，根据超比较利益学说，如果在上面的例子中设商品 X 是 B 国不能生产的，那么 c_x^b/c_y^b 趋向于无穷大。如图 2 所示，B 国的直线 $y = (c_x^b/c_y^b)x$ 将趋向于与纵轴重合。同样，如果贸易条件直线 $y = (c_x/c_y)x$ 在 A、B 两国的直线之外或重合，国际贸易也不会发生。如果贸易条件直线 $y = c_x/c_y x$ 在 A、B 两国的直线之间，国际贸易将会发生。贸易条件直线 $y = (c_x/c_y)x$ 处于什么位置

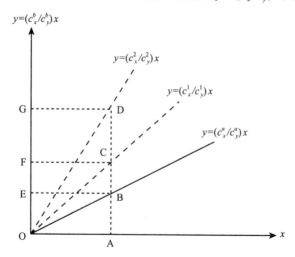

图 2　超比较利益的分析

将在后面关于超比较利益商品的国际价格中进行分析。但是，在 B 国的直线 $y = (c_x^b/c_y^b)x$ 将趋向于与纵轴重合的条件下，贸易条件 c_x/c_y 存在很大的上升空间。假定贸易条件直线从 $y = (c_x^1/c_y^1)x$ 移向 $y = (c_x^2/c_y^2)x$，A 国用 OA 的商品 X 所交换到的商品 Y 从 OF 增加到 OG，A 国在国际贸易中处于明显有利的地位，它可以得到很大的贸易利益。

比较图 1 和图 2 可以看到，在发生国际贸易的时候，如果是比较利益的商品，贸易双方的产量曲线都在坐标平面内；如果是超比较利益商品，其中一方的产量曲线与纵轴或横轴重合。另外，在发生国际贸易以后，具有超比较利益的国家要比具有比较利益的国家得到大得多的贸易利益。

二、超比较利益产生的原因

超比较利益产生于各国生产要素的特点。传统的生产要素包括劳动力、物质资本和自然资源。随着科学技术的进步和经济的发展，生产要素逐渐表现出多样化的特点，生产要素有进一步划分的必要。

应该从传统的生产要素分离的是技术。在生产过程中，技术是指知识、方法、工艺等。技术没有独立的物质形态，它与物质资本和劳动力结合在一起并体现在物质资本和劳动力中。但是，技术具有独立的价值形态，它可以交易并具有价值或市场价格，如专利费、特许费、专家费等。

在科学技术高度发展的今天，技术对生产过程产生巨大的影响。如果物质资本体现了更新的技术，那么它与劳动者的结合可以生产出更多的商品。同样，如果劳动者掌握了更新的技术，它与物质资本的结合也可以生产出更多的商品。既然技术已成为商品并对生产过程具有重要的影响，可以将技术看作一种独立的生产要素。

但是，在新的科学技术的浪潮中所产生的许多产业中，如信息技术产业、生物技术产业等，体现在物质资本和劳动力中的技术又进一步出现分离的现象。体现在物质资本中的技术的重要性相对下降，体现在劳动力中的技术的重要性相对上升。例如，在软件产业中，大量需要的不是物质资本，也不是体现在物质资本中的技术，而是体现在劳动力中的技术。因此，为了分析方便起见，笔者将体现在物质资本中的技术称为生产技术，将体现在劳动力中的技术称为生产技能。

实际上，经济学家们早就注意到技术的这种分离。马克思（K. Marx）早就指出，劳动分为简单劳动和复杂劳动，复杂劳动相当于数倍的简单劳动。舒尔茨（T. W. Schultz）、贝克（G. Becker）等经济学者也提出了与物质资本相区别的人力资本的范畴，并将它定义为由正规教育、职业培训和医疗保健所导致的人的生产能力的提高（Schultz，pp. 1 – 17）。

应该指出，生产技能不是一般意义上的劳动。这就是说，劳动有两种形态，一是不需要经过特殊的训练便可以从事的劳动，二是需要经过特殊的训练才能从事的劳动。后一种劳动就是生产技能。因此，如果把生产技术从一般意义上的物质资本中独立出来，把生产技能从一般意义上的劳动中独立出来，那么生产要素包括简单劳动、物质资本、自然资源、生产技术、生产技能。

在现实的国际贸易中，具有超比较利益的商品或者是自然资源产品，或者是特殊的服务，或者是包括高技术产品。

在现实的世界里，有的自然资源蕴藏量的分布是很不均等的。例如，石油输出国组织的石油蕴藏量占了世界石油蕴藏量的2/3，我国稀土资源占了世界储藏量的58%，如此等等。在这些国家与进行这些自然资源产品的贸易时，就具有超比较利益。在这些自然资源产品中，石油是生产所必需的并且难以被替代，所以石油的超比较利益表现得比较明显。但是，除了少数自然资源以外，大多数自然资源蕴藏量在世界各国的分布还比较均匀。具有超比较利益的自然资源产品对国际贸易产生重要影响，但是大部分自然资源产品并不具有超比较利益。

另外，在服务业的发展中，形成了许多面向生产和消费的服务业，有的服务业是需要高技能的服务业，如某些金融服务、技术服务，等等。这些服务要求有很高的技能和丰富的经验，一般只有发达国家才能提供这样的服务。因此，发达国家在这些服务业中具有超比较利益。

目前最重要和最大量的具有超比较利益的商品是高生产技术产品，即需要用最新的生产技术才能生产的产品。这些产品的生产要求有很高的科学技术水平，而达到这种水平的国家只有某一个或某几个发达国家。这样，这个或这些发达国家在这些商品的贸易中就具有超比较利益。在航空、航天、通讯、信息、生物、化工、制药、材料等领域里，由某一个或某几个发达国家拥有超比较利益的产品的现象是大量存在的，这就是发达国家主宰当今国际贸易的关键所在。

超比较利益产生的原因与比较利益产生的原因不同。根据赫克歇尔—俄林模型，商品的相对成本的差异产生于生产要素相对价格的差异，而生产要素相对价格的差异又产生于生产要素相对充裕的差异。比较利益产生的原因可以用图3来说明。在生产要素的密度不可逆转的条件下，生产要素的价格与商品的相对价格存在对应关系。假定用技能 L 和资本 K 两种生产要素生产 X、Y 两种商品，这两种商品的价格比率是 $P_y/P_x = a$。这意味着用 a 单位商品 X 可以交换 1 单位商品 Y。在完全竞争的条件下，这又意味着 a 单位商品 X 的生产成本等于 1 单位商品 Y。

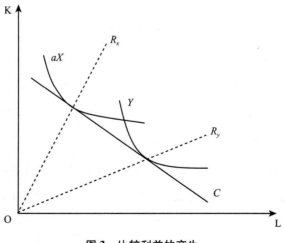

图3　比较利益的产生

在一个国家里，由于生产商品 X、Y 的两个部门技能 L 和资本 K 的价格相同，a 单位商品 X 和 1 单位商品 Y 的最小成本将相同。如图 3 所示，这意味着 a 单位商品 X 的等产量曲线 aX 和 1 单位商品 Y 的等产量曲线 Y 与相同的一条等成本曲线 C 相切。因为等产量曲线上任何一点表示生产要素 L 和 K 的边际替代率 $|\Delta K/\Delta L|$，等成本曲线上的任何一点表示生产要素 L 和 K 的价格比率 P_l/P_k，所以经过 aX 单位商品 X 的等产量曲线与等成本曲线 C 的切点的射线 OR_x 以及经过 1 单位商品 Y 与等成本曲线 C 的切点的射线 OR_y 的斜率分别表示生产 aX 单位商品 X 和 1 单位商品 Y 使用的生产要素 K 的数量与生产要素 L 的数量的比率。上述分析表明，生产要素的相对价格与商品的相对价格相互对应。

从图 3 可以看到，生产商品 Y 需要耗费较多的技能，而生产商品 X 需要耗费较多的资本。如果存在 A、B 两个国家，A 国的技能相对充裕因而价格相对较低，等成本曲线 C 的斜率的绝对值将减少，它将与小于 aX 单位商品 X 的等产量曲线相切，即现在 1 单位商品 Y 与小于 aX 单位商品 X 相交换，也就是在 A 国国内商品 Y 的相对价格下降而商品 X 的相对价格上升。根据同样的道理，如果 B 国资本相对充裕因而价格相对较低，B 国商品 X 的相对价格下降而商品 Y 的相对价格上升。这样，A、B 两个国家分别在商品 Y 和商品 X 产生比较利益。

现在假定商品 Y 是需要使用高水平的技能才能生产的商品，A 国具有这种技能而 B 国没有这种技能。在 A 国对这种技能的产权严格保护的条件下，B 国无法生产商品 Y。如图 4 所示，对于 B 国来说，它用再多的资本 K 都无法替代技能 L，射线 OR_y 斜率所表示的资本数量与技能数量的比率无限增加，也就是等成本曲线 C 的斜率的绝对值无限增加，最后射线 OR_y 和等成本曲线 C 趋向与纵轴重合。这样，等成本曲线 C 与任何数量的商品 Y 的等产量曲线都不可能相切，它无法生产商品 Y。A 国在商品 Y 的贸易中具有超比较优势。

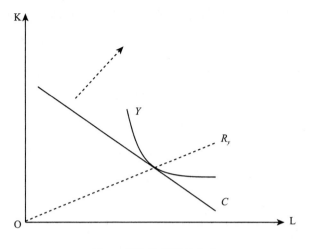

图 4　超比较利益的产生

由此可见，比较利益与超比较利益产生的原因是不同的。比较利益的产生与生产要素的充裕程度有关，而超比较利益的产生与生产要素的充裕程度无关。超比较利益的产生不是与生产要素的多少相联系，而是与有没有新的生产技术或生产技能的创新有关。如果说表示生产要素数量比率的射线或表示生产要素价格比率的等成本曲线与商品的价格比率相对应，那么在等成本曲线变得与纵轴重合的条件下，只要 B 国不是用无限多的商品 X 与 A 国交换商品 Y，在理论上都有可能接受。这样，A 国在商品 Y 的贸易中具有不可比拟的优势或利益。

三、超比较利益商品的价格

在国际市场上，超比较利益商品价格的决定与比较利益商品价格的决定是不同的。在比较利益的条件下，由于贸易双方都能够生产这些商品，它们的国内商品的价格对商品的国际价格具有重要影响。但是，在超比较利益的条件下，只有贸易一方可以生产这种商品，这种商品的国际价格的形成将出现不同的特点。

先来分析比较利益条件下商品的国际价格的决定。假定有 A 和 B 两个国

家，分别生产 X 和 Y 两种商品。在 A 国，商品 X 的市场价格是 40 单位货币，商品 Y 的市场价格是 30 单位货币。在 B 国，商品 X 的市场价格是 50 单位货币，商品 Y 的市场价格是 60 单位货币。在 A 国，增加 1 单位商品 X 的生产需要放弃 4/3 单位商品 Y 的生产，增加 1 单位商品 Y 的生产需要放弃 3/4 单位商品 X 的生产。在 B 国，增加 1 单位商品 X 的生产需要放弃 5/6 单位商品 Y 的生产，增加 1 单位商品 Y 的生产需要放弃 6/5 单位商品 X 的生产。这样，A 国生产商品 Y 的相对成本（=3/4）低于 B 国生产商品 Y 的相对成本（=6/5），B 国生产商品 X 的相对成本（=5/6）低于 A 国生产商品 X 的相对成本（=4/3）。A 国在商品 Y 的贸易中具有比较利益，B 国在商品 X 的贸易中具有比较利益。

在 A 国国内，1 单位商品 Y 可以交换 3/4 单位商品 X。在 B 国国内，1 单位商品 X 可以交换 5/6 单位商品 Y。在发生国际贸易的条件下，A 国用 1 单位商品 Y 所能交换的商品 X 必须多于 3/4 单位，否则它与 B 国的贸易没有意义。同样，B 国用 1 单位商品 X 所能交换的商品 Y 必须多于 5/6 单位，否则它与 A 国的贸易也没有意义。这样，如果不考虑关税和运输等费用，在国际商品市场上，商品 X 与商品 Y 的交换比率 X/Y 将确定在下面的范围内：$3/4 \leqslant X/Y \leqslant 6/5$。在这个范围内，商品 X 与商品 Y 具体的交换比率取决于国际商品市场供给与需求的状况。例如，在商品 X 供给不变的情况下，商品 X 的需求越大，X/Y 越接近于 3/4；商品 X 的需求越小，X/Y 越接近于 6/5。

与比较利益条件下商品国际价格的形成不同，超比较利益商品的国际价格取决于生产厂商可以获得最大利润的价格，因而它与寡头垄断厂商的定价方式是相似的。如图 5 所示，在以横轴表示产量、纵轴表示价格的坐标系里，国际市场对超比较利益商品的需求曲线为曲线 D。由于该商品价格越高，国际市场对该商品的需求量就越小，曲线 D 是一条向右下方倾斜的曲线。又由于商品的价格就是厂商的平均收益，从需求曲线可以得到厂商的边际收益曲线。设超比较利益商品的价格是 P，需求量是 Q，需求曲线是线性的，那么需求函数即平均收益（AR）函数是 $P = A - (\Delta P / \Delta Q) Q$，其中 A 为该曲线在纵轴上的截距。设边际收益为 MR，由于 MR = P − (ΔP/ΔQ)Q = A − 2(ΔP/ΔQ)Q，边际收益曲线 MR 在横轴上的截距是需求曲线在横轴上的截距的 1/2。超绝对利益或超比较利益商品与别的商品一样，它的边际成本曲线是一条 U 型曲线。厂商将按照边际收益等于边际成本（MR = MC）的最大利润原则将价格确定在边际收益曲线与边际成本曲线交点相应的价格上，如图中的 Op 所示。

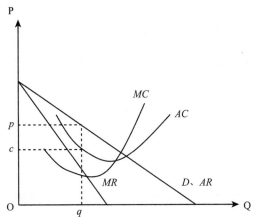

图 5　超比较利益商品的国际价格形成的基础

　　如果超比较利益商品只有一个国家的一个厂商可以提供，那么它将由边际收益曲线 MR 和边际成本曲线 MC 的交点决定产量 Oq，再根据需求曲线 D 即平均收益曲线 AR 决定价格 Op。如果超比较利益商品有几个国家的厂商可以提供，那么这几个国家的厂商既存在相互竞争的关系，也存在相互勾结的倾向。假如每一个厂商能够提供充分的供给，那么竞争程度越高，超比较利益商品的国际价格就越接近由各家厂商的边际收益等于边际成本所决定的最低的价格，这意味着生产效率越高的厂商越有可能得到超额利润。相反，勾结的倾向越强，超比较利益商品国际价格就越接近由各家厂商的边际收益等于边际成本所决定的最高的价格，这意味着生产效率较低的厂商也能够得到超额利润。这就是说，超比较利益商品的国际价格在理论上将低于或等于最低效率的厂商的价格加上国际贸易的交易成本之和，高于或等于最高效率的厂商的价格加上国际贸易的交易成本之和。因此，超比较利益商品与比较利益商品不同，它可以带来超额利润甚至高额的超额利润。

但是，上面主要从成本的角度即供给的角度分析超比较利益商品国际价格的形成过程。如果考虑到需求的因素，并不是所有的超比较利益商品都能够采取这样的定价方式。能否采取这种定价方式，主要取决于超比较利益商品的必需程度和可替代程度。如果超比较利益商品不是生产或生活所必需的，它的需求的价格弹性将较大，它的价格的上升将导致需求量大幅度下降。另外，如果超比较利益可以被别的商品所替代，它的需求的价格弹性也较大，它的价格的上升也导致需求量大幅度下降。在这两种情况下，需求曲线 D 即平均收益曲线 AR 将变得平坦，超比较利益商品的国际市场价格未必保证厂商获得超额利润。在超比较利益商品中，石油和高技术产品既必需也难以被替代，所以在石油和高技术产品的贸易中，这种定价方式表现得特别明显。

四、超比较利益学说与有关贸易学说的比较

首先来比较超比较利益学说和比较利益学说。超比较利益学说与比较利益学说存在着差异：首先，分析的前提不同。比较利益学说是以贸易双方都可以生产贸易商品为前提的，而超比较利益学说是以只能由贸易的一方提供贸易商品为前提的。其次，贸易的原因不同。比较利益商品主要产生于各国不同生产要素的充裕程度，超比较利益商品主要产生于某种生产技术或生产技能。这就是说，超比较利益的产生与有没有某种生产要素有关，而与不同生产要素的充裕程度没有直接的关系。再次，贸易商品的定价不同。按照比较利益学说，贸易双方国家的国内价格将决定贸易商品的国际价格的范围，贸易商品将在这个范围内随着供求的变化而变化。但是，按照超比较利益学说，超比较利益商品是一种寡头垄断的价格，它主要取决于生产厂商的边际收益函数和边际成本函数。最后，贸易利益不同。由于超比较利益商品是按照寡头垄断的方式决定价格的，出口超比较利益商品可以得到比出口比较利益商品更大的贸易利益。

但是，超比较利益学说与比较利益学说也存在一定的联系。在超比较利益商品的贸易中，一方生产这种商品的成本为一定而另一方生产这种商品的成本为无穷，能够生产这种商品的国家肯定在这种商品的生产上具有比较利益。但是，这种比较利益又与原来的比较利益不同，它意味着能够生产这种商品的国家的相对成本趋向于无穷小。

由此可见，超比较利益学说不是对比较利益学说的否定，它只是分析比较利益学说没有展开的一种特例：一个国家与另一个国家进行只有它可以生产而对方不能生产的商品的贸易。但是，应该指出，随着科学技术的发展，只能由贸易的一方提供贸易商品的情形将变得越来越普遍，这种特例越来越变成一般的情形。

其次来比较超比较利益学说与技术差距学说。像两个国家进行只有其中的一个国家所能生产的商品的贸易这样一种的现象，经济学家们也注意到了。波斯纳（M. V. Bosner）的技术差距理论、弗农（R. Vernon）的产品生命周期理论等都涉及这个问题。

以波斯纳的技术差距理论为例。波斯纳认为，从产品的创新到模仿要经过一定的时间，这段时间称为模仿时滞。模仿时滞分为需求时滞、反应时滞和掌握时滞。需求时滞是指在某个国家将新产品出口到别的国家以后，别的国家的消费者没有注意到新产品或不太了解新产品，没有用新产品取代旧产品所产生的时间差。反应时滞是指随着别的国家对新产品的需求逐渐增加，别的国家的生产者准备减少旧产品的生产和开始新产品的生产所产生的时间差。掌握时滞是指别的国家从开始生产新产品到完全掌握新产品的生产方法所产生的时间差。

波斯纳指出，技术差距对国际贸易产生重要的影响。产品的创新往往是在发达国家发生的。当发达国家创造出新的产品并投放到国际市场时，创新国在该商品的贸易中具有比较利益。由于技术差距的存在或模仿时滞的存在，发达国家的比较利益要持续一段时间。到模仿时滞过后，别的国家掌握了这种新产品的生产技术并不断扩大产量，创新国的比较利益将会减弱。由于技术创新需要有科学研究的积累和新产品的市场需求，而发达国家科学技术水平和经济发展水平较高，所以技术的创新往往发生在发达国家（Bosner, pp. 323 - 341）。

从上面的分析可以看到，当某个发达国家创造出新的产品并投放到国际市场时，其他发达国家和发展中国家还不能生产这种产品，它实际上是在进行超比较利益商品的贸易。但是，超比较利益学说与技术差距学说仍然存在差异：

第一，贸易的原因不同。按照技术差距学说，超比较利益商品是由技术的差异造成的。但是，按照超比较利益学说，超比较利益商品不仅是由技术的差异造成的，而且还由自然资源的特点和某些特殊技能的特点造成的。

第二，变化过程不同。波斯纳的技术差距学说主要分析技术差距的变化对国际贸易的影响，它并不是专门研究两个国家进行只有其中的一个国家所能生产的商品的贸易这种情形。按照技术差距学说，技术差距将会消失。随着技术差距的消失，贸易利益将发生变化。但是，超比较利益学说则专门分析两个国家进行只有其中的一个国家所能生产的商品的贸易的情形。这种商品可能别的国家在一定的时间里学会生产，也可能别的国家在可以预见的很长的时间里是不可能生产的。

最后来比较超比较利益学说与寡头垄断定价学说。超比较利益商品不是按照竞争商品定价方式决定价格，而是按照垄断竞争商品、寡头垄断商品或完全垄断商品定价的定价方式决定价格。关于非完全竞争条件下厂商的产品价格的决定，张伯伦（E. H. Chanberlin）、罗宾逊（J. Robinson）等经济学家已作了比较充分的论述（张伯伦，1958；罗宾逊，1961）。关于在国际贸易中只有少数几个厂商生产的商品的价格的决定，克鲁格曼（P. R. Krugman）也作了分析。克鲁格曼以波音飞机、麦道飞机和空中客车为例，说明这些产品是按照垄断竞争的方式来决定价格的（克鲁格曼，第 116 ~ 121 页）。但是，张伯伦、罗宾逊、克鲁格曼等人主要分析的是工业制成品，而超比较利益商品包括自然资源产品、特殊技能产品和高科技产品，不同类型的产品的定价方式有所不同，同一类型产品的定价方式在不同的条件下也可能有所不同。另外，在各种超比较利益的商品的贸易中，只有在这些产品既必需也难以被替代的条件下，寡头垄断定价方式才发挥作用。

笔者前面在讨论超比较利益商品的国际价格时，借鉴了张伯伦和罗宾逊的寡头垄断定价学说。但是，这仅仅是在超比较利益商品是工业制成品并且难以被别的商品替代的条件下讨论了超比较利益商品国际价格的决定问题。超比较利益商品具有多种类型，它们的国际价格的决定是一个十分复杂的问题，这个领域还有很大的拓展空间。

五、构建超比较利益学说的意义

构建超比较利益学说在理论上和实际上都具有重要意义。

首先，超比较利益学说可以解释只有一方能够生产的商品的贸易现象。国际贸易的现象是丰富多彩的，既存在贸易双方都可以生产的商品的贸易，也存在只有一方可以生产的商品的贸易；国际贸易的原因既可以是比较利益，也可以是超比较利益。随着第三次科学技术革命的深入，随着发达国家与发展中国家在科学技术水平和经济发展水平方面差距的扩大，超比较利益的现象变得比以前更加普遍。深入研究超比较利益产生的原因、超比较利益商品的定价方式与贸易利益、超比较利益的动态变化过程，在国际贸易理论的研究中无疑具有重要意义。

其次，超比较利益学说可以揭示当今国际贸易格局的实质。目前发达国家在国际贸易中处于有利和主宰的地位，而发展中国家则处于不利和从属的地位，形成这种国际贸易格局的关键原因在于发达国家掌握着最先进的科学技术。在航空、航天、通讯、信息、生物、化工、制药、材料等科学技术发展的前沿领域里，发达国家的产品具有的不仅是比较利益，而且是超比较利益。发展中国家进口的多是它们不能生产的商品，出口的却是发达国家可以生产但随着产业结构的调整趋向于放弃的商品。因此，发达国家支配着国际贸易并在国际贸易中获取高额的寡头垄断利润。显然，这已经不是一般意义上的各国可以通过出口绝对成本或相对成本低的商品，进口绝对成本或相对成本高的商品来获得国际贸易利益这样的问题。

最后，超比较利益学说对于一个国家制定对外经济发展战略具有现实意义。在当今的国际贸易中，不能否认出口相对成本低的商品和进口相对成本高的商品可以给贸易双方带来利益。但是，当今世界上最重要的贸易利益是超比较利益，发达国家对国际贸易的主宰依靠的是超比较利益的商品。对于发展中国家来说，特别是对于像我国这样一个发展中的大国来说，如果停留在按一般意义上的比较利益来制定对外经济发展战略，我国将跟随着发达国家生产它们由于产业结构的调整放弃生产的商品，这样我国将永远落在发达国家的后面。

比较利益或超比较利益的格局在短期内是一定的，但在长期里是可变的。我国既要按照比较利益的原则参与国际分工，但又不能拘泥于此。我国必须要注重某些目前没有比较利益但在将来有可能具有比较利益或超比较利益的产业的发展，从而在一定程度上改变长期的比较利益和超比较利益格局。不断从短期的、局部的非比较利益或超比较利益走向长期的、动态的比较利益或超比较利益，就是我国应该采用的对外经济发展战略。

前面的分析表明，超比较利益产生的最主要和最重要的源泉是科学技术，而目前掌握着最先进的科学技术的国家是发达国家。实践证明，我国通过技术贸易和直接投资的方式只能获得发达国家已经放弃或即将放弃的技术，不可能获得发达国家先进的核心技术。我国要改变目前不利的国际贸易格局，必须注重自主的技术创新，加快科学技术的发展。当然，科学技术的发展是需要长期积累的，在很长的时间里我国的科学技术水平不可能全面超越发达国家。但是，在政府的主导和支持下，我国有可能在科学技术的某个或某些方面取得突破，在某些产业处于领先的地位，创造出某些具有超比较利益的商品。只有这样，我国才能改变对我国不利的国际贸易格局，才实现我国经济的长期增长。

参考文献

［1］罗宾逊:《不完全竞争经济学》，商务印书馆 1961 年版。

［2］克鲁格曼:《国际经济学》，中国人民大学出版社 1998 年版。

［3］萨缪尔森:《经济学》，华夏出版社 1999 年版。

［4］张伯伦:《垄断竞争理论》，三联书店 1958 年版。

［5］Bosner, M. V. , International Trade and Technical Change, Oxford Economic Papers, 1961.

［6］Schultz, T. W. , Investment in Human Capital, American Economic Review, March, 1961.

第三篇 世界经济研究

超比较利益学说的构建

发达国家对外直接投资理论的构建 [*]

一、对外直接投资的文献回顾

对外直接投资是指企业以到国外设厂生产或收购股权等方式进行的可以对国外企业实施有效控制的投资。经济学者们对直接投资进行了广泛和深入的研究，形成了多种理论。其中主要的理论有：

1. 垄断优势理论

1960 年，海默（S. Hymer）在他的博士论文《国内企业的国际经营：对外直接投资的研究》中提出了垄断优势理论（Hymer，1976）。根据海默的分析，一个企业到外国直接投资与在当地投资相比将发生额外的成本，包括一次性的成本和投资风险带来的成本。这些成本是由于文化、法律、制度和语言的差异，以及由于跨国从事经营活动需要的交通和通讯等支出所产生的。因此，这个企业对外直接投资的必要条件是它对当地企业具有某种优势并足以抵消这些额外的成本，而且这种优势是与该企业所有权相联系的、不容易丧失的、有形资产或无形资产的优势。显然，只有在市场不完全竞争的条件下，企业才可能拥有这种垄断优势。特别是当企业在外国市场上具有的垄断

---

* 本文发表于《北京师范大学学报》2006 年第 5 期，中国人民大学报刊复印资料《外贸经济、国际贸易》2007 年第 1 期全文转载。本文是本人主持的 2001 年教育部人文社会科学"十五"规划项目"马克思主义国际经济学的构建"的研究成果。

优势大于在本国市场上具有的垄断优势，它将会优先考虑到外国直接投资。

金德尔伯格（C. P. Kindleberger）推进了海默的思想。按照金德尔伯格的解释，跨国企业在对外直接投资时具有下述优势：第一，规模优势。跨国企业对外直接投资可以使生产扩大到最优规模，从而降低了生产成本。第二，市场优势。跨国企业对外直接投资可以得到东道国某些特殊的原材料，并且接近东道国的市场。第三，生产要素优势。跨国企业拥有知识、信息、技术、秘诀以及各种无形资产，具有资金、技术和管理的优势（Kindleberger，1969）。20世纪70年代以后，经济学者们沿着金德尔伯格的方向，继续论证跨国企业的垄断优势。

第一个分支是从核心资产的角度来论证跨国企业的垄断优势。1970年，约翰逊（H. G. Johnson）在《国际公司的效率与福利含义》的文章中，指出跨国企业的垄断优势主要来自跨国企业对知识资产的占有和使用。他认为，知识资产形成的成本很高，但它的使用不存在边际收益递减。在跨国企业对外直接投资的过程中，子公司用很低的成本就可以获得母公司的知识资产，而东道国企业获得同样的知识资产却要支付昂贵的代价。这样，跨国企业一方面通过在企业内部使用知识资产获得收益，另一方面又保持对东道国的垄断优势（Johnson，1970）。

1971年，卡夫斯（R. E. Caves）在《国际公司：对外投资的产业经济学》的文章中，提出跨国公司的垄断优势主要体现在对产品的异质化的能力上。这种异质化能力不仅表现在利用技术优势使产品的实物形态发生变化，而且还表现在利用商标和品牌等无形资产使本企业产品区别于别的企业的产品。1982年，卡夫斯又在《跨国企业和经济分析》的著作中指出，核心资产是指这样的知识和技术：企业在一定的投入的条件下可以生产质量更高的产品，或者在一定的产出条件下可以生产成本更低的产品。产品的复杂程度不同，核心资产的类型也不同。生产复杂的产品需要高科技，这种核心资产专用性很强，别的企业难以模仿。跨国公司正是因为拥有高科技这种核心资产，使它具有垄断优势（Caves，1971，P. 5；Caves，1982，P. 3）。

第二个分支是从规模经济的角度论证跨国企业的垄断优势。卡夫斯、邓宁（J. H. Duning）、彭罗斯（E. T. Penrose）等人指出，规模经济是形成垄断优势的重要原因（Caves，1971；Duning，1973，pp. 289 - 336；Penrose，1976）。首先，在研究与开发的成本越来越高，而且需要大规模协作的条件下，企业的规模越大，它获得新技术的可能性就越大。其次，要防止新技术外流，必须对新技术进行保护。在国际上获得专利和保护专利的成本很高，企业的规模越大，它的技术专利得到有效保护的可能性就越大。一旦企业获得了新技术并且该新技术得到保护，它就具有垄断优势。

第三个分支是从货币和资本的角度论证跨国企业的垄断优势。阿利伯（R. Z. Aliber）在《对外直接投资理论》的文章中指出，即使跨国企业投资于预期收益率与东道国企业相当的行业，它也可以得到比东道国企业高的实际收益率。按照阿利伯的理论，跨国企业母国通常是货币坚挺的国家，它们对外投资将获得货币溢价的利益。例如，当美国的跨国企业到英国直接投资，在美元对英镑升值的条件下，该企业用一定数量的美元就可以兑换较多的英镑进行投资。这样，美国跨国企业实际支付的成本要低于英国企业，它就可以获得高于英国企业的收益率（Aliber，1970）。还有的经济学者指出，跨国企业大都是具有较强的资金实力的企业，它们在资本市场上具有较高的信用等级，可以以低于东道国的企业成本筹集到资金，因而在资本方面具有垄断优势。

经济学者们不但提出垄断优势是对外直接投资的原因，而且还利用实际的统计资料对这些原因进行验证。沃佩尔（J. W. Vaupel，1971）用研究与开发支出、广告支出等因素来表示企业的核心资产，然后比较国内企业和国际企业的核心资产以及相应的利润率，证明跨国企业具有核心资产的优势。卡夫斯（R. E. Caves）利用加拿大和英国制造业对外直接投资的资料，验证了跨国企业对外投资具有三个优势：第一是拥有无形资产的优势，如产品异质化；第二是拥有多个工厂的企业的经济性超过只有一个工厂的企业；第三是跨国企业可以充分利用原来利用不足的企业家资源。卡夫斯回归分析的结果表明，以研究与开发以及广告支出在销售额中的比例来表示的无形资产的优势是全部加拿大和英国制造业对外直接投资的决定因素（Caves，1974，pp. 279 - 293）。霍斯特（T. Horst）利用美国企业对加拿大和别的国家的直接投资的资料，证明企业的规模与对外直接投资的可能性存在明显和稳定的关系（Horst，1972，pp. 258 - 266）。沃尔夫（B. M. Wolf）也发现，企业规模和技术人才这两个变量能够解释美国企业国内多样化经营、出口和到国外生产。企业的平均规模与到国外生产的倾向以及与国内经营多样化的关系，要比它与出口的关系更加密切。这表明到国外生产和国内经营多样化比出口需要花费更多的资本和承担更大的风险，而规模大的企业能够更好地克服这些困难（Wolf，1977，pp. 177 - 191）。

2. 内部化理论

巴克利（P. J. Buckley）和卡森（M. Casson）批评以前对外直接投资原因的研究往往没有考虑除了企业的生产活动以外的其他活动，如研究与开发、市场营销、就业培训、经营管理，等等。企业的这些活动将形成中间产品。按照巴克利和卡森的理解，中间产品不仅包括原材料或半成品，而且包括体现在技术专利和人力资本之中的知识。这些中间产品的市场与最终产品的市场一样是不完全竞争的。在不完全竞争的中间产品市场上，像知识这样的信息形态的中间产品又具有信息悖论、零边际成本、共享性等特征，这就决定了要维持知识产权的排他性需要支付很高的代价。企业为了获得在前期投入巨额的研究和开发支出所形成的知识产品全部租金，它们倾向于不是在外部的中间产品市场上出售知识产品，而是在国外设立分支机构，在企业内部市场转移知识产品，从而形成了对外直接投资。在这里，所谓信息悖论是指像知识这样的信息形态的中间产品只有在用户充分认识到它的价值以后才会购买，但是在用户掌握了知识产品的内容以后他们购买的意愿将减弱甚至消失（Buckley and Casson，1976，chapter 2）。

巴克利和卡森认为，内部化产生下述五个方面的收益：第一，当外部的现货和期货市场不完善，不能有效调节具有较长时滞的经济活动时，创造了内部的远期市场。第二，当为了实现利润的最大化需要采用差别价格而通过外部市场又不能实现这个目标时，引入了差别价格机制。第三，当市场结构不完善如存在双边垄断导致交易成本很高时，避免了讨价还价所产生的成本。第四，当产品市场不完善导致买卖双方信息不对称并进而产生交易的不确定性时，有助于消除这种不确定性。第五，当各国在关税、对资本流动的限制、所得税等方面存在政策差异时，有助于减少政府干预的影响。

但是，内部化也会产生成本：第一，资源成本。跨国企业内部各个子公司的最优规模是不同的，将原来的一个外部市场分割为若干个相互独立而又具有最优规模的子市场需要支付额外的成本。第二，通讯成本。在跨国企业内部市场形成以后，母公司和子公司之间，子公司和子公司之间的信息流量增加，而这些信息流量又涉及跨国公司的技术和管理的秘密，跨国公司不得不设立自己的通讯系统来传递，这样降低了通讯的专业化程度，失去了通讯的规模效益。第三，政府的歧视性成本。东道国政府为了本国的利益，有可能对跨国企业实行歧视性的政策，甚至对跨国公司实行国有化，从而有可能给跨国企业带来损失。第四，企业管理成本。跨国企业用内部市场价格取代外部市场价格以后，外部市场价格所具有的激励机制不再存在，跨国企业需要用内部监督机制来替代，从而增加了跨国企业的管理成本（Buckley and Casson，1976，pp. 39 - 45）。当企业内部化的收益大于内部化的成本时，企业将选择用内部市场代替外部市场，从而形成对外直接投资。

内部化理论与垄断优势理论既有联系又有区别。垄断优势理论认为企业对外直接投资的原因是它具有某种特有资产的优势，内部化理论则认为企业对外直接投资的原因是它要发挥它具有的某种特有资产的优势。也就是说，垄断优势理论认为，只要企业具有某种特有资产的优势，它就有可能对外直接投资。但内部化理论认为，即使企业具有某种特有资产的优势，如果外部市场是有效的，企业也可以通过外部市场出售它的特有资产而不必对外直接投资。正因为外部市场不是有效的，企业要发挥和利用它的特有资产的优势，就要对外直接投资。

3. 产品生命周期理论

弗农（R. Vernon）不仅运用产品生命周期理论解释国际贸易的变化，而且运用产品生命周期理论解释对外直接投资的发生。弗农将一种产品从产生到标准化的过程称为一个生命周期，并把这个周期分为产品创新阶段、产品成熟阶段、产品标准化阶段。弗农认为，在产品生命周期的不同阶段，企业的区位选择是不同的。

假定产品的创新从美国开始，在产品生命周期的第一个阶段即产品创新阶段，尽管美国的劳动力成本较高，但由于新产品具有特异性，发明企业具有垄断优势。另外，新产品的需求的价格弹性较低，不同国家之间劳动力成本的差异并不重要。因此，企业选择在美国生产新产品。

在产品生命周期的第二个阶段即产品的成熟阶段，该产品的设计和生产已经趋向于定型，产品的变动已经不大，利用现有的技术进行大量和长期生产已经成为可能，欧洲的竞争者开始模仿并生产这种新产品。在这种情况下，产品的生产成本变得越来越重要。美国企业将根据利润最大化原则来进行企业区位的选择。如果美国企业出口该产品的边际成本加上运输成本和关税低于在外国生产该产品的平均生产成本，美国企业将选择出口而不是到外国设厂生产该产品。但是，如果美国企业出口该产品的边际成本加上运输成本和关税高于在外国生产该产品的平均生产成本，美国企业将选择对外直接投资来生产该产品。

在产品生命周期的第三个阶段即产品标准化阶段，该产品的生产已经标准化，技术和市场信息变得不那么重要而生产成本成为最重要的因素，产品的竞争主要是价格的竞争。在这种情况下，美国企业将选择到生产成本最低的国家生产该产品，因而有可能对发展中国家直接投资（Vernon，1966，pp. 190 – 207）。

4. 比较优势理论

小岛清（Kojima kiyoshi）研究了美国和日本对外直接投资的情况，他发现美国和日本对外直接投资的原因存在差异：美国的对外直接投资主要分布在制造业，是美国具有比较优势的部门，这种投资是贸易替代型的，即对贸易发生替代的作用。日本的对外直接投资主要分布在自然资源行业，也有一部分投向制造业。但是，在日本对外国制造业的直接投资不是贸易替代型的，而是贸易创造型的。直接投资不但没有替代日本的出口，反而带动了日本的出口。另外，美国对外直接投资的企业多是大规模的企业，拥有技术上的垄断优势。而日本对外直接投资的企业却大多是中小企业，它们只有某些生产劳动密集型产品的技术优势。1978 年，小岛清出版了《对外直接投资：日本跨国企业运行的模式》，阐述了他对日本对外直接投资的原因的研究，形成了他的比较优势理论。

小岛清认为，对外直接投资分为贸易导向型和反贸易导向型两种类型。贸易导向型直接投资是从投资国已经或即将处于比较劣势的产业向东道国处于比较优势的产业的投资，这种投资将增强比较优势，从而扩大国际贸易。反贸易导向型直接投资是从投资国处于比较优势的产业向东道国处于比较劣势的产业的投资，它将削弱比较优势，从而减少国际贸易。日本属于前一种类型的直接投资，美国属于后一种类型的直接投资。贸易导向型的直接投资与国际贸易一样，都是按照比较优势的原则进行的。它们的区别在于：国际贸易是按照现行的也就是静态的比较优势格局进行的，而直接投资既按照现行的、静态的比较优势格局进行，也会创造出新的动态的比较优势格局，从而扩大了国际贸易（Kojima kiyoshi，1978）。

小岛清的思想可以用下面的例子来表达：假定日本和泰国相比，日本的机器制造业相对于家用电器业具有比较优势，泰国的家用电器业相对于机器制造具有比较优势。如果不考虑直接投资，日本将生产和出口机器设备，进口家用电器。但是，如果日本向泰国的家用电器业进行直接投资，将增强日本机器制造业和泰国家用电器业的比较优势，从而扩大机器设备和家用电器的贸易。首先，日本企业在泰国加工制造家用电器需要大量的机器设备，从而推动了日本机器设备的出口。日本机器设备出口的增加给日本的机器制造业带来的规模经济的利益又加强了日本机器制造业的比较优势，使日本可以向其他国家出口更多的机器设备。其次，泰国的家用电器业获得了先进的机器设备，提高了劳动生产率，降低了生产成本，从而也加强了泰国家用电器业的比较优势。泰国将向日本和其他国家出口更多的家用电器。

5. 国际生产折中理论

邓宁（J. H. Dunning）在 1977 年发表了题为《贸易、经济活动的区位与多国公司：折中方法探索》的文章，概括和总结了以往关于对外直接投资原因的研究成果，提出了国际生产折中理论。在以后，他又连续发表了多篇论文，对国际生产折中理论进行修改和加以完善（Dunning，1976，1977，1979，1981，1988，1993）。

邓宁认为，国际生产的方式、范围和结构是由企业所具有的优势决定的。而企业所具有的优势，又是在不完全竞争市场的条件下形成的。在邓宁看来，现实的市场是失效的。市场的失效有两种类型：一种类型是结构性失效。例如，东道国设立的关税和非关税壁垒造成的市场失效，它导致跨国公司为绕过关税和非关税壁垒到东道国投资；另一种类型是交易性失效，例如，交易渠道不畅和交易风险过高造成交易成本过大，导致市场失效。在不完全竞争的市场中，企业具有下述优势：

（1）所有权优势（ownership advantage）。所有权优势包括：第一，在某一个区位中的企业具有的超过别的企业的优势，如接近生产要素市场，拥有独占的无形资产，形成大规模的生产等。第二，跨国企业的子公司具有的超过当地企业或新进入企业的优势，如子公司可以以很低的边际成本得到各种投入、市场信息、会计程序、管理经验等。第三，与国际化相联系的优势，如利用不同国家生产要素与市场条件的差异所产生的优势。如果企业没有这些优势，它将不能弥补在国外生产所产生的额外成本，因而将不会对外直接投资。但是，所有权优势不是对外直接投资的充分条件。除此以外，还必须存在某种区位因素和市场条件，使企业面临可利用的经营机会，并可以通过内部化来实现这些机会。

（2）内部化优势（internalization advantage）。内部化优势是指企业通过扩充和增添国际生产网络所带来的收益。导致内部化的前提条件是下述三种形式的市场失灵：第一，风险的不确定性导致的市场失灵。第二，范围经济导致的市场失灵。第三，交易市场的失灵。在市场失灵的条件下，企业为了达到降低交易成本，减少交易的不确定性，通过控制生产要素市场获得竞争优势，逃避或利用政府的干预，保护知识产权和获得规模经济等目的，将把交易内部化。但是，内部化只说明企业为什么不在外部市场让渡信息而选择在内部市场上让渡信息，还不能说明企业为什么要对外直接投资。促使企业以内部化的方式对外直接投资的原因是区位优势。

（3）区位优势（location advantage）。区位优势是企业选择不同的生产地点所产生的优势，它包括下述三种优势：第一，由当地特定的资源禀赋所决定的成本优势。第二，由当地的有关法规如税收、补贴等所带来的优势。第三，由原料、生产、市场之间的距离决定的运输成本的优势。区位优势主要来自东道国的投资环境，它并不是跨国企业所固有的而只能是跨国企业所利用的。

在邓宁的国际生产折中理论的三种优势分析中，所有权优势（O）说明企业为什么（why）要从事国际生产，内部化优势（I）说明企业如何（how）利用所有权优势，区位优势（L）说明企业到哪里（where）从事国际生产。企业要对外直接投资，必须同时具备所有权优势、内部化优势和区位优势。如果企业只具备前两种优势，后一种优势在国内，企业将通过许可证交易的方式将所有权转让给外国企业而不会选择对外直接投资。

二、对外直接投资文献的评述

促使企业对外直接投资的原因很多，垄断优势是其中的一个重要原因。因此，海墨等经济学者所提出的垄断优势理论是有意义的。但是，关于对外直接投资的垄断优势，需要澄清下述问题：

第一，什么是垄断。海墨等经济学者在分析垄断优势的时候实际上都是在说明垄断形成的原因，而垄断应该是他们所分析的这些原因所产生的结果。

垄断是指某个企业在某种产品的生产或销售中处于某种程度的支配和控制地位，而垄断的原因正如这些经济学者指出的，某个企业或者具有先进的生产技术、管理技术和营销技术，或者具有大规模生产的利益，可以以较低的成本筹集资金，拥有广泛的销售网络，等等。正因为这些企业处于垄断地位，它们可以得到超过正常利润的超额利润即垄断利润。

第二，在哪里垄断。海墨和金德尔伯格在分析垄断优势的时候，都以不完全竞争的市场为前提。但是，不完全竞争的市场是指投资国的市场还是东道国的市场？从海墨和金德尔伯格的分析来看，他们说的是投资国的市场，但同时也暗指东道国的市场。实际上，这两个市场是不一样的，垄断应该是指在东道国市场上的垄断。例如，某个发达国家的某个企业在本国的市场上可能并没有垄断优势，但是它在某个发展中国家却可能具有垄断优势。又如，某个发达国家的某个企业在本国的市场上可能具有垄断优势，但是它在某个发达国家却可能没有垄断优势。在前一种情况下，该企业可能对外直接投资。在后一种情况下，它不可能对外直接投资。

第三，垄断的作用。一个企业在某个国家的市场上具有垄断优势，它只是可能对这个国家直接投资而不是必然对这个国家直接投资。在现实的世界里，企业对外直接投资要考虑的因素是很多的。毫无疑问，企业的目标是追求最大利润。即使企业在某个国家的市场上具有垄断优势，但如果它采用国际贸易的方式比采用直接投资的方式可以得到更大的利润，它不会选择对外直接投资。另外，即使企业在某个国家的市场上具有垄断优势，但如果它在本国生产和销售比在外国生产和销售可以得到更大的利润，它也不会选择对外直接投资。这就是说，企业要考虑对外直接投资，不仅需要考虑在外国生产和销售得到的收益，还要考虑不得不付出的额外的成本；不仅要考虑对外直接投资可以得到的利润，还要比较对外贸易得到的利润以及在国内生产和销售得到的利润。

内部化理论很有创意，但内部化并不是企业对外直接投资的原因，它只是企业维护它的垄断优势的途径或方式。不错，企业既可以在外部市场也可以在内部市场出售知识等中间产品。巴克利和卡森反复说明如果在内部市场出售知识的效率高于或交易成本低于在外部市场出售知识，企业将选择交易的内部化。但是，企业为什么要把知识传递到国外？显然是为了获得知识的收益。如果企业可以有效地通过外部市场获得知识的收益，它将采用技术贸易的方式。如果企业不能有效地通过外部市场获得知识的收益，它将通过内部市场将知识出售给子公司，再由子公司生产出最终产品来获得收益。假如是后一种情形，那么该企业的对外直接投资已经发生，它在外国已经建立了子公司。没有之前的直接投资，何来之后的内部化？

当然，在企业准备对外直接投资的时候，它也可能会考虑内部化的因素。但是，即使在这样的情况下，内部化也不是对外直接投资的原因。企业在内部市场进行交易的最主要的中间产品是知识类产品，而企业所以在内部市场上交易知识类产品是因为它在这些产品中具有某种优势，它担心通过外部市场交易使它失去这种优势。这就是说，企业选择对外直接投资是因为它在某个方面的知识具有优势，它试图通过对外直接投资发挥这种优势以获得更高的收益。推动企业对外直接投资的因素不是内部化，而是知识上的优势。内部化的作用是可以使企业有效地保持它在知识上的优势。即使在最极端的情形，即不能内部化就没有知识上的优势，知识上的优势也是企业对外直接投资的原因，而内部化是保持企业知识上的优势的途径或方式。

相对于垄断优势的因素来说，企业区位因素更能够解释企业对外直接投资的原因。这种解释表达的核心思想是：各国社会资源的特点是不同的，各国的市场环境是不同的，如果企业能够利用这些社会资源的特点和这些市场环境的差异在成本不变的条件下获得更多的收益，或者在收益不变的条件下降低成本，或者在成本和收益都变的条件下得到更高的利润，企业将对外直接投资。这正是企业对外直接投资最重要的驱动因素，否则不能解释为什么企业不选择在国内生产，也不能解释企业为什么不选择对外贸易。

弗农的产品生命周期理论说明了在产品生命周期的不同阶段，产品的生产要素密集度发生了变化，企业将根据不同的国家生产要素的特点，选择对外直接投资的方式生产这些产品以降低生产成本。弗农的分析是有意义的，但他只是从产品生命周期的角度来揭示企业对外直接投资的原因。

小岛清的比较优势理论的主要贡献是既展示了企业对外直接投资原因的多样性，又将企业对外直接投资的原因归于比较优势。小岛清说明了既有美国企业式的对外直接投资，也有日本企业式的对外直接投资；既有替代国际贸易的直接投资，也有促进国际贸易的直接投资。但是，各种各样的对外直接投资都可以归结为比较优势：或者是发挥投资国的比较优势，或者是发挥东道国的比较优势。小岛清的分析同样是有意义的，但他也只是从比较优势的角度来揭示企业对外直接投资的原因。

这里指出弗农和小岛清分别从产品生命周期和比较优势的角度阐述对外直接投资的原因并不是指出他们的片面性，而是说明对外直接投资的原因是错综复杂的。但是，正是经济学学者们从不同的角度分析对外直接投资的原因，才有可能使我们全面和系统地认识对外直接投资的原因。

在经济学者的分析中，邓宁的分析是最为系统的。显然，邓宁的国际生产折中理论是在综合各位经济学者的研究成果的基础上形成的。但是，邓宁关于所有权优势（O）说明企业为什么（why）要从事国际生产，内部化优势（I）说明企业如何（how）利用所有权优势，区位优势（L）说明企业到哪里（where）从事国际生产的论断还有可斟酌的地方。企业对外直接投资的原因是错综复杂、千差万别的，不一定在具有所有权优势的情况下才对外直接投资，例如在自然资源导向的对外直接投资中企业不一定具有所有权优势。另外，在企业对外直接投资的过程中也不一定采用内部化的方式，例如企业可以采用企业网络分工的方式进行国际化生产而不采用内部化的方式。因此，在邓宁综合分析的基础上还需要进一步的综合。

三、对外直接投资理论的重构

1. 从国内生产到国际生产

在马克思和恩格斯所处的时代，对外直接投资的现象并不普遍，马克思和恩格斯没有专门分析对外直接投资的问题。到了19世纪初期，对外直接投资开始大量出现。列宁在他的著名的著作《帝国主义是资本主义的最高阶段》中，专门分析了资本输出的问题。在列宁的概念里，资本输出既包括货币资本的输出，也包括生产资本的输出，即对外直接投资。列宁对资本输出提出了他的精辟的看法。

列宁首先将资本输出看作是垄断资本主义阶段的重要特征。列宁指出："自由竞争占统治地位的旧资本主义的特征是商品输出，垄断占统治地位的最新资本主义的特征是资本输出。"（列宁，第782页）在列宁看来，资本输出的原因是少数积累了大量资本的最富的国家已经处于垄断地位，在这些国家里已经出现了大量的相对过剩的资本。列宁指出："其所以有输出资本的必要，是因为资本主义在少数国家中已经'成熟过度了'，'有利可图的'场所已经不够了。""其所以有输出资本的可能，是因为许多落后的国家已经卷入世界资本主义的流通范围，主要的铁路线已经建成或已经开始兴建，发展工业的起码条件已有保证等等。"（列宁，第783页）列宁深刻地指出资本输出的本质："这就是帝国主义压迫和剥削世界上大多数民族和国家的坚实的基础，这就是极少数最富国家的资本主义寄生性的坚实的基础。……这只会扩大和加深资本主义在全世界的进一步发展。"（列宁，第784~785页）列宁的论述给予我们许多重要的启示。

对外直接投资的本质是生产资本跨国流动。正如在前一节所指出的，国内生产和国际贸易是对外直接投资的历史和逻辑的起点。在历史上，先有国内生产国内销售，再有国内生产对外销售，最后才有到外国生产和在外国销售。因此，要在逻辑上解释对外直接投资的原因，首先要说明为什么企业不选择在国内生产国内销售而选择到外国生产和在外国销售，其次还要说明企业为什么不选择在国内生产对外销售而选择到外国生产和在外国销售。

马克思反复指出，资本是能够带来剩余价值的价值。显然，生产资本的跨国流动主要是为了获得更多的剩余价值。但问题在于为什么企业在国外生产可以比国内生产获得更多的剩余价值。从发达国家对发展中国家直接投资的角度来看，企业选择到国外生产而不是在国内生产，需要具备下述条件：

第一，对于投资国来说，资本主义经济已经"成熟"到这样一种程度，在国内有利可图的投资机会已经不多，资本出现相对的过剩。

从历史上看，非经济意义的对外直接投资很早就出现了。例如，1627 年和 1655 年，英国殖民者侵占了巴巴多斯和牙买加，在当地建立了大规模的甘蔗种植园，强迫从非洲贩运的黑人从事奴隶劳动，以获取蔗糖原料。这种对外直接投资实际上是一种带有暴力性质的经济掠夺，而不是经济意义的对外直接投资。经济意义的对外直接投资是从 19 世纪后半叶开始的。

在资本主义经济制度建立以后相当长的一段时间里，随着工业革命的发生和深入，一方面社会生产力迅速提高，另一方面新的社会需求又不断产生。在这种情况下，各个资本主义国家存在大量的投资机会，在国内的投资收益率比较高，企业将不会选择对外直接投资。以英国为例，工业技术变革是从棉纺织业开始的。纺纱机的出现对动力提出了要求，蒸汽机的发明满足了这种要求。随着蒸汽机在棉纺织业的应用，推动了机器制造业的发展。而机器制造业的发展又促进了冶炼业和采煤业的发展，如此等等。在这样的时代里，资本不是过剩而是不足，企业选择在国内进行生产。

随着资本主义经济的发展，资本在各个生产部门之间流动，使利润率出现了平均化的倾向。另外，随着机器设备的大规模使用，社会资本有机构成即不变资本对可变资本的比例不断提高，平均利润率出现下降的趋势。在资本主义经济走向"成熟"的时候，资本主义经济的特有矛盾即生产无限扩大的趋势和劳动人民有支付能力的需求相对缩小的矛盾开始表现出来，国内市场变得狭窄，资本出现了相对的过剩。正是在这样的历史条件下，生产从国内扩展到国际，企业开始大量对外直接投资。这就是为什么跨国公司在 19 世纪 60 年代才开始产生的原因。

应该指出，在对外直接投资产生的过程中，垄断资本主义经济的形成发挥了重要的作用。在 19 世纪 70 年代以后，竞争的资本主义经济逐渐过渡到垄断的资本主义经济。我们知道，垄断是生产和资本集中到一定的程度而出现的。在垄断形成的过程中，产生了大规模或超大规模的企业。对于这些企业来说，一方面国内市场变得越来越狭小了，它们必然要以对外贸易或者对外直接投资的方式对外扩张；另一方面垄断资本控制了国内本部门的生产和销售，对国内生产部门投资的动力下降，它们必然在利润动机的支配下寻求对外直接投资。正是在这个意义上，列宁指出垄断资本主义的特征是资本输出。

第二，对于东道国来说，交通运输已经发展到一定的程度，国内市场已经基本形成，发展工业的基础条件已经具备。

外国企业能否到一个国家直接投资，还取决于这个国家的投资环境。如果一个国家交通运输没有发展到一定的程度，没有一个统一的国内市场，那么发展工业的基础条件并不具备，外国企业无法到这个国家直接投资。

从历史上看，在对外直接投资发展的初期，对外直接投资主要是宗主国对殖民地半殖民地国家的投资。在第二次世界大战以后，对外直接投资才变为主要是发达国家对发达国家的投资。例如，在1910年，当时最主要的对外直接投资国是英国。在英国主要是直接投资的资本输出中，对欧洲国家的资本输出只占总资本输出的5.71%，对美洲、亚洲、非洲、澳洲的资本输出占了总资本输出的94.29%（列宁，第785页）。在19世纪下半叶，许多殖民地半殖民地国家已经建立起交通运输线，国内市场初步形成，发展工业的基础条件已经具备。正是在这样的情况下，宗主国才有可能比较大规模地对这些殖民地半殖民地国家直接投资。

2. 从国际贸易到直接投资

从历史上看，对外贸易早于对外直接投资。在国内生产到国际生产的条件已经具备的条件下，企业在什么条件下选择对外贸易和在什么条件下选择直接投资，是揭示对外直接投资原因的关键问题。显然，不论是对外贸易还是对外直接投资，其根本原因是资本对利润的追逐。但是，资本具体如何追逐利润则是错综复杂的。资本可能追逐短期的利润，也可能追逐长期的利润；资本可能通过降低成本来增加利润，也可能通过提高收益来增加利润。因此，需要从不同类型的对外直接投资来分析企业如何从国际贸易走向直接投资。

（1）自然资源导向型直接投资。它是指企业为了获得如石油、矿藏、木材等各种自然资源而对外国相应的行业进行直接投资。企业要获得自然资源的原因是多种多样的，或者是本国自然资源缺乏，或者是外国自然资源价格低廉，或者是外国自然资源品质良好，或者是保护和储备本国的自然资源，等等。这就是说，企业仍然是为了得到更高的利润而去获取外国的自然资源。

当然，企业要获得外国的自然资源既可以采取对外贸易的方式，也可以采取直接投资的方式。事实上，自然资源的国际贸易和直接投资都是大量存在的。企业对国际贸易和直接投资的选择取决于自然资源供给和价格的稳定性。通过国际贸易或直接投资获得外国自然资源最重要的差异，就是对外国自然资源供给控制程度的差异。如果企业选择进口外国自然资源，对它有利的地方是不需要承担到外国直接投资的风险，在自然资源市场价格下降的情况下可以获得廉价的自然资源；对它不利的地方是它无法控制外国自然资源的供给，因而需要承担自然资源供给不足、中断或市场价格上升的风险。如果企业选择投资外国自然资源，对它有利的地方是控制外国自然资源的供给，在获取自然资源所支付的市场价格上升或下降的情况下它生产自然资源的利润也在增加或减少；对它不利的地方是需要承担到外国直接投资的成本和风险。

因此，如果某些自然资源供给充足，市场价格稳定或趋向下降，企业将倾向于选择以进口的方式获取外国的自然资源。如果某些自然资源的供给很不稳定，它们的市场价格趋向上升，企业将倾向于选择以投资的方式获取外国的自然资源。假如企业选择以投资的方式获取外国的自然资源，这就形成自然资源导向型直接投资。

企业的选择可以用图1表示。图1坐标系的横轴表示时间，纵轴表示平均成本。假定以直接投资方式获得外国自然资源的企业的额外收益与额外成本彼此抵消。这就是说，如果自然资源价格上升，该企业进口自然资源的平均成本增加，但它作为生产商所得到的单位自然资源的利润也增加了；如果自然资源价格下降，该企业进口自然资源的平均成本减少，但它作为生产商所得到的单位自然资源的利润也减少了。又由于自然资源是可枯竭的，获得自然资源的成本随着时间的推移而增加。因此，该企业获得外国自然资源的预期平均成本稳定地上升，如图中直线 I 所示。另外，由于自然资源的供给和需求不断地变化，它的市场价格也在不断地变化，以进口的方式获得外国自然资源的企业的预期平均成本是波动的，如图中曲线 F 所示。

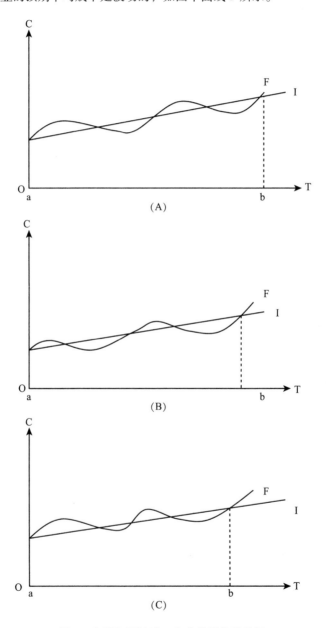

图 1　自然资源的进口和直接投资的选择

假定企业需要获取的自然资源的数量为一定，在图1（A）中，曲线F在直线I上方的面积与它在直线I下方的面积相当，这意味着企业预期以进口贸易的方式与以直接投资的方式获得外国自然资源的成本相似，企业选择以什么方式获得外国自然资源无关紧要。在图1（B）中，曲线F在直线I上方的面积小于它在直线I下方的面积，这意味着企业预期以进口贸易的方式与以直接投资的方式相比获得外国自然资源的成本较低，企业将选择以进口贸易的方式获得外国自然资源。在图1（C）中，曲线F在直线I上方的面积大于它在直线I下方的面积，这意味着企业预期以进口贸易的方式与以直接投资的方式相比获得外国自然资源的成本较高，企业将选择以直接投资的方式获得外国自然资源。

这就是说，如果设以进口的方式获得自然资源的成本函数是 $F = f(t)$，以直接投资的方式获得自然资源的成本函数是 $I = g(t)$，这两个函数在区间 [a，b] 是连续的，那么

如果 $\int_a^b f(t)\,dt = \int_a^b g(t)\,dt$，企业选择以进口和直接投资的方式获得外国自然资源都是一样的。这就是图1（A）所表示的情况。

如果 $\int_a^b f(t)\,dt < \int_a^b g(t)\,dt$，企业将选择以进口的方式获得外国的自然资源。这就是图1（B）所表示的情况。

如果 $\int_a^b f(t)\,dt > \int_a^b (t)\,dt$，企业将选择以直接投资的方式获得外国的自然资源。这就是图1（C）所表示的情况。

（2）市场导向型直接投资。它是指企业试图接近某个国家的市场并在这个市场上销售产品而进行的直接投资。与自然资源导向型直接投资的分析相似，企业既可以通过出口的方式向这个国家的市场销售产品，也可以通过直接投资的方式向这个国家的市场销售产品。企业选择哪一种方式销售产品，取决于企业为此付出的代价。

企业以出口的方式向某个国家的市场销售产品的成本包括该企业在本国

生产该产品的生产成本、向本国政府缴纳的赋税、将产品运往进口国的市场的运输成本、向进口国政府缴纳的关税、在进口国市场销售产品的销售成本。企业以投资的方式向某个国家的市场销售产品的成本包括它在该国生产该产品的生产成本、向东道国政府缴纳的赋税、在东道国市场上销售产品的销售成本。首先，对于在外国生产的企业来说，为了使本企业的派出人员安心工作需要向他们支付较高的薪金，为了与母公司保持联系需要支付额外的通讯费用，为了弥补社会、制度或文化上的差异需要支付额外的费用，所以在国外生产产品的成本通常高于国内。其次，企业向本国政府或向外国政府缴纳的赋税取决于这两个国家的税收制度。有的国家对外国直接投资实行优惠的税收待遇，而有的国家则对国内外企业实行统一的税率，因而很难判断企业在国内生产的赋税高还是在国外生产的赋税高。最后，运输成本和关税成本是企业采取出口的方式销售产品需要支付而采取直接投资的方式不需要支付的。

综合上述各种因素，为了突出重要的成本差异和简化不必要的分析，假定企业缴纳的赋税是相似的，企业销售成本是相似的，那么企业采取直接投资的方式与采取出口贸易的方式在外国销售产品相比在成本方面的主要差异是多支付了生产成本但节约了运输和关税成本。这样，从经济角度分析，如果到国外生产多支付的生产成本高于出口贸易的运输和关税成本，企业将选择出口贸易的方式；如果到国外生产多支付的生产成本低于出口贸易的运输和关税成本，企业将选择直接投资的方式。

如果东道国的市场是接近竞争的，这意味着投资国的企业不能影响它所销售的产品的市场价格。不论是以出口贸易还是以直接投资的方式向东道国的市场销售某种产品，该企业所得到的该产品的市场价格是相同的。在这种情况下，可以以某一种方式作为基础来分析企业的选择。在图2中，横轴表示产品的数量，纵轴表示产品的价格或成本。由于市场是竞争的，企业面临的平均收益曲线 AR 和边际收益曲线 MR 都是水平线并且重合。该企业以出口贸易的方式向该市场销售产品的平均成本曲线是 AC，边际成本曲线是 MC。

在形成长期均衡（MR = MC = AR = AC）的情况下，该企业的产量是 Oq，价格是 Op。

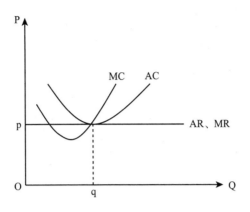

图 2　竞争条件下企业的选择

现在问题的关键是，该企业以直接投资的方式向该市场销售产品的成本是大于 Op 还是小于 Op。直接投资与出口贸易相比，少付出了运输成本和关税成本，多付出了额外的生产成本。在销售的产品数量同样是 Oq 的条件下，如果该企业额外的生产成本大于运输成本和关税成本，这意味着以直接投资的方式向该市场销售产品的成本大于 Op，企业将选择出口贸易的方式；如果该企业额外的生产成本小于运输成本和关税成本，这意味着以直接投资的方式向该市场销售产品的成本小于 Op，企业得到了超额利润，它将选择直接投资的方式。

这就是说，在东道国市场是竞争的条件下，市场导向型的直接投资的主要原因是企业采用直接投资的方式向东道国市场销售产品所付出的额外生产成本小于采用出口贸易的方式向东道国市场销售产品所付出的运输成本和关税成本，它获得了更高的利润。

如果东道国的市场是非竞争的，某外国企业处于寡头垄断的地位，那么情况有所不同。在图 3 中，由于市场是非竞争的，企业面临的平均收益曲线 AR 和边际收益曲线 MR 向右下方倾斜，边际收益曲线 MR 位于平均收益曲线 AR 的下方。如果该企业以出口贸易的方式向该市场销售产品的平均成本曲线是 AC，边际成本曲线是 MC，那么它将按照最大利润的原则（MR = MC）将出口数量确定在 Oq 的水平上，然后根据需求曲线即平均收益曲线 AR 将价格确定在 Op 的水平上。由于该企业出口 Oq 数量的产品的平均成本是 Oc，它每出口 1 单位产品获得了 cp 的垄断利润。

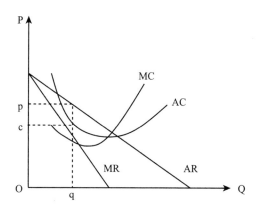

图 3　非竞争条件下企业的选择

该企业是以出口贸易的方式还是以直接投资的方式销售产品，取决于它从这两种方式中得到的垄断利润总额的预期。该企业以直接投资的方式销售产品的平均成本曲线和边际成本曲线与出口贸易方式是不同的。若以直接投资的方式销售产品，该企业同样根据边际收益等于边际成本的最大利润原则决定产量，然后再根据需求曲线即平均收益曲线决定价格。由于直接投资方式下该企业的销售量和价格与出口贸易条件下的销售量和价格均不同，在这两种方式下的垄断利润总额也不同。该企业将根据它对垄断利润总额的预期来做出决策：如果直接投资方式下预期得到的垄断利润总额小于出口贸易方式下的垄断利润总额，它继续选择出口贸易的方式；如果直接投资方式下预期得到的垄断利润总额大于出口贸易方式下的垄断利润总额，这意味着运输成本和关税成本较高，它将转向选择直接投资的方式。

这就是说，在东道国市场是非竞争的条件下，市场导向型的直接投资的主要原因是节约运输成本和避开关税壁垒以获得更高的垄断利润。

（3）国际化生产型直接投资。它是指企业在世界范围内进行生产和销售而不是面向某个特定的市场进行生产和销售。国际化生产型直接投资的主要原因是企业具有某个方面或多个方面的优势，在国内市场变得相对狭小的情况下，它们凭借着这些优势在世界范围内充分利用各国社会资源的特点进行生产，然后将产品销往世界市场。它们可能在某个最适合生产某种产品的国家进行生产，也可能在若干个国家分别完成某种产品的不同的工序，然后销往世界市场，甚至是本国市场。关于国际化生产型直接投资，前面评述的垄断优势理论、企业区位理论和国际生产理论具有一定的解释力。

企业的优势可能是多方面的，如包括研究与开发、生产、管理、营销等方面的技术的优势，或者是品牌的优势，或者是资金的优势，等等。但是，企业最重要的优势是核心技术的优势。另外，企业所具有的核心技术的优势还可以由内部化的方式保持。正是企业对这种核心技术优势的拥有和保持，使企业在国际商品市场上处于垄断的地位。它可以凭借着这种垄断地位获得高额利润。正是对这种高额利润的追求，促使企业对外直接投资。企业在具有垄断优势的条件下，可以通过下述直接投资的方式发挥优势：

第一，利用外国廉价的社会资源。发达国家经济发展水平较高，因而工人的工资水平较高。如果企业在本国完成全部生产过程，再销往国际商品市场，生产成本较高。在这种情况下，发达国家的企业将通过对外直接投资的方式，将使用劳动力较多的工序转向发展中国家进行生产，以降低生产成本，提高垄断利润。除了工人的工资以外，土地的租金也是一个因素。如果发达国家的租金较高，它们的企业将转向租金较低的国家进行生产。

第二，接近原材料产地进行生产。企业生产某种产品所需要的原材料并不都是本国可以提供的。对于这种类型的企业来说，如果从外国采购原材料，运到国内加工生产，再销往国际商品市场，那么生产成本将较高。特别是那些所使用的原材料运输成本较高，更是如此。在这种情况下，企业将对接近原材料产地的国家直接投资，设厂在当地进行生产，再销往国际商品市场。

第三，利用东道国优惠的政策。有的发展中国家为了促进经济的发展，对外国的直接投资给予优惠的政策待遇，如减免税收等。在这种情况下，外国企业有可能对这个国家进行直接投资。

在上面所分析的这三种情况下，如果企业在国外进行生产比在国内进行生产得到更大的利润，它们将选择直接投资的方式。企业的选择可以借助于图 4 来进行解释。由于企业在国际商品市场上具有垄断优势，它所面临的平均收益曲线 AR 和边际收益曲线 MR 是向右下方倾斜的。又由于企业既可以在国内进行生产然后销往国际商品市场，也可以在国内生产然后销往国际商品市场，它在这两种情况下所面临的平均收益曲线和边际收益曲线是相同的，它的产品的价格也是相同的。图 4（A）表示在国外生产的情况，图 4（B）表示在国内生产的情况。只有在对外直接投资可以降低企业的生产成本，即图 4（A）的平均成本曲线 AC 和边际成本曲线 MC 低于图 4（B）的平均成本曲线 AC 和边际成本曲线 MC，从而导致图 4（A）的垄断利润 cp 高于图 4（B）的垄断利润 cp 时，企业才选择对外直接投资。

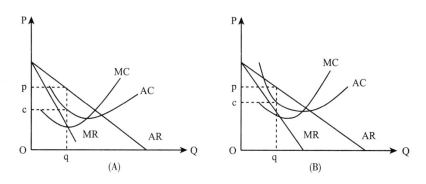

图 4　国际化生产条件下企业对直接投资的选择

对于国际化生产型直接投资来说，企业到外国生产的产品可以是投资国具有比较优势的产品，也可以是投资国正在失去而东道国具有比较优势的产品。由于企业进行的是国际化生产，这两种情况都会发生的。正如小岛清所指出的，在 20 世纪 50 年代以后，美国的企业到外国生产的是它具有比较优势的产品，而日本企业到外国生产的是它正在失去比较优势的产品。在前一种情况下，由于可以接近原材料产地和产品市场，或者可以让某道生产工序利用最适合的当地社会资源去完成，对外直接投资可以加强原来的比较优势。

在后一种情况下，由于企业原来具有品牌等方面的优势，即使它所在的国家现在正在失去比较优势，但通过对外直接投资它可以利用东道国具有比较优势的社会资源，从而保持企业的比较优势。

另外，对于国际化生产型直接投资来说，并不都是采用内部化的方式。正如前面在讨论内部化时所指出的，内部化的好处之一是可以充分利用无形资产的优势。跨国公司在国外设立子公司来进行生产，避免了分拆无形资产出售所带来的不利影响，发挥无形资产的整体效用。内部化的好处之二是可以产生规模经济的利益和外部正效应。在跨国公司拥有优势的无形资产的条件下，生产规模越大，无形资产的效率就越高，从而能够带来规模经济的好处。跨国企业发生了技术创新，可以不必支付额外的代价而被跨国企业内部的其他公司所利用。

但是，20世纪80年代以后，跨国企业的内部化出现前移的现象。这就是说，在最终产品的整个生产过程中，跨国企业将前面的生产阶段如新产品的研制和新技术的开发仍然置于内部化的过程，而将后面的生产阶段如原材料、零部件等中间产品的生产分包给不同国家的外部合作企业，最后再由母公司或子公司把中间产品加工成最终产品。这就是说，核心技术仍然采取企业内部分工的形式，但原材料、零部件等中间产品的生产则采取企业网络分工的形式。

归纳上面的分析可以得到下面的结论：垄断优势和内部化是对外直接投资的条件。由于企业具有垄断优势，交易的内部化又可以使它保持垄断优势，企业有可能对外直接投资。追求高额垄断利润是对外直接投资的根本原因，利用外国廉价的社会资源、接近原材料产地进行生产、利用东道国优惠的政策则是对外直接投资的具体原因。由于企业既可以选择在国内生产也可以选择在外国生产然后再销往国际商品市场，即使企业具有垄断优势并可以实现交易的内部化，如果它在国内生产比在国外生产可以获得更多的利润，它也不会对外直接投资。因此，垄断优势和内部化不是对外直接投资的原因而是条件。只有在国外生产既可以使企业保持它的垄断优势，又可以使它获得更多的利润，它才会到外国直接投资。

这个结论所涉及的因素与邓宁的结论所涉及的因素是相似的，所不同的是邓宁将垄断优势看作是对外直接投资的原因，将内部化看作是对外直接投资的方式，将区位因素看作是对外直接投资的地点；而本结论则将垄断优势和内部化看作对外直接投资的条件，将追求利润和区位因素看作是对外直接投资的根本原因和具体原因。

参考文献

［1］《列宁选集》，人民出版社 1960 年版。

［2］Aliber, R. Z., A Theory of Direct Foreign Investment, in C. P. Kindleberger (ed), The International Corporation, Cambridge, Mass.：MIT Press, 1970.

［3］Buckley P. J. and M. Casson, The Future of Multinational Enterprise, London：Macmillan, 1976.

［4］Caves, R. E., International Corporation：The Industrial Economics of Foreign Investment, Economics, February, 1971.

［5］Caves, R. E. Caves, The Causes of Direct Investment：Foreign Firms' Shares in Canadian and UK Manufacturing Industries, Review of Economics and Statistics, 56, 1974.

［6］Caves, R. E., Multinational Enterprise and Economic Analysis, Cambridge University Press, 1982.

［7］Duning, J. H., The Determinants of International Production, Oxford Economic Papers 25, No. 3, 1973.

［8］Dunning, J. H., Theory of Transnational Corporations, London, Rontledge, 1993.

［9］Dunning, J. H., Trade, Location of Economic Activity and the Multinational Enterprise：A Search for an Eclectic Approach, University of Reading Discussion Papers in International Investment and Business Studies, No. 29, 1976, revised version published in B. Ohlin (ed.), The International Allocation of Economic Activity, Macmillan, London, 1977.

［10］Dunning, J. H., Explaining Changing Pattern of International Production, in Defense of Eclectic Theory, Oxford Bulletin of Economics and Statistics, 1979；International Production and Multinational Enterprise, London：Allen & Unwin, 1981.

［11］Dunning, J. H., The Eclectic Paradigm of International Production：A Restatement and Some Possible Extension, Journal of International Business Studues, Spring 1988.

[12] Horst, T. , Firm and Industry Determinants of the Decision to Invest Abroad: An Empirical Study, Review of Economics and Statistics, 54, 1972.

[13] Hymer, S. , International Operation of National Firms: A Study of Direct Foreign Investment. MIT Press, 1976.

[14] Johnson, H. G. , The efficiency and Welfare Implications of the International Corporation, in C. P. Kindleberger (ed), The International Corporation, Cambridge, Mass. : MIT Press, 1970.

[15] Kindleberger, C. P. , American Business Abroad, Yale University Press, 1969.

[16] Kojima kiyoshi, Direct Foreign Investment: A Japanese Model of Multinational Business Operations, London: Croom Helm, 1978.

[17] Penrose, E. T. , Ownership and Control: Multinational Firms in Less developed Countries, in G. K. Helleiner (ed.), A World Divided: The less Developed Countries in the International Economy, London: Cambridge U. P. 1976.

[18] Vaupel, J. W. , Characteristics and Motivations of the US Corporations Which Manufacture Abroad, paper presented to a meeting of the Atlantic Institute, Paris, June 1971.

[19] Vernon, R. , International Investment and International Trade in Product Cycle, Quarterly, Journal of Economics, 80, 1966.

[20] Wolf, B. M. , Industrial Diversification and Internationalization: Some Empirical Evidence, Journal Industrial Economic, 26, No. 2, 1977.

第三篇 世界经济研究

发达国家对外直接投资理论的构建

论中美两国贸易失衡的原因、效应和解决方法 *

一、中美两国贸易失衡的基本情况分析

国际贸易包括货物贸易和服务贸易，但主要是货物贸易。据国家统计局的统计，近 10 年来中国对美国的货物贸易顺差如表 1 所示。

表 1　　　　　　　　中国对美国的货物贸易顺差　　　　　　单位：亿美元

年份	2002	2003	2004	2005	2006
顺差	427.08	586.01	802.85	1142.69	1442.37
年份	2007	2008	2009	2010	2011
顺差	1632.86	1710.24	1433.42	1811.88	2023.24

资料来源：中华人民共和国国家统计局：《中国统计年鉴》，中国统计出版社（2003～2012）。

另外，据美国商务部经济分析局的统计，近 10 年来美国对中国的货物贸易逆差如表 2 所示。

表 2　　　　　　　　美国对中国的货物贸易逆差　　　　　　单位：亿美元

年份	2002	2003	2004	2005	2006
逆差	1031.81	1243.28	1626.23	2028.25	2344.33
年份	2007	2008	2009	2010	2011
逆差	2586.62	2682.34	2272.36	2730.96	2953.79

资料来源：Bureau of Economic Analysis, U. S. International Transactions, by Area-China, US Economic Accounts, http: //www. bea. gov.

---

* 本文发表于《马克思主义研究》2013 年第 4 期。原文标题是《我国高储蓄率是中美两国贸易失衡的原因吗？》，本文就部分美国和中国经济学者提出的"我国高储蓄率是中美两国贸易失衡的原因"这一论断进行了认真和客观的分析，并做出了否定的结论。

从表1和表2可以看到，中国对美国货物贸易的顺差与美国对中国货物贸易的逆差存在较大的差异，其主要原因是：第一，中国的出口贸易是根据海关报关数据统计的，部分通过香港地区、韩国等地的转口贸易在中国的统计中看作对香港地区或韩国的出口而不是对美国的出口。美国的进口贸易是根据原产地统计的，不但将这部分商品看作从中国进口的商品，而且还将转口贸易产生的再加工或再包装增加的价值也看作从中国进口的商品的价值。第二，中国对美国的出口贸易主要是加工贸易，产品的研究、开发、设计等环节在美国，生产环节在中国，从而造成中国出口商出口报关的价值远低于美国进口商进口报关的价值（中国商务部、美国商务部，2010；2013）。因此，中国少算了对美国的货物贸易顺差，而美国多算了对中国的货物贸易逆差。

应该指出，中美两国货物贸易情况并不能完全反映中美两国的实际贸易情况，还需要考虑下面两个因素。

第一，尽管美国对中国的货物贸易存在逆差，但是美国对中国的服务贸易存在顺差。据美国商务部经济分析局的统计，近10年来美国对中国的服务贸易顺差如表3所示。从表中可以看到，美国对中国的服务贸易顺差迅速增加。如果考虑到服务贸易，以2011年为例，美国对中国的贸易逆差减少5.19%。

表3 　　　　　　　　　　美国对中国的服务贸易顺差 　　　　　　　单位：亿美元

年份	2002	2003	2004	2005	2006
顺差	17.53	19.02	16.76	22.48	11.71
年份	2007	2008	2009	2010	2011
顺差	23.20	57.18	76.89	114.97	153.36

资料来源：Bureau of Economic Analysis, *U. S. International Transactions*, *by Area-China*, US Economic Accounts, http://www.bea.gov.

第二，目前世界各国的进出口贸易是根据进出口商品报关的价值计算的。但是，在经济全球化的条件下，一个国家的出口商品并不完全是这个国家制造的。2013年1月16日，世界贸易组织（WTO）举办了称为"贸易数据日"（Trade Data Day）的会议，与经济合作组织（OECD）共同提出了新的国际贸易统计方法——增加值贸易测算法（Value – Added Database）。

按照这种方法，一个国家出口商品的价值是这个国家在制造这种商品的过程中新增加的价值。例如，假定中国从韩国进口 100 美元的零部件，经过加工后以 110 美元的价格销往美国。按照现行的统计方法，中国对美国产生 110 美元的顺差，韩国与美国不存在贸易关系。但是，根据新的统计方法，韩国对美国产生 100 美元的顺差，中国对美国产生 10 美元的顺差。

由于中国对美国的出口贸易主要是加工贸易，如果采用附加值贸易测算法，中国对美国的贸易顺差将大幅度减少。关于增加值贸易测算法的一个经典的例子如下：2009 年，中国从美国苹果公司进口价值 1.22 亿美元的手机零部件，经过加工以后以 2 亿美元的价值销往美国。如果按照现行统计方法，中国对美国发生 0.78 亿美元的贸易顺差（ = 2.00 – 1.22）。但是，如果按照新的统计方法，中国向美国出口苹果手机的增加值是 0.78 亿美元（ = 2.00 – 1.22），中国从美国进口苹果手机零部件增加值是 1.22 亿美元，中国对美国发生 0.44 亿美元的贸易逆差（ = 1.22 – 0.78）。

经济合作组织统计署副署长斯勒耶（Paul Schreyer）在"贸易数据日"中指出，如果以 2009 年为例，按照增加值贸易测算法，美国对中国的贸易逆差要减少 25%（Schreyer，2013）。

上述分析表明，中国对美国的贸易存在着顺差是一个基本事实，但是远远没有美国统计数据所显示的那么大。

中国对美国的贸易顺差引起了政府和学者的关注。长期以来，美国政府不断地以美国对中国存在高额贸易逆差为理由，要求人民币对美元汇率大幅度升值，对中国销往美国的商品进行反倾销和反补贴调查。美国和中国的经济学者也发表了大量的论文，不断地探讨中美两国贸易失衡的原因，寻求解决中美两国贸易失衡的方法。

美国经济学者和中国经济学者在讨论中美贸易失衡的时候经常都提到这样一个观点：中国的高储蓄率是中美两国贸易失衡的重要原因。为了揭示中美两国贸易失衡的真正原因，笔者认为有必要提出质疑：中国的高储蓄率是中美两国贸易失衡的重要原因吗？

二、中国高储蓄率不是中美两国贸易失衡的原因

根据宏观经济学的基本原理，如果设国内生产总值为 Y，用于消费的收入为 C，社会储蓄为 S，政府税收为 T，投资支出为 I，政府支出为 G，出口为 X，进口为 M，那么从供给的角度分析：

$$Y = C + S + T \qquad (1)$$

从需求的角度分析，

$$Y = C + I + G + X - M \qquad (2)$$

在均衡的条件下，也就是从产值核算的角度分析，$C + S + T = C + I + G + X - M$，即：

$$S + T + M = I + G + X \qquad (3)$$

假定不考虑政府的因素，即设 $T = G$，那么根据等式（3），有：

$$S + M = I + X \qquad (4)$$

$$S - I = X - M \qquad (5)$$

这意味着如果 $X > M$，必然要求 $S > I$。部分中国和美国的经济学者们据此认为，中国的贸易顺差是中国的高储蓄率造成的。

在直接讨论储蓄率和贸易顺差的关系以前，有必要对上面提到的产值核算等式提出下面的基本看法。

第一，等式（5）所表达的产值核算关系属于总体经济分析，它在一般情况下不适用于对某个国家贸易差额的分析。例如，中国长期对日本存在贸易逆差，如果按照这种分析方法，中国的贸易逆差岂不是中国的低储蓄率造成的？当然，由于中国对美国存在较高的贸易顺差，这种顺差不仅在一定程度上弥补了中国对别的国家的贸易逆差，而且还形成了中国总体上的贸易顺差，这种分析方法可以用于中国对美国贸易顺差的分析。这就是说，在采用这种方法分析一个国家的贸易差额的时候必须要谨慎地注意它的适用性。

第二，等式（5）所表达的产值核算关系不是因果关系，它是有关变量在一定的内在机理下相互作用形成的，不能简单地认为等式的左边是右边的原因，也不能简单地认为等式的右边是左边的原因。例如，根据等式（3），如果不考虑对外贸易的因素，即设 $X = M$，那么可以得到 $S - I = G - T$。这也意味着如果 $G > T$，$S > I$。我们知道，中国长期存在财政赤字。如果按照这种分析方法，中国的财政赤字岂不是中国的高储蓄率造成的？显然，这个结论是错误的，中国的财政赤字是中国政府在一定的财政赤字观的指导下所实行的宏观财政政策造成的。

另外，还有必要深入地分析等式（3）形成的机理和内在含义。关于产值决定的分析分为事前分析和事后分析。从事前的角度看，等式（3）表示的左边的 3 个变量与右边的 3 个变量不一定相等。如果 $S + T + M < I + G + X$，总供给小于总需求，产值将会增加。随着产值的增加，社会储蓄（S）、政府税收（T）和进口（M）将会增加，从而导致 $S + T + M = I + G + X$。相反，如果 $S + T + M > I + G + X$，总供给大于总需求，产值将会减少。随着产值的减少，社会储蓄（S）、政府税收（T）和进口（M）将会减少，从而导致 $S + T + M = I + G + X$。这就是说，$S + T + M = I + G + X$ 是通过产值 Y 变化这个机理实现的，这是经济思想史上"凯恩斯革命"的内容之一。产值决定的事前分析表明，$S - I$、$T - G$、$M - X$ 这三个差额是可以相互弥补的。例如，一个国家的投资需求不足可以通过政府需求的增加或者出口需求的增加来弥补，一个国家的投资需求过度可以通过政府需求的减少或者出口需求的减少来抵消。

理解了等式（3）形成的机理和内在含义以后，就可以理解中国的高储蓄率不是中国贸易顺差的原因。从事后的角度看，$S + T + M = I + G + X$。这意味着储蓄转化为投资的部分所代表的社会资源用来生产投资品，储蓄没有转化为投资的余额（$S - I$）所代表的社会资源可以用来生产政府支出大于政府税收（$T - G$）所需要的商品或者出口大于进口（$X > M$）所需要的商品。如果政府出现财政盈余或者出现贸易逆差，该国就有更多的社会资源用于生产投资品；如果政府出现财政赤字和贸易顺差，该国只能有更少的社会资源用于生产投资品。因为政府不是根据该国储蓄多少或者储蓄率高低来制定宏观财政政策的，一旦政府出现财政赤字，就需要通过发行政府债务凭证向公众借钱，所以一个国家政府财政赤字（$T < G$）是部分储蓄没有转化为投资（$S > I$）的原因，而不是相反。另外，因为一个国家可能出口多少商品不一定就一定出口多少商品，它能否出口商品取决于外国是否进口商品，所以一个国家贸易顺差（$X > M$）是部分储蓄没有转化为投资（$S > I$）的原因，而不是相反。例如，正是美国进口中国的商品，中国才能对美国出口商品。在普通商品的国际市场上，是需求决定供给而不是供给决定需求。但是，需要强调的是，这里说的是中国的贸易顺差是部分储蓄没有转化为投资的原因，而不是说中国的贸易顺差是中国高储蓄率的原因。中国的高储蓄率是由中国的经济发展水平、社会福利制度和文化传统等因素造成的。

确实，中国的储蓄率即储蓄对国内生产总值的比率很高，但是中国的投资率即投资对国内生产总值的比率也很高。从事前的角度分析，中国不存在期望的储蓄大于期望的投资（$S > I$）的情况，否则无法解释为什么中国每年都大量地引进外国直接投资和借入外国债务来加快资本的形成。从事后的角度分析，由于美国市场对中国商品存在大量的需求，造成中国对美国的贸易顺差，从而使中国部分储蓄没有转化为满足投资需求而转化为满足出口需求。由此可见，中国的高储蓄率不是中美两国贸易失衡的原因，但是中国的高储蓄率为中国持续对美国出口提供了可能。

三、中美两国贸易失衡的主要原因

应该指出，美国不仅对中国存在贸易逆差，而且在整体上也存在严重的贸易逆差，美国整体的贸易逆差情况如表4所示。但是，从美国商务部的统计数据看，美国对中国的贸易逆差约占美国总体贸易逆差的1/3 ~ 1/2。

表4		美国对中国的贸易逆差		单位：亿美元	
年份	2002	2003	2004	2005	2006
逆差	4173.32	4909.84	6053.57	7086.24	7532.88
年份	2007	2008	2009	2010	2011
逆差	6967.28	6983.38	3791.54	4947.37	5598.80

资料来源：Bureau of Economic Analysis, *U. S. International Trade in Goods and Services*, US Economic Accounts, http：//www. bea. gov.

中美两国贸易失衡是由多种因素造成的，但主要原因是美国产业结构的调整、美国过高的消费率和美国的对外贸易政策。

首先来分析美国产业结构调整的因素。美国是世界上最大的发达国家，中国是世界上最大的发展中国家，美国的经济发展水平远高于中国，美国劳动者的工资水平也远高于中国。尽管美国的劳动生产率很高，但是如果在美国生产劳动密集型产品，工资成本将很高。在市场的调节下，美国从20世纪80年代就开始发生产业结构的调整，即逐渐放弃劳动密集型产品的生产，将社会资源转向资本密集型产品和技术密集型产品的生产。

以制造业为例，1980年，美国制造业工人的年平均工资是12421美元，中国制造业工人的年平均工资是752元（BLA，Employment；国家统计局，1996）。1980年我国尚未形成市场汇率，如果以当时的内部结算汇率2.80元：1美元计算，美国制造业工人的工资是我国的46倍。如果以1994年人民币汇率制度改革后的汇率8.64元：1美元计算，美国制造业工人的工资是我国的143倍。两国制造业工人的工资水平存在很大的差异。

当然，劳动者的工资高不一定导致单位产量的工资成本高，还需要考察劳动生产率。1980年，美国制造业劳动者人数是2017.58万人，制造业增加值是5583.00亿美元，美国制造业的劳动生产率是27672美元/人。1980年，中国工业①劳动者人数是7736.00万人，工业增加值是1996.50亿元，中国工

---

① 中国缺乏1980年制造业增加值的数据，在这里使用的工业增加值的数据。按照中国的产业分类，工业主要是制造业，但还包括公用事业和采矿业。

业的劳动生产率是 2581 元/人（BLA，Employment；国家统计局，1996）。如果按照 2.80 元∶1 美元的内部结算汇率计算，美国制造业工人的劳动生产率是中国的 30 倍。如果按照 8.64 元∶1 美元的市场汇率计算，美国制造业工人的劳动生产率是中国的 93 倍。两国制造业工人的劳动生产率也存在很大的差异。但是，相对于劳动生产率的差异，美国和中国劳动者工资的差异更大。

制造业包括各种传统产业和新兴产业，中美两国制造业工人工资水平和劳动生产率的巨大差异造成了中国在劳动生产率比较低的劳动密集型产品生产上对美国具有明显的比较优势，而美国在劳动生产率比较高的资本或技术密集型产品生产上对中国具有明显的比较优势。在这样的情况下，将发生下述形式的国际分工：第一种形式是美国逐渐放弃劳动密集型产品的生产而转向从中国进口。第二种形式是美国以直接投资的方式将劳动密集型产业转移到中国，在中国生产出产品后销往美国。第三种形式是美国以直接投资的方式将资本密集型或技术密集型产业中耗费劳动比较多的工序设在中国，在中国生产出产品后销往美国。

20 世纪 80 年代以后的事实充分证实了这种国际分工的发展过程。以劳动密集型的传统产业纺织业为例，美国纺织业的增加值在国内生产总值中所占的比率持续下降，1980 年是 0.5%，1985 年是 0.4%，1990 年是 0.4%，1995 年是 0.4%，2000 年是 0.3%，2005 年是 0.2%，2011 年是 0.1%（BEA，GDP-by-industry）。美国制造业的就业人数不仅相对减少而且绝对减少，如果以 2002 年为 100，美国制造业就业人数指数如下：1980 年是 122.5，1985 年是 116.6，1990 年是 116.1，1995 年是 113.3，2000 年是 113.0，2005 年是 93.5，2011 年是 77.1（BLA，Employment）。但是，与此同时，美国对中国制造业的直接投资不断增加：1990 年美国对中国制造业直接投资 1.38 亿美元，占对中国直接投资总额的 39%；2000 年美国对中国制造业直接投资 70.76 亿美元，占对中国直接投资总额的 64%；2011 年美国对中国制造业直接投资 267.10 亿美元，占对中国直接投资总额的 50%（BEA，Direct Investment & MNCs）。中国商务部的调查研究表明，中国对美国 60% 的出口贸易都是加工贸易产品的出口。

因此，美国进口中国企业生产的劳动密集型产品，进口美国或别国企业在中国生产的劳动密集型产品，或者进口美国或别国企业将耗费劳动较多的工序转移到中国的产品就变得不可避免了。当然，美国也同时进口其他发展中国家生产的劳动密集型产品，这就是美国在总体上存在贸易逆差的重要原因。但是，由于中国现阶段在劳动密集型产品的生产上比别的发展中国家更有优势，美国更多地从中国进口劳动密集型产品。

其次来分析美国过高消费率的因素。人们的消费支出包括对物品的支出和对服务的支出，而对物品的支出很大一部分是对制造业生产的消费品的支出。前面的分析表明，由于产业结构的调整，美国放弃或部分放弃了相当一部分劳动密集型的制造业，但是美国的消费率即消费支出对国内生产总值的比率又居高不下，从而形成了对美国本土已经不生产或很少生产的消费品的大量需求。

表5显示了美国近10年来的高消费率。从表中可以看到，仅仅在2007年美国次级抵押贷款危机爆发的时候消费率略有下降，其余年份不但很高而且很稳定。美国的高消费率加剧了美国产业结构调整所形成的对劳动密集型消费品的进口倾向，使之成为美国贸易逆差的主要原因。

表5   **美国的消费率**   单位：亿美元

年份	2002	2003	2004	2005	2006
消费率	69.99	70.04	69.77	69.74	69.53
年份	2007	2008	2009	2010	2011
消费率	64.95	70.22	70.46	70.45	71.17

资料来源：Bureau of Economic Analysis, *Gross Product*, US Economic Accounts, http://www.bea.gov.

人们可能感到疑惑：为什么中国的高储蓄率不是中美贸易失衡的原因，而美国的高消费率却是中美贸易失衡的原因呢？问题的关键在于：在国际商品市场上，是需求决定供给还是供给决定需求？对于高端的技术密集型产品，各国有着广泛的需求，而能够提供这些产品的只有少数几个国家，在这种情况下是供给决定需求。但是，对于低端的劳动密集型产品来说，发达国家具有需求，但几乎全部的发展中国家都可以提供这些产品，在这种情况下是需求决定供给。如果美国不从中国进口劳动密集型产品，不管中国具有多么高的储蓄率，中国都将无法向美国出口这些产品。如果美国要从中国进口劳动密集型产品，即使中国的储蓄率很低，在现期消费和未来消费之间的选择下中国仍然有可能向美国出口这些产品。

最后来分析美国贸易政策的因素。美国产业结构的调整和美国过高的消费率只能说明美国大量从中国进口劳动密集型产品是不可避免的，但是并不能说明美国对中国的贸易逆差是不可避免的。美国是世界上科学技术水平最高的国家，美国在技术密集型产品上具有明显的比较优势，中国对于技术密集型产品也存在巨大的需求，中美两国的贸易是完全可以平衡的。但是，美国一方面大规模从中国进口劳动密集型产品；另一方面却拒绝或限制对中国出口技术密集型产品，这样中美两国的贸易能够平衡吗？

第二次世界大战以后，美国一直以单边或多边的方式对出口技术进行管制。美国在 1949 年就通过了《出口管制法案》，并在以后不断地加以修订。在具体操作上美国将世界各国按照从严格到宽松的次序分为 Z、S、Y、W、Q、T、V 组。Z 组是全面禁止技术出口的国家，V 组是对技术出口较少管制但仍然存在差别待遇的国家。另外，在 1949 年，美国倡议成立了"多边出口管制统筹委员会"，即"巴黎统筹委员会"，对社会主义国家进行严厉的技术出口管制。尽管 1994 年"巴黎统筹委员会"退出了历史舞台，但美国在 1996年又与 32 个国家签订了《瓦瑟纳尔协定》，对不同的国家实行不同的出口技术管制措施。美国的出口技术管制政策对美国本身具有比较优势的产品出口进行严格的限制，这是美国存在严重贸易逆差的重要原因。

在美国对中国技术或技术产品出口管制过程中，1950 年将中国列入 Z 组；1972 年将中国列入 Y 组；1980 年将中国列入专门为中国而设立的 P 组，即将中国视为非敌对国，但仍然进行比较严格的限制；1983 年将中国列入 V 组，但仍然实行一定程度的限制。1989 年，美国以"违反人权"为由在技术出口方面对中国进行制裁，1991年和1993年又以"导弹技术扩散"为由强化了对中国的技术出口管制，2000年再以"窃取技术"为由继续加强对中国的技术出口管制。2011年，美国政府修改《出口管理条例》，放宽对44个国家或地区的技术出口管制，但中国被排除在名单之外。2013年，美国政府放宽了对有关国家出口卫星等相关产品的管制，中国再次被排除在名单之外。

由此可见，在20世纪90年代以后，特别是在2000年以后，正是中国对技术产品产生巨大的需求而又开始有外汇进口技术产品的时候，美国对中国严格的管制政策严重地限制了美国对中国技术产品的出口。据统计，从2001年到2011年，中国高技术产品的进口从560亿美元增至4630亿美元，每年增长23.5%。但在同一时期中国从美国进口的高技术产品则从2001年占高技术产品进口总额的16.7%下降到2011年的6.3%（新华网，2012）。

正是美国产业结构的调整、美国过高的消费率和美国的对外贸易政策这三个主要因素的相互作用，造成了中美两国的贸易失衡。

四、中美两国贸易失衡的效应和解决方法

应该指出，尽管中美贸易发生失衡，但是美国和中国都从中美贸易中获得贸易利益。美国获得的贸易利益如下：

第一，促进了美国产业结构的调整。任何国家的社会资源都是稀缺的，因而如何合理配置社会资源就成为一个国家经济发展的首要问题。美国通过中美贸易使它能够放弃它不具有比较优势的劳动密集型产业，将社会资源转向它具有比较优势的资本密集型产业和技术密集型产业，从而推动了美国产业结构的升级和优化，促进了美国劳动生产率的提高和经济发展水平的提高。

第二，提高了美国的实际生活水平。美国是一个工资水平较高的国家，如果在美国生产劳动密集型的消费品，成本和价格将较高。因此，美国从中国大量进口廉价和优质的劳动密集型消费品，不但提高了美国消费者的实际生活水平，而且压抑了美国的通货膨胀，大大地增进了美国的福利水平。

第三，减少了美国的能耗和污染。在社会产品中，部分产品耗费的能源较多以及对环境的污染较大。美国利用中美贸易的机会将部分能耗较大和污染较严重的产业转移到中国，生产出产品以后以中国对美国出口的形式销往美国。据美国商务部的统计，2012 年，美国对中国制造业的直接投资中有 21% 是化学工业，有 5% 是初级金属加工业（BEA，Direct Investment & MNCs）。这就是说，这些能耗和污染较大的产品在中国生产，在美国消费，从而减少了美国的能耗和污染。

第四，从进口得到出口贸易的利益。中国对美国的出口贸易 60% 是加工贸易，美国企业在中国设立工厂生产美国产品，如耐克鞋、苹果手机，等等，然后返销美国。这样，中国只获得了比例很小的加工费，而美国企业则得到了中国出口产品的利润。这就是说，美国作为中国产品的进口方，却获得了出口商品方的利益。

第五，获得了丰厚的铸币税收益。由于美元是国际储备货币，美国可以直接用美元来弥补对中国的贸易逆差。中国得到美元以后一般存放在美国的银行或购买美国政府发行的国库券、政府票据和政府债券，这就使美国银行和政府获得了低成本的资金融通，从而得到了近似于一个国家中央银行发行货币的铸币税收益。

尽管中国从中美贸易中远没有得到美国那么多的利益，但是中国仍然从中美贸易中获得了贸易利益：

第一，导致中国产值持续增长。中国是世界第一人口大国，但新中国成立以后只能依靠高储蓄率来积累资本以与劳动力相结合形成生产能力。但是，改革开放以后，中国还可以通过借入外国债务和引进外国直接投资加快资本形成，从而导致生产能力的迅速发展。中国对美国的出口贸易通过乘数效应为中国生产能力的扩张提供了巨大的社会需求，从而促进了中国的产值持续增长和就业不断增加。

第二，导致外汇储备的积累。中国通过对美国的贸易顺差积累了对于发展中国家来说十分宝贵的外汇资源，使中国从一个外汇短缺的国家转变为一个外汇充裕的国家。充足的外汇储备使中国可以从容进口经济发展所需要的技术、石油和原材料，从而为中国经济的发展奠定了外汇资金方面的基础。

由于中国出口的是廉价的劳动密集型产品以及加工贸易的产品，中国从中美贸易得到的微观贸易利益并不大。中国从中美贸易得到更多的是宏观贸易利益，即通过对外贸易促进就业的增加和产值的增长。

但是，中美贸易失衡也给美国和中国经济带来一定的不利影响。

对于美国来说，美国包括对中国贸易逆差在内的整体贸易逆差一直在腐蚀着美元。美国的经常项目长期是逆差，而美国的资本与金融项目长期是顺差。也就是说，美国凭借着美元作为主要国际储备货币的地位以增加美元供给的方法来弥补经常项目的逆差。即使不算各国机构的个人持有的美元，仅仅计算各国政府持有的美元，2001 年是 17108 亿美元，到 2011 年已经增加到 51947 亿美元，10 年增加了 200%（IMF，2002，2012）。在美元泛滥的情况下，美元汇率长期趋向于贬值。1973 年，美元指数是 100。到 2013 年 2 月 2 日，美元指数为 79.2。在此期间，美元对一篮子货币已经贬值 20.80%。

美国经常项目逆差和资本与金融项目顺差的状况是不可能永远持续下去的，一旦美国经济地位下降，在世界范围内流通的巨额的美元资金或者被抛售以转换为别的货币，或者涌入美国抢购美国的物质资产和金融资产，前者将导致美元危机，后者将导致美国的泡沫经济，两者都将对美国造成灾难性的影响。

另外，国际铸币税收益与国内铸币税收益有所不同，国内铸币税收益在国内经济规模趋向扩大的情况下是不必偿还的，而国际铸币税收益只有在该国货币国际地位不变的条件下才存在。一旦发生各国减持美元的情况，美国将不得不偿付以前得到的国际铸币税收益。

对于中国来说，中国向美国出口产品得到的外汇由于受到美国贸易政策的限制不能充分地用于购买美国的产品而只能储备下来，但外汇储备增加的过程就是货币当局投放本国货币的过程，因而增加了通货膨胀的压力。中国货币当局为了减轻通货膨胀的压力不得不通过发行中央银行票据来回收货币，从而不得不支付额外的利息。另外，由于美国的价格水平趋向上升，美元对人民币趋向贬值，中国的外汇储备还不断发生购买力损失和目前还是账面上的汇兑损失（李翀，2012）。本来中国从出口贸易本身得到的利益就不大，却还要为外汇储备的增加付出额外的代价。

既然中美两国的贸易失衡既有利益也有问题，那么如何一方面减少中美两国的贸易失衡；另一方面又能够保持贸易利益，就成为中美两国政府关注的问题。

迫使人民币对美元升值不是解决方法。前面的分析表明，在美国产业结构调整和消费率较高的情况下，美国大量进口劳动密集型产品是不可避免的。即使人民币对美元升值到了中国劳动密集型产品无法对美国出口的程度，美国同样要以更高的代价从别的发展中国家进口劳动密集型产品；即使美国对中国不存在贸易逆差，美国仍然会对别的发展中国家存在更大的逆差。显然，减少中美贸易失衡的目的是通过减少对中国的贸易逆差来减少美国的整体贸易逆差，而不是通过减少对中国的贸易逆差来增加美国的整体贸易逆差。

采取贸易保护主义的措施不是解决方法。近年来，美国政府不断地对中国的产品进行反倾销和反补贴调查，限制中国产品的进口。如果中国产品与美国产品存在直接的竞争关系，这种措施损人利己；如果中国产品与美国产品不存在直接的竞争关系，这种措施损人不利己；如果中国采取贸易报复的做法，这种措施则损人害己。以2012年10月美国政府对中国光伏产品征收惩罚性关税为例，光伏产品已经从一种高科技产品变成太阳能产业的初级产品，美国在世界光伏产品的市场份额已经从20世纪90年代中期的40%下降到2011年的7%。美国从中国进口廉价的光伏产品然后制成太阳能产品可以得到丰厚的利润，但美国政府仍然采取贸易保护主义的措施限制中国光伏产品的进口。

降低中国储蓄率的措施不是解决方法。前面的分析表明，在美国产业结构调整和消费率较高的情况下，美国大量进口劳动密集型产品是不可避免的。即使中国储蓄率降低到没有劳动密集型产品可以向美国出口的程度，美国同样要从别的发展中国家进口劳动密集型产品。同样，降低美国的消费率也不是有效的解决方法。前面的分析表明，降低美国的消费率只能在一定程度上减少美国贸易逆差的数量，但不能改变美国贸易逆差的趋势。况且，中国的储蓄率和美国的消费率是经济发展水平、社会福利制度、文化传统等因素造成的，在相当长的时间是难以改变的。

由此可见，减少中美两国贸易失衡的有效方法是促进美国的出口。可以理解，美国要保持经济和军事的绝对优势地位，就要保持在科学技术上的绝对领先地位；而要保持在科学技术上的绝对领先地位，就要对美国技术密集型产品的出口进行管制。但是，美国对技术密集型产品出口的限制已经到了过于苛刻的程度，已经在一定程度上影响了美国经济的发展。这样，美国政府面临着下述选择：如果适当放宽对技术的出口管制，美国既可以在一定程度上解决美国对中国和对世界各国的贸易失衡又不会影响美国科学技术的领先地位；如果继续采用严厉的政策来限制本国具有比较优势的技术密集型产品的出口，美国对中国以及对世界各国的贸易失衡将变得无解，同时也对美国经济发展产生不利的影响。假如美国政府选择了后者，它就应该接受后者的结果，就不应该再用别的手段去伤害别的国家的经济。

参考文献

[1] 李翀：《我国外汇储备的性质和损益》，载《中山大学学报》2012年第2期。

[2] 新华网：习近平在中美经贸合作论坛开幕式上的演讲，2012年2月18日，http：//www. fmprc. gov. cn。

[3] 中国商务部、美国商务部：《中美货物贸易统计差异研究报告》，2010年3月4日，http：//www. mofcom. gov. cn。

[4] 中国商务部、美国商务部：《中美货物贸易统计差异研究第二阶段报告》，2013年1月25日，http：//www. mofcom. gov. cn。

[5] 中华人民共和国国家统计局：年度数据，从业人员和职工工资，1996年，http：//www. stats. gov. cn。

[6] 中华人民共和国国家统计局：《中国统计年鉴》，中国统计出版社（2003～2012年）。

［7］ Bureau of Economic Analysis, *Direct Investment & MNCs*, US Economic Accounts, http：//www. bea. gov.

［8］ Bureau of Economic Analysis, *GDP-by-industry*, US Economic Accounts, http：//www. bea. gov.

［9］ Bureau of Economic Analysis, *US Economic Accounts*, http：//www. bea. gov.

［10］ Bureau of Labor Statistics, *Employment*, *Subject Areas*, http：www. bls. gov.

［11］ International Monetary Fund, *Appendix I：International Reserves*, Annual Report, 2002, 2012, http：//www. imf. gov.

［12］ Schreyer, Paul, *The OECD-WTO Trade in Value-Added Database*, WTO, Trade Data Day, Geneva, 16 January 2013, http：//www. wto. org.

213

第三篇 世界经济研究

论中美两国贸易失衡的原因、效应和解决方法

加快推进我国对外经济发展方式转变的战略选择*

一、转变我国对外经济发展方式的迫切性

改革开放以来，我国国内生产总值以平均高于9%的速度持续增长了32年，连续超越了意大利、法国、英国、德国、日本等多个发达国家，仅次于美国而位居世界第二位。我国经济高速增长创造了人类经济史上经济增长的奇迹，使我国的生产能力空前提高，社会财富迅速积累，人民群众生活状况显著改善。

与此同时，我国对外经济也取得了巨大成就。首先，我国进出口贸易总额已经取代传统的贸易大国德国和日本而仅次于美国居世界第二位，出口商品结构在不断改善。其次，我国长期以来一直是引进外国直接投资最多的发展中国家，近年来我国对外直接投资也出现了迅速增长的趋势。最后，我国外汇储备居世界第一位，人民币地位在不断提高。在我国整体经济的发展中，对外经济的发展功不可没。

　＊　本文发表于《经济理论与经济管理》2011 年第 3 期，《新华文摘》2011 年第 11 期全文转载，中国人民大学报刊复印资料《社会主义经济理论与实践》2011 年第 6 期、《国际贸易研究》2011 年第 7 期全文转载。本文是国家社会科学基金重大项目"加快推进对外经济发展方式的转变研究"论证报告，本人为首席专家，参加论证的人员还有北京师范大学经济与工商管理学院胡海峰教授、张永林教授、魏浩副教授、郑飞虎副教授、蔡宏波讲师、江婕讲师、王正位讲师。

但是，在我国经济持续发展了 32 年以后，一个严峻的问题已经显现出来：我国按照现行的经济发展方式还能持续增长多少年？特别是 2008 年 9 月美国金融危机激化以后，我国出口大幅度下降，我国经济面临衰退的危险，给我国对内和对外经济发展方式敲响了警钟。

我国对内经济发展方式主要存在两个问题：第一，我国对内经济发展方式基本上是粗放型的增长方式，即依靠大规模地投入劳动、资本和自然资源而实现的产值增长。第二，我国产值的增长在需求结构上过于依赖投资需求和出口需求的增长，而在产业结构上又过于依赖第二产业的增长。相应地，我国包括对外贸易、直接投资、对外金融在内的对外经济发展方式也存在不少问题。

在对外贸易方面，首先，虽然我国出口商品结构在名义上已经完成了从劳动密集型为主向资本密集型和技术密集型为主转变，但在实质上我国还处于国际分工和国际产业价值链的低端。我国出口的主要方式还是加工贸易，具有自主品牌产品的出口不多。由于外商控制了收益最高的设计、研发、品牌等生产环节，我国企业得到的只是少量的加工费。这样，我国成为典型的"制造大国、品牌小国"，陷入了以外商为主导、加工贸易占支配地位的具有很大风险的对外贸易格局。

其次，尽管我国实际上得到的国际贸易利益不多，但我国却成为贸易保护主义的最大受害国。在 1979~2007 年期间，共有 38 个国家对我国发起各种贸易救济调查 897 起，涉案金额 188 亿美元。其中反倾销案件 780 起，涉案金额 162 亿美元。到 2008 年，我国已经连续 14 年成为遭遇反倾销调查最多的国家，连续 3 年成为遭遇反补贴调查最多的国家。据世界贸易组织统计，2008 年外国对我国发起反倾销调查 73 起、反补贴调查 10 起，分别占全世界总数的 35% 和 71%。

再次，在传统非低碳经济条件下，依靠传统的"低成本、高能耗、高排放"和"碳成本"外部化的发展战略，我国充分发挥劳动力资源的优势，大力发展加工贸易，积极吸引外资，大量承接国际低端产业，生产出口劳动密集型产品，不仅使我国融入了国际分工，还带动了进出口贸易和国民经济的迅速发展。但是，碳关税的兴起和发展，将使世界经济进入低碳经济时代。这意味着我国传统的粗放式参与国际分工的战略已经不可持续，对外货物贸易发展方式必须进行调整。

最后，我国对外服务贸易的发展长期依赖旅游服务、运输服务和商业服务等传统劳动密集型服务行业，金融服务、信息服务等资本和技术密集型的生产性服务业在我国的对外服务贸易中所占的比重还很小。我国对外服务贸易不仅在贸易竞争力指数方面与美国、英国、法国、德国、意大利等发达国家相比存在很大的差距，而且从1999年开始已经落后于发展中国家印度。

在外国直接投资方面，首先，我国曾设想通过引进外国直接投资的方式，"以市场换技术"。主要途径是通过技术转让等形式，直接掌握外国企业的先进技术；通过学习、模仿等非市场转移方式，获取外国企业先进技术；通过给国内企业造成竞争压力的方法，促使国内企业提高技术水平。改革开放以来，我国企业从外国直接投资中得到了一般的生产技术和管理技术，但没有得到核心技术。

其次，我国吸引外国直接投资的优势在于廉价的土地和劳动力。不少地方政府为了吸引外国直接投资，在土地使用上给予过多的优惠，造成了土地资源的大量流失。另外，为了利用我国廉价的劳动力，外商直接投资主要集中在制造业。直到2009年，外商对我国制造业的投资占外商总投资的比例仍然达到52%。我国从外商直接投资得到的相对利益本来就不大，而外商对制造业的直接投资导致出口的增加又产生了更多的贸易摩擦和人民币汇率升值压力。

最后，在我国采取各种优惠措施吸引外国直接投资的情况下，不少外商将高能源消耗、高原料消耗、高污染产品的生产转移到我国，不仅耗费了我国大量的自然资源，而且对我国的环境造成了严重污染。由于我国的碳排放量迅速增加，又使我国在倡导低碳经济的国际环境中处于不利处境。

在对外金融方面，首先，与对外贸易和直接投资相比，我国对外金融的发展还处于滞后状态。尽管中国人民银行已经批准国际金融公司和亚洲开发银行在国内发行人民币债券，但在国际金融市场上流通的以人民币计价的债券为零。尽管我国已经成为第二大经济大国和贸易大国，但是人民币还不是一种可以自由兑换的货币，世界各国中央银行和各国金融机构持有的人民币资产还为零。

其次，由于人民币地位不高，我国企业在对外贸易中不得不以美元计价和结算，从而经受着汇率变化的风险，并经常为此遭受损失。我国对外贸易的利益本来就不大，但是当我国政府将对外贸易积累起来的美元作为国际储备时，又会要遭受美元贬值趋势的损失。我国作为一个发展中大国，不得不大量储备外汇，这实际上是在向发达国家交纳着"铸币税"。

2007年，党的十七大根据我国改革发展进入新阶段所面临的新情况和新问题，明确提出了加快我国经济发展方式转变的发展方针。2010年，胡锦涛总书记在省部级主要领导干部深入贯彻落实科学发展观加快经济发展方式转变专题研讨班上，专门发表了关于加快经济发展方式转变的讲话。2010年，党的十七届五中全会再次强调："加快转变经济发展方式是我国经济社会领域的一场深刻变革。"显然，这场变革成功与否关系到我国经济能否实现均衡地和可持续地发展，关系到我国能否从经济大国转变为经济强国，关系到中华民族能否真正走向繁荣昌盛。

我国对外经济发展方式主要包括三个层次：第一个层次是按照对外经济来划分的发展方式，如对外贸易发展方式、直接投资发展方式、对外金融发展方式。第二个层次是在第二个层次上的再划分，如对外货物贸易发展方式、对外服务贸易发展方式、对外直接投资发展方式、引进外国直接投资发展方式、货币国际化发展方式、金融国际化发展方式。第三个层次是在第二个层次上的再划分，如对外货物贸易发展方式再划分为货物出口发展方式，货物进口发展方式等。要加快推进我国对外经济发展方式的转变，可以考虑在第二个层次中构建和实施国家发展战略。

二、我国对外贸易发展战略的选择

在对外贸易方面构建和实施国家发展战略是：以超比较优势为核心的梯型对外货物贸易发展战略和以比较优势变迁为背景的雁型对外服务贸易发展战略。

比较优势有静态比较优势和动态比较优势之分。静态比较优势是目前现实世界中存在的比较优势，这种比较优势在短期内是不可更改的，各个国家只能按照这种比较优势格局参与国际分工和从事国际贸易。显然，就目前中美两个国家的经济发展水平而言，不可能出现中国向美国出口大型客机而从美国进口纺织品的贸易情况。

但是，除了静态比较优势以外，还有动态比较优势。也就是说，从目前来看某个国家在某个产业不存在比较优势，但是经过一段时间的培育和发展，这个产业就可能具有比较优势。如果发展中国家不去创造这种动态比较优势，只能永远落后于发达国家。

除了静态比较优势和动态比较优势以外，还存在超比较优势。所谓超比较优势是指在两个国家的贸易中，一个国家能够生产的某种商品可能是另一个国家所不能生产的。从比较成本的角度分析，这意味着如果一个国家生产某种产品的成本为一定，另一个国家生产这种产品的成本为无穷。在多国贸易中，超比较优势则意味着某种产品只有少数几个国家可以生产的情形。超比较优势产生的主要源泉是社会资源的特点和科学技术水平（李翀，2005，2006，2010）。

因此，要加快我国对外货物贸易发展方式转变，应该对我国各个产业的现状以及未来世界产业发展前景进行深入分析，实行以超比较优势为核心的梯型对外贸易发展战略。首先，从短期和静态来看，我国应该按照比较优势的原则参与国际分工。其次，从长期和动态来看，我国政府应该培育某些目前没有比较优势但未来对我国经济具有主导意义的产业，以使这些产业在未来形成比较优势。最后，我国政府应该积极支持某些可以与发达国家同时起步的产业，推动科技的自主创新，发展某些具有超比较优势的产业。

之所以以超比较优势为核心，是因为它最能促进我国科学技术水平的提高，最能提高我国经济的核心竞争力。之所以是梯型，是因为对不同产业，要实施不同的对外贸易发展战略：传统优势产业按照比较优势原则参与国际分工，对经济具有重要影响的产业培育其动态比较优势以参与国际分工，对于与发达国家同时起步的新兴产业则应该创建超比较优势以参与国际分工。这种阶梯型的对外货物贸易发展战略将有力地推进我国现行的对外货物贸易发展方式的转变，它既可以充分发挥我国已有的优势，又可以培育潜在的优势和超级的优势，以保证我国对外货物贸易的可持续发展。

在充分考虑低碳经济要求的前提下，需要区分我国可能采取不同形式参与国际分工的产业。根据我国的实际经济情况，将形成下面四种类型的产业：

第一种类型的产业是高能耗、高污染的产业。即使这些产业具有比较优势，我国政府也要根据国内实际情况，对这类产业的出口实行不同程度的限制。我们需要认真研究的是如何进行这样的限制，以及可以采取什么措施来缓和这样的限制所造成的不利影响，如寻找对外直接投资替代方法等。

第二种类型的产业是我国具有传统比较优势的产业，这部分产业主要按照比较优势原则参与国际分工。我们需要认真总结这部分产业以往发展的经验和教训，通过结构性的政策调整，来寻求效益更高的发展方式和发展策略。

第三种类型的产业是对国民经济具有长远和重要影响的产业。虽然它们目前没有比较优势，但是从我国经济发展的态势来看，是有可能成为具有比较优势产业的，这部分产业要通过建立动态的比较优势以参与国际分工。对这些产业，我们需要探讨的是我国政府应该采取什么样的政策和措施，来扶持这些产业。

第四种类型的产业是与发达国家同时起步的新兴产业，我国不可能在这些产业中与发达国家全面竞争，但是应该争取在个别产业建立超比较优势以参与国际分工。对这些产业，我们同样需要探讨我国政府应该采取什么样的政策和措施来培育。

由于扶持和培育第三和第四类产业需要政府一定的财政和信贷支持，因而需要耗费大量的社会资源，而政府掌握的社会资源又是有限的，因而需要从中选择最值得扶持或培育的产业。

实施以超比较优势为核心的梯型对外货物贸易发展战略，本身可以转变我国对外货物贸易发展方式，提高我国对外货物贸易的层次和效益。同时，还可以通过培育自主技术和新兴技术的方式，推动对外经济发展方式转变，促进我国经济健康、稳定、持续发展。

我国对外服务贸易的战略选择与对外货物贸易战略选择相似。在科学判断当今世界经济格局的前提下，从提升本国分工地位和实现贸易利益最大化的目标出发，在我国服务贸易部门构建以改善传统比较优势、建立动态比较优势和培育超比较优势为框架的雁型对外服务贸易发展战略，即以比较优势变迁为背景的雁型对外服务贸易发展战略。

所谓"雁型"是对该战略的一种形象表述。目前，在对外服务贸易中，我国低端传统服务业如旅游业、运输业一枝独秀，但它只是一只孤雁。该战略提出要扶持具有动态比较优势生产性服务业和培育具有超比较优势的新兴服务业，以在我国对外服务贸易中形成雁群。开始的时候领头雁可能还是传统服务业，但随着其他服务业的发展，生产性服务业和新兴服务业在未来对外服务贸易中将逐渐成为领头雁。

以比较优势变迁为背景的雁型对外服务贸易发展战略的实施方法如下：

第一，传统服务业按照比较优势原则参与国际分工。利用贸易竞争力指数（TC指数）、显性比较优势指数（RCA）等对我国各服务业部门进行时间序列数据分析可以发现，我国在旅游、运输和其他商业服务方面具有一定的比较优势，其中旅游服务已发展成为当前我国对外服务贸易的主要组成部分，劳动密集型的运输、建筑服务等行业则表现出资本、技术密集型的发展趋势，这表明我国部分传统服务业的劳动力比较优势正面临着同行业内部转型和要素重新分配的严峻考验。我们需要以此为背景，面对世界服务贸易发展的新要求，提出我国传统服务业积极进行战略转型升级的可行路径，寻求我国传统服务业在新一轮全球分工中稳定贸易收益的最佳发展方式和发展策略。

第二，生产性服务业建立动态比较优势参与国际分工。依靠政府的支持和承接发达国家服务外包，我国在通信、计算机和信息服务领域开始显示比较优势的迹象，但在金融、保险以及专利权使用费等标志一个国家软实力的更多生产性服务业上尚不具备参与国际竞争的资格和能力，而这些行业对国民经济发展及其转型的重大影响却正在显现。为此，我们需要考察国内目前不具有比较优势或者具有弱比较优势的部分服务业发展现状，研究通过机制创新、市场开放和政策引导等策略，有针对性地建立其动态比较优势，以使这些行业在国际分工和竞争中获取较高的收益。

第三，战略性新兴服务业培育超比较优势参与国际分工。发达国家在服务经济的绝大部分领域已占得先机，但在当前低碳经济和应对气候变化的全球合作中又衍生出环境服务业、碳排放权交易等诸多新兴服务业，目前还只初现于少数发达国家和地区。这些行业的发展规律和特点还不完全清晰，国际分工及其利益分配机制还有待完善。虽然我国不受《京都议定书》的减排约束，但我国一直是共同应对全球气候变化的积极参与者。我国已明确承诺2020年单位GDP二氧化碳排放量比2005年下降40%~45%，并作为约束性指标纳入国民经济和社会发展的中长期规划。因此，我们需要探讨以气候变化和环境有关的现代新兴服务业作为我国重点培育的可能建立超比较优势的战略性产业，在即将形成的该行业全球分工格局中争取占据有利地位，以此带动我国服务业及服务贸易新一轮的增长。

三、我国直接投资发展战略的选择

在直接投资方面构建和实施国家发展战略是：以超所有权优势为重点的多方位对外直接投资发展战略和以调整结构为主线的质量型引进外国直接投资发展战略。

在经济全球化背景下，探索我国对外直接投资（ODI）整体性战略布局问题，是一项紧迫而又重要的研究课题。以构建超所有权优势下的 ODI 战略为研究方向，以我国 ODI 战略布局为主要研究对象，以我国企业 ODI 战略运营模式为切入点，注重从世界经济格局演变、我国大国国情与特色文化影响这个综合视野，深入研究并总结我国 ODI 战略布局的一般规律与内在逻辑，并据此总结提出了符合我国跨国公司理论的"超所有权优势"理论。

超所有权优势理论，是在继承不完全市场中分析跨国公司行为的所有权优势这个基本假设与条件的基础上，引进国际贸易的核心理论——比较优势思想（国与国之间自然性要素比较），以及小岛清（Kojima Kiyoshi）的核心思想——宏微观一体化理论，加以动态组合而形成。所谓所有权优势的内涵发展，涵盖了从海默（S. Hymer）的市场结构下的所有权优势，到内部化理论中的交易性所有权优势，直至邓宁理论中的"综合所有权优势"：即资产所有权优势（Oa）+ 交易所有权优势（Ot）+ 区位制度所有权优势（Oi）（Dunning，1976，1977，1979，1981，1988，1993）。

超所有权优势理论的核心观点是：国家之间存在自然性要素的禀赋差异（宏观因素），而企业之间存在创造性要素的禀赋差异（微观因素），企业不但可以将本国自然性要素禀赋与自身创造性要素禀赋相结合，提升所有权优势（静态所有权优势），而且可以将不同国家的自然性要素禀赋通过内部化融合在一起，提升所有权优势（动态所有权优势）。所谓超所有权优势就是通过将国内宏观和微观因素、国内宏观因素和国外微观因素、国内微观因素和国外宏观因素、国外的宏观和微观因素进行最优组合，创造出超越静态所有权优势和动态所有权优势的超级所有权优势。

显然，在超所有权优势理论下，我们不仅可以获得邓宁的"综合所有权优势"，而且将企业作为一种内部化的有效制度载体，获得降低交易费用、融合外部资源扩张与聚焦核心资源收缩的功用。

基于超所有权优势理论的范式，可以分解得出不同的所有权优势战略组合。在此基础上，不仅从产业层面详尽探讨了我国目前具备不同所有权优势的产业ODI战略，及其与国内经济发展方式转变之间的有机联系，而且进一步从企业层面深入探讨了目前我国企业普遍开展的几种重要ODI战略模式，如自然资源导向型、研发资源导向型与市场规模促进型的运营特征、适用条件及其战略手段，并集中对我国多元化产权ODI的风险与公司治理问题之间的联系进行分析。这样，就可以对完善我国ODI整体性战略布局的配套政策等方面提出相关研究建议。

如果说对外直接投资我国还处于实验阶段，那么我国引进外国直接投资则经历了30多年的实践。根据我国引进外国直接投资的经验教训，结合现实经济情况的变化，我国引进外国直接投的战略必须转变为以调整结构为主线的质量型引进外国直接投资发展战略。

以调整结构为主线的质量型引进外国直接投资发展战略的主要内容是：以调整引进外国直接投资的结构来提高我国引进外国直接投资的质量和水平。调整引进外国直接投资的结构将是全方位的：在产业结构中，适当限制对制造业的投资，鼓励对农业和生产性服务业的投资；在地区结构中，适当限制对东部的投资，鼓励对中西部的投资；在技术结构中，适当限制对低技术部门的投资，鼓励对高技术部门的投资；在能源消耗结构中，适当限制对高能源消耗的部门的投资，鼓励低能源消耗的部门的投资。

以调整结构为主线的质量型引进外国直接投资发展战略的实施方法如下：

第一，要转变引进外国直接投资的观念。我国以前往往以引进外国资金为目标，但是经过改革开放30多年的发展，我国的资金已不缺乏。因此，我国要转向以引进高新技术、高端人才和先进管理技术为主要目标的外国直接投资。为了最大限度地吸收外资企业的技术，我国还需要加强在教育、管理方面的建设，培养更多的高质量人才。

第二，酌情减少或逐渐取消对外商直接投资的税收优惠。对于劳动密集型和高污染的中小投资企业，应制定严格的准入制度，进行严格监管。从长远看，培养在技术和管理上都具有国际竞争力的本国企业才是可持续的发展模式，而我国企业只有在政策上获得与外国企业相同的待遇，才能正常地发展。

第三，严格限制外商对高污染行业的投资，同时采取政策鼓励外商对投资周期长的行业的投资，如农业和基础设施建设；鼓励外商对低能耗、低污染、高附加值的行业的投资，如生产性服务业；鼓励外商对技术和管理型行业的投资，如科技、卫生、环境等行业；鼓励外商对中西部投资。

第四，加大对知识产权的保护力度，这是鼓励技术密集型企业来我国投资的前提。我国目前知识产权保护的相关法律法规不健全，执行不到位，是跨国企业不愿意把最新科研成果引入我国的重要原因之一。政府应该创造一个良好的知识产权保护环境，这是我国提高技术水平和加快产业结构升级的一条捷径。

四、我国对外金融发展战略的选择

在对外金融方面构建和实施的国家发展战略是：以渐进的人民币国际化为中心的对外金融发展战略和以防范风险为目标的宏观审慎金融监管体系的构建。

关于人民币国际化问题研究存在缺憾的一个重要方面就是切入点的选择，即选择一个什么样的切入点，来构筑人民币国际化的动力机制，进而建立人民币国际化研究的理论体系。要有效地推进对外经济发展方式的转变，需要综合考虑国际金融和国际贸易的双重因素，从对外贸易发展的角度展开对人民币国际化的研究，其原因是：

第一，人民币资本项目现状的要求。在当前人民币资本项目没有开放的情况下，人民币在金融资产方面发挥国际货币功能和作用是不现实的。现实的选择是发挥人民币的贸易货币的功能，以贸易发展推进人民币国际化进程。人民币只有逐渐成为贸易货币、借贷货币、投资货币，才能最终成为储备货币。

第二，货币国际化内源动力的要求。市场选择是货币国际化的内源动力，而贸易发展则是市场选择的内在基础。人民币国际化市场选择的发展动力，也主要来自于贸易中货币的使用。因此，以贸易网络带动货币网络的发展与扩张是提高市场选择能力、推动人民币国际化的现实选择。只有以此作为基础，通过金融发展建立起来的人民币国际化制度安排的推动效应才更加显著。

第三，人民币国际化发展模式选择的要求。人民币国际化应该在人民币区域化的基础上不断推进。从当前的现实来看，人民币的周边区域化发展还是要以我国的边境贸易发展为基础，以边境贸易发展，配合货币结算使用方面的制度安排，共同推进人民区域化进程。

从对外贸易发展来分析人民币国际化，可以比较清晰地发现我国在贸易发展与金融发展的关系上存在现实矛盾和问题：即我国逐步成为贸易大国，但并非是金融大国，金融发展滞后并制约着贸易的深入发展，贸易发展对金融发展存在强烈诉求。

基于上述分析，需要构建以渐进的人民币国际化为中心的对外金融发展战略：第一，在我国的普通贸易中推进以人民币计价和结算，先从周边地区开始，然后逐渐向其他地区扩展，这样一方面可以减少我国企业的汇率风险，另一方面利于推进人民币的国际化进程。第二，以可控的方式如合格的外国机构投资者（QFII）和合格的国内结构投资者（QDII）推进人民币在资本与金融项目可自由兑换，以实现人民币在国际收支的多数项目下的自由兑换。第三，推动在香港地区建立人民币离岸金融市场，在与人民币在岸金融市场相隔离的情况下探索人民币资金融通的国际化道路。第四，推动以建立超主权国际货币体系为核心的国际货币制度改革，并在超主权国际货币体系的构建中体现人民币因素。这个战略之所以说是"渐进"的，是因为这是一个缓慢的过程；之所以说是"中心"，是因为它可以推动我国对外金融体系的建立和对外金融的发展。

要实现人民币国际化的战略构想，从货币职能的角度来看，是"三步走"，即结算货币、投资货币和储备货币；与此同时，从地域的角度来看，也是"三步走"，即周边化、区域化、国际化。

第一，人民币成为周边国家贸易结算货币。成为周边国家的贸易结算货币是当前人民币国际化的主要形式，虽然这意味着人民币还停留在国际化的早期阶段，但是这也是人民币国际化的重要步骤和必经阶段。当前需要进一步扩大人民币在周边国家中的使用范围，为之提供必要的金融支持，我国政府制定的《跨境贸易人民币结算业务试点办法》是一个好的开端。随着《细则》的进一步完善，各部门协调配合的加强，以及对以人民币作为结算货币的逐渐适应，人民币作为周边国家贸易结算货币的功能，将得到进一步的巩固。

第二，人民币成为区域性的投资货币。结算货币职能的实现，只是人民币国际化的第一步。人民币要成为真正的国际货币，除了充当结算货币之外，还要成为投资货币。因此，应当加快推进人民币资本项目可兑换的进程，为人民币自由兑换奠定基础，使人民币成为区域性的投资货币。当然，人民币成为投资货币是一个过程，不可能一蹴而就。根据国际经验，我国应该先放开与贸易有关的资本流动限制，其次放开对外国直接投资和证券投资的限制，再其次放开对短期资本流动的限制，最后放开境内居民、机构对海外投资的限制。总之，加快推进人民币资本项目可兑换，可以进一步促使人民币成为投资货币，这是人民币国际化的重要环节。

第三，人民币成为国际储备货币。从历史来看，在美国经济超越英国半个世纪之后，美元都还没有取代英镑的世界储备货币地位。尽管在美国发生金融危机的背景下，很多国家和地区都对美元不再表示乐观，我国也在多种场合表达了设立"超主权储备货币"的设想，但在短期内要产生一种取代美元的国际货币的可能性微乎其微。人民币成为国际储备货币更多的是一项长期目标。就目前来说，我国更需要把当前的事情做好，扎实推进人民币国际化的各项基础性工作。

在人民币国际化的进程中，我国的金融体系将更加开放，金融创新将更加活跃，金融机构和金融市场也将面临更多的风险冲击。因此，如何完善金融监管，构建防范系统性风险的宏观金融监管体系，以适应未来金融业的发展成为关系到我国对外经济发展方式转变以及保持我国经济持续健康发展的关键问题。如果说推进人民币国际化是要获得更多的利益，那么构建防范系统性风险的宏观金融监管体系就是要防范由此带来的风险。

此外，2008 年 9 月美国金融危机的激化不仅波及发达国家，同时也通过国际资金融通的途径传染到我国金融系统。这表明，在经济全球化的条件下，各国金融业的联系越来越密切，一个国家爆发金融危机将会对别国的金融机构造成严重影响。因此，加强金融监管，增强我国金融业抵御国际金融风潮冲击的能力，本身也是转变对外经济发展方式的一个组成部分。

面对当前国际金融监管改革浪潮，立足于我国现有金融监管体系的现状，需要构建宏观审慎的金融监管体系，并重点关注以下问题：

第一，防范金融业系统性风险。我国金融业以国有金融机构为主体，对经济安全和健康发展发挥着不可替代的作用。如何建立宏观审慎的监管框架，解决系统重要性金融机构"大而不倒"的问题以防范系统性风险，将成为审慎监管框架的重要组成内容。

第二，研究逆周期监管措施。金融机构和金融市场具有内在的顺周期性，风险计量模型的发展、资本监管和会计准则等外部规则，更进一步强化了这种顺周期性。如何采取适当的逆周期政策，建立适当的逆周期机制，将成为宏观审慎监管框架的一个重要组成部分。

第三，推进全方位监管和高效监管。我国金融市场的深入发展，对金融创新产品和创新机构的监管提出了新的要求。如何借鉴国际经验，尽快完善监管体系，扩大监管范围，消除对衍生品和私募基金等的监管真空，实现对金融市场的全方位监管；同时，如何加快建立和完善适合我国国情的金融监管协调机制，提高混业经营趋势下的监管效率，解决监管规则不统一、监管套利等问题，将成为宏观审慎监管框架需要解决的重要问题。

第四，防范国际资本的投机性冲击。要转变我国对外金融乃至对外经济的发展方式，就要推进人民币的国际化；而要推进人民币的国际化，就要实现人民币在资本项目下的自由兑换。但是，一旦实现人民币在资本项目下的自由兑换，我国的金融体系将面临国际资本投机性冲击的风险。因此，我国

加快推进我国对外经济发展方式转变的战略选择

不仅要通过建立宏观审慎的金融监管体系和防范国内金融体系的系统风险，而且还要通过建立国际资本投机性冲击的预警系统和抵消国际资本投机性冲击的货币机制，来防范国际资本投机性冲击的风险。

五、简短的结论

一个国家的对外经济发展方式是由这个国家的经济发展水平决定的，而不是由人们的主观意志决定的。这意味着我国现行的对外经济发展方式还在相当长的时间里不同程度地存在。但是，这并不意味着我们只能被动地接受这种对外经济发展方式而无所作为，这也并不意味着我们不能根据市场经济的运行规律加快推动我国对外经济发展方式的转变。我们应该从现实的经济发展水平出发，去研究在短期里可以做什么，在中期里可以做什么，在长期里又可以做什么。一切从实际出发，这是研究如何加快推进我国对外经济发展方式转变的前提。

一个国家的对外经济发展方式和对内经济发展方式是相互依存和相互作用的。另外，一个国家的对外贸易发展方式、直接投资发展方式和对外金融发展方式也是相互联系、相互制约的。因此，必须在对外和对内经济发展方式的相互作用之中，在对外贸易、直接投资和对外金融发展方式的相互联系之中，来考虑如何通过对外经济发展战略的总体布局，加快推进我国对外经济发展方式转变。

参考文献

［1］ 李翀：《论国际贸易中的超绝对利益》，载《国际贸易问题》2005 年第 3 期。

［2］ 李翀：《比较优势与超比较优势——论我国经济的发展战略》，载《学术研究》2006 年第 3 期。

［3］ 李翀：《超比较利益学说的构建》，载《学术月刊》2010 年第 3 期。

［4］ Dunning, J. H. , Trade, Location of Economic Activity and the Multinational Enterprise：A Search for an Eclectic Approach. University Reading Discussion Papers in

International Investment and Business Studies No. 29, 1976, revised version published in B. Ohlin (ed.), The International Allocation of Economic Activity Macmillan, London: 1977.

[5] Dunning, J. H., Explaining Changing Pattern of International Production, in Defense of Eclectic Theory Oxford Bulletin of Economics and Statistics, 1979.

[6] Dunning, J. H., International Production and Multinational Enterprise [M]. London: Allen & Unwin, 1981; The Eclectic Paradigm of International Production: A Restatement and Some Possible Extension Journal of International Business Studies, Spring 1988.

[7] Dunning, J. H., Theory of Transnational Corporations London: Rontledge, 1993.

[8] Kojima Kiyoshi. Direct Foreign Investment: A Japanese Model of Multinational Business Operations London: Croom Helm, 1978.

[9] Hymer, S., International Operation of National Firms: A Study of Direct Foreign Investment Cambridge: MIT Press, 1976.

第三篇 世界经济研究

加快推进我国对外经济发展方式转变的战略选择

论人民币国际化的路径和方法*

一、人民币国际化的进展

从 20 世纪 90 年代初期到 21 世纪初，是人民币走向国际化的初步阶段。这个阶段的基本特征是：人民币在市场的驱动下开始跨境流动，我国政府开始着手解决人民币跨境流动所带来的问题，但还没有积极采取措施去推进人民币的国际化。在这里，人民币跨境流动是指人民币跨越了人民币货币区的区境，或者说跨越了中国大陆海关的关境，走向了周边的国家和地区。

人民币流出的途径主要有：第一，出境旅游。旅游者携带的人民币现钞出境形成中元的流出。第二，边境贸易。我国与周边国家进行贸易时以人民币来结算，形成了人民币的流出。第三，贷款和投资。我国政府曾经向周边国家提供人民币的无偿援助和优惠贷款，我国的中小民营企业也有携款出境到周边国家进行投资，这一切都构成中元的流出。相应地，周边国家或地区的居民入境旅游消费、用人民币进口我国商品，携带人民币入境支付他们所经营的企业的工人工资和原材料费用，等等，形成了人民币的流入。除了上述合法的人民币流动外，还存在地下的人民币汇兑，如在境外支付当地货币，到境内领取人民币；或在境内支付人民币，在境外领取当地货币。另外，也

---

* 本文发表于《福建论坛》2013 年第 3 期，是本人主持的 2010 年国家社会科学基金一般项目"超主权国际货币的构建与国际货币体系改革研究"的研究成果。

存在从海上或陆地偷运人民币，以及利用货物运输夹带人民币等途径（李翀，2002）。

但是，人民币在周边国家或地区流通一直存在两个问题：一是人民币的回流问题。如果人民币没有畅通的渠道回流到我国，人民币在周边国家或地区的使用将受到限制。二是人民币的汇款和境外人民币的存款问题。如果还停留在人民币现钞流动的方式，人民币在周边国家或地区的使用范围和使用规模难以扩大。

我国货币当局从 2003 年起开始朝着推动人民币区域化的方向迈出积极的步伐。2003 年 9 月，国家外汇管理局颁布了《边境贸易外汇管理方法》，允许在边境贸易中用人民币计价和结算。2003 年 11 月，中国人民银行发布公告，宣布为在香港办理人民币存款、兑换、汇款和银行卡业务的银行提供清算服务。在人民币国际化的这个初步阶段里，具有重要意义的事件是 1996 年 12 月我国正式接受《国际货币基金组织协定》第八条款，实现人民币经常项目的可兑换。

从 21 世纪 10 年代中期开始，是人民币走向国际化的第二阶段。这个阶段的基本特征是：我国政府开始推动在我国的对外普通贸易中使用人民币计价和结算，并尝试性地发行以人民币为面值的国际债务工具。

首先，在这个阶段，推动人民币走向贸易货币的进展如下：2009 年 7 月，中国人民银行等政府部门联合发出《跨境贸易人民币结算试点管理办法》，鼓励我国企业在对外普通贸易中以中元计价和结算，支持我国商业银行为企业提供跨境贸易中元结算服务。2010 年 3 月，中国人民银行与白俄罗斯国家银行签署《中白双边本币结算协议》，这是我国与第一个非接壤国家签订的普通贸易本币结算协议的国家。

2010 年 8 月，国家外汇管理局发出《关于在部分地区开展出口收入存放境外政策试点的通知》，在北京、广东、山东、江苏四个地区开展出口收入存放境外政策试点，企业出口收入的外汇可以不汇回国内。这是中国外汇管理政策开放的一个重大突破，对于跨境贸易收支比较频繁的企业，有助于减少外汇资金跨境划转费用及汇兑成本；对于参与国际市场程度较高的企业，可以降低境外融资成本。

我国金融机构累计办理跨境贸易人民币结算业务在 2010 年约 5480 亿元，但是到 2012 年已经迅速增加到约 29400 亿元。在跨境贸易中元结算活动的带动下，香港地区人民币存款在 2010 年 12 月底为 3149 亿元，到 2012 年 12 月已经达到 6030 亿元。

其次，在这个阶段，人民币走向金融货币的进展如下。

我国政府除了推进在普通国际贸易中使用人民币以外，也开始尝试在国际借贷中使用中元。2004 年底，中国人民银行动用 2.22 亿美元的储备资产，认购了第二期亚洲债券基金，并以该债权投资中国债券市场，相当于外国中央银行间接发行中元债券。

在 2005 年 2 月，中国人民银行等政府部门发布了《国际开发机构人民币债券发行管理暂行办法》。后来，到 2010 年 9 月，中国人民银行等政府部门又对该办法进行修订并重新公布。经过修订以后的管理办法允许从事开发性贷款和投资的多边、双边以及地区国际开发性金融机构在中国境内发行在一定期限内还本付息的以中元计价的债券。

2009 年 9 月，我国中央政府在香港发行 60 亿元人民币政府债券，成为我国首次在内地以外地区发行人民币计价的主权债券。2009 年 8 月，中国人民银行与国际货币基金组织签署了历史上第一份债券购买协议，中国人民银行以人民币购买总额相当于 500 亿美元的以特别提款权计价的国际货币基金组织债券。无论是国际货币基金组织将筹集到的人民币向中国购买美元，然后提供给受援助的国家，还是直接将筹集到的中元提供给受援助的国家，都有助于促进人民币的国际化。

2010 年 8 月，中国人民银行发布《关于境外人民币清算行等三类机构运用人民币投资银行间债券市场试点有关事宜的通知》，允许境外中央银行或货币当局、港澳中元清算行、跨境贸易人民币结算境外参加行等三类金融机构通过直接或间接的方式投资银行间债券市场。据香港金融管理局公布的数据显示，到 2010 年 6 月，香港银行人民币存款总额达到 897 亿元，为境外中元提供境内债券市场的投资场所具有重要意义。

2011 年 4 月 11 日，汇贤产业信托正式开始在香港的人民币股票初次上市交易。这是中国大陆关境以外首只人民币计价的股票，也是全球首只以人民币计价的房地产投资信托基金。2012 年 4 月 18 日，汇丰银行主要针对英国及欧洲大陆国家的投资者在伦敦发行了第一只人民币债券，总规模为 10 亿元人民币。

最后，在这个阶段，人民币走向直接投资货币的进展如下：

2011 年 10 月 13 日，商务部正式印发《关于跨境人民币直接投资有关问题的通知》。《通知》规定，境外投资者（含港澳台投资者）可以合法获得的境外人民币依法开展直接投资活动。境外人民币主要包括：通过跨境贸易人民币结算取得的人民币；汇出境外的人民币利润和转股、减资、清算、先行回收投资所得人民币；在境外通过发行人民币债券、人民币股票以及其他合法渠道取得的人民币。

虽然人民币还不是可自由兑换的货币，但是外国政府开始将人民币作为官方储备货币。2010 年 9 月，马来西亚中央银行将买入的以人民币计价的债券作为本国政府的外汇储备，这是第一个将人民币作为国际储备货币的国家。另外，2009 年 4 月，哈萨克斯坦表示，在人民币实现自由兑换以后将人民币作为国际储备货币。2009 年 10 月，俄罗斯表示，拟将人民币作为新的国际储备货币。

8 年多来，虽然时间并不长，但是人民币的国际化有了很大的进展。从目前的情况来看，在区域上，人民币沿着周边化、区域化、国际化的方向发展；在功能上，人民币则沿着贸易货币、借贷货币、投资货币、储备货币的方向发展。这都是在市场的驱动下和政府的引导下的正常发展。

人民币国际化的第三个阶段，将从人民币实现在资本与金融项目下自由兑换开始。

二、人民币国际化的路径

在资本与金融项目下可兑换是一种货币国际化的基本条件。要推进人民币的国际化，我国政府在近期需要迈出的一个较大的步伐，就是实现人民币在资本与金融项目下基本可兑换。

国际货币基金组织关于国际收支的定义也发生过多次变化。按照国际货币基金组织最新的定义，国际收支分为两大项目：一个项目是经常项目，另一个项目是资本与金融项目。经常项目反映一个国家的居民与非居民进行物品、劳务和收益的交易所带来的外汇收支的变化。资本项目反映一个国家的居民与非居民之间非金融资产的交易和资本类的转移、支付所带来的外汇收支的变化。非金融资产交易包括土地等自然资源、特许权等技术资产、品牌等营销资产的交易。资本类的转移支付是指赔款、罚没、债务豁免等。金融项目则反映一个国家对外金融资产和债务的变化，主要包括直接投资、证券投资、国际借贷、政府储备资产的变化等。

国际货币基金组织是一个以维护国际货币制度正常运转为宗旨的国际经济组织，实现本国货币在经常项目下可兑换是国际货币基金组织成员国的基本义务。目前，绝大多数国际货币基金组织成员国都接受《基金组织协定》第八条款的义务，实现本国货币在经常项目下可兑换。但是，国际货币基金组织不要求成员国的货币在资本与金融项目下可兑换。

世界贸易组织作为一个以推进贸易以及与贸易有关的投资自由化为宗旨的国际经济组织，实行与国际货币基金组织相似的原则。它要求成员国不能用限制汇兑的方式来限制贸易以及与贸易有关的投资，但不要求成员国的货币在资本与金融项目下可兑换。

目前，要求成员国承诺逐步取消对资本交易管制的国际经济组织只有主要由发达国家组成的经济合作与发展组织。该组织制定了《资本流动自由化通则》，其中第二条规定各成员国逐步取消对资本流动的限制，以实现相互间有效的经济合作。

虽然本国货币在资本与金融项目下可兑换不是全球性的经济组织的要求，但却是一种货币走向国际化的基本要求。不难设想，如果一种货币在资本类和金融交易中都不能可兑换，它如何能够被各国接受为贸易货币、借贷货币、投资货币和储备货币？

但与此同时，也应该指出，世界上没有一个国家已经完全实现本国货币在资本与金融项目下的全部交易都可以自由兑换。由于各个国家对资本与金融交易实行不同程度的限制，它们的货币在这些交易中实际上是不可兑换的。因此，一种货币在资本与金融项目下可兑换只是一个相对的概念，也就是程度的概念。

按照国际货币基金组织的分类，对非居民参与的资本与金融交易的管制主要包括下述类型：第一，资本市场和货币市场金融工具的交易，如商业票据、国库券、债券、股票等金融工具的交易；第二，国际信贷业务，如本国银行向境外贷款或从境外借款的业务；第三，金融衍生工具和其他金融工具的交易，如互换、金融期货、金融期权以及前面没有提及的金融工具的交易；第四，外国直接投资和对外直接投资，即双向的直接投资导致的资本流动；第五，外国直接投资和对外直接投资的清算，即已经形成的直接投资的资本金的转移；第六，个人资本转移，包括个人的财产或赠与的跨国转移；第七，不动产交易，即与直接投资无关的如自用或投资的不动产的交易；第八，商业银行和其他信贷机构的交易，如这些金融机构所从事的除了信贷以外的外汇等金融资产的交易；第九，其他机构投资者的交易，如共同基金、养老基金、保险公司从事金融资产的交易。根据国际货币基金组织的统计，在发达的高收入国家中，直到 2006 年实行上述九类管制的比例仍然分别达到 46.4%、14.3%、17.9%、67.9%、3.6%，7.1%、429%、57.1% 和 57.1%（IMF，P.35）。

由此可见，按照国际货币基金组织的看法，一种货币在经常项目下可兑换与在资本与金融项目下可兑换的含义是不同的。一种货币在经常项目下可兑换主要是指本国货币在经常项目下是否可以兑换为外国货币，而不管经常项目的交易是否受到限制。例如，一个国家实行进口限额制度，但在限额内本国货币可以兑换为外国货币，仍然可以看作是本国货币可兑换。但是，一种货币是否实现在资本与金融项目下可兑换则还要考虑该国的跨国资本与金融交易是否受到限制。

国际货币基金组织这种看法是可行的。在世界各国的努力下，现在国际贸易的障碍已经大大减少，对国际贸易的管制已经逐渐被取消。但是，对跨国的资本与金融类交易的严格管制还普遍存在。如果不结合对跨国的资本与金融交易的管制来考虑一种货币在资本与金融项目下的可兑换，那么任何国家都实现了本国货币在资本与金融项目下的可兑换，所谓在资本与金融项目下可兑换这句话就失去意义了。

因此，要实现中元在资本与金融项目下的可兑换应该从两个方面去理解：一个方面是程度问题。在资本与金融项目下的可兑换并不是指在全部项目可兑换，而是指资本与金融项目下主要的或重要的项目可兑换。另一个方面是内容问题。在资本与金融项目下的可兑换并不是指被批准资本与金融的交易可兑换，而是指对主要的或重要的资本与金融交易没有限制。

如果按照国际货币基金组织的分类，在2000年以前，我国对九种资本与金融交易在不同程度上都实行管制：在上述九项资本与金融交易中，我国在第四、第五、第七项交易的管制比较宽松，在对其他交易项目的管制比较严格。但是，2000年以后，我国在放宽对资本与金融交易限制方面已经迈出了重要的步伐。

2002年，我国开始实施合格境外机构投资者（QFII）制度，允许符合条件的境外机构投资者投资境内证券市场。到2010年12月，我国政府共批准97家QFII机构，投资额度达到197.2亿美元。

2006年，我国开始实施合格境内机构投资者（QDII）制度，允许符合条件的境内金融机构投资于境外证券市场。到2010年12月，我国政府共批准88家QDII机构，境外投资额度达到683.61亿美元。

从 2006 年起，我国政府逐步取消对境外直接投资购买外汇汇额度的限制，在全国范围内实现了境外直接投资按照需要提供外汇。2009 年，我国政府在行政手续上把境外直接投资外汇资金来源审查和资金汇出核准两项行政审批改为事后登记，方便了对境外直接投资。

2009 年，我国政府允许符合条件的各类企业经批准在一定限额内使用自有外汇和人民币购汇等多种方式进行境外放款。境外放款专用外汇账户的开立、资金的境内划转以及购买外汇等事宜均由外汇指定银行直接办理。

这意味着在 21 世纪 10 年代结束的时候，人民币在对外直接投资方面已经基本实现了可兑换，在非居民对我国证券投资方面在 QFII 制度下实现了可兑换，在居民对外国证券投资方面在 QDII 制度下实现了可兑换，在对外贷款方面实现了可兑换。

从近几年的情况来看，实现人民币在资本与金融项目下可兑换已经提到了政府的议事日程。2010 年 10 月 20 日，国家外汇管理局官方网站提出在"十二五"时期要稳妥有序地推进人民币资本项目可兑换。2011 年 2 月 1 日，国家外汇管理局官方网站再次提出依照统筹规划、循序渐进、先易后难、分步进行的原则稳步推进资本项目可兑换。显然，这样的原则是全面和正确的。

在考虑如何推进人民币在资本与金融项目下可兑换的时候，必须要考虑到可能由此产生的金融风险。人们列举了人民币在资本与金融项目下可兑换的风险，如可能导致人民币汇率剧烈的波动，使货币政策的独立性和汇率的稳定性发生冲突，增加国内经济和金融的不稳定性，使保持国际收支平衡的难度增大（王雅范，第 292 ~ 293 页）。笔者认为，在各种可能产生的金融风险中，国际资本的投机性冲击是最主要的风险。

在人民币实现资本与金融项目可兑换的条件下，国际资本流动将更加方便。资本的本质是追求利润，一旦我国内部或外部经济出现某些问题，国际资本就会在我国掀起投机浪潮。20 世纪 90 年代以来的许多国家的经历表明，最容易受到国际资本冲击的市场是外汇市场、股票市场和房产市场。在国际资本的投机性冲击下，被冲击国的货币汇率、股票价格、房产价格将发生剧烈波动，并有可能爆发金融危机。

因此，从开放项目的角度看，应该首先开放金融风险比较小的项目，然后开放金融风险比较大的项目。在开放重要的资本与金融项目的时候，必须充分考虑到可能产生的影响以及如何去减少这种影响。也就是说，实行国家外汇管理局提出的统筹规划、循序渐进、先易后难、分步进行的原则。

在国际货币基金组织提出的九项资本与金融交易中，在次序上可以先考虑外国直接投资和对外国直接投资及其清算、不动产交易的开放，其次考虑信贷业务、商业银行和其他信贷机构交易、个人资本转移的开放，再次考虑资本市场和货币市场金融工具交易的开放，最后考虑金融衍生工具以及其他金融工具的交易、其他机构投资者交易的开放。

在直接投资的开放中，首先考虑外商直接投资的开放，其次考虑对外直接投资的开放。在信贷业务的开放中，首先考虑贸易信贷的开放，其次考虑对金融机构信贷和对企业信贷的开放。资本市场和货币市场金融工具交易的开放中，首先考虑债务工具的开放，其次考虑股权工具的开放。在金融衍生工具的开放中，首先考虑利率类的金融衍生工具的开放，其次考虑外汇类和股权类的金融衍生工具的开放。另外，考虑到我国目前存在中元汇率升值压力，在资本与金融项目的开放中，首先考虑开放资本流出的项目，其次开放资本流入的项目。

当然，这仅仅是基本次序。在实际的资本与金融项目的开放中，各类项目不存在截然的先后之别，它们是相互交错的。另外，这些项目的开放也不是完全开放，而是不同程度的开放。例如，股票市场和股票类的金融衍生工具的开放在相当长的时间里仍然应该采用 QFII 的方式进行。

另外，资本与金融项目的开放不仅存在开放项目的问题，还存在着开放方式的问题。从发展趋势来看，应该从对资本与金融交易具体项目逐项行政审批过渡到对交易者的资质管理和对交易风险的防范。例如，在信贷开放中，应该确定可以办理国际信贷业务的金融机构的资质，同时按照监管法规对这些金融机构从事国际信贷的信用风险和汇率风险等进行评估和监管。

在推进人民币资本与金融项目可兑换过程中，还需要关注有关的两个方面的改革：一是继续推进利率的市场化，二是防范国际资本的投机性冲击。

实现人民币在资本与金融项目下可兑换的过程实际上是国际金融市场化的过程。市场化的国内金融可以与管制的国际金融共存，但市场化的国际金融不可能与管制的国内金融共存。因此，在我国金融市场结构趋向合理，金融市场规模不断扩大的基础上，还要逐步实现人民币利率的市场化。

实际上，我国从 1996 年已经正式启动利率市场化的进程，利率市场化已经发展到相当的程度。

在本币存贷款利率方面，虽然存贷款基准利率是中央银行决定的，但是金融机构已经有很大的决定利率自主权。在债务工具利率方面，中央银行对债务工具价格不再设置任何限制，企业债券、金融债券、商业票据以及各种货币市场工具已经全部实现市场定价，这就意味着对债务工具的利率已经市场化。在境内外币存贷款利率方面，中央银行 2000 年 9 月取消了外币贷款利率和 300 万美元以上的大额外币存款利率的限制，在 2003 年 7 月取消了对英镑、瑞士法郎和加拿大元的外币小额存款利率的限制，在 2003 年 11 月对美元、日元、港币、欧元小额存款利率实行上限管理，商业银行可根据国际金融市场利率变化，在不超过上限的前提下自主确定利率。在贴现率方面，中央银行在 1998 年改革了贴现利率生成机制，贴现利率和转贴现利率在中央银行再贴现利率的基础上加点生成，在不超过同期贷款利率浮动幅度的前提下由商业银行自行决定。

利率的市场化意味着利率由借贷市场上资金的供给和需求决定，金融机构具有利率的自主定价权；中央银行不再直接决定利率，而是通过货币政策调节利率。2010 年 12 月 17 日，中国人民银行行长周小川发表了《关于推进利率市场化改革的若干思考》，提到利率市场化的前提是有一个竞争的金融市场，金融机构在金融市场上有财务的"硬约束"（周小川，2010）。周小川的看法无疑是正确的。显然，如果金融机构处于"赚了是自己的，亏了是国家的"这样一种状态，如果金融市场存在无序的恶性竞争，利率是难以市场化的。

考虑到如何在国有银行内建立现代企业制度的改革难以有一个明确的标准，因此需要完善的是对国有银行高级管理人员的考核和问责制度以及权利和责任相适应的薪酬制度，还需要完善对商业银行宏观审慎的金融监管体系。在基本具备这样前提的基础上，逐渐从目前由中央银行确定基准利率和浮动幅度的利率管理方式过渡到中央银行不决定基准利率而决定利率的上限和下限的利率管理方式，最终再过渡到利率市场化。

另外需要关注的是防范国际资本的投机性冲击。我国还是一个发展中国家，市场经济体制还不够健全，金融体系还不够完善，驾驭跨国资本流动的能力还不够强。考虑到人民币实现在资本与金融项目下可兑换的过程中可能会遇到各种突发事件和投机风潮，因而需要建立各种预警体系和应对方案，在必要的时候以制度的方式对市场进行干预。

20世纪90年代以来，不少发展中国家如泰国等在推进金融开放和本币在资本与金融项目可兑换的过程中都遭遇到这样的冲击，对本国金融和经济带来巨大的不利影响。我国政府在推进金融开放的过程中必须高度警惕这种投机性冲击。我国政府拥有世界第一的外汇储备和世界第五的黄金储备，这也为我国政府对付各种突发事件和投机风潮提供了重要的资金上的保证。

三、继续完善人民币汇率形成机制

建立比较完善的人民币汇率形成机制，不仅是人民币实现在资本与金融项目下可兑换的必要条件，也是使人民币得到国际社会认可的重要前提。

一种货币的汇率是这种货币在外汇市场上的供给与需求决定的。一种货币汇率的形成机制，包括在外汇市场上这种货币的供给机制、需求机制、定价方式。也就是说，按照一个国家的汇兑和汇率制度，它的货币的汇率是如何形成的。

在2005年以前，我国长期实行的中元汇率制度是以市场供求为基础的、参考美元进行调节的、有管理的浮动汇率制度。中国人民银行在每个工作日按照前一个工作日我国外汇市场中元成交汇率的加权平均数，决定本工作日人民币对若干种外汇的基准汇率，本工作日人民币对若干种外汇的汇率可以以该基准汇率为基础在 0.15% 的幅度内波动。

在人民币汇率形成的过程中，人民币需求机制和供给机制都存在问题。从人民币的需求机制来说，当时我国实行强制结汇制，企业得到的外汇经过批准只能保留 30%，其余必须在规定的工作日里卖给外汇银行，这就造成在外汇市场上外汇的供给或人民币的需求十分充分。另外，从外汇需求或人民币供给机制来说，居民用人民币购买外汇以及企业在非贸易项目下用人民币购买外汇受到很大的限制，这就造成在外汇市场上外汇的需求或人民币的供给受到限制。人民币需求充分而供给受到限制是人民币汇率升值压力的制度原因。这就是说，人民币需求机制和供给机制都在一定程度上被扭曲，在外汇市场上表现出来的人民币的需求和供给不是真实的需求和供给。

我国这种汇兑制度是我国外汇短缺时代的产物，也是发展中国家常用的汇兑制度。显然，在外汇不足的情况下，我国政府只能将宝贵的外汇掌握在自己手中。但是，随着我国经济的发展，我国国际收支已经多年顺差，人民币汇率已经存在升值压力，这种汇兑制度显然已经不适应我国的现实。当时，美国政府不断地要求人民币汇率升值，我国许多经济学者也主张人民币汇率升值，但是这些学者只看到国际收支顺差的表面现象，而没有看到国际收支顺差的制度原因，没有认识到自己陷入一种自相矛盾的境地：他们实际上是在主张一方面用制度造成人民币汇率升值压力，另一方面又按照这种不真实的压力去调整人民币汇率。

从 2005 年开始，我国政府不断地推进人民币汇率制度的改革，这些改革的措施是正确的。

在改革外汇的供给或人民币需求机制方面，我国政府在逐渐取消强制结汇制。例如，国家外汇管理局 2005 年 2 月 4 日《关于调整经常项目外汇账户限额管理办法的通知》、2005 年 8 月 2 日《关于放宽境内机构保留经常项目外汇收入有关问题的通知》、2006 年 4 月 13 日《关于调整经常项目外汇管理政策的通知》，等等，都是朝着自由结汇制的方向发展。在 2010 年 3 月召开的全国人民代表大会上，国家外汇管理局称已经取消了强制结汇制。

在改革外汇需求或人民币供给机制方面，我国政府在不断地放宽对购汇的限制。例如，国家外汇管理局 2005 年 5 月 22 日《关于扩大境外投资外汇管理试点有关问题的通知》、2005 年 8 月 3 日《关于调整境内居民个人经常项目下因私购汇限额及简化相关手续的通知》、2005 年 8 月 25 日《关于下放部分资本项目外汇业务审批权限有关问题的通知》、2006 年 4 月 13 日《关于调整经常项目外汇管理政策的通知》、2006 年 8 月 30 日《关于基金管理公司境外证券投资外汇管理有关问题的通知》等等，都在放宽对人们购买外汇的限制。

在改革人民币汇率形成方式方面，2005 年 7 月 21 日，中国人民银行发布《完善人民币汇率形成机制改革的公告》，开始实行以市场供求为基础，参考一篮子货币进行调节、有管理的浮动汇率制度。中国人民银行每个营业日公布当日银行之间外汇市场有关货币对人民币的收盘价，作为下一个营业日这些货币对中元汇率的中间价格。从 2006 年 1 月 4 日开始，中元汇率中间价进一步改为由中国外汇交易中心确定。

在建立更有弹性的汇率制度方面，2005 年 9 月 23 日，中国人民银行发布《关于进一步改善银行间外汇市场交易汇价和外汇银行挂牌汇价管理的通知》，决定将非美元货币对人民币交易价格的浮动幅度从原来的上下 0.15% 扩大到上下 0.3%。2006 年 1 月 3 日，中国人民银行发布《关于进一步完善银行间即期外汇市场的公告》，决定将人民币对美元交易价格的浮动也扩大到上下 0.3% 的幅度内。到 2012 年 4 月 16 日，人民币对美元交易价格浮动幅度已经扩大到上下 1%。

显然，随着人民币逐渐实现在资本与金融项目下可兑换，人民币的供给机制将更加完善。如果不考虑投机性资金以经常项目或者资本与金融项目流进或流出我国这个因素，我国外汇市场上人民币的供给和需求将更加真实。

但是，目前我国所采用的汇率制度还不是一种国际货币所采用的汇率制度，完善人民币汇率形成机制的下一个步骤是改革人民币汇率的定价方式。

虽然目前我国的汇率制度不是严格的钉住汇率制度，但参考一篮子货币定价仍然是某种钉住形式。发展中国家经济与金融实力不强，它们往往选择各种钉住汇率制度。据国际货币基金组织统计，在2012年，实行各种形式钉住汇率的国家和地区多达78个。我国是一个发展中国家，在现阶段选择类似于钉住的汇率制度是正常的。

但是，不论是什么形式的钉住汇率制度，都是参考某种货币或某组货币定价，而没有本国独立的货币汇率。这样的一种货币难以成为国际货币，也难以成为超主权国际货币的成分货币。2012年，采用自由浮动汇率安排的有31个国家以及欧元区国家，而这些国家并不全是发达国家。尽管我国是发展中国家，但我国在经济上已经是一个举足轻重的国家。因此，应该继续推进人民币汇率形成机制的改革，应该选择国际货币基金组织分类中的第八种汇率安排——单独浮动汇率安排。

我国的出口对就业和国内生产总值的贡献很大，这意味着人民币汇率的变化对我国经济具有重要的影响。因此，我国政府一直采用谨慎的汇率制度是正确的。但在实际上，我国已经具备了实行单独浮动汇率制度的基础。

首先，我国已经建立了制度比较完善和规模不断扩大的外汇市场。1994年4月，我国建立了我国银行之间的外汇市场——中国外汇交易中心。该中心提供外汇集中交易系统，组织外汇交易品种上市买卖，办理外汇交易的清算交割，提供外汇市场的信息服务。

中国外汇交易中心采用集中竞价与双边询价两种交易模式。集中竞价交易是指会员通过现场或远程交易终端自主报价，交易系统按"价格优先、时间优先"的原则撮合成交。询价交易是指会员选择有授信关系的做市商，双边协商交易币种、金额、价格、期限等要素，达成交易后双方自行清算。会员也可以同时向不多于五个有授信关系的非做市商会员进行询价交易。

到2012年12月，中国外汇交易中心已经开办了人民币对九种外币（美元、欧元、日元、港币、英镑、澳大利亚元、加元、马来西亚林吉特、俄罗斯卢布）的即期交易、远期交易、外汇互换交易（掉期交易）和货币互换交易（货币掉期交易），以及七组人民币对外币（美元、欧元、日元、港币、英镑、马来西亚林吉特、俄罗斯卢布）的期权交易。

由于人民币还没有实现在资本与金融项目下可兑换，我国外汇交易量在世界外汇交易量中所占的比例不大，但是我国外汇交易量的增长速度却很高。据国际清算银行（BIS）的最新统计资料，截止到 2010 年 4 月，2010 年平均日外汇交易量最大的是英国，约占世界 40000 多亿美元的日外汇交易量的 37%；其次是美国，占 18%；再次是日本，占 6%；新加坡、瑞士、中国香港、澳大利亚紧随其后，分别占 5%、5%、5% 和 4%。我国平均日外汇交易量只占世界日外汇交易量的 0.4%。但是，我国日外汇交易量在 2004 年只有 10 亿美元，到 2007 年增加到 90 亿美元，到 2010 年 4 月再增加到 200 亿美元。从 2007 年到 2010 年，世界日外汇交易量增长了 20%，但是我国日外汇交易量增长了 122%（BIS，P. 6，P. 19）。可以预料，随着我国开放资本与金融项目，我国外汇交易量在世界的比重将不断提高。

其次，人民币汇率的形成已经逐渐市场化，汇率制度的运行已经逐渐成熟。2005 年以前，人民币汇率的形成方式是中国人民银行根据前一个工作日银行之间外汇市场的成交汇率用成交量进行加权平均计算确定的。虽然人民币的形成已经有外汇市场决定，但仍然是由中央银行确定的。2005 年以后，人民币汇率的形成方式进行了调整。中国外汇交易中心根据中国人民银行授权，在每个工作日上午 9 时 15 分发布人民币对美元等主要外汇币种汇率中间价。

人民币兑换美元汇率中间价的形成方式为：外汇交易中心于每日银行之间外汇市场开盘前向外汇市场做市商询价，并将全部做市商报价作为人民币兑换美元汇率中间价的计算样本，去掉最高和最低报价后，将剩余做市商报价加权平均，得到当日人民币兑换美元汇率中间价，权重由外汇交易中心根据报价方在银行间外汇市场的交易量及报价情况等指标综合确定。

人民币兑换欧元、日元、英镑和港币汇率中间价由交易中心分别根据当日人民币兑换美元汇率中间价与上午 9 时国际外汇市场欧元、日元、英镑和港币兑换美元汇率套算确定。

人民币兑换马来西亚林吉特、俄罗斯卢布汇率中间价的形成方式与中元兑换美元汇率中间价的形成方式相似，外汇交易中心于每日银行之间外汇市场开盘前向银行之间外汇市场相应币种的做市商询价，将做市商报价平均，得到当日人民币对林吉特、俄罗斯卢布汇率中间价。

在这样的基础上，在汇率制度上需要进一步改革的是实现从参考一篮子货币进行调节的汇率制度向上面所说的第八种货币制度——单独浮动汇率制度转变。实际上，我国实行的参考一篮子货币进行调节的汇率制度并不是严格的钉住一篮子货币的汇率制度，货币篮子的加权平均值只是我国货币当局通过调节外汇市场的供给或需求来调整人民币汇率的参考目标值，这与单独浮动汇率制度只有一步之遥。

我国货币当局可以通过下述措施实现向单独浮动汇率制度的转变：

第一，明确取消一篮子货币加权平均值的参考目标，我国货币当局对外汇市场的调节不是使人民币汇率接近于一篮子货币的加权平均值，而是致力于缓和人民币汇率的过度波动。实行单独浮动汇率制度并不意味着不能设立任何目标值，但这个目标值不是由某种外汇或某组外汇确定的目标值，而是可以容忍的人民币汇率的最大波动幅度，或者是由我国对外经济情况决定的目标值。

第二，实行单独浮动汇率制度并不排斥货币当局通过各种直接或间接的手段对外汇市场进行干预。国际上通行的直接干预手段是货币当局通过在外汇市场买卖外汇来影响外汇的供求，通行的间接干预手段是货币当局通过利率的变化、外汇管制的调整、对外汇交易商进行道义上的劝告等方法去影响外汇市场。我国货币当局仍然可以采用这些直接和间接的干预手段来保持中元汇率的相对稳定。

第三，目前，我国外汇市场对人民币兑换美元汇率日波动幅度的限制为±1%，这样的波动幅度的限制已经比较宽松了。在实行单独浮动汇率制度初期，应该保留这样的波动幅度限制。到我国货币当局已经具备比较强的外汇市场调节能力的时候，再考虑取消这样的限制。

在现阶段，在推进向单独浮动汇率制度转变的过程中，令人担忧的问题是人民币汇率是否可能大幅度升值的问题。实际上，目前导致人民币汇率升值压力的原因主要是"热钱"流入我国和我国国际收支顺差。对于"热钱"的流入，我国外汇管理当局还需要继续采取各种措施堵截。对于国际收支的顺差，我国政府要用资本与金融项目的逆差抵销经常项目顺差以保持国际收支的相对平衡。这就是说，推进向单独浮动汇率制度转变与推进人民币在资本与金融项目可兑换结合进行。推进人民币在资本与金融项目可兑换的过程中，优先考虑放宽对资本流出的管制，以保证人民币汇率形成机制改革的顺利进行。

在继续推进人民币在资本与金融项目下可兑换和建立完善的人民币汇率形成机制以后，人民币国际化更多的是一个市场推动的过程。随着人民币越来越广泛地被用于贸易货币、金融货币、投资货币和储备货币，人民币必将走向国际化。

参考文献

［1］李翀：《论人民币的区域化》，载《河北学刊》2002 年第 5 期。

［2］王雅范：《走向人民币可兑换》，经济科学出版社 2002 年版。

［3］周小川：《关于推进利率市场化改革的若干思考》，2010 年 12 月 17 日，http：//www. pbc. gov. cn。

［4］BIS，Report on Global Foreign Exchange Market Activity in 2010，Monetary and Economic Department，December 2010.

［5］IMF，Review of Exchange Arrangements，Restrictions，and Controls，Prepared by Monetary and Capital Markets Department，November 27，2007.

第四篇
金融学研究

- 人民币汇率若干问题研究
- 我国外汇储备若干问题研究
- 关于国际铸币税收益的再探讨
- 超主权国际货币构建方案研究
- 论国家金融安全

人民币汇率若干问题研究[*]

一、中国政府操纵人民币汇率了吗

所谓"人民币汇率问题"的产生已经近 10 年了。以美国和日本为代表的发达国家的政府不断指责我国政府操纵人民币汇率,导致人民币汇率严重低估,以获取更大的贸易利益。2010 年,"人民币汇率问题"再度激化。3 月,美国 130 名国会议员致财政部长盖特纳和商务部长骆家辉一封信,要求奥巴马政府在 4 月发布关于汇率操纵的定期报告时将中国列为汇率操纵国之一,以启动对中国的贸易制裁。4 月,美国政府决定将汇率操纵的定期报告推迟在 7 月发表。7 月,美国政府在公布的汇率操纵的定期报告中没有将中国列入汇率操纵国。虽然中美之间一场严重的贸易摩擦暂时避免了,但是"人民币汇率问题"始终成为悬在我国经济上方的利剑。这样,就产生了一个问题:中国政府操纵人民币汇率了吗?

国际货币基金组织协议第四条"汇率安排的义务"第一部分第三项规定,成员国要避免操纵汇率或国际货币体系以妨碍国际收支的有效调整,或者从其他成员国获得不公平的竞争优势。

国际货币基金执行董事会在 2007 年重申和修订 1977 年关于避免操纵汇率的决定的时候,提出了四项关于成员国汇率政策的指导原则:第一,与前述

---

* 本文发表于《中山大学学报》2011 年第 1 期。

国际货币基金组织协议第四条第一部分第三项相同。第二，成员国在必要的时候可以干预外汇市场以应对混乱的局面，特别是本国货币汇率发生了崩溃性的短期波动的情况。第三，成员国在采用干预政策的时候应该考虑到别的成员国的利益，包括那些受到干预的货币的发行国的利益。第四，成员国应该避免实行导致外部经济不稳定的汇率政策。执行董事会强调，第一个原则是责任，第二到第四个原则是建议。

从国际货币基金组织的原则来看，操纵汇率应该从两个方面去判断：第一，某个成员国在主观上刻意地通过某些具体的汇率手段去影响本国或其他成员国的国际收支的调整，或者获得对其他成员国贸易上的竞争优势。第二，本国或其他成员国的国际收支失衡或别的成员国的贸易竞争劣势是这个成员国特别采取的汇率手段造成的。

从国际货币基金组织的这些原则和规则来看，我国政府不存在操纵人民币汇率的行为。

首先，从制度因素分析，我国的人民币汇率制度是一贯的，而且是越来越走向市场化的。2005年以前，我国长期实行的人民币汇率制度是以市场供求为基础的、参考美元进行调节的、有管理的浮动汇率制度。2005年以后，我国实行的人民币汇率制度是以市场供求为基础的、参考一篮子货币进行调节、有管理的浮动汇率制度。2008年7月，在美国金融危机的影响下，我国面临经济衰退的威胁。为了稳定人民币与我国最重要的计价和结算货币美元的汇率，我国政府重新参考美元来调节人民币汇率。2010年6月，我国宏观经济趋向好转，我国政府又继续实施参考一篮子货币调节人民币汇率的制度。不论是2005年以前还是以后的人民币汇率制度，都是发展中国家常用的一种正常的汇率制度，不存在我国政府操纵人民币汇率问题。

根据国际货币基金组织的划分方法，现行的汇率制度有九种形式，它们分别是：第一，外国货币化，即直接使用外币作为本币；第二，货币局，即建立本币与某种外币的平价，并按照这个平价以外币为基础发行本币；第三，钉住单一货币，即保持本币与某种外币汇率的稳定，并随着这种外币浮动；

第四，钉住一组货币，即建立本币与一组外币加权平均值的比价，并随着该加权平均值的变化而调整；第五，在一定范围内钉住外币，即建立本币与某种外币汇率的比价，但这个比价可以在一定区间内调整；第六，爬行钉住，既可以按照一定的规则调整钉住汇率；第七，在一定范围内爬行钉住，既只能在一定的区间内调整钉住汇率；第八，管理浮动，让本币的汇率随着市场供求而浮动，但政府加以较多的管理；第九，单独浮动，让本币的汇率随着市场供求而浮动，政府较少进行管理。在 2008 年，分别实行这九种形式的汇率制度的国家和地区分别有 10、13、61、7、3、8、2、44、40 个（IMF，P.14）。这意味着实行各种形式钉住汇率的国家和地区多达 81 个，我国政府如何操纵人民币汇率？

其次，从管理手段分析，我国政府的外汇和汇率的管理手段是一贯的，而且是越来越市场化的。2000 年以来，我国政府没有采用任何新的导致人民币汇率贬值的手段。就以最有争议的我国中央银行在外汇市场购买外汇来说，这是我国中央银行历来的做法，而且我国政府已经取消了强制结汇制。再以我国中央银行对人民币汇率波动幅度的限制来说，这也是包括我国在内的许多发展中国家的通行做法，而且我国中央银行已经放宽了对人民币汇率波动幅度的限制。

最后，从客观效果分析，没有哪个国家的国际收支失衡和贸易竞争劣势是我国政府某种特定的汇率手段造成的。我国对不少国家都存在贸易逆差。以 2008 年为例，我国在亚洲对日本、韩国、泰国、印度尼西亚、沙特阿拉伯、马来西亚等许多国家的贸易都是逆差，在拉丁美洲对巴西、智利、阿根廷、多米尼加、委内瑞拉等多个国家都是逆差，在欧洲对瑞士、白俄罗斯等国家也是逆差，对德国、瑞典等国接近贸易平衡。如果说我国对哪个国家存在较大的贸易顺差，那么主要就是对美国有 1700 亿美元的贸易顺差。这样又产生了另一个问题：美国的贸易逆差是中国政府采用某种汇率手段造成的吗？

二、人民币对美元升值能解决美国的逆差吗

在分析人民币对美元升值能否解决美国经常项目逆差这个问题以前，有一段相似的历史值得回顾。在 20 世纪 80 年代初期，美国出现严重的经常项目逆差。美国政府认为日元对美元汇率严重低估是美国经常项目逆差的重要原因。为了减少经常项目逆差，美国政府要求日本政府推动日元对美元的汇率升值。1985 年 9 月 22 日，5 个发达国家的财政部长在美国纽约广场饭店举行会议，达成了"广场饭店协议"。会议以后，在与会发达国家的联合干预下，日元大幅度对美元升值。从表 1 可以看到，从 1985 年 7 月 3 日到 1987 年 12 月 31 日，日元对美元升值幅度达到 51.23%。在 1987 年 12 月以后，日元对美元汇率趋向稳定。

表 1　　　　　　20 世纪 80 年代后半期日元对美元升值情况

日期	1985 年 07 月 03 日	1985 年 12 月 31 日	1986 年 07 月 03 日
汇率（日元/美元）	248.60	200.25	161.40
日期	1986 年 12 月 31 日	1987 年 07 月 03 日	1987 年 12 月 31 日
D 汇率（日元/美元）	158.30	148.82	121.25

资料来源：Federal Reserve Board, Foreign Exchange Rates, http：//www.federalreserve.gov.

但是，美国经常项目的逆差减少了吗？从表 2 可以看到，美国的逆差没有减少。1989 年，美国发生通货紧缩，生产者价格指数下降了 2.3%，经济出现了一定程度的衰退现象。在"广场饭店协议"签订 4 年以后，在日元对美元汇率稳定 2 年以后，美国经常项目的逆差才出现暂时的减少。

表 2　　　　　20 世纪 80 年代后半期美国经常项目逆差情况　　　单位：亿美元

年份	1985	1986	1987
美国经常项目差额	−1181.55	−1471.77	−1606.55
年份	1988	1989	1990
美国经常项目差额	−1211.53	−994.96	−789.66

资料来源：美国商务部经济分析局提供的关于国际收支的历史数据。U. S. International Transactions Accounts Data, http：//www.bea.gov。

现在，美国政府又认为美国的经常项目逆差是人民币汇率低估造成的，又要求人民币汇率大幅度对美元升值。2005 年 7 月，我国政府决定将人民币参考美元定价的汇率制度改为人民币参考一篮子货币进行调节的汇率制度。接着，美国政府推动美元对包括人民币在内的主要货币贬值。从表 3 可以看到，从 2005 年 7 月 21 日到 2009 年 7 月 21 日，人民币对美元汇率升值了 17.48%。

表 3 　　　　　　　　　　2005 年以来人民币对美元升值情况

日期	2005 年 7 月 21 日	2006 年 7 月 21 日	2007 年 7 月 21 日
汇率（人民币/美元）	8.2765	7.9897	7.5727
日期	2008 年 7 月 21 日	2009 年 7 月 21 日	2010 年 8 月 06 日
汇率（人民币/美元）	6.8271	6.8300	6.7680

资料来源：Federal Reserve Board, Foreign Exchange Rates, http://www.federalreserve.gov.

但是，美国的经常项目的逆差减少了吗？从表 4 可以看到，美国经常项目的逆差没有减少。只是到了 2008 年以后，美国金融危机激化，美国经济陷入衰退，总需求大幅度减少，美国的经常逆差才出现较大幅度的下降。由此可见，美国经常项目的逆差不是人民币汇率因素造成的，人民币汇率没有对任何国家造成伤害。

表 4 　　　　　　　　　　2004 年以来美国经常项目逆差情况　　　　　　单位：亿美元

年份	2004	2005	2006
美国经常项目差额	-6304.88	-7475.90	-8026.36
年份	2007	2008	2009
美国经常项目差额	-7180.94	-6688.54	-3784.32

资料来源：U S Bureau of Economic Analysis, U.S. International Transactions Accounts Data, http://www.bea.gov.

值得注意的是，虽然当时的日元和现在的人民币汇率升值都不能解决美国的经常项目逆差问题，但是日本和中国对美国的贸易还是存在着很大的差异。当年日本出口到美国的许多产品都是与美国产品存在直接的竞争关系的产品，如汽车等。但现在中国出口到美国的许多产品则是美国基本上不生产的产品，如纺织品等。如果当年将美国的经常项目逆差与日元汇率联系起来多少还有点理由，那么现在将美国的经常项目逆差与人民币汇率联系起来就没什么理由了。

美国的经常项目的逆差是由美国产业结构的调整、美国过高的消费率和美国的对外贸易政策造成的。美国是世界上最发达的国家，美国的比较优势在于高科技产业，美国生产劳动密集型的消费品是不经济的。因此，美国出口高科技产品，进口劳动密集型消费品是国际分工的趋势，也是美国产业结构调整的趋势。另外，美国长期形成高消费低储蓄的支出结构，美国的消费率居高不下，从而形成对本国已经不生产或很少生产的劳动密集型消费品的大量需求。这样，美国大量进口劳动密集型的消费品就变得难以避免了。

从目前的情况来看，中国在劳动密集型消费品的生产上具有比较优势，美国部分经常项目逆差就表现为对我国经常项目的逆差。显然，即使人民币大幅度对美元升值，即使中国商品失去美国市场，但正如前面的分析所表明的，在美国目前的产业结构下，美国同样需要大量进口劳动密集型消费品。即使美国不从中国进口这些商品，它仍然要从别的发展中国家进口这些。这就是说，如果美国不有效地推动商品的出口，即使美国对中国不存在经常项目逆差，它仍然会对别的发展中国家形成经常项目逆差。

美国和中国是最大的发达国家和发展中国家，美国需要中国的劳动密集型消费品，中国需要美国的高科技产品，这两个国家的贸易是完全可以平衡的。但是，美国一方面大规模进口中国物美价廉的消费品，另一方面却对输往中国的高科技产品，以及甚至还算不上高科技的产品进行限制和封锁，这样两个国家的贸易能够平衡吗？

关于中美两个国家的贸易不平衡，部分美国和中国的经济学者总算找到了中国方面的原因，就是中国的储蓄率过高。确实，一个国家高储蓄率将造成可供投资和出口的产品增加。但是，一个国家可供出口产品增加这个国家的出口就一定增加吗？在劳动密集型消费品的国际市场上，是供给决定需求的吗？显然，这个理由是不充分的。况且，中国的高储蓄率是由中国的发展水平、福利制度、文化传统等因素造成的，不是由人民币汇率造成的。

笔者认为，这一切美国政府和美国学者应该是清楚的。但是，既然美国对中国存在高额的经常项目逆差，那么用人民币汇率来做文章，既能将本国外部经济失衡的责任转嫁给中国政府，又能抑制中国经济的发展，何乐而不为呢？

三、人民币汇率制度需要改革吗

我国政府没有操纵人民币汇率，人民币对美元升值不能解决美国经常项目的逆差问题，但这并不意味着人民币汇率制度很完善而不需要改革。人民币汇率形成机制仍然需要改革。

人们认为人民币汇率严重低估主要有两个理由：第一个理由是以美元为基础货币表示的人民币汇率远高于人民币购买力平价。第二个理由是中国国际收支多年顺差，但是人民币汇率没怎么升值。

第一个理由是不能成立的。确实，据世界银行估计，在 2000 年的时候人民币的购买力平价是 1.5 元人民币等于 1 美元，而人民币汇率是 8.27 元人民币兑换 1 美元。后来世界银行意识到可能高估了人民币的购买力，在 2008 年的时候将人民币的购买力平价调整为 3.4 元人民币等于 1 美元，但人民币汇率仍然是 6.8 元人民币兑换 1 美元。相对于购买力平价来说，人民币汇率似乎低估了。但是，一种货币的购买力平价是不能作为判断这种货币汇率高估或低估的标准的。

从理论上说，一种货币的购买力平价取决于这个国家的价格水平，而价格水平的计算既涉及国际贸易商品，也涉及非国际贸易商品，这意味着货币购买力大小只部分地影响到国际贸易。但是，一种货币的汇率取决于国际贸易、国际金融、直接投资，一种货币的购买力平价如何能够成为判断这种货币汇率高估或低估的标准呢？

从实践上说，如果以美元为基础货币，发展中国家的货币的汇率基本上都是远高于购买力平价的。根据世界银行的统计资料，发展中国家货币的汇率平均是它们购买力平价的 3~4 倍。这就是说，汇率高于购买力平价是发展中国家的共有现象，而不是中国的特有现象。如果据此认为人民币汇率低估，岂不是发展中国家的货币的汇率都被低估？

第二个理由是有道理的，但是它正好说明当时人民币汇率制度改革的必要性。在汇率市场化的条件下，一个国家的国际收支顺差将导致这个国家货币汇率升值，而当时人民币汇率升值压力正是来自我国多年的国际收支顺差。但是，这一切都是表面现象。如果透过这种现象去考察本质，就会发现我国国际收支顺差部分来自我国不合理的外汇与汇率制度。

从外汇的供给或人民币的需求机制来说，当时我国实行强制结汇制，企业得到的外汇经过批准只能保留 30%，其余必须在规定的工作日里卖给外汇银行，这就造成在外汇市场上外汇的供给或人民币的需求十分充分。另外，从外汇需求或人民币供给机制来说，居民用人民币购买外汇以及企业在非贸易项目下用人民币购买外汇受到很大的限制，这就造成在外汇市场上外汇的需求或人民币的供给受到限制。正因为这样，我国的国际收支才出现顺差，并在外汇市场上造成了外汇供过于求或人民币供不应求的情况，使人民币汇率产生升值的压力。我国的外汇管制制度是我国外汇短缺时代的产物，它显然已经不适应我国现在的现实了。

当时我国许多经济学者都主张人民币汇率升值，我认为他们的欠缺之处就是没有认识到这种自相矛盾的情况：他们实际上是在主张一方面用制度造成人民币汇率升值压力，另一方面又按照这种不真实的压力去调整汇率。这就是说，我国不合理的外汇和汇率制度部分造成了人民币汇率升值压力，他们却不主张改革人民币汇率制度而是主张将会伤害我国出口企业的人民币汇率升值。

对此，我在 2004 年 12 月召开的国务院咨询会议上提出了下述改革人民币汇率形成机制的建议：

第一，应该对强制结汇制进行改革。无论是国内企业还是外资企业，都可以在外汇指定银行开立现汇账户。经常项目下的外汇收入，既可以存入现汇账户，也可以结汇；经常项目下的外汇支出，既可以从现汇支付，也可以凭有效单据向外汇指定银行购买外汇。这样既可以缓和人民币汇率升值压力，也可以改革不合理的外汇供给或人民币需求机制。

第二，应该继续放宽人们购买外汇的限制。在人民币存在升值压力的情况下，应该基本放宽人们在经常项目下购买外汇的限制，以及适度放宽人们在某些资本项目下购买外汇的限制。这样既可以缓和人民币汇率升值压力，也可以改革不合理的外汇需求或人民币供给机制。

第三，应该放宽对人民币汇率波动幅度的限制。在前两项改革完成以后，选择适当的时机放宽对人民币汇率波动幅度的限制，譬如在公布汇率上下总幅度 0.5%～0.8% 内波动。这样，既不会削弱人民币汇率的调节作用，又能防止人民币汇率出现频繁的大幅度的波动。

从 2005 年开始，我国政府不断地推进人民币汇率制度的改革，我认为这些改革的措施是正确的。

在改革外汇的供给或人民币需求机制方面，我国政府在逐渐取消强制结汇制。例如，国家外汇管理局 2005 年 2 月 4 日《关于调整经常项目外汇账户限额管理办法的通知》、2005 年 8 月 2 日《关于放宽境内机构保留经常项目外汇收入有关问题的通知》、2006 年 4 月 13 日《关于调整经常项目外汇管理政策的通知》，等等，都是朝着自由结汇制的方向发展。在 2010 年 3 月召开的全国人民代表大会上，国家外汇管理局称已经取消了强制结汇制。

在改革外汇需求或人民币供给机制方面，我国政府在不断地放宽对购汇的限制。例如，国家外汇管理局 2005 年 5 月 22 日《关于扩大境外投资外汇管理试点有关问题的通知》、2005 年 8 月 3 日《关于调整境内居民个人经常项目下因私购汇限额及简化相关手续的通知》、2005 年 8 月 25 日《关于下放部分资本项目外汇业务审批权限有关问题的通知》、2006 年 4 月 13 日《关于调整经常项目外汇管理政策的通知》、2006 年 8 月 30 日《关于基金管理公司境外证券投资外汇管理有关问题的通知》，等等，都在放宽对人们购买外汇的限制。

在改革人民币汇率形成方式方面，2005年7月21日，中国人民银行发布《完善人民币汇率形成机制改革的公告》，开始实行以市场供求为基础，参考一篮子货币进行调节、有管理的浮动汇率制度。中国人民银行每个营业日公布当日银行之间外汇市场有关货币对人民币的收盘价，作为下一个营业日这些货币对人民币汇率的中间价格。从2006年1月4日开始，人民币汇率中间价改为由中国外汇交易中心确定。

在建立更有弹性的汇率制度方面，2005年9月23日，中国人民银行发布《关于进一步改善银行间外汇市场交易汇价和外汇银行挂牌汇价管理的通知》，决定将非美元货币对人民币交易价格的浮动幅度从原来的上下0.15%扩大到上下0.3%。2006年1月3日，中国人民银行发布《关于进一步完善银行间即期外汇市场的公告》，决定将美元对人民币交易价格的浮动幅度也扩大到上下0.3%的幅度内浮动。

四、人民币汇率制度应该如何完善

笔者认为，从长期以及从原则上说，应该建立一个比较完善的有弹性的汇率制度，在政府的管理下由市场去决定人民币汇率的变化。从短期来看，我国是一个发展中国家，经受不起人民币汇率大幅度变化的冲击，我国政府应该通过市场管理的方式保持人民币汇率的相对稳定。

人们可以列举人民币汇率升值的好处，其中最主要的好处为：第一，人民币汇率升值可以促进我国产业结构的升级。第二，可以使我国进口原材料和进口消费品价格下降，从而有助于缓和通货膨胀和有利于消费者。

关于第一个好处，应该指出，我国的产业结构是由我国的经济发展水平决定的，产业结构的升级不是人们的主观愿望可以决定的，也不是在短时期内可以实现的。人民币汇率升值实际上是用打击我国出口企业的方式迫使我国产业结构的升级，很可能出现原有产业破产而新的产业难以产生的情况。与其使用这种风险很大和代价很大的方法，为什么不尝试在保持人民币汇率相对稳定的情况下使用产业政策或税收政策这种风险较小和代价较小的方法？应该指出的是，让现有产业结构休克了，新的产业结构未必就能够产生，我国政府应该以渐进的方式来推动产业结构的升级。

关于第二个好处，不可否认，人民币汇率升值会导致我国进口商品人民币价格下降，对于原材料进口企业以及消费者是有好处的，但这种利益并不大。原材料成本只是成本的一部分，而人民币汇率升值只能导致原材料人民币价格一定程度的下降，它对缓和通货膨胀作用有限。另外，外国厂商对我国不少进口原材料和消费品都有很强的议价权，在人民币汇率升值的情况下它们常常提高销往我国的商品价格，这样人民币升值没有给我国生产者和消费者带来利益，却给外国厂商带来更大的利益。

与此同时，人们还应该考虑到人民币汇率升值的弊端。人民币汇率升值将通过提高出口商品的外汇价格和降低进口商品的人民币价格的方式导致我国出口减少和进口增加，从而造成我国国内生产总值下降和失业增加。即使考虑到前面提到的利益，人民币短时间的较大幅度的升值的弊是远大于利的。因此，在短期里，政府应该努力保持人民币汇率的相对稳定。

我认为，在人民币汇率仍然存在升值压力的情况下，我国政府应该坚持在 2005 年进行的人民币汇率形成机制改革的方向，继续完善我国的外汇管制制度。除此以外，还可以采取下述措施：

第一，继续建立战略性能源和原材料稳定的供给来源。我国政府从 2005 年开始在我国沿海地区建造石油储备设施，从 2006 年开始进口政府石油储备。这种做法具有双重利益：一是减少了经常项目顺差，减轻了人民币汇率升值压力；二是获得了我国经济发展所需要的石油资源。但是，我国现有石油储备的数量还达不到要求，还需要补充到合适的水平。除了建立石油储备以外，我国政府还需要考虑建立别的战略原材料的储备。与此同时，还要继续鼓励我国的企业收购外国自然资源产业的股权，以保证我国长期的自然资源的供给。这种做法的意义与建立自然资源储备的意义是相似的，不同的地方是前者将自然资源储备在国外，后者将自然资源储备在国内。

第二，适当增加对美国高科技产品的进口。我国政府应该积极寻求与美国政府对话，使他们充分认识到改变美国经常项目逆差的出路在于提高储蓄率和增加美国出口。当然，提高美国的储蓄率就像提高中国的消费率一样不是短时间可以实现的，因而可取的方法是增加美国的出口。奥巴马政府已经意识到这个问题并且提出了鼓励出口的计划，美国商务部一再表示要重新审视高技术产品的出口管制政策。美国只有放宽对中国高科技产品的出口限制才有可能在一定程度上调整美国经常项目的失衡，我国则可以通过增加对美国高科技产品进口的方法在一定程度上缓和人民币汇率升值压力。

第三，限制部分产业的出口。对于可枯竭的自然资源的开采行业，如稀土业、石油业等，应该用制定出口限额、征收出口关税的方法来限制出口。对于高能耗、高污染的产业，如某些有色金属等，也应该用制定出口限额、征收出口关税的方法来限制出口。对于某些低附加值高劳动密集的产业，则需要在不同的时期区别对待。从低附加值的角度来看，发展这些产业不利于我国产业结构的调整，又容易导致贸易摩擦。但是，从高劳动密集的角度来看，这些产业可以解决我国许多劳动力的就业问题。因此，在我国经济受到衰退威胁的时候，可以采取增加出口退税的方式稍加扶持；在我国经济迅速扩张的时期，可以采用减少出口退税的方式稍加限制。

在这里还需要特别强调的是，我国政府和我国学者不要被表面的国际收支顺差现象所迷惑。2003 年以来，国际上的"热钱"即投机性资金通过我国的经常项目、资本与金融项目、错误与遗漏项目大规模进入我国，从而造成了我国存在大量国际收支顺差的虚假现象，并形成了人民币汇率升值巨大而虚假的压力。"热钱"的流动是飘忽不定的，它一旦大规模撤离，将造成我国国际收支逆差和人民币汇率贬值压力。因此，在人民币存在升值压力的时候，一定要堵截"热钱"的流入；在人民币存在贬值压力的时候，一定要防止"热钱"大规模流出。如果人民币汇率升值压力是"热钱"造成的，我国政府却因此让人民币汇率升值，我国宏观经济将遭受"热钱"流入和人民币汇率升值的双重伤害。

我国已经形成了对外依存度较高的经济体系，人民币汇率问题将是一个对我国经济具有重要影响的问题，我国政府必须要谨慎地处理人民币汇率问题。

参考文献

［1］Bureau of Economic Analysis，U. S. International Transactions Accounts Data，http：//www. bea. gov.

［2］IMF，Annual Report on Exchange Arrangement and Exchange Restriction，2009.

［3］U S Federal Reserve Board，Foreign Exchange Rates，http：//www. federalreserve. gov.

第四篇 金融学研究

人民币汇率若干问题研究

我国外汇储备若干问题研究[*]

一、我国外汇储备的增长情况

外汇储备（foreign exchange reserve）是指一个国家的政府所持有的国际储备资产中的外汇部分，即一个国家政府持有的以可自由兑换的外国货币表示的金融资产，如银行存款、有价证券等。

长期以来，我国是一个外汇短缺的国家。但是，进入 21 世纪以后，我国的外汇储备急剧增加。我国外汇储备的增加情况如表 1 所示。

表1　　　　　　　　**2000 年以来我国外汇储备增长情况**　　　　单位：亿美元

年份	2000	2001	2002	2003	2004
外汇储备	1655.74	2121.65	2864.07	4032.51	6099.32
年份	2005	2006	2007	2008	2009
外汇储备	8188.72	10663.44	15282.49	19460.30	22726.00

注：2000～2008 年的数据是截至年末的数据，2009 年的数据是截至 9 月末的数据。

资料来源：中华人民共和国国家统计局，统计资料，2000～2009，http://www.pbc.gov.cn。

2005 年，我国的外汇储备接近当时外汇储备最多的国家日本，同年日本的外汇储备是 8288.13 亿美元。2006 年，我国的外汇储备超越日本，同年日本的外汇储备是 8745.69 亿美元。到 2007 年，我国的外汇储备已经远远将日

---

* 本文发表于《中山大学学报》2010 年第 1 期，《新华文摘》2010 年第 8 期全文转载，中国人民大学报刊复印资料《金融与保险》2010 年第 5 期全文转载。

本的外汇储备抛在了后面，同年日本的外汇储备是 9479.87 亿美元。

2008 年，在世界范围内，外汇储备列前 10 位的国家和地区分别是：中国大陆，19056.00 亿美元（2008 年 9 月）；日本，9958.00 亿美元（2008 年 9 月）；俄罗斯，4847.00 亿美元（2008 年 10 月）；中国台湾，2781.50 亿美元（2008 年 10 月）；印度，2528.83 亿美元（2008 年 10 月）；韩国，2122.50 亿美元（2008 年 10 月）；巴西，2012.23 亿美元（2008 年 10 月）；新加坡，1688.02 亿美元（2008 年 9 月）；中国香港，1532.00 亿美元（2008 年 8 月）；阿尔及利亚，1498.06 亿美元（2008 年 9 月）（经济论坛网，2009）。

我国外汇储备的迅速增加引起人们的关注，人们围绕着我国外汇储备的种种问题展开了激烈的争论，本文拟就这些问题发表笔者个人的看法。

二、我国外汇储备增加是好事还是坏事

当我国外汇储备不断增加的时候，人们在问：我国外汇储备增加是好事还是坏事？有人说，我国外汇储备跃居世界第一是我国经济实力增强的表现，这是好事。也有人说，我国将如此多的外汇储备起来造成社会资源的浪费，这是坏事。实际上，任何经济选择都是有利有弊的。经济学的任务就是研究如何增加经济选择的利益和减少经济选择的代价。

外汇储备的增加对我国具有重要的意义：

首先，外汇储备的增加为我国的经济发展提供了足够的外汇资金。外汇储备是一种国际支付手段的储备。对于一个国家来说，特别是对于一个发展中国家来说，为了促进本国经济的发展，需要购买外国先进的技术和设备以及本国短缺的自然资源，而所有这一切都需要国际支付手段。长期以来，困扰着发展中国家的一个难题，就是它们可以向发达国家出口的东西很少而它们需要从发达国家进口的东西太多，结果造成国际支付手段严重不足。在这种情况下，它们不得不采取严格的外汇管制的方法，尽可能地将宝贵的外汇集中在政府手里。但是，改革开放以来，随着我国经济发展水平的提高，我

国国际收支持续出现顺差，我国外汇储备不断增加，终于就目前来说破解了这个难题。这样，就在外汇资金方面为我国经济未来的发展奠定了坚实的基础。

其次，外汇储备的增加为我国更高程度地融入世界经济提供了重要的保证。在经济全球化的条件下，我国经济要实现更高水平的发展，我国的金融业或迟或早要走向更高程度的开放，我国的人民币或迟或早要成为国际储备货币。但是，一个国家金融业的开放除了可以获得相应的利益以外，还会产生短期资本大规模地频繁流动所带来的风险，而抑制这种风险需要有巨额的外汇储备。另外，人民币要成为国际储备货币，除了要有强大的经济实力以外，还要有强大的金融实力，而金融实力的表现之一就是足够的外汇储备。

从上述意义来说，我国外汇储备的增加是好事。但是，我国外汇储备的增加也给我国经济带来一定的问题。

首先，我国外汇储备的增加在某种情况下干扰了我国货币政策的有效性。人们一提到我国外汇储备的增加，往往就指出它影响了我国货币政策的有效性。实际上，只有在我国国际收支顺差和通货膨胀同时发生的情况下，我国外汇储备增加才对我国货币政策实施产生不利影响。由于我国中央银行的外汇储备是用人民币买进外汇形成的，所以外汇储备增加的过程就是中央银行投放基础货币的过程。在通货膨胀条件下，中央银行需要采用收缩货币供给量的方法来抑制通货膨胀，而外汇储备增加则加剧了通货膨胀。但是，应该指出，如果我国发生了国际收支顺差和通货紧缩并存的情况，我国外汇储备的增加则成为我国中央银行扩张货币供给量的一个手段。

其次，我国外汇储备的增加在某种情况下造成我国社会资源的浪费。由于外汇储备主要以购买有关币种的政府债券的方式持有，而政府债券的利率是金融市场上最低的无风险利率，如果保留过多的外汇储备将造成外汇资金不能有效地使用，造成资源的浪费。但是，应该指出，外汇储备作为一种国际支付手段，必须要保持它的安全性和流动性，因此部分外汇储备收益率低将是肯定的。另外，我国政府在管理外汇储备的时候，在保持它的安全性和流动性的同时，也会充分考虑它的赢利性。因此，如果说我国外汇储备增加造成资源的浪费，那么只有在下面的情况下是成立的：超过某个下限的外汇资金如果投资于别的地方比投资于金融市场可以获得更高的收益率。

因此，我国保留庞大的外汇储备有利有弊，这就需要通过外汇储备的管理来增加它的有利影响，减少它的不利影响。

三、我国外汇储备是过多了还是过少了

当我国的外汇储备在 2001 年超过 2000 亿美元的时候，我国许多学者已经惊呼太多了。这样就产生了一个问题：多少外汇储备是适度的外汇储备？

长期以来，西方国际经济学一直在讲授着这样一个经验规则：可以满足本国 3 个月进口需求的外汇储备将是适度的外汇储备。根据这个规则，如果以 2008 年为例，我国货物进口额是 11331 亿美元，平均每个季度的货物进口额大约为 3000 亿美元，那么 2008 年我国 19460 亿美元的外汇储备显然是过多了。但是，应该指出，这个规则也许只适合于战后初期的情况，它并不适合于现在的情况。随着经济的全球化，国际经济活动的范围日益广泛。但是，这个规则只考虑到国际贸易的因素，而没有考虑国际金融和直接投资的因素。外汇储备作为一种国际支付手段，不仅要满足国际贸易的需要，而且也需要满足国际金融和直接投资的需要。

如果仅仅从国际支付手段的角度分析，适度外汇储备需要考虑的因素主要包括进口、对外债务、对外证券投资、对外直接投资等。据国家外汇管理局的统计，2008 年我国的对外证券投资是 99.10 亿美元，我国对外直接投资是 534.70 亿美元，共 633.80 亿美元（国家外汇管理局，2008）。由于在我国对外证券投资和直接投资的同时，外国也对我国进行证券投资和直接投资，如果对这两个项目需要准备的外汇按照对商品进口项目需要准备的外汇的规则来处理，则需要约 200 亿美元的外汇，所需要的数量不大。我国对外债务则有所不同，外国对我国贷款较多而我国对外国贷款很少，我国企业等机构

的对外债务是要用人民币购买外汇偿还的，我国的外汇储备必须要准备这部分外汇的支付。根据国家外汇管理局的统计，到 2009 年 9 月末，我国的对外债务为 3605.79 亿美元（国家外汇管理局，2009）。当然，我国在偿还外债的同时将会继续借入外债，因而不需要为对外债务保留 100% 的外汇储备。如果按照 50% 的比例保留外汇储备，则需要约 1800 亿美元。

另外，值得注意的是，2000 年以来，大量的"热钱"即投机性资金通过国际收支平衡表的经常项目、资本与金融项目以及遗漏与错误项目，以合法的、半合法的、不合法的途径流进我国。这部分"热钱"是典型的短期资本，一有风吹草动就迅速撤离（李翀，2009）。20 世纪 90 年代以来许多国家的经验表明，一旦热钱大规模撤离，这些国家的外汇储备将急剧减少，它们货币的汇率将大幅度贬值。为了保持经济的稳定，我国外汇储备必须要考虑"热钱"的因素。目前，对于我国境内"热钱"的数量有不同的估计，从 3000 亿美元到 17000 亿美元不等，但 5000 亿～7000 亿美元是一个学者们比较认可的数字。如果稳妥起见，为应付"热钱"流出保留 7000 亿美元的外汇储备，那么加上上面所得到的结果，我国适度外汇储备的规模应该是 12000 亿美元。

但是，应该指出，上面的分析仅仅是从国际支付手段这个角度来分析适度外汇储备的问题，它还没有考虑下述两个重要因素：第一，国家长期目标。如果我国政府准备积极推进人民币的国际化，就需要积累一定数量的外汇。第二，可替代方案。如果没有别的方案比增加外汇储备的方案更好，那么只能增加外汇储备。

我国外汇储备增加的原因是国际收支顺差。要减少我国的国际收支顺差，从理论上来说可以用减少出口、增加进口、减少资本流入、增加资本流出的方法。多年来，我国政府一直在这些方面努力。在减少出口方面，我国政府结构性地降低了出口退税的税率，仅在 2009 年我国经济面临衰退威胁的时候才恢复了部分出口退税税率。在增加进口方面，加入到世界贸易组织以后，我国对商品进口的限制已经大幅度放宽。在减少资本流入方面，我国对合格的外国机构投资者（QFII）来我国进行证券投资进行限制，对外国企业到我国直接投资提高了准入条件。在增加资本流出方面，我国政府批准合格的国内机构投资者（QDII）到外国进行证券投资，鼓励有条件的国内企业到外国直接投资。现在唯独没有使用的手段就是促使人民币汇率大幅度升值，而人民币汇率大幅度升值将对我国宏观经济形成破坏性影响。因此，相对人民币汇率大幅度升值的替代方案，我国外汇储备增加就是可接受的了。

从世界范围来看，随着国际经济活动规模的扩大和风险的增加，适度外汇储备的概念在调整，各国的外汇储备在急剧增加。就从 2000 年以后的情况来看，2000 年 3 月，世界的外汇储备是 13305 亿特别提款权。但是到 2009 年 3 月，世界的外汇储备已经达到 43833 亿特别提款权（2009 年 1 个特别提款权 = 1.5878 美元）（IMF，2000，2009）。

四、我国外汇储备是一种财政收入吗

当我国的外汇储备不断增加的时候，关于我国外汇储备的管理和使用就引起人们的关注。有人建议，应该由财政部和中国人民银行共同管理这笔庞大的外汇储备。也有人建议，应该将我国的外汇储备用于解决我国的民生问题。这就产生了这样一个问题，我国政府的外汇储备的来源是什么呢？它是政府的一种收入吗？对于学者们来说，这在概念上不应该成为问题，但在具体讨论外汇储备的使用时这又似乎成为了问题。

我国的外汇储备来源于我国商品的出口和外国资本的流入。当我国企业出口商品得到外汇并兑换为人民币的时候，当我国的企业或机构借入外国的外汇债务并兑换为人民币的时候，当外国的金融机构到我国进行证券投资或外国企业到我国进行直接投资并将外汇兑换为人民币的时候，如果我国中央银行进行反向操作，在外汇市场上用人民币买进外汇，便形成我国的外汇储备。在我国中央银行的资产负债表上，在资产一方是外汇储备，在负债一方是等额的货币发行和商业银行在中央银行的存款即中央银行对商业银行的欠款。因此，我国的外汇储备不是我国政府的一项收入，它是我国中央银行用人民币兑换而来的。正因为我国外汇储备增加的过程就是我国中央银行增加基础货币的过程，我们就能够理解，为什么在我国发生通货膨胀的时期将对我国的货币政策造成不利影响。既然我国的外汇储备是中央银行资产负债表中的一项资产，当然应该由我国的中央银行进行管理。另外，既然我国的外汇储备是中央银行资产负债表中的一项资产，我国政府就不能随意使用外汇储备。

我国的中央银行法《中国人民银行法》明确规定，我国中央银行与我国政府不能产生直接的资金融通的关系。如果我国政府以无偿调拨的方式使用外汇储备，这意味着我国中央银行以不必偿还的方式直接向我国政府提供了资金，也就意味着对《中国人民银行法》的破坏。但是，这并不意味着我国政府不能使用外汇储备。虽然我国政府不能以无偿的方式使用外汇储备，不能以外汇借款的方式使用外汇储备，也不能以人民币透支的方式使用外汇储备，但是可以用财政收入购买外汇的方式使用外汇储备，或者以发行国债筹集资金购买外汇的方式使用外汇储备。这样，我国中央银行的资产负债表上资产和负债将同时减少。

明确了外汇储备的性质以后，就可以理解，所谓用外汇储备解决民生的问题是不能成立的。外汇储备是我国中央银行通过发行人民币的方式买进外汇形成的，如果说用外汇储备解决民生问题，在方法上相当于用发行人民币解决民生问题，在效果上不如用发行人民币解决民生问题。用发行人民币的方法解决民生问题可以增加国内的消费需求，动用外汇储备解决民生问题则是增加对外国商品的需求。

明确外汇储备的性质以后，也就可以理解我国的外汇储备为什么会不断增加了。在我国国际收支存在顺差的前提下，如果我国中央银行不大量用人民币买进外汇，外汇需求就会减少，外汇汇率就会贬值，即人民币汇率就会升值。人民币汇率升值将导致我国商品的出口减少进口增加，从而导致我国国内生产总值的减少和就业形势的恶化。如果只能在人民币汇率升值和外汇储备增加两者之间进行选择，笔者认为应该选择外汇储备增加。

五、我国外汇储备遭受严重损失了吗

我国政府没有公布外汇储备的币种结构，但显然我国的外汇储备主要是美元。2005 年以来，美元持续对世界各主要货币汇率贬值，这样就产生了一个问题：我国的外汇储备是否遭受到严重的损失。网络上还曾经出现这样的消息：我国外汇储备的损失相当于建造 3 艘航空母舰的成本。

确实，在美国政府的推动下，2005 年以来美元对世界主要货币汇率贬值。如果将 2009 年 9 月 10 日美元汇率与 2005 年 1 月 2 日美元汇率相比，具体情况如表 2 所示。其中欧元对美元的汇率曾经在 2008 年 5 月 26 日达到每欧元 15.761 美元，与 2005 年 1 月 2 日相比美元贬值了 17.93%。

表 2   美元汇率的贬值情况

汇率	美元/欧元	日元/美元	人民币/美元
2005 年 1 月 2 日	1.3365	102.75	8.2765
2009 年 9 月 10 日	1.4750	89.20	6.8270
美元贬值幅度	10.36%	13.19%	17.51%

资料来源：IMF, Exchange rate, http://www/imf.org.

在讨论外汇储备币种选择的时候应该注意两个问题：

第一，由于外汇储备的重要功能是用于国际支付手段，我国外汇储备的币种选择需要与我国国际支付的币种结构相适应。在我国的对外贸易中，美元仍然是我国最主要的计价货币和结算货币，我国的外汇储备就不得不以美元为主。虽然近几年美元汇率在不断贬值，但是美元地位在相当长的时期内是难以改变的。从世界范围来看，即使美元不断贬值，从表 3 可以看到，美元在国际储备货币中的地位基本上还是保持稳定的。

表 3   美元在世界外汇储备中所占的比例

年度	2001	2002	2003	2004
美元比重	71.5	67.1	65.9	65.9
年度	2005	2006	2007	2008
美元比重	66.9	65.5	64.1	64.0

资料来源：IMF, Annual Report, 2009, http://www/imf.org.

第二，一种货币对内和对外升值或贬值并不一定是一致的。假如其他条件不变，一种货币对内升值或贬值将导致对外升值或贬值。但是，其他条件不是不变的。由于影响汇率的因素太多，就造成了一种货币对内升值或贬值不一定导致对外升值或贬值的现象。以美元和人民币为例，2004 年以来美国和我国消费物价指数的变化情况如表 4 所示。从表中可以看到，美元相对于人民币大幅度贬值，但在国内贬值的幅度还低于人民币。这意味着我国的美元储备对美国商品的购买力保持相对稳定，我国使用美元储备去购买美国商品没有什么损失，只有将美元兑换欧元或日元去购买欧洲联盟或日本的商品才会造成损失。

表 4 消费物价指数的变化情况 单位:%

年度	2004	2005	2006	2007	2008	平均增长率
美国	3.4	3.5	2.4	4.3	−0.5	2.62
中国	3.9	1.8	1.5	4.8	5.9	3.58

资料来源：中华人民共和国国家统计局，统计资料，2009，http：//www.pbc.gov.cn；Bureau of Labour，Inflation，http：//www.bls.gov。

尽管如此，美元毕竟对欧元和日元等国际储备货币贬值，这将造成我国与欧洲或日本的经济往来遭受损失。因此，我国外汇储备的损失是存在的，但不像人们所想象的那么大。在这种情况下，就对我国外汇储备的管理提出了较高的要求。在保证安全性和流动性的同时，如何通过外汇币种的选择和金融工具的选择来增强我国外汇储备的赢利性就成为一个很有挑战性的问题。

六、我国有其他替代外汇储备增加的方案吗

我国经济学界不少论文都提及我国外汇储备增加的不利影响，笔者认为有的论述是正确的。例如，我国外汇储备的增加影响了我国货币政策的有效性。正如本文前面指出的，笔者认为这是正确的但需要加上通货膨胀的条件，即我国外汇储备的增加在我国发生通货膨胀的条件下才会影响我国货币政策

的有效性。又如，我国庞大的美元储备将造成我国社会资源的浪费。也正如本文前面指出的，笔者认为这是正确的但需要加上存在别的更好的外汇资金投资机会的条件，即我国外汇储备的增加在存在别的更好的投资机会的条件下才会造成我国社会资源的浪费。

但是，有的看法则值得商榷。例如，有人提出，我国外汇储备的增加造成了我国对出口的依赖，影响了我国产业结构的调整。笔者认为，这种看法倒果为因了。我国近年形成了依赖出口的产值增长结构，才导致了我国外汇储备的不断增加。又如，有人认为，我国外汇储备的增加产生了人民币升值压力。笔者认为，这种看法同样是倒果为因了。正是近年来存在人民币升值的压力，为了缓解这种压力才导致了我国外汇储备的不断增加。

当然，我国的外汇储备不是越多越好。除了前面提及的过多的外汇储备的不利影响以外，我国巨额的外汇储备还刺激了发达国家，导致发达国家与我国贸易摩擦的增加，造成我国经济增长外部环境的恶化。因此，还需要考虑合适的替代方案，来减缓我国外汇储备的过度增加。

我们应该注意到，我国政府近年的三项重大措施都是可选择的替代方案：

第一，建立政府石油储备。发达国家的政府都有石油储备，但是我国政府长期没有建立石油储备，这样对于依赖外国石油的我国经济来说存在着巨大的能源风险。我国政府从 2005 年开始在我国沿海地区建造石油储备设施，从 2006 年开始进口政府石油储备，并于 2007 年正式建立中国石油储备公司。这种做法具有双重利益：一是减少了经常项目顺差，减轻了人民币汇率升值和外汇储备增加的压力；二是获得了我国经济发展所需要的石油资源，并为将来通过政府石油储备的增减来稳定石油价格奠定了基础。

第二，以贷款交换石油。2009 年 2 月 17 日，我国政府与俄罗斯签订协议，我国政府向俄罗斯提供 250 亿美元贷款，俄罗斯将在未来 20 年向中国提供 3 亿吨石油。2009 年 2 月 21 日，我国政府与委内瑞拉签订协议，我国政府向巴西提供 40 亿美元贷款，委内瑞拉将长期向我国出口石油。2009 年 7 月 7 日，我国政府与巴西签订协议，我国政府向巴西提供 100 亿美元贷款，巴西连续 10 年每年向我国出口 1000 万吨石油。以贷款交换石油的方法与建立石油储备的方法意义是相似的,它们的差异在于后者存在着储备石油的成本,而前者存在着违约的风险。

第三,增加黄金储备。虽然黄金在布雷顿森林体系解体以后已经非货币化,但由于黄金存在着活跃的全球性市场,它又是特殊的商品,各国政府仍然储备黄金。然而,储备黄金不仅没有利息收益,而且还要发生保管成本,我国政府长期以来持有黄金储备的数量不大。进入 2000 年以后,除了在 2001 年和 2002 年增加了 341 万和 321 万盎司黄金储备以外,我国政府一直保持 1929 万盎司的黄金储备不变。但是,在 2009 年 4 月,我国政府突然增加了 1460 万盎司的黄金储备,使我国政府的黄金储备增加到 3389 万盎司,跃居世界第五位。

笔者认为,这些措施都是正确的选择。除此以外,还可以考虑下述方法:

第一,彻底改革强制结汇制。2005 年人民币汇率形成机制改革以来,我国政府一直在放宽对结汇的强制和对购汇的限制,这两项措施都有利于将外汇藏于民间。强制结汇制是外汇短缺时代的产物,它与我国的现状是冲突的:一方面我国存在外汇储备不断增加的压力,另一方面又强制性地将外汇集中在政府手中。因此,应该彻底改革强制结汇制:任何机构都可以在我国外汇银行设立现汇账户,它们收入的外汇可以存放在该现汇账户不结汇,也可以结汇。它们在经常项目下需要的外汇可以直接从该现汇账户支出,也可以购汇。当然,这是可调整的政策,如果将来我国发生了外汇储备急剧减少的情况,可以重新实行带有强制性的结汇制度。

第二,限制部分产业的出口。应该指出,我国"一切为了创汇"的时代已经过去了,至少是暂时过去了,我国政府应该用新的视角审视不同产业的出口情况。对于可枯竭的自然资源的开采行业,如稀土业、石油业等,应该用制定出口限额,征收出口关税的方法来限制出口。对于高能耗、高污染的产业,如某些有色金属等,也应该用制定出口限额,征收出口关税的方法来限制出口。对于某些低附加值高劳动密集的产业,则需要在不同的时期区别对待。从低附加值的角度来看，发展这些产业不利于我国产业结构的调整，又容易导致贸易摩擦。但是，从高劳动密集的角度来看，这些产业可以解决我国许多劳动力的就业问题。因此，在我国经济受到衰退威胁的时候，可以采取增加出口退税的方式稍加扶持；在我国经济迅速扩张的时期，可以采用减少出口退税的方式稍加限制。

参考文献

［1］国家外汇管理局：《2008 年中国国际收支平衡表》，http：//www. safe. gov. cn。

［2］国家外汇管理局：《2009 年 6 月末我国外债基本情况》，http：//www. safe. gov. cn。

［3］经济论坛网的报道，2009，http：//www. tranya. cn。

［4］李珊：《我国境内的"热钱"问题研究》，载《社会科学研究》2009 年第 2 期。

［5］IMF，Annual Report，Appedndix 2000，2009.

关于国际铸币税收益的再探讨[*]

一、国内铸币税收益

国际铸币税是一个十分复杂的还有待于不断深化的研究领域。笔者在《当代经济研究》2012 年第 8 期发表了题为《关于国际铸币税收益的探讨》的文章，中国人民大学复印报刊资料《世界经济导刊》2012 年第 11 期全文转载。该文发表以后，笔者又对该领域进行了更进一步的和更加深入的分析，觉得有必要对国际铸币税收益进行再探讨。

在现行的牙买加体系下，发行国际储备货币的少数发达国家特别是美国得到了丰厚的铸币税收益。按照《新帕尔格雷夫经济学大辞典》的解释，在金本位制条件下，人们用黄金铸造金币需要向当局支付赋税，这种赋税称为铸币税（seigniorge）。在金本位解体以后，货币当局具有发行硬币和纸币的权力，硬币和纸币的面值超过制作成本的收益被货币当局所得到，这部分利益称为铸币税（伊特韦尔，第 308 页）。但是，《新帕尔格雷夫经济学大辞典》的解释并不完整。在现代经济里，货币主要不是通货，而是存款货币。一个国家的货币当局发行货币主要的不是以增加硬币和纸币的方式，而是以增加存款货币的方式。因此，还需要对铸币税收益的定义进行

---

 * 本文发表于《南方经济》2014 年第 1 期，是本人主持的 2010 年国家社会科学基金一般项目"超主权国际货币的构建与国际货币体系改革研究"的研究成果。

更加深入的分析。

关于铸币税的定义，在该领域的研究文献中有着不同的解释，还没有形成比较一致的看法。笔者认为，铸币税应该从两个角度理解：第一，虽然铸币税曾经是一种赋税，但它现在已经不是一种赋税。虽然铸币税不是赋税，但它类似于赋税，它是货币当局凭借着发行货币的权力获得的收益。第二，货币当局凭借着发行货币的权力获得收益的同时，可能要支付一定的成本。因此，在计算铸币税的时候必须要考虑到成本的因素。由于铸币税不完全是一种赋税而实际上是一种收益，铸币税可以称为铸币税收益。

但是，货币当局在发行货币的过程中是否都会产生铸币税收益呢？笔者认为还需要具体地考察货币当局发行货币的方法。在现实的经济里，货币当局发行货币即增加货币供给主要有下述方法，有的方法产生铸币税收益，有的方法不产生铸币税收益。

第一，发行纸币。在这种情况下，货币当局发行纸币的面值超过制作纸币成本的收益构成了铸币税收益。在许多国家里，硬币通常是财政部发行而不是货币当局发行的，在这里暂不考虑发行硬币的收益。

第二，降低法定准备金比率。当货币当局降低法定准备金比率的时候，商业银行出现了超额准备金。在利润动机的支配下，商业银行将增加贷款，货币供给量将增加。在这种情况下，货币当局没有得到铸币税收益。

第三，降低再贴现率。当货币当局降低再贴现率的时候，商业银行将通过增加再贴现的方式补充流动资金，从而支持了商业银行的信贷，货币供给量将增加。在这种情况下，货币当局获得了贴现票据及其利息，这属于铸币税收益。

第四，在公开市场买进证券。当货币当局在公开的证券市场上买进各种政府债务凭证的时候，将导致商业银行准备金的增加和商业银行贷款的增加，货币供给量将增加。在这种情况下，货币当局获得了政府债务凭证及其利息，这也属于铸币税收益。

第五，对商业银行再贷款。当货币当局对商业银行发放再贷款的时候，将支持商业银行的贷款，货币供给量将增加。在这种情况下，货币当局获得了贷款资产及其利息，这同样属于铸币税收益。

货币当局在采用第二到第五种方法增加货币供给的成本主要是办理相关业务的费用。因此，铸币税收益的确切定义是指货币当局凭借着货币发行权力所获得的金融资产价值扣除发行成本以后的收益。

应该指出，在货币当局降低再贴现率，买进政府债务凭证以及对商业银行再贷款的时候，将导致铸币税收益的产生。但是，当货币当局进行反向操作的时候，是否导致铸币税收益的减少呢？如果货币当局提高再贴现率，商业银行将减少再贴现，也就是货币当局将要得到的铸币税收益减少，但不会导致它已获得的铸币税收益减少。同样，如果货币当局停止对商业银行再贷款，它不再获得从这个渠道得到的铸币税收益，也不会导致它已获得的铸币税收益减少。但是，如果货币当局卖出政府债券，则导致它已获得的铸币税收益减少。

由于铸币税收益涉及货币当局获得的金融资产价值的问题，铸币税将存在流量和存量的区别。例如，货币当局的公开市场操作在一段时期里可能是双向进行的，不能只考虑买进政府债务凭证而不考虑卖出政府债务凭证。因此，从流量的角度考虑，铸币税收益是指货币当局在一段时期净金融资产收益的增加。从存量的角度考虑，铸币税货币当局在某个时点上通过发行货币而持有的未清偿的金融资产价值。

二、国际铸币税收益

但是，上面所分析的铸币税收益是国内铸币税收益。在现行牙买加体系下，发达国家的货币特别是美元成为了国际储备货币。这样，发达国家特别是美国从外国得到了铸币税收益。为了与国内铸币税收益相区别，可以将这种从外国得到的铸币税收益称为国际铸币税收益（international seigniorage）。国际铸币税收益与国内铸币税收益具有不同的特征，其中一个重要区别在于，国内铸币税收益是货币当局得到的一种收益，而国际铸币税则是货币发行国得到的一种收益。

在不考虑发行纸币和降低法定准备金比率的条件下，国内铸币税收益在数量上约等于基础货币的金额加上相应的利息。但是，在基础货币进入商业银行体系以后，将会派生出数倍的存款货币，这意味着国内铸币税收益的数量少于实际增加货币供给的数量。例如，假定美国商业银行不保留超额准备金，没有现金从美国银行体系流失，在法定准备金比率为10%的条件下，如果美国货币当局以购买100亿美元的政府债券的方式增加存款货币，根据存款货币创造的倍数是法定准备金比率的倒数的计算公式，将导致美国的货币供给量增加1000亿美元（=100×1/10%），但是美国中央银行得到100亿美元的政府债券及其利息的铸币税收益，这是国内铸币税收益。

但是，在这1000亿美元中，如果有500亿美元以各种对外经济活动形式流出美国境外，将给作为一个整体而言的美国带来多于100亿美元的铸币税收益。这是因为外国政府、机构、居民得到了这些美元以后，将以外汇储备或外汇储蓄等方式流回美国，美国便得到了国际铸币税收益。

因此，如果要给国际铸币税收益下一个初步的定义，它是指在一个国家凭借着本国货币是国际储备货币的地位所获得的一种国民福利。但是，仅仅指出国际铸币税收益是一种国民福利是不够的，还需要进一步分析国际铸币税收益是如何产生的以及有多少的问题。

以美国与中国的国际经济活动为例。当美国进口中国的商品、对中国证券投资或对中国直接投资的时候，将直接向中国支付作为国际储备货币的美元。但是，如果中国将得到的美元用于进口美国的商品，对美国证券投资或者对美国直接投资，美国并没有因为美元的特殊地位而获得的特殊收益。在这个过程中，美国仅仅由于拥有作为国际储备货币的美元而处于主动地位。这就是说，如果美国不进口中国的商品、不对中国证券投资或不对中国直接投资，中国将不能进口美国的商品，不能对美国证券投资或者不能对美国直接投资。显然，只有中国将美元储备或储蓄下来，美国才能得到国际铸币税收益。

从国际贸易活动的角度考察，国际铸币税的典型产生过程可以举例说明如下：美国进口商使用 1000 亿美元进口中国商品，在中国出口商结汇以后中国商业银行将 1000 亿美元以存款的形式存放在美国的商业银行，或者中国货币当局用人民币买进这 1000 亿美元以后以购买美国政府债券的形式保留起来，国际铸币税就产生了。或者是美国商业银行支付这 1000 亿美元存款的利息，或者是美国政府支付这 1000 亿美元政府债券的利息，但是美国不仅获得了价值 1000 亿美元的中国商品，而且还获得回流的 1000 亿美元的储蓄或储备。1000 亿美元的储蓄或储备减去美国为这 1000 亿美元的储蓄或储备支付的利息的差额，就构成了美国的国际铸币税收益。当然，中国持有的这 1000 亿美元的存款或债券可能最终会形成对美国商品的购买力，但是只要中国继续持有美元储蓄或储备，美国就获得了国际铸币税收益。

如果美国机构和居民不是进口中国商品，而是对中国证券投资或直接投资，那么他们支付美元得到的不是不可增值的中国商品，而是可以增值的中国资产。但是，只要中国政府、机构或居民将得到的美元以储备或储蓄的方式存到美国，由此所产生的结果与前面分析的国际贸易活动所产生的结果是相似的。

因此，国际铸币税收益的确切定义是指一个国家凭借着本国货币的国际储备货币地位所获得的被外国作为储备手段保留的本国货币的金额扣除本国为此支付利息代价以后的一种国民福利。

三、国际铸币税流量

国际铸币税收益有流量和存量之分。从流量的角度分析，国际铸币税收益是指在一定的时期里净回流到国际储备货币发行国的储备或储蓄额减去该国际储备货币发行国为此支付的利息代价以后的差额。在这里，所谓储备和储蓄主要是以银行存款的形式以及各种类型的债务工具的形式出现。但是，由于在现实的经济里难以找到净回流到某国际储备货币发行国的储备或储蓄的数据，又由于某储备货币发行国的国际收支逆差将形成外国对该国储备或储蓄的增加，所以可以从某储备货币发行国的国际收支逆差的角度来估算流量意义的国际铸币税收益。从存量的角度分析，国际铸币税收益是指在一定的时点外国持有的某个国际储备货币发行国的货币资产减去该国际储备货币发行国为此支付利息的差额。

在现行的牙买加体系下，美元是最主要的国际储备货币。美国从作为国际储备货币的美元得到了巨大的经济利益，其中最主要的经济利益是国际铸币税收益。世界各国持有的美元储备或储蓄实际上通过出口商品或出售资产等方式获得，这相当于美国以支付低廉利率的代价就可以获得这些财富。当然，别的国家持有的美元储备或储蓄也可以形成对美国商品或资产的购买力，但只要别的国家以美元储备或储蓄的形式持有美元，美国就可以继续占有这些财富。

下面以美国为例来估算 2000 年以来美国获得的国际铸币税收益。在这里应该强调的是，由于不存在完整的统计数据，在估算的过程中不可避免要做出一些假定。尽管这些假定是根据实际情况作出的，这样的估算也不可能是十分精确的。但是，笔者认为，即使是粗略的估算也是有意义的，它可以直观地显示或说明某种实际情况。

按照国际货币基金组织于 2009 年颁布的《国际收支与国际投资头寸手册》（第六版）的划分方法，国际收支包括经常项目、资本项目和金融项目三大项目。美国长期以来经常项目、资本项目以及金融项目中的直接投资子项目之和都是逆差，只能依靠金融项目其他子项目的顺差加以抵消，金融项目部分子项目的变化表现为回流的美元，从而形成国际铸币税收益。金融项目除了直接投资以外，主要包括官方储备资产、证券投资等项目。其中官方储备资产主要包括黄金储备、特别提款权，在国际货币基金组织的储备头寸、外国货币。因此，还需要考虑金融项目中什么子项目的变化可以用于表示国

第四篇 金融学研究

关于国际铸币税收益的再探讨

际铸币税收益。

首先考虑金融项目中官方储备资产子项目。如果美国用官方储备资产来弥补国际收支逆差，那么没有导致外国对美国的储备或储蓄增加，这部分对国际收支逆差的清偿额不形成美元的回流，从而不形成国际铸币税收益。由于官方储备资产减少记入贷方，官方储备资产增加记入借方，官方储备资产的净减少意味着贷方大于借方。如果其他因素不变，官方储备资产的净减少将导致金融项目的顺差增加。因此，如果要用美国金融项目的顺差来反映美国的国际铸币税收益，应该减去美国官方储备资产贷方与借方的差额。这意味着如果美国官方储备资产贷方与借方的差额是正数，用减法；如果美国官方储备资产贷方与借方的差额是负数，用加法。

再次考虑利息问题。如前所述，国际铸币税收益是指在一定的时期里净回流到国际储备货币发行国的储备或储蓄减去该国际储备货币发行国为此支付的利息代价以后的差额。但是，美国对外国支付的利息已经反映在经常项目中，在计算流量意义的国际铸币税收益的时候，不应该再从外国回流到美国的储备或储蓄扣除美国为此支付的利息。

因此，美国一定时期的经常项目、资本项目以及金融项目中直接投资子项目差额的代数和，减去美国官方储备资产贷方与借方的差额，构成该时期外国对美国增加的储备和储蓄，从而构成美国流量意义的国际铸币税收益。也就是说，美国一定时期的排除了直接投资子项目的金融项目的差额，减去美国官方储备资产贷方与借方的差额，构成该时期外国对美国增加的储备和储蓄，从而构成美国流量意义的国际铸币税收益。

表1反映2001~2010年美国得到的国际铸币税收益情况，表中统计数据来自美国商务部经济分析局。在表1里，每个年份下面的前四行表示美国经常项目、资本项目、金融项目中直接投资子项目、金融项目中美国官方储备子项目的差额。正如前面分析所指出的那样，前三个项目的代数和的绝对值减去官方储备子项目的差额，就是流量意义的国际铸币税收益。

表1	美国获得的国际铸币税收益流量			单位：亿美元
年份	2001	2002	2003	2004
经常项目差额	-3966.03	-4572.48	-5190.89	-6285.19
资本项目差额	131.98	-1.41	-18.21	30.29
直接投资子项目差额	246.72	-700.88	-858.14	-1702.57
官方储备子项目差额	-49.11	-36.81	15.23	28.05
国际铸币税收益	3636.44	5311.65	6052.01	7929.42
年份	2005	2006	2007	2008
经常项目差额	-7457.74	-8006.27	-7103.03	-6771.35
资本项目差额	131.16	-17.88	3.84	60.10
直接投资子项目差额	764.03	-17.71	-1928.73	-189.89
官方储备子项目差额	140.96	23.74	-1.22	-48.48
国际铸币税收益	6421.59	8018.12	9029.14	6949.62
年份	2009	2010	2011	2012
经常项目差额	-3765.51	-4708.98	-4659.26	-4749.84
资本项目差额	-1.40	-1.52	-12.12	64.36
直接投资子项目差额	-1390.09	-1220.46	-1853.44	-1767.55
官方储备子项目差额	-522.56	-18.34	-158.77	-44.60
国际铸币税收益	5679.56	5949.30	6683.59	6497.63

资料来源：Bureau of Economic analysis, Balance of Payments, U. S. Economic Accounts, http：//www. bea. gov.

这里存在一个疑问：外国在美国的储备或储蓄实际上是美国的负债，美国必须要还本付息，它如何形成美国的铸币税收益？确实，如果美元不是国际储备货币，它就是美国的负债。但是，在美元是国际储备货币的条件下，外国政府和个人总是要保留美元。由于外国政府的美元储备在不断增加，美国所欠的债务相当大的一部分实际上是可以不必偿还的债务，这种债务便构成美国的国际铸币税收益。

从表1可以看到，2001~2010年，美国凭借着美元的国际储备货币地位，平均每年获得约6000多亿美元的国际铸币税收益。很明显，如果美元不是国际储备货币，不必说长期，就是在短期内美国如此巨大的经常项目、资本项目和直接投资子项目的净逆差也是不可能维持的。

应该指出，上面估算的是流量意义的国际铸币税收益，如果要估算存量意义的国际铸币税收益，需要将外国政府、机构和居民持有的美元储备或储蓄减去美国为此支付的利息。

四、国际铸币税存量

但是，关于存量意义的国际铸币税的估算方法，存在下述两个可斟酌的问题：

首先，外国持有的美元储备或储蓄是存量，利息是流量。如果从某个时点来度量国际铸币税收益，利息应该为零。从这个角度分析，外国持有的美元储备或储蓄应该就是这个时点美国国际铸币税收益的存量。但是，如果采用这样的计算方法，国际铸币税收益似乎成为美国不必偿还的债务，因而不能体现外国持有的美元储备或储蓄的债权性质。因此，采用这样的计算方法是不合适的。

其次，外国持有的美元储备或储蓄是美国的债务，美国必须定期支付利息。从这个角度分析，应该根据美国未来定期支付的利息按照市场利率将这部分债务折算成现值，然后与现在这部分债务进行比较，最终得到美国所获得的国际铸币税的存量。例如，如果实际债务总额是 50000 亿美元，而折成现值的债务总额是 40000 亿美元，就有理由认为美国得到了 10000 亿美元的国际铸币税收益。但是，这种计算方法将美国所欠的债务看作一种纯粹的债务，而忽略了其中相当大的一部分债务实际上是不必偿还的本金的特点。因此，采用这种计算方法也是不合适的。

基于对上述两个问题的分析，将年末外国持有的美元储备或储蓄减去美国为此支付的利息来估算存量意义上的国际铸币税收益是适当的。

由于现在只能获得外国货币当局持有美元储备的统计数据，无法获得外国机构和个人持有美元储蓄的数据，因而只能估算美国从外国货币当局得到的国际铸币税收益的存量。

由于外国货币当局不会全部以美国国债的形式持有美元储备，根据某些主要国家货币当局持有美元储备的债务工具的结构，可以假定外国货币当局以美国国债的形式持有美元储备的比例是50%。另外，美国国债的利率是无风险利率，根据金融市场的情况，可以假定其他各种债务工具的平均利率比美国国债利率高50%。按照这两个假定可以得到2001～2012年美国从外国货币当局获得的国际铸币税收益的存量，如表2所示。

表2　　　　　　　美国从外国货币当局获得的国际铸币税存量　　　　单位：亿美元

年份	2001	2002	2003	2004	2005	2006
各国官方外汇储备（SDRs）	16336	17720	20385	24143	30226	34909
各国官方美元储备的比例（%）	71.5	67.1	65.9	65.9	66.9	65.5
美元/SDR	1.25673	1.35952	1.48597	1.55301	1.42927	1.50440
各国官方美元储备（美元）	14679	16165	19962	24709	28902	34398
美国国债收益率（%）	3.44	1.96	1.30	1.93	3.62	4.91
国际铸币税收益	14078	15769	19638	24112	27594	32287
年份	2007	2008	2009	2010	2011	2012
各国官方外汇储备（SDRs）	42398	47643	52071	60120	66455	67354
各国官方美元储备的比例（%）	64.1	64.1	62.1	61.5	62.2	62.2
美元/SDR	1.58025	1.54027	1.56769	1.54003	1.53526	1.54909
各国官方美元储备（美元）	42947	47026	50693	56941	63460	64898
美国国债收益率（%）	4.37	1.71	0.46	0.30	0.38	0.25
国际铸币税收益	40601	46021	50402	56727	63197	64695

资料来源：IMF, Annual Report of the Executive Board, 2001 - 2012, http：//www. imf. org；IMF, Data, http：//www. imf. org；U. S. Department of the Treasury, Daily Treasury Yield Curve Rate, http//www. treasuryDirect. gov.

在表2中，由于《国际货币基金组织年报》提供的各国货币当局外汇储备的数据以特别提款权（SDRs）表示，还需要根据美元储备占外汇储备的比例以及特别提款权兑换美元的数量来估算各国货币当局的美元储备。另外，美国国债的收益率取1年期限的美国国债在3月、6月、9月、12月初的收益率的算术平均数，2012年各国货币当局的外汇储备是截至3月末的外汇储备。在各年年末，各国货币当局的美元储备减去美国为此支付的利息，就是这个时点的国际铸币税收益。

从表2可以看到，2001～2012年，由于各国货币当局的外汇储备迅速增加，美国在每年年底这个时点上得到的国际铸币税收益随着时间的推移在不断增加。当然，这个估算只是一个粗略的估算，它仅仅是试图说明美国国际铸币税收益的存量大概有多少。

五、国际铸币税收益的性质

上面的分析表明，在牙买加体系下，本币为国际储备货币的国家获得了一种特权，即可以享受高额的国际铸币税收益。作为最主要的国际储备货币美元的发行国美国，是这些国家中最大的受益者。但是，应该指出，国际铸币税收益在是否需要偿还的性质上与国内铸币税收益具有重要的区别。

在各个国家内部，货币发行量在中央银行的资产负债表中属于负债。但是，由于各国国内经济活动规模在不断扩大，所需要的货币数量在不断增加，国内铸币税收益在一般情况下是不必偿还的。正因为这样，各国中央银行的铸币税收益不仅可以维持自身的运转，还可以向国库缴纳。以美国联邦储备系统为例，2010年，它的总支出是42.43亿美元，总收益是793.00亿美元。美国联邦储备系统的收益主要来自利息收益，其中在公开市场账户中从美国政府证券得到的利息收益是299亿美元，从联邦机构抵押证券得到的利息收益是448亿美元。2010年，美国联邦储备系统上缴美国国库的净收益为750.57亿美元（Federal Reserve Board，2011）。

国际铸币税收益在性质上也是债务，但它与国内铸币税收益不同，它是可能要偿还的。显然，如果美国的国际经济地位不变，各国将出口商品或出售资产得到的美元仍然以储备和储蓄的形式存在美国。随着国际经济活动规模的扩大，美国所欠的部分债务的本金实际上是不必偿还的，美国继续获得国际铸币税收益。但是，如果美国的国际经济地位下降，不但增加的国际经济活动不再使用美元结算，而且使用美元结算的国际经济活动还出现减少，各国将减少在美国的储备或储蓄并用于购买美国的商品或资产，美国就将开始返还国际铸币税收益。如果美元丧失了国际储备货币的地位，各国将会把全部美元储备或储蓄转换为美国商品或资产，从而将给美国带来灾难性的通货膨胀冲击。

20 世纪 60 年代末期，当人们对美国政府是否能够维护 35 美元兑换 1 盎司黄金的承诺产生怀疑时，出现了抛售美元买进黄金或买进其他货币的风潮，最终导致 1971 年美国政府对世界各国政府违约和布雷顿森林体系解体。由此可见，如果美国经济地位下降并导致人们抛售美元或者用美元抢购美国商品和资产，美国政府再一次向世界各国违约，即禁止各国用美元购买美国商品或资产是可能的。

这样，现行的牙买加体系暴露出一个严重的内在缺陷：在国际储备货币发行国经济强盛的情况下，它凭借着货币特权获得了国际铸币收益，造成了利益分配的不公平现象；但在国际储备货币发行国经济衰落的情况下，又将造成国际货币秩序的紊乱，最后仍然有可能造成国际储备货币持有国的损失。另外，关于国际铸币税收益的分析还有一个重要启示：美国政府不应该满足于现有的国际铸币税收益而不思现行国际货币制度的改革。美国独一无二的经济地位是不可能永远保持的。一旦美国经济地位下降，美国将返还以前的国际铸币税收益，从而将对美国经济带来严重的不利影响。

参考文献

［1］李翀：《关于国际铸币税收益的探讨》，载《当代经济研究》2012 年第 8 期。

［2］伊特韦尔：《新帕尔格雷夫经济学大辞典》第四卷，经济科学出版社 1992 年版。

［3］Bureau of Economic analysis, U. S. Economic Accounts, http：//www. bea. gov.

［4］IMF, Annual Report of the Executive Board, 2001 - 2012.

［5］The Federal Reserve Board, Annual Report, 2011.

［6］U. S. Department of the Treasury, Daily Treasury Yield Curve Rate, http//www. treasuryDirect. gov.

超主权国际货币构建方案研究*

一、构建超主权国际货币的历史和理论背景

布雷顿森林体系解体以后，国际货币基金组织成员国于 1976 年在牙买加首都金斯敦召开会议，达成了"牙买加协议"，形成了现行的国际货币制度。如果将该制度称为牙买加体系，那么该体系的基本特征如下：第一，以若干种发达国家的主权货币作为国际储备货币，其中最主要的国际储备货币是美元。第二，黄金非货币化，国际储备货币以发行国政府的信用作为保证，与黄金不存在货币意义上的联系。第三，各国货币之间的汇率随着外汇市场需求和供给的变化自由浮动，各国可以采取不同形式的浮动汇率制度。

牙买加体系比布雷顿森林体系具有更大的灵活性，较好地解决了国际清偿能力不足的问题，但并没有解决"特里芬难题"。所谓"特里芬难题"是美国经济学家特里芬（Robert Triffin）在 1960 年出版的著作《黄金与美元危机》中提出来的（Triffin, 1960）。它是指世界各国要取得从美国流出的美元以作为结算和储备货币，这就要求美国出现长期的国际收支逆差；而美元作为核心国际货币的前提是保持币值的稳定和坚挺，这又要求美国必须保持长

---

* 本文发表于《学术研究》2014 年第 2 期，是本人主持的 2010 年国家社会科学基金一般项目"超主权国际货币的构建及国际货币制度的改革"的研究成果。该项目的研究成果入选 2013 年《国家哲学社会科学成果文库》，并于 2014 年出版专著《超主权国际货币制度的构建：国际货币制度的改革》。

期的国际收支平衡或顺差。这两个要求相互矛盾，因此形成了一个悖论。

在牙买加体系下，特里芬难题并未消除，但却改变了特征。在以主权货币美元为国际货币本位的制度下，美国通过国际收支逆差向国际社会提供流动性，其他国家则用物品、劳务和资产换取美元。美国可以从中获得国际铸币税收益，其他国家则增加了通货膨胀的风险。当美元出现过剩时，美国又可以通过美元汇率的自由浮动来调节美元的供求，也就是通过美元汇率的不断贬值来适应过度美元供给的情况，但这又给世界各国的美元储备资产带来严重的损失。因此，要改革现行的国际货币制度，必须改变这种以主权货币作为主要国际货币的现状。

应该指出，牙买加体系所存在的"特里芬难题"主要是技术方面的缺陷，牙买加体系还存在更为根本的制度方面的缺陷。

牙买加体系根本性的制度缺陷之一是国际货币发行国权利和责任的失衡。在牙买加体系下，美元等主权货币成为国际货币。要维持牙买加体系的正常运行，美国在得到巨大的权利和利益的同时，应该承担相应的义务和责任。但是，美国政府在面临美国利益和世界利益的冲突时，将毫无疑问地选择维护本国利益，从而造成了美国权利和责任的失衡，也就造成了国际货币制度不能发挥应有的作用。

牙买加体系根本性的制度缺陷之二是国际货币发行国相对经济地位的下降。各国经济发展的平衡是相对的，不平衡是绝对的。没有哪一个国家的经济相对来说可以长盛不衰，因而也没有哪一种主权货币可以长期充当国际货币而不发生问题。布雷顿森林体系是在美国经济处于无可比拟的优势地位的情况下建立的。但是，仅仅过了20多年，随着美国经济相对地位的下降，美元危机不断发生，美国政府不得不公然对世界各国政府违约而停止了美元兑换黄金，布雷顿森林体系宣告解体。牙买加体系形成以后，经济发展不平衡导致主要国际货币地位下降的问题依然存在。由于美元不再受到可兑换黄金的严格约束，牙买加体系可以长时间地延续下来。但美国经济地位的相对下降导致了美元地位的相对下降，造成美元汇率波动不安并且趋向于贬值，从而损害了世界各国的经济利益。

牙买加体系根本性的制度缺陷之三是汇率体系频繁和较大幅度的动荡。牙买加体系下的浮动汇率制度克服了布雷顿森林体系下的钉住汇率制度难以维持的弱点，在一定程度上发挥了汇率对国际经济活动的调节作用。但是，汇率体系的动荡不安给国际经济活动带来了不利的影响。对于从事国际经济活动的居民、机构和政府来说，如果采取套期保值的措施来避免汇率风险需要支付额外的成本，如果不采取套期保值的措施来避免汇率风险则可能遭受严重的损失。另外，正是由于汇率体系的动荡不安，助长了外汇投机风潮的发生，使之成为 20 世纪 90 年代以来频繁发生的表现为货币危机形式的金融危机的制度原因。

由此可见，牙买加体系的三个根本性制度缺陷都源于以某个国家的主权货币充当国际货币的货币本位。任何一种国际货币制度都具有三个基本因素，即货币本位、汇率体系和调节机制，但货币本位是关键的因素。因此，构建超主权国际货币是现行国际货币制度改革的根本方向。正因为这样，2009 年中国人民银行行长周小川发出了建立超主权国际货币的呼吁（周小川，2009）。

实际上，在第二次世界大战结束以后，经济学界没有停止过对超主权国际货币的探索，也提出多种构建超主权国际货币的方案。

20 世纪 40 年代，为了建立战后的国际货币制度，英国经济学家凯恩斯（John Keynes）提出了"凯恩斯计划"（Keynes, P. 22），美国政府官员怀特（Henry White）提出了"怀特计划"（White, pp. 37 - 90）。"凯恩斯计划"建议创立的"班柯"（Bancor）和"怀特计划"建议创立的"尤尼他"（Unita），都是属于超主权国际货币。

20 世纪 60 年代，国际社会面临国际储备资产不足，由奥沙罗（R. Ossola）领导的"十国集团"储备资产创立研究小组提出创立集体储备单位和储备索取权的建议（Ossola, pp. 20 - 26），该资产也具有一定的超主权储备货币的性质。

1979 年，国际货币基金组织第 34 届年会提出了设立替代账户以吸收各国过度积累的美元资产，并推动特别提款权成为主要国际储备资产的建议。所谓替代账户（Substitution Account）是指国际货币基金组织设立的一个特别账户，国际货币基金组织通过这个账户发行特别提款权存单，各国政府将多余的美元储备资产折成特别提款权存入这个账户，国际货币基金组织将吸收的美元用于投资美国政府债券，并将得到的利息返还给这个账户的存款者。

1984 年，美国经济学家库珀（Richard Cooper）发表了题为《未来的货币体系》的文章，提出了在工业化的民主国家中实行单一货币的建议（Cooper，1984）。他主张首先在主要工业国家实行汇率目标区，然后由美国、日本和欧洲经济共同体国家三方组成单一货币制度，最后在全世界范围内推行这种单一货币制度。

2005 年，美国经济学家蒙代尔（Robert Mundell）提出了创建世界货币的方案：首先形成美元、欧元和日元三种主要货币的稳定的汇率体系，建立这三种货币的货币联盟，然后将货币联盟逐渐扩大并延伸到其他国家，创建统一的世界货币（蒙代尔，第 56～58 页）。

2009 年，周小川发表了题为《关于改革国际货币体系的思考》的文章，提出通过拓展特别提款权的功能构建超主权国际货币的建议（周小川，2009）。

2011 年，中国人民银行研究局前局长谢平在"中国金融四十人论坛"网站上发表了一篇题为《超主权储备货币的具体设计》的文章，提出了设立超主权储备货币的构想（谢平，2011）。后来，该文章被收录到陈元和钱颖一主编的、由中国经济出版社于 2012 年出版的《站在衰退的起点上》。

由于篇幅所限，在这里不可能逐一对上述构建超主权国际货币的方案进行分析和评价，笔者主要提出自己的源于这些方案但又不同于这些方案的新方案。

二、建立超主权国际货币的管理机构

任何改革都要付出成本，但如果成本过大改革将难以成功。因此，超主权国际货币不是以"理想状态应该如何"这种方式构建，而是"现实操作应该如何"这种方式构建。新的国际货币制度不是从无到有产生，而是与现行的国际货币制度相衔接。

要构建超主权国际货币，必须要建立超越各国中央银行的世界性中央银行，该世界性的中央银行可以称为世界中央银行（World Central Bank）。显然，超主权国际货币的发行、调节、管理必须有专门的机构负责，而这样的机构只能是世界中央银行。

建立世界性中央银行并不是很遥远的事情，凯恩斯在1943年提出的"凯恩斯计划"中的清算同盟就是类似世界性中央银行的组织。世界中央银行可以采取与现在的国际货币基金组织衔接改建的方式进行组建。这就是说，需要建立一种基于现在的国际货币基金组织、又超越现在的国际货币基金组织的国际金融机构，能够承担起超主权国际货币发行和管理的职责以及办理各国中央银行之间的清算业务。世界中央银行的资本结构和管理体制与现在的国际货币基金组织是相似的，但是职能将发生一定程度的调整。

关于世界中央银行的资本结构，由于在世界范围内不可能存在一个具有广泛代表性的"政府"，未来中央银行的资本只能由成员国提供。为了尽可能与现行的国际货币基金组织接轨，未来的世界中央银行资本来源也应该采取份额的方式，成员国可以按照现行的国际货币基金组织的规则缴纳份额。虽然未来的世界中央银行由现行的国际货币基金组织转变而来，但是它将承担现在国际货币基金组织所没有的超主权国际货币的发行职能，这将给它带来新的收益来源，并有可能获得丰厚的净收益。当然，如果未来的世界中央银行出现亏损，损失只能由成员国承担。

关于世界中央银行的管理体制，由于世界中央银行不是一个主权国家的中央银行，它是由成员国组成的中央银行，它的管理体制应该采取类似于欧洲中央银行和国际货币基金组织的管理体制。世界中央银行要最大限度地代表大多数成员国的利益，不应该被少数几个国家所支配。因此，原来的国际货币基金组织否决制度必须改革。重大问题不应该采取85%多数通过的原则，而是采取 2/3 多数通过的原则，以防止出现少数几个国家就可以否决世界中央银行决议的局面。

关于世界中央银行的职能，世界中央银行作为中央银行，它将具有与各国中央银行和区域中央银行相似的职能。首先，世界中央银行是发行货币的银行，它将发行和管理超主权国际货币。但是，由于世界中央银行在世界范围内发行货币，而不是像一个国家的中央银行那样在主权国家内发行货币，也不像在一个区域的中央银行那样在统一的货币区发行货币，它在具体执行发行货币的职能时将具有自己不同的特点。其次，世界中央银行是中央银行的银行，它将办理各国中央银行之间的清算业务。在世界银行发行超主权货币以后，在一个国家内商业银行之间的超主权国际货币的清算通过中央银行进行，而不同国家中央银行之间的超主权国际货币的清算通过世界中央银行进行。

但是，世界中央银行不是一个主权国家或一个货币区的中央银行，它不执行一个货币区中央银行所具有的货币政策的制定者和银行体系的监管者的职能，更不执行一个主权国家中央银行所具有的作为政府的银行的职能。另外，现在的国际货币基金组织的基本宗旨是推动国际货币合作和维持汇率体系稳定，它与未来世界中央银行的基本宗旨是一致的。因此，世界中央银行应该履行现在的国际货币基金组织的各种职能。

归纳上面的分析可以得到这样的结论：世界中央银行的基本宗旨是维持新的国际货币制度的稳定运行，促进国际经济活动的平衡发展。它的基本职能是：发行和管理超主权国际货币，办理各国中央银行之间超主权国际货币的清算业务，监督和协调各国的汇率制度，通过发放贷款的方式来帮助成员国解决国际收支的困难。

三、构建超主权国际货币新方案的基本内容

1. 超主权国际货币的资产保证

未来的超主权国际货币可以称为"世元"（World Dollar）。它的形式与主

权货币的形式是相似的，主要包括存款货币、通货等，但主要形式是存款货币。考虑到目前世界经济和国际金融的情况，"世元"应该以美元、欧元、中元（即中国人民币）、日元、英镑五种货币资产作为保证。

美国、欧元区、日本、英国是世界上的四大经济体，它们的货币都是重要的国际储备货币，也是特别提款权定值的成分货币，理应保留在作为"世元"资产保证的货币篮子里。除了这四种货币以外，作为"世元"资产保证的货币篮子还应该包括中元。虽然中元目前还不是国际储备货币，但是超主权国际货币的构建不是在近期就可以实现的。作为发展中国家代表的中国在世界经济中已经具有举足轻重的地位，中元也正在走向国际化，它肯定要成为国际储备货币。中国是世界上第二大经济体、第二大国际贸易国、第一大外汇储备国，中国的货币中元理应进入作为"世元"资产保证的货币篮子。

所谓"世元"以五种货币资产作为保证，是指发行这五种货币的经济体将保证"世元"与本国货币的可兑换性，世界各国的政府、机构和居民可以用这五种货币兑换"世元"，也可以用"世元"兑换这五种货币。虽然作为"世元"资产保证的五种货币都是信用货币，但是它们对有关国家的商品和资产都具有一般的购买力。这就是说，"世元"实际上是发行这五种货币的经济体的商品和资产作为保证的。

2. 超主权国际货币的定值方式

如果将美元、欧元、中元、日元、英镑五种货币作为"世元"的资产保证，那么就应该以这五种成分货币相对价值来确定"世元"的相对价值。"世元"可以根据货币发行国国内生产总值、国际收支、国际储备和汇率变化趋势四个因素来决定每种货币的权重。

在这里，所以考虑国内生产总值的因素，是因为它能够反映一个国家的经济规模，从而能够反映这个国家经济在世界经济中的地位。所以考虑国际收支的因素，是因为它能反映一个国家对外经济的规模，从而能够反映这个国家对外经济在国际经济中的地位。所以考虑国际储备的因素，是因为它能够反映一个国家所持有的国际清偿手段的情况。所以考虑汇率变化趋势因素，是因为它能够反映一种货币相对地位的变化。例如，即使一个国家国内生产总值、国际收支、国际储备的比重都很大，因而说明这个国家在世界经济和国际经济中的地位很高。但如果这个国家的货币汇率长期趋向于贬值，这说明这个国家的货币估值偏高，因而需要用汇率变化这个因素来调整根据其他因素所得到的计算结果。

关于"世元"的定值的方法可以举例说明如下：假定从 2012 年 12 月 31 日开始为"世元"的定值，将开始的时候 1 "世元"的价值确定为 1 美元。为了防止在定值的第一天有关货币汇率因偶然因素出现偏高或偏低的情况，可以取前 3 个月汇率的平均数来进行计算。又假定根据国内生产总值、国际收支、国际储备资产和汇率变化四个因素计算，美元的权重为 0.4，欧元的权重为 0.3，中元、日元和英镑的权重为 0.1，平均汇率是 1 美元 = 0.7584 欧元 = 6.2301 中元 = 86.6400 日元 = 0.6149 英镑，"世元"的定值过程如表 1 所示。

表 1　　　　　　　　"世元"初始的美元价值的计算方法

货币	权重	包含货币数量	兑换美元汇率	折合美元数量
美元	0.4	0.4000	1.0000	0.4000
欧元	0.3	0.2275	1.3186	0.3000
中元	0.1	0.6230	0.1605	0.1000
日元	0.1	8.6640	0.0115	0.1000
英镑	0.1	0.0615	1.6262	0.1000
"世元"	1.0			1.0000

在表 1 中，第二列是各种成分货币在"世元"中的权重，第四列是各种成分货币兑换美元的平均汇率。由于在开始的时候设 1 "世元"为 1 美元，在第二列中 1 "世元"所含每种成分货币的权重数也就是该成分货币在 1 "世元"中的美元价值，即第二列与第五列相同。

但在实际上，第五列的数据是按照下面的方法计算出来的：首先，根据第二列的每种成分货币的权重和第四列的该成分货币兑换美元的汇率便可以得到第三列的 1 "世元"所包含的该种成分货币的数量。例如，1 单位"世元"包含的欧元的美元价值是 0.3，而 1 美元可兑换 0.7584 欧元，0.3 美元的价值相当于 0.2275 欧元（=0.7584×0.3），从而得到第三列 1 "世元" 所包含的欧元数量。其次，根据第三列 1 单位 "世元" 所包含的各种成分货币的数量以及第四列各种货币对美元的汇率可以得到第五列中折合美元的数量。例如，1 "世元" 含 0.2275 欧元，1 欧元兑换 1.3186 美元，0.2275 欧元折合 0.3000 美元（=1.3186×0.2275）。将第五列中各行的 1 "世元" 所包含的各种成分货币的数量折合美元数量加起来，便可以得到 1 "世元" 兑换美元的汇率。

根据同样的方法，可以计算出 1 单位 "世元" 以其他货币来表示的价值。在得到了 1 "世元" 的初始价值以后，只要每天将它所包含的各种成分货币的数量乘以它们兑换某种货币的汇率，便得到每天以这种货币表示的 1 "世元" 的相对价值，从而反映了 "世元" 相对价值的变化。

3. 超主权国际货币的发行方式

"世元" 发行的资产保证是各成员国向世界中央银行缴纳的份额以及成员国缴纳的构成 "世元" 价值的五种成分货币。

在决定发行 "世元" 以后，成员国向国际货币基金组织缴纳份额转变为向世界中央银行缴纳份额，笔者建议进行如下调整：首先，可以保留确定份额的规则不变，各成员国仍然按照这个规则缴纳份额。其次，在 "世元" 产生以后，没有必要保留特别提款权，可以取消特别提款权这种账面资产。再次，将各成员国缴纳的份额分为两个部分，一部分如 30% 作为各成员国缴纳给世界中央银行的资本，另一部分如 70% 则作为发行 "世元" 的资产保证。当然，这两个比例还要根据未来世界中央银行运行所需要的资本进行测算，这里主要是利用这两个假定的比例来说明超主权国际货币的运行规则。

各成员国缴纳给世界中央银行的资本部分仍然可以 25% 用构成 "世元" 价值的五种成分货币缴纳，75% 用本国货币缴纳。但是，各个成员国缴纳的作为发行 "世元" 资产保证的部分则需要用构成 "世元" 价值的五种成分货币缴纳。世界中央银行将以成员国缴纳的这部分 70% 的份额为根据向成员国发行等值的 "世元"，也就是在成员国的 "世元" 账户中记录这部分 "世元"

数额。这个账户可以称为"世元"基本账户，它是各成员国之间以及成员国与国际经济组织之间用于结算的账户。

这意味着由70%份额决定的基本账户中的"世元"是用可兑换的货币资产作为全额保证的。成员国在利用基本账户进行结算时将会发生余缺，如果成员国基本账户的"世元"多于由缴纳份额所决定的数额，它可以提取"世元"，也可以根据差额获取利息；如果成员国基本账户的"世元"少于由缴纳份额所决定的数额，它需要补充"世元"，或者对差额支付利息。

各成员国除了通过缴纳份额获得"世元"以外，还可以根据本国机构、厂商、居民的需要，随时按照"世元"定值所确定的比例用构成"世元"价值的五种货币自愿地以及不限量地向世界中央银行兑换"世元"，世界中央银行为成员国这部分"世元"建立的账户可以称为"世元"储备账户。这意味着储备账户中的"世元"是以五种最重要的国家的货币作为全额保证的。

对于储备账户的"世元"，世界中央银行向成员国承诺，只要成员国提交"世元"，世界中央银行随时按比例地返还作为保证的等值的五种货币。世界中央银行对各国中央银行储备账户的"世元"存款支付一定的利率。成员国可以使用储备账户增加或减少"世元"储备，也可以将"世元"从储备账户转移到基本账户或者从基本账户转移到储备账户。

4. 超主权国际货币的调整机制

成员国的储备账户具有重要作用，它将成为世界中央银行投放和回收"世元"的重要途径。例如，当某国商业银行希望取得存款货币形式的"世元"以满足客户国际经济活动的需要时，它可以用构成"世元"价值的五种成分货币向本国中央银行兑取"世元"。该国中央银行借记该商业银行的外汇存款，贷记该商业银行的"世元"存款，然后通过储备账户用这五种成分货币兑取"世元"。这样就表现为"世元"的投放，以存款货币形式存在的"世元"将流进该国。相反，当一个国家的商业银行希望减少存款货币形式的"世元"时，它们可以用"世元"向本国中央银行兑取构成"世元"价值的五种成分货币。该国中央银行借记该商业银行的"世元"存款，贷记该商业银行的外汇存款，然后通过储备账户用"世元"兑取五种成分货币。这样就表现为"世元"的回收，以存款货币形式存在的"世元"将流出该国。

世界中央银行为了保证"世元"的可兑换性，需要将发行"世元"得到的构成"世元"价值的五种成分货币分别存放在这五个国家的中央银行。这样，"世元"的投放和回收就成为它最重要的资产负债业务。假定构成"世元"价值的美元、欧元、中元、日元、英镑的权重分别是 36%、28%、12%、12%、12%，再假定 1 欧元、1 英镑、10 中元、100 日元的美元价值是 1 美元，那么 1"世元"的美元价值就是 1 美元。美国某商业银行通过美国中央银行的储备账户用 36 万美元、28 万欧元、120 万中元、1200 万日元、12 万英镑兑换 100 万"世元"。世界中央银行增加了 100 万"世元"的负债，但在美、欧、中、日、英中央银行分别增加了 36 万美元、28 万欧元、120 万中元、1200 万日元、12 万英镑的资产。相反，当该商业银行用 100 万"世元"兑回这 5 种货币时，世界中央银行的负债减少 100 万"世元"，世界银行存放在五个国家中央银行的资产也发生了同样价值的减少。

5. 超主权国际货币的结算与流通

超主权国际货币的结算包括中央银行之间的结算以及厂商和居民之间的结算。由于"世元"最基本的形式是存款货币，大量的结算将以转账的方式实现。厂商和居民之间"世元"的结算可以通过他们在商业银行开设的"世元"账户进行，商业银行之间"世元"的结算可以通过它们在中央银行开设的"世元"账户进行，各国中央银行之间以及中央银行与世界中央银行之间的结算可以通过它们在世界中央银行开设的基本账户进行。

应该指出，"世元"产生以后并不意味着废除现有的国际储备货币，它将在很长的时间里成为与现有国际储备货币并列的一种国际货币。因此，各国商业银行之间，以及商业银行与客户之间的"世元"结算，就像使用现有国际储备货币进行结算一样按照现行的国际汇兑方式进行，它们的区别只是币种的区别。例如，假定现在某国出口商与另一个国家进口商利用美元汇票来进行结算，那么在未来也可以使用"世元"汇票来进行结算。

另外，"世元"不仅有存款货币的形式，而且还有通货的形式。"世元"通货也可以在世界范围流通，它的流通方式与国际储备货币如美元通货的流通方式是一样的。在各个国家外汇管理制度的许可下，人们可以用"世元"通货兑换所在国的通货，或者用所在国的通货兑换"世元"通货。外汇银行就像买卖美元通货一样提供"世元"通货的兑换服务。当市面上"世元"纸币或硬币不足或过多时，商业银行可以利用前面提出的"世元"投放和回收机制来调整"世元"纸币和硬币的数量。

上面的分析表明，"世元"与特别提款权具有本质的差别：第一，"世元"具有100％的货币资产作为保证，特别提款权没有任何实际资产作为保证。第二，"世元"是各成员国用货币资产向世界中央银行兑换而来的，特别提款权是国际货币基金组织分配给成员国的。第三，"世元"是在世界范围内各种市场上广泛使用的国际货币，特别提款权仅仅是国际货币基金组织成员国在结算中使用的账面资产。

四、以超主权货币为核心的国际货币制度的特点

超主权国际货币的诞生意味着新的国际货币制度的形成。一种国际货币制度主要包括三个基本因素：第一是国际货币本位，即由什么来充当国际货币；第二是汇率制度，即各国货币以什么形式兑换；第三是国际收支调节机制，即如何调整国际收支的失衡。超主权国际货币的构建解决了国际货币本位问题，因而还需要解决汇率制度问题和调节机制问题。

虽然"世元"的价值是由世界中央银行人为决定的，但它与特别提款权的价值由国际货币基金组织人为决定具有本质的区别。特别提款权是国际货币基金组织发行和分配的一种账面资产，只能用于中央银行之间以及中央银行与国际货币基金组织之间的结算，人为决定的价值只能在这样的条件下才能发挥作用。但是，"世元"是用100％的货币资产作保证的，通过成员国储备账户投放或回收"世元"的制度本身就形成了一种套汇机制，保证"世

元"价值接近于它所包含的五种货币的加权平均值。

"世元"的价值是由它所包含的五种货币的汇率决定的,各成员国的货币也就自然与"世元"形成确定的汇率。例如,假定加元兑换美元的汇率是1加元等于0.9763美元,"世元"兑换美元的汇率是1"世元"等于1.4263美元,那么1"世元"兑换加元的汇率是1.4609加元。即使"世元"的价值是很稳定的,但各成员国货币在该国国际收支影响下并不一定是很稳定的。因此,各成员国货币与"世元"形成的汇率不是固定不变的,它们会在市场参与者预期因素以及该国对外经济变化的影响下随着外汇市场供给和需求的变化而变化。由于"世元"的价值是稳定的,其他货币对"世元"的汇率以及它们彼此之间的汇率是浮动的,"世元"作为一种世界通用的计价货币、结算货币和储备货币的优越性将充分表现出来,它就成为一种质量优良的国际储备资产。模拟计量分析表明,按照这样的方式构建的超主权货币是一种价值稳定的国际货币,以它为核心建立的货币体系是一种比较稳定的汇率体系(李翀,2013)。

在很长的一段时间里,"世元"将与各种国际储备货币并存。但是,由于"世元"是一种价值稳定的优良国际货币,它将逐渐地然而缓慢地取代其他国际储备货币。如果说在贵金属货币的条件下劣币驱逐良币的格雷钦定律会发生作用,那么在信用货币的条件下,良币驱逐劣币的新定律将发挥作用。

这样,以"世元"为基础形成的新的国际货币制度可以表述为以超主权国际货币为本位的浮动汇率制度。这种新的国际货币制度与现行的以美元为本位的浮动汇率制度存在着相似之处,仅仅是以超主权货币"世元"取代了主权货币美元,但美元仍然是"世元"最重要的组成货币。因此,可以以较小的代价以及以较大的稳定性将现行的国际货币制度转换为新的国际货币制度。

在国际收支调节方面,以"世元"为基础的浮动汇率制度与牙买加体系相似的地方,是浮动汇率制度的调节作用:如果某个国家发生国际收支逆差,该国货币的汇率就将贬值,该国出口将增加而进口将减少,该国的国际收支逆差将减少。

但是，以"世元"为基础的浮动汇率制度与牙买加体系不同的地方是浮动汇率制度的调节作用更加有效。在牙买加体系下，各国在国际经济活动中采用多种国际储备货币计价和结算，本币又与多种国际储备货币形成汇率。由于国际储备货币发行国经济情况的变化，某个国家的货币在对这种国际储备货币升值的同时，可能对那种国际储备货币贬值，汇率变化对国际收支的调节会出现一定程度的紊乱。在以"世元"为基础的浮动汇率制度下，"世元"成为核心货币，而它的价值又很稳定，某个国家的货币对"世元"升值和贬值更能反映这个国家实际的国际收支情况，更能对该国的国际收支进行调节。

当然，在"牙买加体系"下浮动汇率调节机制不充分的情况也将在新的国际货币制度下存在。实际上，即使在金本位制度下，国际收支的调节机制也不是完美的。金本位制下对国际收支的调节主要通过黄金货币数量的变化，然后通过进出口商品价格的变化来实现的，同样也存在调节不充分的问题。这意味着国际收支的调节机制没有"最好"，只有"更好"，而新的国际货币制度的国际收支调节机制显然比牙买加体系更好。

在以"世元"为基础的新的国际货币制度下，外汇市场、欧洲货币市场、国际资本市场的运行规则不变。如果说有什么不同的话，那么在货币的兑换和资本的流动中增加了一个新的"成员"，这就是"世元"。

五、构建超主权国际货币的路径

1. 考虑既得利益者的利益

超主权国际货币构建方案的实施从技术上看没有很大的困难，但它将影响到既得利益者的利益。在人类社会发展的现阶段，任何国家的政府在处理国际经济事务的时候都会考虑本国的经济利益，寄希望于某个国家以世界经济利益为重只能是一种幻想。到现在为止，所有的国际经济制度都是大国之间博弈的结果，只是博弈的方式不同罢了。以前更多的是依靠以经济实力为基础的军事实力，现在更多的是依靠以经济实力为基础的多边磋商。从关税与贸易总协定到世界贸易组织所建立起来的国际贸易制度是如此，从布雷顿森林体系到牙买加体系建立起来的国际货币制度也是如此。因此，在构建超主权国际货币的时候，必须要充分考虑既得利益者的利益。

在现行的牙买加体系下，最大的既得利益者是美国。如果说在布雷顿森林体系下美国在获得它的经济利益的同时还承担美元兑换黄金的责任，那么在现行的牙买加体系下美国在获得它的经济利益的同时可以不承担什么责任。在这样的情况下，美国是不会放弃它的既得利益的。正因为如此，我们就可以理解，为什么当中国人民银行行长周小川发出建立超主权国际货币的呼吁时，美国总统奥巴马（Barack Obama）这么迅速地作出这么强烈的反应。

另外我们也应该清楚地看到，美国仍然是世界上最大的经济大国、贸易大国和金融大国，美元仍然是世界上最重要的国际储备货币。虽然世界各国在承受着主权货币美元充当国际储备货币之害，但是国际货币体系还要依靠美元来运转。在这种情况下，如果美国政府说"不"，国际货币制度的改革是难以推进的。因此，在构建超主权国际货币的时候，必须要充分考虑美国的利益。

正是基于这样的考虑，笔者在提出超主权国际货币的构建方案时，充分考虑到美国的既得利益。首先，在决定"世元"价值的五种货币权重的计算方式中，主要考虑国内生产总值、国际收支和国际储备等因素，而美国在这些因素中都居于最重要的地位。因此，在决定"世元"价值的五种货币中，美元仍然是最重要的货币。由于世界各国需要用这五种货币兑换"世元"，世界各国对美元仍然存在巨大的需求，"世元"的采用不会对美元造成很大的冲击。其次，在"世元"建立以后，它是靠市场推进的，而不是靠强制实施的，"世元"不论在交换媒介还是在价值储藏上都将在很长的时间里与现行的国际储备货币共存。考虑到国际货币和国际结算方式具有很强的惯性，美元将长期保持它现在的主要地位。

应该指出，在笔者提出的超主权国际货币的构建方案中，五种成分货币权重的计算方法主要考虑经济指标而没有考虑政治等其他因素。因此，在主要国家之间的磋商中，具体的计算方法还可以有较大的探讨余地。也就是说，可以进一步增加美元在"世元"中的权重。例如，现在美元在各国官方外汇储备的比重约为60%，可以考虑将美元在"世元"中的权重提高到60%，这样美国不但没有遭受利益损失，而且还以国际货币制度的方式固化了它的既得利益，这样推行超主权国际货币将会比较顺利。

2. 加强双边和多边的磋商

创建超主权国际货币和改革现行国际货币制度既符合世界各国的经济利益，也符合我国的经济利益。经过30多年的改革开放，我国经济已经崛起。尽管我国的经济发展水平还不高，但是我国的经济总量在世界经济中已经举足轻重。我国应该逐步改变仅仅是国际经济制度的接受者的角色，为我国争取更多的经济利益，也为发展中国家争取更多的经济利益。创建超主权国际货币和改革现行国际货币制度是提高中元在国际货币领域的地位，维护和争取我国经济利益的重要机遇。

因此，创建超主权国际货币应该成为我国国际经济的发展战略。首先，我国政府应该明确提出创建超主权国际货币和改革现行国际货币制度的主张，并且在各种国际活动中宣传这种主张。其次，我国政府应该与美国政府磋商，探讨创建超主权国际货币的问题。应该指出，创建超主权国际货币不是简单的取代美元的问题，而是让美元在新的形势下发挥作用的问题，它符合美国的长远利益。最后，我国政府还应该利用各种经济组织和多边磋商机制，探讨创建超主权国际货币的问题，如国际货币基金组织会议、"20国集团"会议、亚太经济合作组织会议，等等。显然，创建超主权国际货币能够推动国际经济的发展从而给世界各国带来经济利益。

在多边磋商机制中，最重要的是国际货币基金组织。实际上，国际货币基金的领导者和大多数成员国都是主张对现行的国际货币制度进行改革的。但鉴于没有合适可行的改革方案，或者鉴于不要得罪美国的考虑，或者鉴于本国未必从改革中得到更多的经济利益，许多国家采取了沉默的态度。这意味着国际货币制度改革在国际社会中具有广泛基础。

要发挥国际货币基金组织在国际货币制度改革中的作用，就要增加国际经济新兴力量的话语权。而要增加国际经济新兴力量的话语权，就要持续不断地对国际货币基金组织的份额缴纳制度进行调整。随着新兴市场经济国家和发展中国家经济的发展，少数几个发达国家轻而易举就可以在世界经济总量上占据很大比例的时代已经过去了。我国政府应该积极联合新兴市场经济国家的政府，要求按照公正的原则以及根据实际经济实力的变化来调整新兴市场经济国家的基金份额，以增加新兴市场经济国家的话语权。显然，随着新兴市场经济国家和发展中国家话语权的不断增强，利用国际货币基金组织来推动国际货币制度改革将变得越来越现实。实际上，包括发达国家在内的世界各国的政府官员和经济学者都很清楚，现行的国际货币制度必须改革，问题是如何进行改革。笔者所提出的方案只是一种可能的方案。现在是需要发挥人类社会的智慧，来推进国际货币制度改革的时候了。

另外，我国政府还应该推动和支持国际储备货币的多元化。目前国际储备货币主要是发达国家的货币，我国政府应该推动和支持更多的货币如新兴市场经济国家的货币成为国际储备货币。一方面，为了摆脱我国在国际货币领域完全受制于人的从属地位，我国政府应该更加积极地推进中元的国际化，使中元能够逐渐成为国际储备货币。另一方面，我国政府也可以通过相互持有一些经济发展水平较高，汇率保持稳定的发展中国家的货币，开设与这些货币的交易市场，推动更多的货币在不同程度上成为国际储备货币。越多的货币成为国际储备货币，就越有可能建立超主权国际货币。

参考文献

[1] 李翀、郝宇彪：《超主权国际货币运行的实证研究》，载《学术月刊》2013年第1期。

[2] 蒙代尔：《关于世界货币的构想》，收录于《欧元、美元和国际货币体

系》，多米尼克·萨尔瓦多主编，复旦大学出版社 2007 年版。

　　［3］谢平：《超主权储备货币的具体设计》，2011 年 10 月 31 日，http：//www. cf40. org. cn.

　　［4］周小川：《关于改革国际货币体系的思考》，2009 年 3 月 23 日，http：// www. pbc. gov. cn.

　　［5］Cooper, Richard N. , A Monetary System for the Future. Foreign Affairs, 1984 (63).

　　［6］Keynes, John M. , The Keynes plan. Reproduced in J. Keith Horsefield (ed.). The International Monetary Fund 1945 – 1965：Twenty Years of International Monetary Cooperation. Vol. Ⅲ：Documents, International Monetary Fund, Washington, DC, 1969.

　　［7］Ossola, R. , Report of the Study Group on the Creation of Reserve Assets. Group of Ten, May 31, 1965.

　　［8］Triffen, Robert, Gold and dollar crisis, New Haven：Yale University Press, 1960.

　　［9］White, Harry D, The White plan. Reproduced in J. Keith Horsefield (ed.) . The International Monetary Fund 1945 – 1965：Twenty Years of International Monetary Cooperation. Vol. Ⅲ：Documents, International Monetary Fund, Washington, DC, 1969.

论国家金融安全[*]

一、从国家安全到国家金融安全

任何主权国家都关注国家安全问题。国家安全是指保证国家利益不受外国势力的损害，它的内涵随着时代的发展而不断丰富。在第二次世界大战以后，随着社会主义和资本主义两大阵营的形成和冷战的开始，政治和军事安全是国家安全的主要内容，国家安全主要是指保护国家免遭政治颠覆和武装侵略的危害。但是，即使是在冷战时期，经济安全也是国家安全的重要内容。在当时的形势下，对于发达国家来说，经济安全主要是保证本国来自海外的重要资源的供给或者本国在海外的企业的利益不受外国势力的损害。

随着冷战的结束，世界进入了以和平发展为主流的时代，经济安全上升为国家安全的主要内容。由于各国的经济特点和经济地位不同，各国对经济安全的理解也不同。美国是科技和经济强国，在海外有着广泛的利益。美国政府在 20 世纪 90 年代对经济安全的理解是：第一，保护国内企业和市场不受进口增长的冲击和外国资本的控制；第二，保护美国企业在海外的经济利益不被所在国家所损害；第三，保障能源等战略资源的海外供给来源畅通无阻；第四，保护美国的知识产权不受外国的损害；第五，保障海上和空中贸易通

* 本文发表于《国际政治研究》2003 年第 6 期，是本人主持的 2001 年国家社会科学基金一般项目"国际资本流动的风险研究"的研究成果。

道的安全和计算机网络等基础设施的安全。日本是一个缺乏自然资源的国家，它始终把保障海外自然资源稳定供给作为经济安全的核心内容。然而，不论各国对经济安全如何理解，经济安全的基本含义是保护本国的经济利益免受外国势力的损害。

随着时代的发展，国家安全的内容也在不断地扩大。美国在1998年7月1日正式启动的国家安全战略研究，已经把政治安全、经济安全、军事安全、社会安全和技术安全作为国家安全的内容。所谓社会安全是保护本国社会不被外国黑社会势力所侵害，以及保护本国社会不被外国毒品所侵蚀。所谓技术安全是保护本国的先进技术不被外国所窃取，以及保护本国的计算机网络不被外国所破坏，等等。

应该指出，国家经济安全与国家经济稳定不是同一个概念。安全本身的意思是没有危险，或不受威胁，或不出事故。但是，国家经济安全不是一般地指保证本国经济不出现动荡，它本身有着明确的涉外含义，即保证本国经济不受外部威胁。例如，1946年，美国政府颁布了"就业法案"，决定承担缓和失业和保持经济稳定的责任。这是一项以立法的形式确定的保持经济稳定的政策，但这并不是一项保证国家经济安全的方案。只有在国内经济的稳定受到了外部的威胁时，才产生国家经济安全的问题。另外，国家经济安全是一个宏观的概念。当本国某个行业的利益受到外国势力的损害，或者整个国民经济受到外国势力的影响，才产生国家经济安全的问题。

正如国家安全的含义随着时代的发展不断扩大一样，国家经济安全的含义也随着经济形势的变化不断延伸。当国家经济安全作为一个概念提出来的时候，并没有包括国家金融安全。只有在国际资本流动日益自由，机构投资者的金融实力不断扩张，金融投机风潮不断发生，一个个国家接连爆发金融危机的条件下，国家金融安全才成为国家经济安全的重要内容。所谓国家金融安全是指保护本国的金融市场免遭外国资本投机性冲击的损害。

同样应该指出，国家金融安全与国家金融稳定也不是同一个概念。近年来，在一些著作和论文中不断出现了国家金融安全的说法，但它们大都是指如何消除内部的经济问题，如银行呆账坏账比例过大的问题，以保持本国金融体系的稳定。我认为，这种意义的金融稳定不是国家金融安全。国家金融安全同样有涉外的含义，只有保护本国的金融体系免遭外国资本损害以保持本国金融体系的稳定才可称为金融安全。

二、国家金融安全问题产生的条件

在20世纪80年代以前，各国政府对国际资本流动采取限制的态度，外国资本难以在一个国家掀起金融投机的风潮，国家金融安全作为一个范畴并没有产生。从80年代起，发达国家开始放松对国际资本流动的限制。进入90年代以后，在金融全球化浪潮的推动下，发达国家加快了放松对国际资本流动限制的步伐，发展中国家也开始放松对国际资本流动的限制。就发达国家而言，随着爱尔兰于1994年取消对国际资本流动汇兑的管制，发达国家基本上取消了对国际资本流动的汇兑管制。另外，除了部分国家在不同程度上保留了对与国际贸易无关的外国银行的信贷，对外国在某些行业的投资、对外国买卖房地产和证券某些方面的限制以外，发达国家已放松或取消了对国际资本流动的限制。就发展中国家来说，阿根廷等12个国家实行了资本项目的货币可兑换，巴西等5个国家放松或取消了对本国居民到外国购买短期或长期证券的汇兑限制，大多数发展中国家允许外国厂商和居民自由投资本国的证券，阿尔及利亚等10个国家取消了对商业银行外汇业务的限制（国际货币基金组织，第92～96页）。即使是较为敏感的股票市场，到1997年底，许多发展中国家已允许外国投资者比较自由地在本国股票市场上进行投资。

随着各国放宽对国际资本流动的限制和各国金融市场的发展，各国资本市场一体化成为必然的趋势。以证券市场为例，在某一个国家的证券市场上交易的外国证券的种类越来越多，而某个国家的某种证券也在越来越多的国家的证券市场上交易。例如，在纽约股票交易所里，有343家外国公司的股票上市交易。另外，在纽约证券交易所参加美国存款收据（ADRs）交易的公司包括来自世界 42 个国家的 315 家非美国公司。在伦敦股票交易所里，也有 526 家外国公司的股票上市交易。又如，在伦敦国际金融期货交易所和德国的 DTB 交易所同时进行德国金融期货的交易，新加坡国际商品交易所和日本大阪证券交易所同时进行多种日本金融期货的交易，如此等等。

由此可见，金融全球化的趋势在加强。由于具有宽松的政策环境和良好的市场基础，国际资本流动迅速扩大。表 1 列举了以现行价格计算的世界国内生产总值的数据。从表中可以看到，在 1996 年，国际债务工具和国际权益工具的价值占世界国内生产总值的 9%。到 2001 年，这个比例已经上升到 18%。这表明跨国流动的短期资本以远快于国内生产总值的速度增长。另外，从表中可以看到，未清偿的国际债务工具的规模远高于国际权益工具。1996 年，未清偿的国际债务工具的价值是国际权益工具价值的 37 倍。到 2001 年，这个倍数已上升到 49 倍。

表 1		短期国际资本流动的规模			单位：亿美元	
年份	1997	1998	1999	2000	2001	2002
世界国内生产总值	382410	397289	416906	446310	467420	488530
国际债务工具价值	34943	42944	51239	63772	70851	87774
国际权益工具价值	1183	1255	2158	3164	1438	1137

资料来源：International Banking and Financial Market Development，1996 – 2002，BIS.

在这样的条件下，如果出现了实力雄厚的投资者或投资者群，特别是蓄意通过掀起大规模的投机风潮来获取利益的投资者群，如果某个国家宏观经济出现问题，产生了有利可图的投机机会，国际资本的投机性冲击就会爆发，国家金融安全便受到威胁。

三、国际资本投机性冲击的主体

要分析国家金融安全问题是怎样产生的，就要探讨国际资本投机性冲击是怎样形成的。不论在国内金融市场还是在国际金融市场，投资者都包括两种类型：一是个人投资者，即以自然人身份出现的投资者；二是机构投资者，即以法人身份出现的投资者。机构投资者具有雄厚的资金实力，也具有丰富的投资经验，它们在金融市场上具有投资优势。有可能对一个国家的金融市场发起投机性冲击的，主要是机构投资者。

机构投资者包括各种金融机构，如养老基金、保险公司、共同基金、信托基金、套期保值基金以及从事证券投资的商业银行、投资银行、证券公司等。随着经济和金融市场的发展以及金融机构业务的拓展，这些金融机构的资产不断增加。20世纪90年代以来，除个别国家的个别机构投资者以外，各机构投资者以及全部机构投资者的资产以远高于经济增长率的速度增长，它们成为金融市场上的主宰者。在这些机构投资者中，许多机构受到政府法规和它们的资金提供者的严格约束，投机性不强。在这里需要特别关注的是套期保值基金，90年代发生的许多金融风潮，都是套期保值基金促成的。

套期保值基金（hedge funds）是指这样一种投资机构：它管理着私人资金，受到较少的法规约束并运用金融杠杆进行证券和衍生金融工具的投资。当然，对套期保值基金不能一概而论，许多套期保值基金运用稳健方法来进行投资，但也有部分套期保值基金以高风险为代价来获取高收益，正是它们造成了金融市场的动荡。

套期保值基金主要在美国，它具有下述特点：首先，套期保值基金是通常采用合伙制的金融机构，投资者以合伙人的形式注册。另外，套期保值基金是一种私募基金，它不是公开募集基金份额而是向特定的富有人群募集份额。其次，套期保值基金是受法律约束较少和货币当局监管较少的金融机构。由于套期保值基金采用合伙制的形式，避免在美国1933年证券法和1940年投资公司法管辖的范围内注册登记，因而不受美国1940年投资公司法关于信息披露以及长期债务与资本比例限制的约束。最后，套期保值基金是优秀的金融专家经营的金融机构。该基金的管理费较高，通常是资产总额的1%加上总利润的20%。另外，套期保值基金的管理者可以自由地处置资产而不受某些规则的约束。这样，套期保值基金吸引了大批金融专家参与经营管理。重要的套期保值基金的主要合伙人往往是精通金融业务的金融家或金融学家。上述这些特点使套期保值基金具有较强的攻击性。

套期保值基金在 20 世纪 90 年代迅速发展。由于套期保值基金透明度不高，对它的发展情况的估计很不一致。据某些金融机构估计，在 1990 年，套期保值基金约有 600 家，掌握着不到 500 亿美元的投资基金。到 2001 年，它已发展到约 4000 家，掌管着接近 5000 亿美元的投资基金（BARRA，2001）。据美国的总统工作小组的报告，在 1998 年，套期保值基金约有 2500 ~ 3500 家，总资本约有 2000 亿 ~ 3000 亿美元，总资产约有 8000 亿 ~ 10000 亿美元（President's Working Group，1999）。

在 20 世纪 90 年代金融动荡的条件下，"七国集团"的财政部长和中央银行行长决定建立金融稳定论坛（Financial Stability Forum，FSF），并对套期保值基金等高杠杆率机构进行了研究。2000 年 4 月 5 日，金融稳定论坛正式提出了"工作小组关于高杠杆率机构的报告"，这份报告有助于人们认识套期保值基金。

1998 年，澳大利亚的外汇市场发生动荡。"根据市场参与者提供的资料，一些高杠杆率机构，特别是规模较大的宏观基金，在积累了大量的空头头寸以后，于 5 月底 6 月初采取了行动，试图压低澳元的汇率。这些行动包括散布对澳元的攻击即将发生的谣言以吓唬买者，以及进行攻击性的交易（aggressive trading）……规模较大的宏观套期保值基金和一些其他的高杠杆率机构估计卖出了 100 亿澳元或者更多，超过澳大利亚国内生产总值的 2%。"

在 1997 年香港的金融风潮中，"市场参与者认为，在投机高峰的时候，高杠杆率机构所做的港元空头头寸超过 100 亿美元（约为香港地区生产总值的 6%）。而另外一些市场参与者认为，他们所做的空头头寸远超过这个数量。"在 1998 年香港的金融风潮中，"4 家规模较大的套期保值基金卖出的期货和期权数量大约占高杠杆率机构的空头头寸的 40%……在 8 月底，4 家套期保值基金卖出的合约达到 50500 个，约占敞开的总头寸的 49%，其中 1 家套期保值基金就占了约 1/3。"

在 1998 年新西兰元贬值的过程中，"高杠杆率机构在市场上建立了高额的空头头寸，总头寸估计达 120 亿～150 亿新元（或新西兰国内生产总值的 12%～15%），其中大约有 100 亿新元的空头头寸是套期保值基金建立的。在 1998 年，一家大规模的宏观基金所持有的空头头寸就有 50 亿新元。"（Financial Stability Forum，2000）

四、国际资本投机性冲击的诱因

如果一个国家具有健康的经济和健全的金融体系，国际资本投机性冲击难以发生。国际资本所以能够在一些国家掀起投机风潮，是因为这些国家存在某些经济问题。

诱导国际资本投机性冲击的因素之一是泡沫经济。所谓泡沫经济是指由过度投机所形成的虚假的繁荣，它主要发生在房地产市场和股票市场。由于外国机构投资者一般不会对实物资产进行投机，一个国家股票市场的泡沫将为外国机构投资者提供有利的投机机会。当股票价格在投机的推动下已经过高的时候，外国机构投资者将在市场上大规模地卖空股票迫使股票价格暴跌，然后再回购股票以获取股票或外汇的差价。外国机构投资者的投机性冲击一旦获得成功，被冲击国的泡沫经济将会破灭，金融危机将会爆发。

泡沫经济崩溃所导致的金融危机的典型表现是银行危机。在泡沫经济形成的过程中，投机者以各种方式从银行取得贷款来参与股票投机。股票价格一旦暴跌，投机者无力偿还银行贷款，银行呆账坏账增加，整个银行体系将变得岌岌可危。如果银行出现破产，企业存放在银行的存款将遭受损失，一批企业将随之破产。另外，股票价格的暴跌造成了厂商和居民的收入减少，从而造成投资需求和消费需求的下降。这样，产量将会减少，失业将会增加，经济将会陷入衰退或萧条。

20 世纪 90 年代以来，在 10 个国家和地区发生的 11 次大规模的金融风潮中，有 2 个国家或地区发生的金融风潮与泡沫经济有关，而且都是由机构投资者的投机性冲击所促成的。它们是：1997 年泰国的金融危机和 1997 年香港地区的金融风潮。

诱导国际资本投机性冲击的因素之二是国际收支逆差。当一个国家发生国际收支逆差时，在外汇市场上表现出来是外汇的需求量大于外汇的供给量，外汇汇率将会升值而本国货币汇率将会降值。但是，在现实的经济里，由于资本项目的收支很大一部分是由短期资本流动造成的，而短期资本流动是很不稳定的。因此，经常项目和资本项目的长期资本流动子项目的收支状况对本国货币汇率有着重要的影响。在发展中国家里，如果发生了经常项目逆差，即使资本项目的顺差超过了经常项目的逆差，国际收支仍然是顺差，该国货币汇率也存在降值的压力。由此可见，如果一个国家发生较严重的国际收支逆差或经常项目逆差，它的货币汇率有可能大幅度降值，这就给外国机构投资者提供了有利的投机机会。一旦投机风潮发生，这个国家将难以避免金融危机的爆发。

20 世纪 90 年代以来，在 10 个国家或地区发生的 11 次大规模的金融风潮中，有 4 个国家发生与国际收支或经常项目而发生较为严重的逆差有关，其中有 3 个国家发生金融危机是在它们的货币受到降值压力的情况下由机构投资者的投机性冲击促成的。它们是：1992 年英国的英镑危机，1994 年墨西哥的比索危机，1997 年泰国等东南亚的金融危机。

诱导国际资本投机性冲击的因素之三是外债规模过大。如果一个国家的外债规模过大，政府或企业在偿还外债时将会导致外汇市场上外汇需求增加和政府的外汇储备减少。当政府的外汇储备减少到一定程度时，人们将预料该国货币汇率无法维持而下跌，一方面资本将会出现大规模外流，另一方面将会招致外国机构投资者的投机性冲击。这样，外汇市场将发生动荡，该国货币汇率将会降值。其次，在外汇市场发生动荡和该国货币降值的情况下，人们将对未来经济的增长缺乏信心，因而倾向于卖出股票，股票价格将会下跌，股票市场也会出现动荡。如果金融市场的波动超过了一定幅度，有可能引起金融危机。

20世纪90年代以来，在10个国家或地区发生的11次大规模的金融风潮中，有4个国家爆发的金融危机与外债规模过大有关。它们是：1994年墨西哥的比索危机，1997年泰国的金融危机，2000年土耳其的金融危机，2001年阿根廷的金融危机。

应该指出，当一个国家的这些问题恶化到一定的程度时，即使没有国际资本的投机性冲击，它也有可能爆发金融危机。但是，有没有遭受外国机构投资者的投机性冲击，结果有着很大的差别。首先，被冲击国的金融管理当局将失去控制金融危机爆发的可能性。其次，被冲击国金融市场的崩溃程度将更为严重。最后，被冲击国的财富将发生向外国转移。这意味着外国机构投资者实际上是利用合法的手段掠夺该国的财富。

五、对国家金融安全的思考

套期保值基金是在金融自由化和全球化的条件下，在特定的法律和金融环境中产生的金融机构。它们在20世纪90年代曾经所向披靡，但在90年代末期投机失误遭受损失以后，变得相对沉寂。今天是这种基金，明天可能是那种基金，投机性较强的金融机构总是在产生和发展，各国面临着遭受投机性冲击的可能性，国家金融安全的问题始终存在。但是，一个国家能否保持金融的安全又与本国经济有关。本国经济越健康，遭受国际资本投机性冲击的可能性就越小，本国金融就越安全。

在金融自由化和全球化的条件下，严峻的现实不能不使人产生一个令人感到可怕的联想：如果一个发达国家的政府要攻击一个发展中国家，它可以不必借助武装侵略、也不必从事政治颠覆，甚至不必采用经济封锁，它可以以私人名义注册建立一家金融机构，向该机构注入资金，然后伺机在这个国家掀起金融风潮。这种做法不违背国际法，也不违背国内法，甚至连市场规则也没有违背，但它所造成的损害不亚于一场中等规模的战争。

现在冷战已经结束，但冷战思维并没有结束。由于任何一个国家在经济发展的过程中难以确保不发生任何经济问题，像我国这样的社会主义发展中国家在对外开放过程中将面临更大的风险，国家金融安全是我国不容忽视的问题，我们对此必须要有足够的认识。

参考文献

[1] 国际货币基金组织：《货币可兑换和金融部门改革》，中国金融出版社1996 年版。

[2] BARRA, An Introduction To Hedge Fund, BARRA RogersCasey, 2001.

[3] Financial Stability Forum, Report of the Working Group on Highly Leveraged Institution, April 5, 2000.

[4] President's Working Group, Report of President's Working Group on Financial Markets, Hedge Fund, Leverage, and the Lesson of Long – Term Capital Management", April, 1999.

第四篇 金融学研究

论国家金融安全

第五篇
中国经济研究

- 论加快推进我国经济发展方式转变的核心发展战略
- 基于动态比较优势的我国对外货物贸易发展战略研究
- 基于动态比较优势的我国对外服务贸易发展战略研究
- 关于近年来我国宏观货币政策力度的剖析
- 以市场能够换技术吗

论加快推进我国经济发展方式转变的
核心发展战略[*]

一、"一点两翼"发展战略的提出

改革开放以来,我国经济迅速发展,创造了战后经济发展的奇迹。但是,我国的经济发展方式是粗放型的经济发展方式,即依靠大规模地投入劳动、资本和自然资源来实现产值的高速增长。尽管我国拥有丰富的劳动资源和自然资源,但这些社会资源不是取之不竭,无限供给的。随着时间的推移,我国现行的经济发展方式不可持续的弱点逐渐表现出来,我国经济发展面临着两个重大挑战。

第一个挑战是"刘易斯拐点"。"刘易斯拐点"(Lewis Turning Point)是由美国经济学家阿瑟·刘易斯(W. Arthur Lewis)提出来的概念。他在1954年发表的题为《劳动无限供给条件下的经济发展》的文章中指出,发展中国家经济发展过程就是农业部门劳动力向工业部门转移的问题,当劳动力由无限供给变为相对短缺时,经济发展的拐点就会出现(Lewis,pp. 139 – 191)。

"刘易斯拐点"意味着"人口红利"消失。所谓"人口红利"是指青壮年劳动力数量众多和价格低廉为经济发展提供了充足的和低成本的劳动力资

* 本文发表于《中山大学学报》2014年第1期,是本人主持的2010年国家社会科学基金重大项目"加快推进我国对外经济发展方式转变研究"的研究成果。

源所带来的好处。改革开放以来,我国一直在享受这种"人口红利"。目前,我国长江三角洲和珠江三角洲地区出现"用工荒",被认为是出现"刘易斯拐点"和"人口红利"消失的表现。

实际上,我国长江三角洲和珠江三角洲地区的"用工荒"是多种因素造成的,不能由此得出我国劳动力已经供不应求的结论。但是也不能不注意到,我国的"刘易斯拐点"正开始显现,我国的"人口红利"正在减少。据国家统计局的统计,2010 年,我国 60 岁及以上人口已经占全国总人口 13.26%,比 2000 年上升 2.93 个百分点。另外,据我国人口专家预测,从 2012 年到 2022 年,我国 18~50 岁的青壮年人数将减少 1 亿人。这意味着我国的劳动力资源已经变得不那么充裕了。

由此可见,如果我国摆脱不了粗放型的经济发展方式,仍然主要依靠大规模投入劳动力来实现产值的增长,"刘易斯拐点"将会很快出现。

第二个挑战是"中等收入陷阱"。"中等收入陷阱"（middle income trap）最早出现在世界银行于 2007 年初发布的《东亚的复兴:关于经济增长理念》上,后来在世界银行于 2007 年 4 月份发布的《东亚的现代化:危机后的十年》中得到进一步的阐述,它是指发展中国家在人均收入达到中等收入水平以后经济所出现的停滞状态（World Bank,2007,April,2007）。按照笔者的理解,发展中国家的经济发展过程中,当人均收入达到中等水平以后,由于在工资成本方面难以与低收入国家竞争,在科学技术方面无法与高收入国家竞争,国际市场变得狭窄。另外,又由于收入分配差距过大造成国内消费需求不足,国内市场也相对收缩,这样经济将像陷入陷阱那样处于长期停滞状态。

我国的人均国内生产总值在 2012 年也已经达到了 6100 美元中等水平,我国是否会陷入"中等收入陷阱"就成为了人们关注的问题。目前,在我国长江三角洲和珠江三角洲地区已经出现由于工资成本上升导致劳动密集型产品竞争力下降的现象,被认为是我国陷入"中等收入陷阱"的征兆。

由此可见,如果我国摆脱不了粗放型的经济发展方式,仍然主要在劳动密集型产品上参与国际竞争,我国经济有可能陷入"中等收入陷阱"。

显然，我国经济在高速增长了三十多年后到了一个关键的时期。如果我国的经济发展方式能够实现转变，我国经济将继续发展；如果我国的经济发展方式不能实现转变，我国经济可能陷入停滞。这样，我国经济面临的问题已经不是如何推进经济发展方式转变的问题，而是如何加快推进经济发展方式转变的问题。2010年党的第十七届中央委员会第五次全体会议的公报强调指出："加快转变经济发展方式是我国经济社会领域的一场深刻变革。"

要加快我国经济发展方式的转变，首先要认识推进我国经济发展方式转变的主体。推进我国经济发展方式转变的主体之一是市场。实际上，改革开放以来，市场对我国经济发展方式转变的推动作用没有停止过。随着我国经济的发展，在市场的调节下，我国的企业不断从低端的传统产业产品的生产转向中端或高端的产品生产，我国的新兴产业不断发展。另外，随着我国劳动力成本的上升，在市场的调节下，我国劳动密集型产业正在发生向中、西部或者向东南亚国家转移。

我国改革开放三十多年的历程表明，我国选择了市场经济体制是正确的，经济体制改革是推动我国经济高速发展的重要原因。因此，我国在转变经济发展方式的过程中，必须坚持发挥市场在社会资源配置中的基础性调节作用，不能违背市场经济的发展规律，将政府凌驾于市场之上。

推进我国经济发展方式转变的主体之二是政府。市场的调节是有效率的，但市场的调节不是万能的，它本身具有自发和盲目的特点。拉丁美洲国家和东南亚国家陷入"中等收入陷阱"，本身就说明了市场调节的局限性。因此，仅仅依靠市场这只"看不见的手"是不够的，还需要政府这只"看得见的手"。特别是对于我国这样一个"赶超型"的发展中国家来说，政府在经济发展中扮演着重要的角色。政府在利用宏观财政政策和宏观货币政策稳定经济的同时，还应该利用科技政策、产业政策、对外贸易政策、直接投资政策、对外金融政策来加快经济发展方式的转变。这就是说，政府要制定相关的国家发展战略，然后利用经济手段来加快经济发展方式的转变。笔者正是从这个角度提出加快经济发展方式转变的国家战略。

笔者认为，要加快我国经济发展方式的转变，我国政府应该实施的核心发展战略是"一点两翼"发展战略，该发展战略可以用图1说明。所谓"一点两翼"发展战略的"点"是指突破点，而突破点应该选择核心技术的自主创新。显然，要避免出现"刘易斯拐点"，就要提高劳动生产率；而要提高劳动生产率；就要提高科学技术水平。同样，要避免陷入"中等收入陷阱"，要增强技术密集型产品的竞争力；而要增强技术密集型产品的竞争力，就要提高科学技术水平。

突破点：核心技术

两翼之一：人力资本形成　　　　　两翼之二：产业结构调整

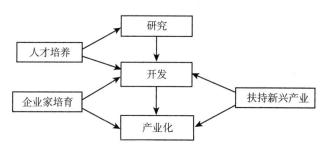

图1　"一点两翼"的发展战略

技术对经济具有直接的影响。从可从外部获得的角度分析，技术可以分为两种，一种是核心技术，这种技术是不可能通过国际贸易和直接投资的方法获得；另一种是非核心技术，这种技术可以通过国际贸易或直接投资的方法获得。在改革开放之初，我国一直期待着通过对外贸易和直接投资引入外国的先进技术。但是，34年的实践表明，我国用金钱只能买来非关键技术或者过时的关键技术，而难以买来核心技术。

对于这种不可从外部获得的核心技术来说，只能依靠自主创新的方式来获得。我国是一个发展中国家，本来后发展的优势是可以学习发达国家积累的科学技术，但由于当今世界上各国经济竞争实质上是科学技术的竞争，发达国家对于核心技术的转移实行严格限制。显然，要加快我国对内和对外经济发展方式的转变，我国政府必须要实行核心技术自主创新的发展战略，通过核心技术的研究、开发和产业化来改变生产的方式和生产的产品，发展新的产业和改造原有产业，不断提高劳动生产率，才有可能将数量型的经济发展方式转变为质量型的经济发展方式。

但是，我国政府要实现科学技术的突破，仅仅制定科学技术发展规划并且给予政策支持是不够的，还必须在人力资本形成和产业结构调整两翼同时推进。政府还需要通过加快人才培养来促进核心技术的研究和开发，通过企业家培育来促进核心技术的开发和产业化，通过产业结构调整的政策来扶持新兴产业与促进核心技术的开发，从而加快核心技术的产业化。

显然，核心技术的研究和开发是依靠高素质的劳动者进行的，核心技术的开发和产业化是依靠企业家来推进的，高素质的劳动者和优秀的企业家是核心技术自主创新不可缺少的两支基本力量。与此同时，再通过产业结构调整的手段对核心技术的开发和产业化给予支持，将能够促进新兴产业的形成和发展。因此，实施"一点两翼"的发展战略，将能够为我国的经济发展源源不断地注入科学技术进步的动力，将能够不断提高我国经济发展的质量，从而实现我国经济发展方式的转变。

二、实现核心技术自主创新的突破

通过核心技术的自主创新来加快我国经济发展方式转变，已经形成了党、政府和经济学界的共识。

2012 年 11 月 8 日，胡锦涛主席在中国共产党第十八次全国代表大会报告中明确提出了创新驱动的发展战略。报告指出："科技创新是提高社会生产力和综合国力的战略支撑，必须摆在国家发展全局的核心位置。要坚持走中国特色自主创新道路，以全球视野谋划和推动创新，提高原始创新、集成创新和引进消化吸收再创新能力，更加注重协同创新。深化科技体制改革，推动科技和经济紧密结合，加快建设国家创新体系，着力构建以企业为主体、市场为导向、产学研相结合的技术创新体系。完善知识创新体系，强化基础研

究、前沿技术研究、社会公益技术研究，提高科学研究水平和成果转化能力，抢占科技发展战略制高点。"（胡锦涛，2012）

党的十八大报告明确说明了创新驱动发展战略的内涵，笔者主要对推动什么样的技术创新以及如何推动这些技术创新提出探讨性的看法。

技术是一个宽泛的概念，核心技术自主创新发展战略应该关注什么类型的技术呢？美国经济学家赖纳特（Erik S. Reinert）的分析值得参考。赖纳特将可以应用于各个产业的技术称为通用技术，如产业革命时期的蒸汽机技术，信息革命时期的计算机技术等，并将按照通用技术来进行生产的体系称为技术经济范式。他指出，通用技术的变革将导致技术经济范式的转变，从而改变了整个生产体系，并且带来劳动生产率的"爆炸"。按照这种思想，赖纳特将技术经济范式的转变归纳为 5 个时期，如表 1 所示。

表1　　　　　　　　　技术经济范式的转变（赖纳特划分方法）

时期	时期名称	重要产业	廉价资源
1770～1840 年	机械化早期	纺织业、羊毛	水动力、棉花
1830～1890 年	蒸汽机动力和铁路时期	炼铁、运输业	蒸汽、煤炭
1880～1940 年	电气和重工业时期	电力机械、化学工业	电、钢铁
1930～1990 年	大规模生产时期	汽车、合成材料	石油
1990 年～	信息和通信时代	数据、软件、生物技术	微电子

资料来源：［美］赖纳特：《富国为什么富穷国为什么穷》，杨虎涛等译，中国人民大学出版社 2010 年版，第 100～101 页。

赖纳特对技术经济范式的划分具有启发意义。但是，赖纳特在"时期名称"栏目将通用技术、关键产业与生产方式混为一谈，因而不能清晰地揭示通用技术的变化所导致的技术经济范式的转变。

按照笔者的分析，从产业革命开始，通用技术的突破和技术经济范式的转变依次如下：第一，蒸汽机技术，它以蒸汽机的发明和应用为标志，它带来的重要产业有：蒸汽机、纺织、铁路、船运等。第二，化工技术，它以纯碱和硫酸的制成为标志，它带来的重要工业有：石油、塑料、橡胶、合成纤维、药剂、化肥、核能等。第三，电气技术，它以电的发现和应用为标志，它带来的重要产业有：发电、输电、电线电缆、电器、通信等。第四，燃油机技术，它以燃油机的发明和应用为标志，它带来的重要产业有：柴油发动机、汽油发动机、汽车、航空等。第五，计算机技术，以计算机的发明和应用为标志，它带来的重要产业有：计算机设备、计算机软件、数据处理、信息服务等。第六，生物技术，以生物技术的发明和应用为标志，它带来的重要产业有：微生物、生物医药、生物农业、生物能源、环境保护等。具体情况如表2所示。

表2　　　　　　　　　技术经济范式的转变（笔者划分方法）

时期	技术经济范式	通用技术	主要产业
1712 ~	蒸汽机时代	蒸汽机技术	蒸汽机、纺织、铁路、船运等
1790 ~	化工时代	化工技术	石油、塑料、橡胶、合成纤维、药剂、核能等
1866 ~	电气时代	电气技术	发电、输电、电线电缆、电器、通信等
1892 ~	燃油机时代	燃油机技术	柴油发动机、汽油发动机、汽车、飞机等
1946 ~	计算机时代	计算机技术	计算机设备、计算机软件、信息服务等
1972 ~	生物时代	生物技术	生物医药、生物农业、生物能源、环境保护等

从技术经济范式的时期划分，通用技术的突破是相互重叠的。一种通用技术的产生对产业的影响还在延续，另一种通用技术可能就已经发生了。例如，计算机技术对产业的影响还具有广阔的前景，现代生物技术的突破就发生了。另外，一种通用技术的突破，不仅可以带来一系列新的产业的产生，而且还会带来原有产业的变革，从而导致生产率大幅度的提高。例如，蒸汽机技术带来了公路、铁路、航运业的发展，但燃油机技术导致公路、铁路、航运业的巨大变革。从目前的情况看，以蒸汽机技术为标志的经济时代已经完全结束，电气技术、化工技术、燃油机技术对产业影响的高潮时期也已经过去，而计算机技术和生物技术，特别是生物技术对产业的影响还在展开。

如果将可以对各个产业都造成影响的技术称为通用技术，将通用技术具体运用到某个产业的技术称为具体技术，那么核心技术自主创新发展战略指的是通用技术和具体技术中的核心技术的自主创新发展战略。在这里，自主创新是指掌握具有自主知识产权的技术并以此为基础实现新产品的创造的过程。自主创新包括原始创新、集成创新和引进技术再创新。原始创新是指前所未有的科学发现、技术发明等创新成果，集成创新是指通过对各种现有技术的有效集成，形成新产品或新产业，引进技术再创新是指在引进国内外先进技术的基础上，通过消化和改进进行再创新，形成具有自主知识产权的新技术。

核心技术自主创新发展战略的基本思想是指在政府的支持下，依靠本国研究机构、高等学校、企业的力量掌握具有自主知识产权的核心技术，并利用核心技术来推动经济的发展。应该指出，核心技术自主创新发展战略并不是忽视非核心技术的发展，我国还需要通过各种途径和各种方法从外国获得非核心技术。正由于核心技术不可从外国获得，我国政府才需要从国家战略的高度推进核心技术的自主创新。核心技术自主创新发展战略包括两项主要内容：一是发展什么样的技术以及如何支持这些技术的发展，二是如何将这些技术转变为产品或者产业。

我国政府在新中国成立以后就意识到科学技术进步的重要作用。从1956年开始，我国政府就不断地制定科学技术发展规划，推动我国科学技术的发展，具体情况如表3所示。特别值得注意的是，从2006年开始，我国政府更加注重从经济发展角度来制定我国的科学技术发展规划。

表3　　　　　　　我国政府制定的科学技术发展规划

发布时间	规划名称
1956 年	《1956～1967 年十二年科学技术发展规划》
1963 年	《1963～1967 年十年科学技术发展规划》
1878 年	《1978～1985 年全国科学技术发展规划纲要》
1986 年	《1986～2000 年全国科学技术发展规划纲要》
1991 年	《1991～2000 年科学技术发展十年规划和"八五"计划纲要》
1996 年	《全国科学技术发展"九五"计划和 2010 年长期规划纲要》（未公开发布）
2001 年	《国家"十五"科学技术发展规划》
2006 年	《国家中长期科技发展规划纲要（2006～2020）》
2006 年	《国家"十一五"科学技术发展规划》
2011 年	《国家"十二五"科学和技术发展规划》

资料来源：中华人民共和国科学技术部：科技规划，http：//www.most.gov.cn。

2006 年，我国政府颁布的《国家中长期科技发展规划纲要（2006～2020）》还具体提出了促进自主创新的支持政策，其中主要包括：实施激励企业技术创新的财税政策、实施促进自主创新的政府采购、实施知识产权战略和技术标准战略、实施促进创新创业的金融政策。按照这个规划纲要，我国重点发展的前沿技术是：生物技术、信息技术、新材料技术、先进制造技术、先进能源技术、海洋技术、激光技术和空天技术。2008 年，国务院转发了《关于促进自主创新成果产业化的若干政策》，明确提出采用税收优惠、无偿资助、贷款贴息、资金补助、保费补贴等措施推进自主创新成果的产业化。

这就是说，我国政府已经明确了发展什么技术，如何支持这些技术的发展，以及如何支持将这些技术转变为产业等问题。

笔者提出的核心技术自主创新发展战略与国家科学技术发展规划既存在联系又存在区别。我国科学技术发展规划十分关注对经济具有重要影响的技术，核心技术自主创新发展战略同样强调通过核心技术创新推动经济发展方式的转变，两者是密切联系的。但是，我国国家科学技术发展规划还将从政治、军事等角度来考虑技术的发展，核心技术自主创新发展战略则主要关注能够导致技术经济范式转变的通用技术，两者又存在一定的区别。例如，空天技术无疑对我国的政治、经济、军事具有重要影响，政府无疑要对空天技术的研究和开发给予支持，但它并不是核心技术自主创新发展战略所关注的通用技术。

要实施核心技术自主创新发展战略，应该按照下述步骤进行：

第一，确定未来 5 年、10 年或更长时间重点支持的科学技术领域。在众多的科学技术领域中，首先需要关注的是将会导致技术经济范式转变的通用技术。如果以 1946 年第一台计算机的诞生作为计算机技术产生的标志，那么到现在已经近 70 年了。如果以 1972 年第一批重组的脱氧核糖核酸（DNA）分子作为现代生物技术产生的标志，那么到现在也有 40 年了。计算机技术和生物技术具有怎样的发展前景？未来将要发生的通用技术突破将是什么研究领域？它们将对产业形成什么影响？这是需要不断地探索和研究的。我国政府需要组织自然科学家和经济学家进行论证，以确定重点支持的通用技术的研究和开发。

重点发展什么通用技术是经济学家们难以确定的，还需要科学家的论证。但从经济学的角度分析，作为通用技术的计算机技术还有很大的发展空间，而作为通用技术的生物技术的影响则远没有展现出来，它是我国政府应该高度关注的通用技术。

计算机技术（computer technology）内容广泛，包括计算机硬件、计算机软件、信息储存、信息处理、信息传送等技术，它对现代经济中几乎所有产业都可以产生影响。计算机技术正在朝着更强大的运算能力、更复杂的软件系统、更大的信息储存容量、更强的信息处理能力和更快的信息传送速度发展，它将对各个产业都带来革命性的影响。

生物技术（biotechnology）是在分子生物学基础上建立的新的应用技术，是现代生物科学和工程技术相结合的产物。具体来说，生物技术包括转基因植物动物生物技术、农作物的分子育种技术、生物治疗技术，等等。生物技术作为21世纪高新技术中的核心技术，对人类解决面临的食物、健康、环境、资源等重大问题将发挥重要作用，对多个产业将形成重要影响。

第二，对确定的通用技术研究和开发给予支持。在这个方面，我国政府已经积累了丰富的经验，形成了完整的政策体系。但是，政府在支持的过程中应该注意三个问题：首先，核心技术自主创新发展战略所资助的通用技术应该是具有明确应用前景的技术，而不是仅以发表若干论文为目的的技术。因此，要鼓励研究机构、高等学校和企业的合作，共同完成从研究到开发的不同阶段的工作，使核心技术能够真正产生对经济的影响。其次，我国政府的资源是有限的，但如何将有限的资源合理有效地配置在不同核心技术的研究和开发中是一个十分困难的问题。在重点发展的通用技术领域确定以后，还需要依靠专家充分的论证，根据轻重缓急对不同的具体技术给予不同程度的支持。最后，在对技术项目进行选择的过程中注意提高资源的效率。多年来，我国政府在促进核心技术的自主创新方面投入了大量的资金，现在急需解决的问题是如何提高资金的效率。研究和开发是允许失败的，但为了"政绩"或利益而只重视过程不重视结果的现象则必须杜绝。不能否认，我国现行的部分"工程"或"计划"效益不高。如果这些问题得不到很好的解决，将严重影响核心技术自主创新发展战略的实施效果。

三、与核心技术突破同时推进的两翼

需要与核心技术突破同时推进的两翼是人力资本积累和产业结构调整。只有在核心技术自主创新上取得突破，同时在两翼上推进，才能加快我国经济发展方式的转变。

核心技术自主创新以及将创新技术应用于产业都是通过人来实现的。这里所说的人不是普通的劳动者，而是高素质的专业技术人员。在经济学中，将对物进行投资所形成的生产能力称为物质资本，将对人进行投资所形成的生产能力称为人力资本。以最新的两次通用技术的突破即计算机技术和生物技术的突破为例，计算机技术和生物技术的研究和开发依靠的是高素质的科学技术人员，利用计算机技术和生物技术建立起来的产业也是高素质的科学技术人员。因此，要实施核心技术自主创新发展战略，就要促进人力资本的迅速和有效的积累。从实施核心技术自主创新发展战略的角度分析，人力资本的积累需要解决下面两个问题：

第一，人才的培养和引进。人力资本形成的主要渠道是高等教育。改革开放以后，我国的高等学校和研究机构有了很大的发展，培养和训练了大批优秀的人才。1980年，我国在校本科生是114万人，研究生2万人。到2011年，我国在校本科生2309万人，研究生165万人（国家统计局，2012）。但是，我国的高等教育能否适应核心技术自主创新发展战略的要求，培养出高质量的人才是一个值得思考的问题。

目前，我国高等教育存在不少问题：首先，我国教育主管部门对高等教育管得过多过死，全国高等学校都按照统一的模式培养学生，抑制了各个高等学校在培养人才方面的创造性。其次，在高等学校内部，行政化的管理、注重官位而不是学术的倾向，抑制了创造性的教学和科研活动。最后，高等学校的学科体系和课程体系还不能做到根据学科的发展和市场的需要不断进行调整，影响了人才培养的适用性。因此，需要推进高等学校的体制改革和学科改革，以促进我国人力资本的有效积累。

另外，通过政府的作用来促成产、学、研的结合以培养核心技术创新人才。首先，政府在某些重点高等学校建立核心技术人才培养基地，通过采用先进的教材、改善教学条件和提高师资水平的方法培养一批具有坚实理论基础的掌握核心技术的本科学生。其次，政府以提供研究基金和风险资本作为手段，促进生产企业、高等学校和研究机构的结合。高等学校的教师和研究机构的研究人员带领硕士、博士研究生根据核心技术的发展和企业生产的需要开展研究，并通过企业迅速将研究成果转化为产品。毕业的硕士、博士研究生将根据双向选择的方法留在企业工作。这样，既能够加快核心技术研究成果到实际产品的转化，也可以培养出具有较高的学术水平又有丰富的实践经验的科学技术人员。

还有，近十余年来，我国政府实行各种计划，吸引大批外国专家和留学归国人才为我国经济发展服务；同时将人才的使用放在很高的高度来认识，发挥各个领域的人才的作用。不可否认，我国每年都有大批学生到发达国家留学并在毕业以后滞留在发达国家，这对于我国这样一个发展中国家是难以避免的。据统计，我国科学和技术领域留学人员滞留率达到87%（人民网，2013）。但是，这些留学人员又形成了我国科学、技术和经济发展的一个人才储备库。我国政府以及各个机构需要继续做好引进有所成就的专业人员的工作，以抵消人才流失对我国人力资本形成的不利影响。

第二，企业家阶层的培育。技术对经济的影响是通过技术的研究、开发、产业化等阶段实现的。在这个过程中，技术的产业化完全是依靠企业完成的。同时，企业还会对技术的研究和开发产生重要影响。正是企业敏锐地感觉到某项技术可能具有广阔的市场前景，它才对该项技术的研究和开发进行投资，才能推动技术和经济的发展。而企业家作为企业的领导者，在这个过程中将发挥至关重要的作用。正因为这样，美国经济学家熊彼特（J. A. Schumpeter）将企业家看作是创新活动的倡导者和实行者，将创新看作是企业家对生产要素进行新的结合包括引进一种新的产品，采用一种新的生产方法，开辟一个新的市场，获一种新的原料供给，实行一种新的组织形式（Schumpeter，P. 66）。

当然，创新者并不只有企业家，但如果没有企业家根据市场的需要来推动技术的研究、开发、应用，技术的创新活动会大量减少。我国有不少优秀的企业家，但我国还缺少一个具有国际眼光、训练有素、经验丰富的职业企业家阶层。不可否认，我国部分国有企业的管理者往往考虑的是如何做官，部分民营企业的管理者往往考虑的是如何迅速赚钱。因此，国有企业如何去"行政化"，民营企业行为如何长期化，如何在我国培育优秀的职业企业家阶层，还有待于通过经济体制的改革去推进。

核心技术的自主创新发展战略的目的是核心技术产业化，而核心技术的产业化必然导致产业结构的调整。如果说核心技术自主创新发展战略主要解决核心技术的研究和开发问题，那么产业结构的调整就是要解决核心技术的产业化问题。

核心技术的自主创新必然导致产业结构的调整，但产业结构的调整未必都来自核心技术的自主创新。从内容上，产业结构调整要比核心技术自主创新广泛，它除了涉及如何将自主创新的核心技术转变为产业以促进产业结构的调整，还涉及如何通过其他方式获得新的生产技术以促进产业结构的调整，还涉及如何抑制落后的产业以促进产业结构的调整，等等。

从核心技术自主创新发展战略的角度来看，产业结构调整主要包括下述两项内容：一是我国应该重点发展什么产业以及通过什么手段来发展这些产业；二是我国应该适当抑制什么产业以及通过什么手段来抑制这些产业。

应该指出，一个国家产业结构是由这个国家的科学技术水平和经济发展水平决定的，而不是由这个国家政府的意志决定的。但是，这并不意味着政府在推动产业结构调整方面无所作为。在产业结构调整方面，"看不见的手"和"看得见的手"都具有重要作用。例如，如果政府脱离经济现实的限制甚至打击某些落后产业以加快产业结构的调整，我国很有可能出现部分原有产业破产但新的产业却没能产生的局面，从而造成我国经济的收缩和失业的恶化。相反，如果政府不去积极扶持新兴产业，仅仅按照市场调节的方式自发发展，我国的产业只能跟在发达国家后面来获取它们淘汰产业的发展机会。因此，我国政府应该在遵循和适应市场经济发展的基础上，通过产业政策等措施，积极引导新兴产业的发展和适当限制落后产业发展，以推动产业结构的调整。

虽然我国政府很早就制定了产业政策，并通过产业政策来推动我国工业化的进程，但是我国政府有意识地进行论证要发展什么产业抑制什么产业，并利用产业政策来推动产业结构的调整，还是近 10 年的事情。另外，我国政府有意识地论证我国需要发展什么新兴产业，然后通过产业政策来推动这些新兴产业的建立，还是近 5 年的事情。

从 2005 年到 2010 年，我国政府对产业结构的调整主要是推动一、二、三产业的协调发展。2005 年，我国政府发布了《促进产业结构调整暂行规定》。同年，国家发展和改革委员会发布了《产业结构调整指导目录》，作为政府引导投资方向，管理投资项目，制定和实施财税、金融、土地、进出口等政策的重要依据。该目录每两年修改一次，对于推动我国产业结构的调整发挥了重要的作用。

从 2010 年开始，我国政府产业结构调整政策发生重大变化，将重点放在如何发展战略性新兴产业上。2010 年，国务院发布了《关于加快培育和发展战略性新兴产业的决定》，明确了战略性新兴产业概念、目标和内容以及培育和发展战略性新兴产业的手段和方法。

我国政府发展战略性新兴产业的目标是：战略性新兴产业以创新为主要驱动力，辐射带动力强，加快培育和发展战略性新兴产业，有利于加快经济发展方式转变，有利于提升产业层次、推动传统产业升级、高起点建设现代产业体系，体现了调整优化产业结构的根本要求。

2011 年，我国政府制定了《我国国民经济和社会发展十二五规划纲要》，重申了先阶段重点发展的战略性新兴产业，包括节能环保产业、新一代信息技术产业、生物产业、高端装备制造业、新能源产业、新材料产业、新能源汽车产业。政府准备设立战略性新兴产业发展专项资金和产业投资基金，同时发挥多层次资本市场融资功能，带动社会资金投向处于创业早、中期阶段的创新型企业。政府还利用财政优惠政策和税收支持政策来扶持这些产业的发展。

为了更好地实施产业结构调整发展战略，我国政府于 2010 年成立了战略性新兴产业发展思路研究部际协调小组，由国家发展和改革委员会、科技部、工业和信息化部、财政部等 20 个部门和单位组成。2012 年，战略性新兴产业发展思路研究部际协调小组正式更名为战略性新兴产业发展部际联席会议。

2012 年 11 月 8 日，胡锦涛主席在《中国共产党第十八次全国代表大会报告》中又明确提出推进经济结构战略性调整。报告指出："推动战略性新兴产业、先进制造业健康发展，加快传统产业转型升级，推动服务业特别是现代服务业发展壮大，合理布局建设基础设施和基础产业。"

由此可见，不论从制度、规划，还是从政策、措施等方面来看，我国政府关于产业结构调整的政策和措施完全适应核心技术自主创新发展战略的需要。笔者认为，要更好地实施核心技术自主创新的发展战略，还要关注下述三个问题：

第一，需要对我国的产业作进一步分类。我国政府的资源是有限的，我国政府应该根据自身的财政力量，对不同的产业采取不同的政策和措施。第一类产业是代表着我国经济发展未来方向的产业。政府不但要通过产业政策扶持这些产业，而且要通过财政支出支持这些产业。这类产业属于为数很少的在发达国家也只是刚刚建立的产业。第二类产业是新兴产业，政府主要通过产业政策扶持这些产业。这类产业不宜过多，它们属于近三四十年发展起来但在我国基础还不是很稳固的产业。按照笔者的看法，《我国国民经济和社会发展十二五规划纲要》提出的新兴产业就是指这类产业。第三类产业是普通的传统产业，这类产业属于与我国的发展水平相适应的具有一定优势的产业，它们主要通过市场来进行调节，政府不必加以过多的干预。第四类产业是高污染和高能耗、或者投资规模较大而又出现生产能力过剩的产业，政府需要采取政策予以抑制。这类产业属于与我国经济发展水平相适应但具有较大的负面影响的产业，或者继续扩张将导致更加严重的生产过剩的产业。

第二，处理好政府调节与市场调节的关系。建立和实施产业结构调整战略，无疑是借助政府的力量来加快产业结构的调整。但是，市场不是万能的，政府也不是万能的。我国政府还需要明确，在产业结构调整的过程中，政府应该做什么以及不应该做什么。我国的产业结构是由我国的经济发展水平决定的，高科技产业不是想建立就可以建立的。笔者认为，在实施产业结构调整发展战略的过程中，我国政府应该做两件事情：一件事情是扶持新兴产业，另一件事情是抑制高污染、高能耗和生产能力过剩的产业。其他产业的调整应该主要由市场去调整。近年来，地方政府纷纷建立高新技术开发区，人为地抑制劳动密集型产业，努力引进技术密集型产业，但是效果并不明显。过度地抑制适合我国现阶段发展水平的一些中低端产业，不但不能加快我国经济的发展，反而会影响我国经济的发展。

第三，始终将农业置于基础地位。应该指出，虽然农业不是战略性的新兴产业，但农业天然就是弱势产业，必须通过政府的力量来加以扶持。政府对农业的支持不但可以巩固农业这个各种产业的基础，而且可以改善我国产值增长结构以及我国收入分配差距过大的现象。我国农村人口占总人口的49%，收入水平远低于城镇人口，因而蕴藏着巨大的消费需求。随着农民收入的提高，将会持续地和大规模地产生消费需求，从而可以提高消费支出在国内生产总值中的比例，使我国的产值增长结构变得更加稳定。另外，我国收入分配差距形成的重要原因是城乡收入差别，我国政府还需要通过发展农业来缓和我国收入分配差距过大的情况。产业结构调整是实施核心技术自主创新发展战略的主要途径。产业结构调整依赖核心技术自主创新，只有在核心技术上取得突破，新兴产业才能形成和发展。但是，产业结构调整可以促进核心技术自主创新，并迅速地将核心自主创新的成果转变为现实的社会生产力。

随着"一点两翼"发展战略的实施，我国的科学技术将不断进步，人力资本不断积累，产业结构不断调整，发展方式不断转变。这样，将产生持续的经济发展的动力和源泉，从而推动我国经济长期发展。

参考文献

［1］胡锦涛：在中国共产党第十八次全国代表大会上的报告，2012 年 11 月 8 日，http：//www. baidu. com。

［2］国家统计局：《中国统计年鉴》，2012 年，http：//www. stats. gov. cn。

［3］人民网：《专家称顶尖人才滞留海外因国外条件更易出成果》，2013 年 6 月 6 日，http：//www. people. com. cn。

［4］Lewis，W. Arthur Lewis，Economic Development with Unlimited Supplies of labor，Manchester School，May，1954.

［5］Schumpeter，J. A.，The Theory of Economic Development，Mass：Harvard University Press，1934.

［6］World Bank，An East Asia Renaissance：Ideas for Economic Growth，2007，pp. 17 – 18，http：//www. worldbank. org.

［7］World Bank，Ease Asia Update：10 years after the Crisis，April 2007，P. 3，http：//www. worldbank. org.

基于动态比较优势的我国对外货物贸易发展战略研究[*]

一、我国货物贸易的发展情况

改革开放以来，我国的对外货物贸易迅速发展，在世界货物贸易中的地位不断提高。表1显示了我国近10年来对外货物贸易的规模、在世界对外货物贸易中的份额以及我国对外货物贸易在世界的排名。从表中可以看到，从2010年开始，我国货物出口贸易超过德国，跃居世界第一位。2013年，我国对外货物进出口贸易总量是41590亿美元，美国对外货物贸易总量是39090亿美元，我国对外货物进出口贸易规模超过美国居世界第一位。

表1　　　　　　　　　　我国货物贸易发展情况　　　　　　　单位：亿美元

年份	2004	2005	2006	2007	2008
出口	5933	7620	9689	12178	14283
份额（%）	6.5	9.8	8.0	8.7	11.8
名次	3	3	3	2	2
进口	5612	6600	7915	9560	11325
份额（%）	5.9	8.1	6.4	6.7	9.1
名次	3	3	3	3	3

　*　本文发表于《学术月刊》2015年第8期，是本人主持的2010年国家社会科学基金重大项目"加快推进我国对外经济发展方式转变研究"的研究成果。

年份	2009	2010	2011	2012	2013
出口	12020	15780	18980	20490	22090
份额（%）	9.6	10.4	10.4	13.9	11.7
名次	2	1	1	1	1
进口	10060	13950	17430	18180	19500
份额（%）	7.9	9.1	9.5	12.2	10.3
名次	2	2	2	2	2

资料来源：World Trade Organization，International Trade Statistics，2005 - 2014，http：//www. wto. org.

在我国对外货物贸易的结构中，初级产品出口在总货物出口额中所占的比例持续下降，工业制品出口在总货物贸易出口额中所占的比例持续上升。与此同时，初级产品进口在总货物进口额中所占的比例持续上升，工业制品进口在总货物贸易进口额中所占的比例持续下降，如表2所示。这表明，随着我国工业化的进展，我国货物进出口贸易结构在改善。

表2　　　　　　　　　　我国对外货物贸易结构　　　　　　　　单位:%

年份	2004	2005	2006	2007	2008
初级产品出口	6.8	6.4	5.5	5.0	5.4
工业制品出口	93.2	93.6	94.5	95.0	94.5
初级产品进口	20.9	22.4	23.6	25.4	32.0
工业制品进口	79.1	77.6	76.4	74.6	68.0
年份	2009	2010	2011	2012	2013
初级产品出口	5.3	5.2	5.3	4.9	4.8
工业制品出口	94.7	94.8	94.7	95.1	95.2
初级产品进口	28.8	31.1	34.7	34.9	33.7
工业制品进口	71.2	68.9	65.3	65.1	66.3

资料来源：国家统计局：年度数据，http：//data. stats. gov. cn。

另外，在我国货物进出口中，外商投资企业的货物进出口在我国货物进出口中所占的比例持续下降。表3表明，外商投资企业的货物出口在我国出口中所占的比例从2005年的58.3%下降到2013年的47.2%，货物进口在我国货物进口中所占的比例从2005年的58.7%下降到2013年的44.8%。从表3

可以得到如下结论：第一，外商投资企业货物进出口所占的比例趋向下降比表明，随着我国的经济发展和我国企业的壮大，我国企业在我国货物进出口中发挥越来越大的作用。第二，外商投资企业货物进出口在我国货物进出口均占很大比例说明，我的加工贸易在货物贸易中所占的比重很大。外商投资企业大规模进口半成品，利用我国廉价的劳动力加工成制成品，再出口到世界各地。第三，即使外商投资企业货物进出口所占的比例下降，但仍然在我国货物进出口中扮演重要角色。

表3　　　　　　外商投资企业在我国货物贸易中所占的比例　　　　单位：%

年份	2004	2005	2006	2007	2008
外商出口	—	58.3	58.2	57.0	55.3
外商进口	—	58.7	59.7	58.5	54.7
年份	2009	2010	2011	2012	2013
外商出口	55.9	54.6	52.4	49.9	47.2
外商进口	54.2	52.9	49.	47.9	44.8

资料来源：国家统计局：年度数据，http://data.stats.gov.cn。

二、对外货物贸易发展战略的提出

我国对外货物贸易的发展对我国经济发展作出了巨大的贡献。从货物出口的角度来看，我国的货物出口推动了我国国内生产总值的迅速增长。根据国家统计局的统计资料，在很长的时间里，我国的货物贸易的净出口对产值增长发挥了重要作用。在2005~2007年，我国货物和服务贸易的净出口对国内生产总值的贡献达到16%~22%（国家统计局，2008）。由于我国对外服务贸易一直处于逆差状态，对国内生产总值的贡献主要是对外货物贸易的贡献。从货物进口的角度来看，我国对铁矿石等原料的进口、对石油等能源的进口、对先进设备的进口等，有力地促进了我国经济的发展。根据国家统计局的统计，2012年，我国铁矿石的进口量是7.44亿吨、石油的进口量是2.71亿吨，自动数据处理设备进口量是7.33亿台，高新技术产品进口额是5070.78亿美元（国家统计局，2014）。应该指出，改革开放以来，我国对外货物贸易的迅速增长，有力促进了我国的经济规模的迅速扩大，促进了我国经济发展水平的迅速提高。

虽然我国的对外货物贸易的规模很大，但是效益不高，我国货物贸易基本上处于国际增值链分工的低端，大量的货物贸易都是低端的加工贸易。加工贸易主要有两种方式：一种是来料加工贸易，它是指外商提供全部原材料和零部件等，由承接企业按外商的要求进行加工装配，成品交由外商销售，承接企业收取工缴费。第二种是进料加工贸易，它是指原材料由经营企业进口，制成品由经营企业出口，进口原材料的所有权和制成品收益权均属于经营企业。根据我国海关的最新统计资料，2014 年 1～9 月，我国来料加工和进料加工出口额分别为 3.65% 和 34.92%（海关总署，2014），我国加工出口贸易在我国出口货物贸易中所占的比例达到 38.57%。

从产品价值链的角度来看，国际分工有三个层级：高端层级是产品的研究、开发和设计以及产品标准的制定，中端层级是产品核心零部件的制造和配套软件的开发，低端层级是产品的加工和装配。我国大量的货物出口贸易处于这种国际分工的低端层级，产品制造的高端层级和中端层级都在发达国家。出口企业主要利用我国比较丰富和低廉的劳动力，对进口原材料和零部件进行加工后出口到国际市场，获取的是很低比例的加工费。另外，即使是在区别于加工贸易的一般贸易中，我国出口的产品仍然主要是劳动密集型产品。

由此可见，我国对外货物贸易的发展方式是粗放型的发展方式。这就是说，我国依靠劳动力和自然资源的大规模投入来实现对外货物贸易的大规模的增长，对外货物贸易的效益不高。

诚然，在分析我国对外货物贸易发展方式的时候，不能脱离我国所处的经济发展阶段，不能脱离我国对内经济的发展方式。我国是一个发展中国家，科学技术水平和经济发展水平不高，我国只能依靠大规模投入劳动、资本和自然资源来实现产值的增长。我国对内经济这种粗放型的发展方式决定了我国对外货物贸易发展方式，我国只能依靠廉价劳动力的优势发展加工贸易和出口的主要是劳动密集型产品。

但是，我们应该清醒地意识到，随着我国经济规模的迅速扩大，我国劳动力资源变得不那么充裕了。另外，随着我国劳动者收入的提高，我国劳动力成本也在上升。如果不转变对外货物贸易发展方式，我国出口竞争力将会减弱，国际市场将变得相对萎缩，我国很容易陷入"中等收入陷阱"。因此，我国现行对外货物贸易发展方式是不可持续的，必须加快我国对外货物贸易发展方式的转变。

应该指出，由于出口贸易的发展能够使我国的产业同时开拓国内市场和国际市场两个市场的需求，这样将强有力地推动我国产业和经济的发展。因此，出口贸易在任何时候都是我国政府必须长期给予重视的经济领域。但同时也应该指出，我国"一切为了出口创汇"的时代已经结束了，我国政府应该用科学发展观的视角重新审视我国对外货物贸易的发展战略。我国的对外货物贸易发展方式必须是可持续的，不能再以大规模地耗费自然资源和生态环境为代价。

我国的对内经济发展方式决定了我国的对外货物贸易发展方式，要转变我国对外货物贸易发展方式，首先就要努力转变我国对内经济发展方式。而要转变我国对内经济发展方式，必须要加快科学技术的进步和产业结构的调整。随着我国对内经济发展方式的转变，随着我国产业技术水平的提高，就能推动对外货物贸易发展方式的转变。对内经济发展方式决定了我国对外货物贸易发展方式，对外货物贸易发展方式也能够反作用于对内经济发展方式。我国政府所以要在对外货物贸易实施新的发展战略，是因为一方面为我国产业的技术创新开拓国际市场，使我国产业的技术创新同时拥有国内和国际两个市场；另一方面通过技术设备的引进促进国内产业的技术创新，推动对内经济发展方式的转变。基于动态比较优势的对外货物贸易发展战略就是在这样的背景下提出的。

在国际贸易研究领域，李嘉图（David Ricardo）的比较优势学说是国际贸易的经典学说和核心学说。不论现实世界国际贸易的动机多么纷繁复杂，但国际贸易最基本的原因仍然是比较优势。但是，李嘉图的比较优势属于静态的比较优势，即按照现实的要素禀赋所决定的比较优势。从短期来看，静态比较优势的原则是不可违背的，一个国家只有出口具有比较优势的产品，进口比较劣势的产品，才能从国际贸易中得到利益。

比较优势有静态比较优势和动态比较优势之分。动态比较优势是指从目前来看某个国家某个产业不存在比较优势，但是这个产业存在着发展比较优势的潜力，经过一段时间的培育和发展就会形成比较优势，从而可以改善该国参与国际贸易所获得的利益。如果发展中国家不去主动培育具有发展比较优势潜力的产业，那么由于发展中国家在科学技术水平和经济发展水平方面落后于发达国家，它们将只能永远地在后面跟随着发达国家，去发展那些发达国家淘汰的产业。

实际上，在国际贸易中，不仅存在静态或者动态的比较优势，而且存在超比较优势，超比较优势是一个国家与另一个国家进行对方没有的商品贸易时所具有的优势。这种优势主要产生于技术和技能的积累。比较优势学说认为，如果两个国家都能够生产两种商品，当一个国家某种商品的生产成本相对低于对方国家时，它在这种商品的贸易上具有比较优势。但在现实里，一个国家能够生产的某种商品可能是另一个国家所不能生产的，这就不存在这两个国家里绝对成本或相对成本高低的问题，因而也就不是相对优势的问题。假定存在 A、B 两个国家，某种商品只有 A 国能够生产而 B 国不能生产，这意味着如果 A 国生产这种商品的成本为一定，那么 B 国生产这种商品的成本为无穷。在这两个国家这种商品的贸易中，A 具有不可比拟的利益，这种比较优势就是超比较优势（李翀，2005）。

总体来看，从短期和静态来看，我国应该按照比较优势的原则参与国际分工；从长期和动态来看，我国应该按照动态比较优势的原则参与国际分工。这就是说，我国政府应该培育某些目前没有比较优势但未来对我国经济具有主导意义的产业，以使这些产业在未来形成比较优势。从增强核心竞争力和实现可持续发展的角度来看，我国还应该按照超比较优势的原则参与国际分工，积极支持某些可以与发达国家同时起步的产业，推动科技的自主创新，发展成具有超比较优势的产业（李翀，2011）。因此，为了加快对外货物贸易发展方式的转变，我国政府应该构建并实施基于动态比较优势的对外货物贸易发展战略。这种对外货物贸易发展战略的基本内容是：传统优势产业按照比较优势原则参与国际分工；对经济具有重要影响的产业培育其动态比较优势参与国际分工；对国家核心竞争力具有重要影响的新兴产业则应该培育超比较优势参与国际分工。

三、稳定发展具有静态比较优势的产业

在短期和静态的条件下，比较优势的原则是不可抗拒的。我国应该按照比较优势的原则参与国际分工，发挥本国社会资源的特点，争取在国际贸易中获得更多的利益，通过国际贸易加快本国经济的发展（李翀，2006）。

静态比较优势产业是我国目前具有比较优势的产业。虽然这类产业所带来的贸易利益没有动态比较优势产业或者超比较优势产业带来的贸易利益大，但是这类产品和行业却是我国对外货物贸易稳定发展的基础和保证。目前我国在劳动密集型产业如纺织品和服装、资本和劳动密集型产业如船舶和钢铁、中低技术密集型产业如机电产品等方面都具有比较优势，正是它们在支撑着我国的整个对外货物贸易的发展。表4显示了我国2012年出口商品中出口金额超过300亿美元的商品的种类。

表4　　　　　　　　　　　我国主要的出口商品

种类	机电产品	自动数据设备	纺织品和服装	钢铁
金额（亿美元）	11793.38	2149.44	1552.37	514.87
占出口比例（%）	57.56	10.49	7.58	2.51
种类	家具	汽车和零部件	船舶	塑料制品
金额（亿美元）	488.17	383.47	361.11	315.65
占出口比例（%）	2.38	1.87	1.76	1.54

资料来源：国家统计局：主要货物出口金额，http://data.stats.gov.cn。

在表4中，机电产品包括机械产品、电工产品和电子产品等。当然，出口这些产品的并不都是国内企业，还包括外商投资企业。但是应该指出，这些产业的发展解决了我国大量的劳动力就业问题，推动着我国产值、政府税收和个人收入的增长。

对于我国具有静态比较优势的产业，我国政府的任务不是更多地投入资源而是更多地由市场去调节。但是，我国政府需要为这类产业提供一个合适的制度环境，包括法律制度、税收制度、金融制度、政府管理制度等，使这类产业能够在一个公平的制度环境中去竞争和发展。另外，在未来一段时间里，建议我国政府通过下述措施来促进我国具有静态比较优势的产业的健康发展：

第一，引导我国劳动密集型产业向中西部地区转移。产业的转移是梯度的。在20世纪70年代末期和80年代初期，劳动密集型产业从发达国家转移到我国相对发达的沿海地区。经过30年的发展，随着我国沿海地区劳动力成本和土地租金成本的上升，劳动密集型产业必然会流向劳动力成本和土地租金成本较低的我国中西部地区和东南亚国家。虽然这些劳动密集型产业在我国沿海地区很难保持良好的发展前景，但是它们在我国中西部地区仍然有相当长时间的生存和发展空间。在这种情况下，我国政府应该努力促使这些产业留在国内而不要流向东南亚国家。我国中西部地区的地方政府应该采取提供工业园区、提供初期的免税优惠等措施，吸引沿海地区部分低能耗、低污染的劳动密集型产业流向中西部地区。这样，从我国整体来看，可以延续着这些产业的生命周期；从我国中西部地区来看，可以推动这些地区的工业化和城镇化的进程，促进这些地区更高程度地走向开放，从而推动这些地区的经济发展。

第二，对不同类型的产业实行有差别的出口退税税率。在我国改革开放初期，由于我国急需资金，跨国公司借机将高能耗和高污染的产业转移到我国，然后又从我国向世界各国出口，一方面对我国资源和环境造成不利影响，另一方面也造成我国与别的国家贸易摩擦的增加。另外，由于长期以来我国劳动力资源是优势资源，外商投资企业和国内企业大规模地从事加工贸易业务，利用我国廉价的劳动力将进口零部件加工为制成品出口。虽然加工贸易为我国经济发展做出了重要贡献，并在未来一段时间内继续发挥一定的作用，但它毕竟不是我国对外货物贸易的发展方向。因此，建议我国政府在调查研究的基础上，适时地推出有差别的退税税率政策：对于高污染的产业，取消出口退税；对于高能耗和加工贸易适度降低出口退税税率，用差别税率的政策调节我国出口贸易的结构。

第三，引导企业组成具有整合静态比较优势的产业集团。所谓具有整合静态比较优势产业是指将我国不具有静态比较优势的产业和具有静态比较优势的产业整合起来，有可能形成具有静态比较优势的综合产业。随着国际贸易的发展，一个国家出口的产品不一定是单一性的产品，而是综合性的产品。这样就产生了一种机会：本来我国在某种产品的生产上不具有静态比较优势，但如果将生产该产品的产业与别的产业整合起来，有可能形成具有静态比较优势的综合产业。这样，通过具有静态比较优势的产业的带动，可以使我国不具有静态比较优势的产业变为具有静态比较优势的产业。

中国中材股份有限公司水泥生产线的出口就是一个典型的例子。我国水泥产业在水泥生产技术、工程设计，专业设备方面与发达国家相比并不具有静态比较优势，但是我国的建筑产业在土建工程和基础设施建设方面具有静态比较优势。中材股份有限公司通过将本来不具有静态比较优势的产业与具有静态比较优势的产业整合起来，提供了从水泥工程技术研究与开发，到水泥工程设计、水泥专业装备制造、水泥工程建设安装、生产线维护和运营管理的综合服务，创建新的静态比较优势（和讯网，2013）。

在我国以往的货物出口贸易中，主要出口货物，很少出口配套的服务，或者主要出口单一的商品，很少出口与商品有关的整体项目，因而忽视了与出口货物相关的上游、下游产品的整体出口。要促进我国货物出口贸易的发展，我国企业要更加重视通过对不同产业静态比较优势的整合，创造出新的静态比较优势。

四、积极培育具有动态比较优势的行业

比较优势的格局在短期内是一定的，但在长期里是可变的。我国在短期内按照比较优势的原则参与国际分工的同时，必须注重自主的技术创新或者积极引进先进的科学技术，以在一定程度上改变长期的比较优势格局。

在产品价值链的国际分工中，决定企业能否从低端层级向中端层级或高端层级提升，最主要的因素是技术进步。如果企业掌握了本行业的核心技术，它就可以进入到中端层级。如果企业在技术方面走在本行业的前列，它就可以进入高端层级。对于不可能通过对外贸易获得的技术，只能依靠自主技术创新。对于可能从对外贸易获得的技术，就要引进，消化、创新。一旦我国企业掌握了先进的核心技术，将创造出新的比较优势格局，使我国可以按照新的比较优势格局参与国际分工。也就是说，在短期内按照比较优势的原则参与静态的国际分工的前提下，通过局部地发展没有比较优势但具有比较优势前景的产业来创建新的动态的比较优势格局。不断从短期的、局部的比较劣势走向长期的、动态的比较优势，就是我国应该采用的对外货物贸易发展战略。

我国有不少创建动态比较优势的案例。例如，20世纪50年代，我国的核工业处于空白状态。但是，在面临核讹诈的情况下，我国政府不得不以国家的力量发展核工业，不仅研制成功原子弹和氢弹，而且建立起我国的核电产业。我国的核电技术在不断地追赶发达国家，从开始的引进消化到后来的自主创新，中国终于成为世界上少数掌握了第三代核电技术的国家。2014年8月，国家科技重大专项高温气冷堆核电站示范工程（HTR－PM）的核心装备——主氦风机试验样机在上海电气集团鼓风机厂通过专家评审和鉴定，这是具有第四代核电技术特征的技术突破（清华大学新闻网，2014）。随着我国核电产业的发展，我国开始出口核电站。2000年9月，巴基斯坦恰希玛核电站一号机组正式投入商业运营，这是我国自行设计、建造的第一座出口商用

核电站。2013 年 10 月，我国企业与法国公司合作参与英国欣克利角核电站项目的建设。2014 年 11 月，我国企业与美国西屋公司合作建设土耳其 4 台核电机组（《企业观察报》，2014）。

再如，我国水轮发电机产业的发展是另一个成功案例。我国三峡水电工程是世界上最大的水电工程，该工程需要 32 台 70 万千瓦水轮发电机组，但我国企业只能生产 30 万千瓦的水轮发电机组，因而不得不依靠进口。如此巨大的订单对世界各著名水电设备生产企业具有极大的吸引力。中国三峡总公司凭借着这样的市场吸引力，将核心技术转让确定为外国企业中标的前提条件。我国水电设备制造企业通过技术引进、消化和吸收，成功地掌握了巨型水轮发电机组的先进生产技术。我国首台国产化 70 万千瓦水电机组于 2007 年 7 月 10 日投产发电，国产化率达到 100%。我国水电设备制造企业只用了 7 年时间完成了与国外企业存在的 30 年技术差距的跨越。现在，我国企业水轮发电机组有的关键技术已经达到国际先进水平。一个可以由我国企业自主设计、制造、安装巨型水轮发电机组的时代已经开始。

我国高速铁路产业的发展是又一个成功案例。2004 年，我国通过《中长期铁路网规划》，明确提出到 2020 年全国铁路营业里程要达到 10 万公里。要实现我国铁路网的跨越式发展，采用高速铁路技术成为当务之急。我国铁道部决定，要以巨大的市场来迫使外国企业转让核心技术，让我国企业能够掌握制造高速机车制造的核心技术。由于我国企业成功地引进外国高速铁路机车制造的核心技术，并在此基础上进行消化、吸收和创新，我国高速机车制造技术在很短的时间里跃居世界前列。现在，我国已经形成了可以在平均时速 300 公里以上运行的庞大的高速铁路网，我国建成的高速铁路的里程约等于全世界国家高速铁路的里程。我国企业已经可以出口高速列车以及承建高速铁路，提供完整的高速铁路设备制造和运营服务。

上面三个案例说明，我国原来在核电站、大功率水轮发电机和高速机车制造上处于价值链国际分工的低端，没有比较优势。但是，通过技术的引进、消化以及自主技术创新，已经实现了从比较劣势到比较优势的转变，这就是动态比较优势。

动态比较优势产业是我国对外货物贸易转型升级的希望所在。2011年，我国政府制定了《我国国民经济和社会发展十二五规划纲要》，提出了我国政府将重点支持的新兴产业，包括节能环保产业、新一代信息技术产业、生物产业、高端装备制造业、新能源产业、新材料产业、新能源汽车产业。另外，我国政府将利用产业政策以及税收手段和金融手段，推动这些产业的发展。这些产业是我国可能具有动态比较优势的产业，前面分析的核电站、大功率水轮发电机以及高速机车，就属于高端装备制造业。

目前，在这些产业中，我国大部分产业不具有比较优势，但是经过政府的支持和企业的努力，它们有可能成为具有比较优势的产业。新中国成立以来，我国在科学技术进步、人力资本积累、物质资本积累等方面取得长足的发展，我国完全有可能在上述新兴产业的关键技术上取得突破。另外，我国还是一个发展中国家，我国的人均国内生产总值只有发达国家的1/7，我国工程技术人员的工资水平与发达国家相比还有很大的差距。一旦我国在上述新兴产业的关键技术上取得突破，我国在这些产业上就会取得低成本高素质劳动的优势。我国政府对这些产业给予金融、税收等方面的政策支持以后，还要推动企业的制度变革。例如，在我国核电站产业和高速铁路产业实现初步的比较优势以后，是否应该通过企业重组和整合的方式，进一步凝聚我国企业的竞争力，增强这种比较优势。

在培育动态比较优势产业的过程中，笔者认为需要高度关注的是芯片产业的发展。

芯片指内含集成电路的硅片，它是各种电子产品、电器产品和机械设备的"大脑"，因而是制造业的核心产业。由于我国芯片产业落后，我国许多工业制品的生产处于价值链国际分工的低端层级。以苹果公司 iPhone 手机为例，苹果公司掌握着产品研制、设计和销售环节，一部手机创造的价值是 360 美元。手机关键零配件由美、日、韩、台企业生产，一部手机创造的价值是 187 美元。手机的组装在我国内地的外商投资企业中进行，一部手机创造的价值只有6.54美元（中商情报网，2013）。再以我国生产的手机为例，除了华为公司生产的手机拥有自己的芯片，别的公司生产的手机都没有自己的芯片。尽管2014年1~9月我国民营和国有企业仅出口的手机就达到3.88亿台，但我国企业采用自己芯片的手机产量不到总产量的20%（海关信息网，2014）。

我国制造业的产值从2010年已经超越美国居世界第一位，但是我国芯片的进口量也居世界第一位。世界约54%芯片产量出口到我国，我国每年进口芯片支出2000多亿美元，超过进口石油所支出的美元（《经济参考报》，2014）。尽管我国的芯片产业有了一定的发展，涌现了像展讯公司、华为海思公司等芯片设计企业，但我国大多数芯片设计企业水平和产值都不高。2013年，我国十大芯片设计企业总销售额为226亿元人民币，而美国芯片设计企业高通公司营业额达到803亿元人民币，是我国十大芯片设计企业总销售额的3.55倍（中商情报网，2013）。

目前，我国的芯片产业处于比较劣势地位，但是由于芯片产业是制造业的核心产业，我国政府应该努力培育我国的芯片产业，争取将我国的芯片产业转变为动态比较优势产业。在十多年前，韩国和中国台湾的芯片产业也是比较劣势产业，但是经过政府的大力支持，韩国和中国台湾的芯片产业已经在世界芯片产业中占据了一席之地。

我国政府已经清楚地意识到发展芯片产业的重要意义，在2000年和2011年分别发布《鼓励软件产业和集成电路产业发展若干政策的通知》和《进一步鼓励软件产业和集成电路产业发展若干政策的通知》，为芯片产业的发展制定了优惠的财税政策、投融资政策、进出口政策、人才政策、知识产权政策，推动了我国芯片产业的发展。2014年6月，工业与信息化部又发布了《国家集成电路产业发展推进纲要》，决定成立国家集成电路产业发展领导小组，设立国家产业投资基金，加大政策的支持力度。

芯片产业是资本和技术密集型产业，投资周期长，投资风险大。另外，我国芯片产业已经处于落后的地位，往往费九牛二虎之力研制出新的芯片，却已经过时。因此，我国芯片产业必须依靠政府长期的支持才能追赶世界先进水平。

我国政府已经制定了相应的政策，但问题是如何落实好这些政策。笔者认为，首先，政府支持的芯片要以市场为导向，既要支持在短期内能够满足市场需要的芯片的研制，更要支持具有市场前瞻性的先进芯片的研制。其次，政府除了对芯片产业给予普遍支持外，应该对重点企业给予重点支持，一定要防止出现低水平重复投资现象。最后，芯片产业实际上是人力资本密集型产业，政府要通过人才的培养和人才引进，为芯片企业提供优秀的人才。

五、努力创建战略性的超比较优势的产业

目前，发达国家在国际贸易中处于有利和主宰的地位，而发展中国家则处于不利和从属的地位，问题的关键在于发达国家掌握着最先进的科学技术。发展中国家很多进口的产品是它们不能生产的，出口的却是发达国家可以生产但随着产业结构的调整趋向于放弃的商品。因此，发达国家支配着国际贸易并在国际贸易中获取高额的寡头垄断利润。显然，这已经不是一般意义的国家可以通过出口相对成本低的商品、进口相对成本高的商品来获得国际贸易利益这样的问题了。像我国这样一个发展中的大国，如果停留在按一般意义上的比较优势原则来制定经济发展战略，我国将永远落在发达国家的后面，始终在国际贸易中处于不利地位。

由于超比较优势产生的主要源泉是科学技术，我国要改变不利的国际贸易格局，必须要加快科学技术的进步，必须要进行自主的技术创新。当然，科学技术的进步是需要长期积累的，在很长的时间里我国的科学技术水平不可能全面超越发达国家。但是，在政府的主导和支持下，我国有可能在科学技术的某个方面取得突破，局部地建立某些对于我国经济发展具有重要意义的、具有超比较优势的高技术产业（李翀，2006）。

创建超比较优势产业是转变我国对外货物贸易发展方式的关键方向，也是我国从贸易大国向贸易强国迈进的关键因素。在国际贸易中，超比较优势

第五篇 中国经济研究 基于动态比较优势的我国对外货物贸易发展战略研究

产品是一国国际贸易地位的决定因素，拥有超比较优势商品的数量越多，在国际市场上就越有话语权。资源型的超比较优势很难改变，但是技术型的超比较优势是可以改变的。因此，我国政府应该高度重视并发展战略性的超比较优势的产业。

我国政府应该对潜在的具有超比较优势的产业给予战略性的扶持，选择少数几个技术密集型的新兴战略性产业进行重点突破。高技术产品无疑是国际贸易中最重要的超比较优势产品，生产这些产品需要很高的技术水平，一般只有少数几个国家能够生产。尽管我国在相当长的一段时间里不可能超越西方发达国家的技术水平，但我国依旧可以通过集中资源突破某个或者某几个技术领域，来建立超比较优势产业。历史的经验也证明了这一点。20世纪60年代，我国一穷二白，技术和经济十分落后，但是正是依靠重点突破的策略使得我国在航空航天工业和核工业上逐渐跻身世界前列。经过了多年的科学技术、人力资本和物质资本积累，我国现在有足够的社会资源去创建具有超比较优势的产业。

实际上，我国已经在若干产业上具有超比较优势。例如，我国具有超比较优势的产业之一是卫星发射产业。目前，能够提供卫星发射服务的国家或地区只有美国、欧盟、俄罗斯、中国、日本，而我国的运载火箭在低成本和高稳定性方面具有一定的优势。卫星发射服务的出口是一种服务的出口，但实际上也是运载火箭的货物出口。由于美国是卫星制造技术最先进的国家，目前美国政府禁止美国制造的卫星进入中国国土，以阻止一些国家购买美国的卫星委托中国发射。如果能够打破美国在卫星技术上的垄断，我国的卫星发射产业将能够得到更快的发展。又如，我国具有超比较优势产业之二是高速铁路产业。目前，能够完整提供高速铁路从设备到运营整个系统的国家只有日本、法国和中国。我国不仅在铁路轨道工程的建造方面具有比较优势，而且在高速铁路技术方面也具有一定的优势。高速铁路的出口包括服务的出口，但同时也是机车等一系列设备的出口。我国的高速铁路产业一旦打开国际市场，将显示出很强的竞争力。

笔者认为，在创建战略性的具有超比较优势的产业方面，我国政府应该高度关注生物技术产业的发展。从 20 世纪 40 年代开始的第三次科学技术革命是以原子能技术、空间技术、信息技术、生物技术的发展为标志。每一项技术突破都对经济和贸易产生重要影响，它导致新兴产业的兴起和贸易机会的发生。第三次科学技术革命没有结束，它仍然在延续，其中引人注目的是生物技术的发展以及可能产生的影响。

生物技术（biotechnology）也称为生物工程，它是在分子生物学基础上建立的新的应用技术，是现代生物科学和工程技术相结合的产物。具体来说，生物技术包括转基因植物动物生物技术、农作物的分子育种技术、生物治疗技术，等等。生物技术作为 21 世纪高新技术中的核心技术，对人类解决面临的食物、健康、环境、资源等重大问题将发挥越来越大的作用。

生物技术对国际贸易的影响表现在两个方面：一是它降低了现有产品的成本，或者提高现有产品的质量。如果某个国家原来在某种产品的贸易中没有比较优势，现在有可能产生了比较优势。如果某个国家原来在某种产品的贸易中具有比较优势，现在将有更大的比较优势。二是它创造出新的产品。在这种情况下，创造出新产品的国家在这种产品的贸易中就具有超比较优势。目前发展最为迅速的四个科学技术领域是纳米技术、生物技术、信息技术和认知科学，其中生物技术对人类的生产和生活影响最大，它将对经济发展和国际贸易产生广泛和深远的影响。例如，如果某个国家研制出对于人类健康具有重要作用的某种药品，它不但可以推动新的产业的建立，而且在这种药品的贸易中将处于超比较优势。

正因为生物技术对各国的经济和贸易具有如此重要的影响，它成为各国竞争的焦点领域。20 世纪 90 年代以来，许多国家将发展生物经济提到了国家战略的高度来认识，采取各种措施加强对生物技术的研究。

美国是现代生物技术发展较早的国家，生物技术产业已具有一定的规模。无论是研究水平、投资强度，还是产业规模、市场份额，美国均领先于世界各国。美国拥有世界上约一半的生物技术公司和一半的生物技术专利。美国联邦政府在生命科学研究领域所投入的经费多年在联邦政府的研究预算中仅次于军事技术研究领域。

在历次科学技术革命中都远远落在发达国家后面、在经济和贸易中处于不利地位的发展中国家，在生物技术发展的浪潮中是否存在机会，是一个值得关注的问题。生物技术和生物产业的发展依赖于人力资本。由于发达国家具有较高的科学技术水平、经济发展水平和高等教育水平，它们不但在人力资本的积累方面远优于发展中国家，而且还可以吸引和利用发展中国家本来就短缺的优秀人才。因此，发展中国家要全面超越发达国家，在一系列新产品的贸易中创造超比较优势几乎是不可能的。但是，随着科学技术革命的深入，人力资本出现了专门化的趋势，在一个国家里有可能出现某种类型的人力资本迅速积累的现象。因此，发展中国家在总体人力资本的积累上不及发达国家，但在某种人力资本的积累上有可能超越发达国家，从而在某个方面获得超比较优势。

十多年过去了，生物技术在功能基因组、蛋白质组、干细胞、生物芯片、转基因生物育种、动植物生物反应器等领域已取得重大突破，进入大规模产业阶段。2012 年是生物技术迅速发展的一年，美国遗传学研究取得重大突破，细胞学研究成果丰硕，药理学研究取得新成果，艾滋病研究与治疗获得突破性进展，肿瘤学研究取得成效。英国基因领域研究成绩斐然，英国科学家因细胞研究获得诺贝尔奖，干细胞研究与实验新成果不断，蛋白研究成为英国生物技术研究的热点。法国和英国科学家合成可阻止疟原虫生长的物质。法国科学研究权威机构否定转基因玉米致癌论，法国应急过敏治疗注射器在美国上市。

据世界知识产权组织的统计资料，2012 年在申请生物技术国际专利的最多的 10 个国家中，美国遥遥领先，为 2019 件。其余的 9 个国家依次是日本596 件、德国 369 件、法国 283 件、中国 263 件、韩国 252 件、英国 188 件、瑞士 180 件、荷兰 131 件、瑞典 59 件（WIPO，P. 4）。

20 世纪 80 年代中期以后，我国生物技术研究一直紧跟世界先进水平，在人类基因组研究、疾病相关基因研究、植物基因图谱、转基因动物、基因芯片、干细胞的研究中取得明显进展，在某些方面已达到世界先进水平。

我国一批生物技术项目已完成实验室的研究，进入中试规模的开发研究。部分生物技术项目已实现产业化，进入了生物产品的生产阶段。例如，上海联合基因目前已成为全球规模最大的基因芯片的生产和开发基地，具有很强的基因芯片产业化实力。第一军医大学采用创新的基因扩增技术，研制出中国第一片应用型基因芯片。陕西超群科技公司研制并试生产成功 DNA 芯片，并将应用于临床诊断。

进入 21 世纪以后，我国政府加强了对生物技术研究的支持力度。引人注目的是科技部、国家发展和改革委员会及北京市政府共同投入 7 亿元成立的北京生物科学研究所，以及中国科学院、广东省和广州市政府共同投入 3 亿元建立的广州生物医药和健康研究院，这两个研究机构的目标都是要建成国内学术水平最高、国际一流的研究机构。

2010 年，我国生物产业产值超过 15000 亿元（中国科学技术部，2011）。但是，我国的生物技术产业与美国相比还存在巨大的差距。2013 年，美国有 16 家生物技术公司进入美国《财富》杂志 500 强排行榜，这 16 家公司营业收入达到 3514 亿美元，折合人民币约 21788 亿元。这意味着美国 16 家公司的生物技术产品产值超过了我国全国生物技术产品的产值。

应该指出，我国开展生物技术研究和发展生物技术产业在某些方面具有有利条件。我国拥有 13 亿人口，在医疗、农业、能源、环境等方面面临着巨大的挑战。要提高人民的健康水平和生活质量，要实现农业、资源和环境的可持续发展，必须发挥生物技术的作用。这种社会和市场的需求，是推动生物技术发展的巨大动力。另外，我国生物技术领域的人力资本的积累也达到一定的水平。在国内，当年的人工合成牛胰岛素曾经是处于领先地位的研究成果，近年在水稻基因研究方面也取得突破性进展，我国有大批科学家在从事生物技术的研究。在国外，华人生物科学家在全球生命科学研究领域占有重要地位。据报道，在《科学》《自然》《细胞》等国际最高等级科学期刊发表的有关生命科学的论文中，有华人科学家参与的论文已占约40%。这些华人生物学家是我国可以在一定程度上利用的宝贵科学技术资源。

我国要把生物技术产业作为新的经济增长点，在某些生物技术产品的贸易中获得超比较利益，需要在多个方面采取特殊的措施，如在中央政府和地方政府科学技术研究基金的分配中向生物技术倾斜，对生物技术产业在一定程度上给予优惠贷款和减免税收的待遇，对生物技术产品运用技术壁垒进行一定的限制，等等。但是，我国发展空间技术和印度发展软件技术的成功经验表明，发展中国家要在新技术的某些领域取得优势地位，关键还是在于人力资本的积累。

生物技术发展的特点是在前期的研究以及将研究成果转化为产品需要投入较多的资金，而且失败的概率较高。但是，一旦取得成功，生物技术产品的生产相对来说不需要大量的物质资本，而是需要大量的人力资本。因此，我国要在某些生物技术产品的贸易中取得超比较优势，就要在生物技术的某些领域迅速积累人力资本；而要加强对生物技术人才的培养，就要采取一种新的人才培养模式。

通过政府的作用来促成以产、学、研相结合的方式培养生物技术人才是一条有效快捷的途径。首先，政府在某些重点高等学校建立生物技术人才培养基地，通过采用先进的教材、改善教学条件和提高师资水平的方法培养一批具有坚实理论基础的生物技术专业的本科学生。其次，政府以提供研究基金和风险资本作为手段，促进生产企业、高等学校和研究机构的结合。高等学校的教师和研究机构的研究人员带领硕士、博士研究生根据生物技术的发展和企业生产的需要开展研究，并通过企业迅速将研究成果转化为产品。毕业的硕士、博士研究生将根据双向选择的方法留在生物技术企业工作。这样，既能够加快生物技术研究成果到实际产品的转化，也可以培养出具有较高的学术水平又有丰富的实践经验的生物技术的科学技术人员。

2011年11月28日，中国科学技术部发布了《"十二五"生物技术发展规划》。该规划提出，在"十二五"期间，我国生物技术发展的目标是：生物医药、生物农业、生物制造、生物能源、生物环保等产业快速崛起,生物产业整体布局基本形成,推动生物产业成为国民经济支柱产业之一,使我国成为生物技术强国和生物产业大国。为了落实该规划,中国科学技术部提出了一系列保障措施,以支持生物技术研究和生物技术产业的发展。

尽管我国在生物技术研究和生物技术产业方面与美国存在很大的差距,但是我国已经紧追其他的发达国家。经过我国政府、研究机构和企业的努力,我国有可能在生物技术的某些领域居于世界前列,在某些生物技术产业创造超比较优势。

通过实施基于动态比较优势的对外货物贸易发展战略,将能够有效地推动我国新兴产业的发展,从而能够推动我国对外货物贸易发展方式的转变。

参考文献

[1] 国家统计局:《三大需求对国内生产总值增长的贡献率和拉动》,2008,http://data. stats. gov. cn。

[2] 国家统计局:《主要货物进口数量及金额》(2013),http://data. stats. gov. cn。

[3] 海关信息网:《今年前9月我国手机出口保持增长势头》,2014年11月18日,http://www. haiguan. info。

[4] 海关总署:《海关统计月报》(2014),http://www. customs. gov. cn。

[5] 和讯网:《中材国际走进东盟实录》,2013年1月10日,http://news. hexun. com。

[6] 经济参考报:《我国芯片产业每年进口消耗2000多亿美元超石油》,2014年6月9日。

[7] 李翀:《论国际贸易中的超绝对利益》,载《国际贸易问题》2005年第3期。

[8] 李翀:《加快推进我国对外经济发展方式转变的战略选择》,载《经济理论与经济管理》2011年第3期。

[9] 李翀:《比较优势与超比较优势——论我国经济的发展战略》,载《学术研究》2006年第3期。

[10] 清华大学新闻网:《世界首台高温气冷堆核电站主氦风机工程样机研制成功》,2014年8月7日,http://news. tsinghua. edu. cn。

［11］企业观察报：《核电出口：从孤军深入到国家战略》，2014 年 6 月 17 日。

［12］中国科学技术部：《"十二五"生物技术发展规划》（2011），http：//www. most. gov. cn。

［13］中商情报网：《我国芯片产业发展现状深度分析》，2013 年 11 月 6 日，http：//www. askci. com。

［14］WIPO，PCT Yearly Review，2013，P. 42，World Intellectual Property Organization，http：//www. wipo. int.

基于动态比较优势的我国对外服务
贸易发展战略研究*

一、我国服务贸易的发展情况

对外服务贸易是指居民与非居民之间的跨境服务交易。按照世界贸易组织（WTO）统计数据的分类，服务贸易包括运输服务、旅游服务和其他商业服务三大类。而其他商业服务贸易包括通信服务、建筑服务、保险服务、金融服务、计算机和信息服务、专利和特许费服务、个人的文化和娱乐的服务、其余的商业服务八类。在这里，其余的商业服务是指其他商业服务中除了前七类商业服务以外剩余的商业服务。

根据我国商务部的统计数据，我国对外服务贸易近 10 年的发展情况如表1 所示。

表 1　　　　　　2003 年以来我国对外服务贸易的发展情况　　　　单位：亿美元

年份	2003	2004	2005	2006	2007
服务出口	464	621	739	914	1216
服务进口	549	716	832	1003	1293
贸易差额	-85	-95	-93	-89	-77

* 本文发表于《中山大学学报》2015 年第 1 期，是本人主持的 2010 年国家社会科学基金重大项目"加快推进我国对外经济方针方式转变研究"的研究成果。

年份	2008	2009	2010	2011	2012
服务出口	1465	1286	1702	1821	1905
服务进口	1580	1581	1922	2370	2801
贸易差额	-115	-295	-220	-549	-896

资料来源：国家商务部商务数据中心：中国服务进出口统计，http：//www.mof-com.gov.cn。

从表1可以看到，我国对外服务贸易的发展具有下述特点：

第一，我国对外服务贸易发展迅速。如果将每年进出口服务贸易增长率的平均数作为年平均增长率，那么2003年以来我国对外服务贸易的年增长率达到19.08%，超过了我国国内生产总值的年增长率。

第二，我国对外服务贸易长期处于逆差状态。2003年以来，我国对外服务贸易一直为逆差，贸易逆差额在前5年处于徘徊状态，后5年处于迅速增加的状态。

另外，根据世界贸易组织的统计数据，我国对外服务贸易结构和相应地位如表2和表3所示。

表2　　　　　　　　　　2012年我国对外服务贸易的结构和地位

服务类别	金额（亿美元）	占世界比例（%）	世界排名
运输服务出口	389	4.4	6
运输服务进口	859	7.5	4
旅游服务出口	500	4.5	3
旅游服务进口	1020	10.3	2
其他商业服务出口	1015	4.3	4
其他商业服务进口	923	4.7	3

资料来源：World Trade Organization, International Trade Statistics 2013, pp. 143 – 180, http：//www.wto.org.

在表2中，世界贸易组织将服务贸易分为运输服务、旅游服务和其他商业服务三大类，并提供了排在世界前十位的出口经济体和进口经济体的数据，欧洲联盟被作为一个经济体。从表2可以看到，我国对外服务贸易结构具有下述特点：

第一，我国的运输服务、旅游服务和其他商业服务贸易都位于世界前6位，这说明我国的对外服务贸易在世界上具有举足轻重的地位。

第二，我国的运输服务和旅游服务是产生我国对外服务贸易逆差最大的项目，这一方面说明我国运输服务处于劣势；另一方面说明我国民众随着生活水平的提高到境外旅游已经成为常态。

表3　　　　　　　2012年我国其他商业服务贸易的结构和地位　　　单位：亿美元

服务类别	金额	排名	服务类别	金额	排名
建筑服务出口	122	3	专利和特许费服务出口	—	—
建筑服务进口	36	6	专利和特许费服务进口	177	6
保险服务出口	33	4	视听服务出口	1.3	9
保险服务进口	206	3	视听服务进口	5.6	9
计算机和信息服务出口	145	4	其余商业服务出口	666	3
计算机和信息服务进口	38	5	其余商业服务进口	423	4

资料来源：World Trade Organization，International Trade Statistics 2013，pp. 143 – 180，http：//www.wto.org.

在表3中，世界贸易组织将表2中的其他商业服务划分为通信服务、建筑服务、保险服务、金融服务、计算机和信息服务、专利和特许费服务、个人的文化的和娱乐的服务、其余的商业服务八类，并提供了排在世界前十个出口经济体和进口经济体的数据。由于我国在通信服务、金融服务、个人的文化的和娱乐的服务这三个服务业贸易额没有进入世界前十位，专利和特许费服务出口也没有进入世界前十位，所以表3缺少这三个服务业以及专利和特许费服务出口的数据。但是，我国在个人的文化的和娱乐的服务项目下有一个子项目即视听服务贸易额居于世界前十位，所以表3加进了这个子项目。

从表3可以看到，我国其他商业服务贸易结构具有下述特点：

第一，我国在对外建筑服务、计算机和信息服务出口方面具有一定的优势地位，在保险服务、专利和特许费服务方面处于明显的劣势地位。

第二，我国通信服务、金融服务、个人的文化的和娱乐的服务贸易活动没有充分开展，还有很大的发展空间。

二、基于动态比较优势的对外服务贸易发展战略的提出

我国的对外服务贸易对我国经济的发展和人民群众生活质量的改善做出了贡献，调节了我国服务产品的余缺，对我国国内经济的发展和对外货物贸易的发展起到了支持作用。即使是某些贸易逆差项目，对我国经济发展和福利改善也具有积极意义。例如，旅游和专利这两个项目的逆差就有积极意义。随着我国人民群众生活水平的提高，人们不仅要享受更好的物质生活，而且也要享受更好的精神生活，旅游服务进口对于提高人民群众的生活质量发挥了重要的作用。另外，我国是一个发展中国家，我国的科学技术远落后于发达国家。因此，我国必须尽最大的努力引进外国先进的科学技术，而专利和特许权贸易为此提供了可能。在未来相当长的时间里，我国政府不仅不必在意专利项目的逆差，而且还要鼓励企业要更加重视技术软件而不是技术硬件的引进。

但是，我国的对外服务贸易的发展也存在问题。

第一，我国的对外服务贸易的发展远远落后于对外货物贸易的发展。据世界贸易组织统计，2013 年，我国的货物出口额达到 22090 亿美元，居世界第一位。货物进口贸易额达到 19500 亿美元，居世界第二位。货物进出口贸易总额已经超过美国居世界第一位。但是，2013 年，我国的服务出口额为 2047 亿美元，居世界第五位。服务进口贸易额为 3294 亿美元，居世界第二位。对外服务进出口贸易总额与美国、德国相比存在很大的差距（WTO，2014）。

第二，我国的对外服务贸易长期处于逆差状态。尽管我国对外服务贸易出现逆差不是一件坏事，但是我国在一系列对外服务贸易项目中都是逆差，这说明我国服务业国际竞争力低下。我国制造业的发展水平不高，而我国服务业的发展水平更低。

第三，我国对外服务贸易的发展方式仍然属于粗放型的发展方式。我国近年来对外服务贸易的质量有所提高。根据国家商务部的统计，2012 年 1～10月，技术出口合同金额同比增长 39.21%（商务部，2013）。但是，我国对外服务业大多数都是传统的劳动密集型服务业，如建筑服务、旅游服务等。

我国的对外贸易发展状况是与我国经济发展状况相适应的。从世界各国经济发展规律来看，第一、二、三产业是依次发展的，发达国家已经进入以第三产业为主的经济结构，而我国还处于以第二产业为主的经济结构。因此，我国对外服务业规模不大、竞争力不强是必然的。另外，我国是一个发展中国家，经济发展水平不高，我国制造业的发展方式还是粗放型的发展方式，我国服务业就更难以摆脱粗放型的发展方式了。

但是，我国正处于从第二产业为主的经济结构向以第三产业为主的经济结构的转变时期，我国政府如何引导服务业的发展，构建对外服务贸易发展战略，以服务业的发展为基础促进我国对外服务贸易的发展，同时也通过我国对外服务贸易的发展反过来推动我国服务业的发展，已经成为面临的重要任务。

应该指出，李嘉图（David Ricardo）的比较优势学说是国际分工理论中的经典学说和核心学说。但是，李嘉图所分析的比较优势是静态的比较优势。实际上，在国际贸易中，除了静态比较优势以外，还有动态比较优势。动态比较优势是指某个国家某个产业从目前来看没有比较优势，但是这个产业存在发展潜力，经过一段时间的培育有可能形成比较优势。如果发展中国家不去主动培育具有动态比较优势的产业，那么它们只能永远地在后面跟随着发达国家，去发展那些发达国家淘汰的产业。

在国际贸易中，不仅存在静态或者动态比较优势，而且存在超比较优势。超比较优势是一个国家与另一个国家进行对方没有的商品贸易时所具有的优势。假定存在 A、B 两个国家，A 国生产这种商品的成本为一定而 B 国生产这种商品的成本趋向于无穷，那么在这两个国家这种商品的贸易中 A 国具有不可比拟的优势，这种比较优势就是超比较优势。另外，假定在多个国家贸易

359

第五篇　中国经济研究

基于动态比较优势的我国对外服务贸易发展战略研究

中，某种产品只有个别国家可以生产，这种产品也是属于超比较优势的产品。这种超比较优势主要产生于社会资源的特点，特别产生于技术和技能的积累（李翀，2005）。

从短期和静态来看，我国应该按照比较优势的原则参与国际分工；从长期和动态来看，我国应该按照动态比较优势的原则参与国际分工。我国政府应该培育某些目前没有比较优势但未来对我国经济具有主导意义的产业，以使这些产业在未来形成比较优势。从实现可持续发展的角度来看，我国还应该按照超比较优势的原则参与国际分工。我国政府应该努力推进技术进步，扶持具有超比较优势的产业（李翀，2006）。显然，我国对外贸易发展也应该采取这样的发展战略。这就是说，我国要巩固具有静态比较优势的服务业，创建可能具有动态比较优势的服务业，培育可能具有超比较优势的服务业，以加快我国对外服务贸易的发展。

三、巩固具有静态比较优势的传统服务业

所谓静态比较优势产业是指目前具有比较优势的产业。运输、旅游和建筑等传统服务业是我国具有静态比较优势的服务业。我国服务业的地位与我国服务业的发展水平是相适应的，而且在未来一段时间里这种状况不会有很大的变化。因此，我国政府应该巩固这些具有静态比较优势的服务业的发展态势，继续发挥这些服务业对我国经济发展所发挥的作用。

首先来分析旅游业。

旅游业作为一个综合性服务产业，具有很强的产业带动能力。它不仅能带动相关的交通、运输、餐饮、住宿等服务产业，而且能带动零售、物流等与货物贸易相关的产业。旅游业由于其强大的产业带动能力已经使它成为一些小国的支柱产业，旅游业在我国的对外服务贸易中占接近1/4的比例也说明了它的重要地位。

另外，旅游业与其他服务业相比并非是以技术为核心竞争力的行业，而

是以自然、文化和生态资源为基础的产业。同时，旅游业与其他服务业相比又具有开发与维护投入成本相对较低、环境污染较小、收益较高的特点，是名副其实的绿色产业。因此，旅游业是永远的朝阳产业。

我国拥有广阔的地域、复杂的地质结构、数千年的文明史，是一个旅游资源极为丰富的国家。不论如何培育动态比较优势或者是超比较优势的对外服务业，我国政府都必须注重旅游业的发展。我国政府可以从下述方面巩固和发展我国的旅游业：

第一，积极申报世界遗产。世界遗产是文化的保护与传承的最高等级，它分为自然遗产、文化遗产、自然遗产与文化遗产双重遗产、文化景观以及非物质遗产等五种类型。到 2011 年，全世界共有世界遗产 936 处（百度百科，世界遗产）。到 2013 年 6 月，我国已有 45 处世界遗产，其中世界文化与自然双重遗产 4 处，世界自然遗产 10 处，世界文化遗产 28 处，世界文化景观遗产 3 处（百度百科，中国世界遗产）。我国政府应该积极鼓励地方政府申报世界遗产，它不仅能够增加国际旅游景点，而且还可以提高国际旅游质量。

第二，严格规范旅游市场。我国旅游市场长期存在强制购物、旅游服务质量不高、旅游内容与旅游合同不符等顽疾，我国各地政府已经采取了各种措施规范旅游市场。但是，我国的旅游市场仍然存在很多不尽如人意的地方。旅游市场是否规范，直接影响到我国对外旅游贸易的发展。因此，我国政府应该坚持不懈地强化旅游市场的管理，实行严格的行业准入制度和行业处罚制度，以保证我国旅游业的健康发展。

第三，注重旅游资源可持续发展。要发展旅游业，就要开发旅游资源。在我国，经常出现急功近利地开发旅游资源、以粗放的方式发展旅游业的现象，影响到所在地的生态平衡。因此，我国政府要对地方政府进行约束和管制，在旅游资源的开发中注重旅游资源可持续发展，塑造绿色环保的生态旅游区。

第四，鼓励旅游企业"走出去"。我国政府要向它们提供对外直接投资方面的支持以鼓励我国的旅游企业"走出去"，政府还可以组织旅游企业到海外举行旅游推广介绍会，推进我国旅游业的国际化进程。

其次来分析运输业。

运输属于资本密集型产业。从对外服务贸易的角度来看，运输业主要包括国际港口和国际航运业。随着我国经济的发展，我国国际运输服务也有了很大的发展。到 2013 年 12 月，如果以货物吞吐量计算，我国的宁波—舟山港、上海港、天津港、广州港、苏州港、青岛港、大连港、唐山港分别列世界第一、第二、第四、第五、第六、第七、第八、第十位，新加坡港和鹿特丹港列第三、第九位（中港网，2014）。到 2013 年 12 月，如果以集装箱运输计算，我国的中远集装箱运输公司和中海集装箱运输公司分别列世界集装箱运输公司的第五位和第九位（中国海事服务网，2014）。我国已经成为国际航运大国，但还不是国际航运强国，我国主要从事低端的国际航运服务，国际航运的效益不高。

从 2009 年到 2011 年，我国政府共批复了建设上海、大连、天津、厦门四个国际航运中心的建设规划，对于推动我国国际航运服务业的发展将发挥很大作用。2012 年，上海航运交易所发布了被称为中国版的 BDI 指数（波罗的海干散货运价指数）——中国进口干散货运价指数（CDFI）；以及填补中国原油运输业空白的指数——中国进口原油运价指数（CTFI）。这也就意味着，我国的货主和船主在报价体系多了一个参考选择，我国有了自己的 BDI 体系，我国原油成本控制有了新依据，我国货运体系的搭建将更加完善，我国在国际航运业的话语权将得到大幅度提升。

关于巩固我国国际运输业的发展，我国政府需要关注下面两项工作：

第一，维护我国国际航运业的发展秩序。在 20 世纪 90 年代中后期，我国处于不同国际航运产业链的企业如货主都涌入国际航运市场，造成我国对外航运市场秩序的混乱，形成了一定程度的恶性竞争。诚然，国有国际航运企业应该欢迎民营航运企业参与国际航运的竞争，并在竞争中不断地提高企业的效率。但是，我国政府应该适当地控制处在不同产业链的别的国有企业参与国际航运业，使国有企业集中精力做好自己的主营业务，同时也可以避免国有企业之间的恶性竞争。

第二，我国国际航运企业的国际地位不断提高，但是我国国际航运企业主要承接的是我国对外贸易中的国际运输业务。因此，我国政府还要鼓励我国的国际运输企业，特别是国有的国际运输企业"走出去"，主动参与国际航运业的竞争，逐渐进入国际航运业的高端领域，发展成为真正的跨国国际航运企业。这就是说，我国的国际运输企业不仅进行"跨国"的运输业务，而且进行"跨国"的企业经营。

最后来分析建筑业。

建筑业属于劳动密集型产业。从对外服务贸易的角度分析，建筑业主要是指对外建筑工程承包。由于我国拥有丰富的劳动力资源，对外建筑工程承包是我国对外服务贸易的具有比较优势的产业。1979 年，我国对外建筑工程承包完成营业额是 0.3 亿美元，到 2011 年已经达到 1034 亿美元，增长了约3500 倍。2012 年，我国有 52 家建筑企业进入"美国《工程新闻纪录》（ENR）国际承包商 225 强"，成为入选企业数量最多的国家，其中中国交通建设股份公司列第十位。更为可喜的是，我国对外建筑承包企业的业务领域迅速向高技术含量的石油化工、电力工程、矿山建设、通信、环保、航空航天拓展，我国工程设计企业已涉足工程项目规划、勘察、设计、管理等产业链的上游业务，成功进入国际工程设计咨询领域，推动了我国企业在工程承包全产业链分工地位的变化和工程承包模式的变化（吴慧娟，2012）。

我国对外建筑工程承包面临的任务是如何转变发展方式，从工程的建造延伸到工程勘察、设计和咨询。目前，我国的工程勘察设计咨询企业越来越意识到技术进步的重要性，它们实施"技术领先"发展战略，设立企业技术研究和开发机构。有的企业还建立了专属产业基地，实行"产、学、研、建"相结合，加快创新步伐，将先进的技术和开发的设备用于工业工程项目，取得了引人注目的发展。

对于我国具有静态比较优势的对外服务业，政府可以更多地交由市场去调节，政府工作的重点是加强行业的规范管理。我国这些行业的对外服务企业在国际旅游市场、运输市场和建筑市场的竞争中将会不断地发展和壮大。

四、创建可能具有动态比较优势的服务业

应该指出，比较优势不是一成不变的。有的产业在现阶段并不具有比较优势，但是通过一定政策措施的扶持，它有可能发展为比较优势产业，这就是动态意义的比较优势。例如，印度的计算机和信息服务业就是从没有比较优势发展为具有比较优势的产业。按照这样的思路思考，我国有的对外服务业现在并不具有优势，单靠市场这只看不见的手的调节在将来也未必成为比较优势产业。但是，如果它们代表着服务业未来的发展方向，在我国具有发展的基础和条件，我国政府就应该积极地在各个方面给予扶持，通过政府这只看得见的手，力争将它们转变为动态比较优势产业。

动态比较优势服务业应该从生产性服务业去选择。生产性服务业通常是以资本、知识和技术密集型为特征的服务业，它是当今各国对外服务贸易竞争的主要领域，也是我国与服务贸易强国之间存在差距的主要来源。关于创建具有动态比较优势的对外服务业，我国政府应该关注通信服务业、计算机与信息服务业和金融服务业，我国有可能在这些服务业创建动态比较优势。

首先来考察通信服务业。

通信服务业包括电信的运营和电信技术服务等，它是属于技术密集型的生产型服务业。长期以来，我国通信服务业落后于发达国家。但是，近年来，我国通信服务也出现迅速发展的局面。其中值得注意的是我国移动通信服务业的发展，它的发展过程是一个逐渐从比较劣势演变为比较优势的过程，从中给予我们很多的启示。

第一代移动通信技术（1G）形成于20世纪80年代，是基于模拟标准的蜂窝技术。该技术包括美国的高级移动电话系统（AMPS）、北欧国家的Nordic移动电话（NMT）、英国总访问通信系统（TACS）、日本的JTAGS、德国的C-Netz、法国的Radiocom2000和意大利的RTMI等。其中最为卓著的是美国的AMPS技术。当时，在我国不要说移动通信技术，就是有线电话技术还

很落后。

第二代移动通信技术（2G）形成于 20 世纪 90 年代，是指从模拟技术转变为数字技术无线通信技术。该技术主要包括欧洲国家开发的时分多址（TDMA）技术和美国高通公司开发的码分多址（CDMA）技术。世界各国以这两项技术为标准制定了多种第二代移动通信技术规格。当时，我国的经济处在迅速发展之中，但是我国在世界无线通信领域中没有地位，只能被动地接受发达国家制定的技术标准。

第三代移动通信技术（3G）形成于 2000 年前后，是指能够高速传送声音和数据的移动通信技术。国际电信联盟（ITU）在 2000 年 5 月确定了 W-CD-MA、CDMA2000 和 TD-SCDMA 三个主流 3G 标准。W-CDMA 是由 GSM 网发展出来的 3G 技术规范，支持者主要是以 GSM 系统为主的欧洲厂商，包括欧美的爱立信、诺基亚、朗讯、北电以及日本的 NTT、富士通、夏普等厂商。CD-MA2000 是由美国高通北美公司主导提出，摩托罗拉、朗讯和韩国三星参与，韩国现在成为该标准的主导者。TD-SCDMA 是由我国大唐电信公司提出的 3G 标准。该标准将智能无线、同步 CDMA 和软件无线电等当今国际领先技术融于其中。由于我国国内具有庞大的无线通信市场，该标准受到各大主要电信设备厂商的重视，世界一半以上生产设备的厂商都宣布可以支持 TD-SCDMA 标准，这意味着我国的移动通信技术开始在国际上占据一席之地。

第四代移动通信技术（4G）是这几年发展起来的能够更高速度传送声音、数据和视频图像的无线通信技术。2012 年 1 月 18 日，国际电信联盟在 2012 年无线电通信全会全体会议上，正式将我国主导制定的 TD-LTE-Advanced 和欧洲国家主导的 FDD-LTE-Advance 同时并列成为 4G 国际标准。TD-LTE 技术是由上海贝尔、诺基亚西门子通信、大唐电信、华为技术、中兴通信、中国移动、高通、ST-Ericsson 等厂商共同开发，是我国拥有核心自主知识产权的国际标准。TD-LTE 正式被确定为 4G 国际标准，标志着我国在移动通信标准制定领域走到了世界前列，为 TD-LTE 产业的后续发展及国际化提供了重要基础。

由中国移动通信公司联合日本软银、Clearwire、Vodafone 等发起成立的 TD-LTE 全球发展倡议（GTI），已经形成了由 51 家国际运营商和 44 家产业合作伙伴组成的重要国际合作平台，全球共开通 14 个 TD-LTE 商用网络，28 家运营商签署 44 个商用设备合同，超过 20 家运营商明确参与 TD-LTE 商用计划。华为、夏普、诺西、三星、HTC、美满电子等 10 多家企业提供的 TD-LTE 智能终端以及 TD-LTE MIFI、CPE、数据卡、笔记本电脑等终端产品，华为、中兴等厂商还提供了 LTE 新方案和新终端。

我国在无线通信标准制定方面之所以能够走在世界前列，与我国的通信企业奋发进取，成功地开发出先进的通信技术有关；与我国政府多年来一直对我国企业技术研究和开发给予实质性的支持有关；还与我国的通信市场是一个庞大的市场，任何标准的制定不能不考虑中国市场有关。

这样，我国 4G 技术提供商不仅能够分享国内的市场，而且能够分享国际市场。在我国 4G 技术发展过程中，不能不提到我国的华为公司。TD-LTE 技术需要完整的产业链的支持，任何环节存在问题都会阻碍 TD-LTE 技术的应用。华为通过技术与终端相结合提供一整套的 4G 通信解决方案，形成了华为的一种整合性比较优势。到 2014 年第三季度，华为已与全球运营商签订了 300 多个 LTE 商用合同，开通了 154 个商用 LTE 网络，在该行业运营商中列第一位（财经网，2014）。

从上面的分析可以看到，企业的努力加上政府的支持，我国原来处于比较劣势地位的某些服务业可以发展为具有比较优势的服务业。从长期来看，比较优势是一个动态的概念，比较优势是可以创建的，我国政府应该坚持创建动态的比较优势的发展战略。还可以看到，我国对内通信服务和对外通信服务是互相联系的。我国服务业发展方式的转变将会推动我国对外服务贸易发展方式的转变，我国对外服务贸易发展方式的转变也会反过来促进我国服务业发展方式的转变。

再来考察计算机与信息服务业。

计算机与信息服务业也称计算机服务业，它实际上与计算机制造业同属计算机产业，但一般将硬件意义上的计算机产业称为计算机制造业，将软件和服务意义的计算机产业称为计算机服务业。计算机服务业主要包括使用计算机进行的信息处理和提供、计算机软件的提供、计算机的管理、维护和修理等。如果说计算机硬件像人的骨骼，那么计算机软件就像人的大脑，它对一个国家的经济来说具有重要意义。

我国具有在计算机与信息服务业形成比较优势的潜质。计算机与信息服务业是一种人力资本密集型产业，它需要的不是普通的劳动者，而是高素质的工程技术人员；它需要的不是一定比例的工程技术人员，而是高比例的工程技术人员。例如，计算机制造业的一线人员是工程技术人员和工人，而计算机与信息服务业的一线人员几乎都是工程技术人员。这样，对于一个具有丰富的人口资源的国家来说，如果高等教育能够提供足够的计算机与信息服务技术的教育和训练，是有可能在该服务业创建比较优势的。印度之所以超越了美国成为计算机与信息服务出口的第一大国，是因为印度具备了这个基本因素。我国也具备这个基本因素。

事实也证明，当我国政府发现了在计算机与服务方面与印度存在差距以后，通过在高等学校内设立软件学院来培养计算机与信息服务人才，通过建立软件开发园区并采取优惠的措施对计算机与信息服务业提供支持，以及采取其他的政策措施对计算机与信息服务业给予扶持，我国的计算机与信息服务业迅速发展。从计算机与信息服务出口贸易的角度来看，2006年，我国的计算机与信息服务出口贸易还在世界前十位以外。2012年，我国的计算机与信息服务出口贸易已经在世界上居第三位。这一年，印度以473.23亿美元居第一位，美国以155.01亿美元居第二位，中国以144.54亿美元居第三位（WTO，2013）。据商务部统计，当我国的对外服务贸易逆差从2012年的897.0亿美元增加到2013年的1184.6亿美元的时候，计算机与信息服务业却创造了94.5亿美元的贸易顺差（商务部，2014）。

随着我国大规模培养计算机与信息服务人才，我国迅速占据了计算机与信息服务产业链的低端环节，如计算机程序的编写等。虽然我国计算机与信息服务业的规模不断扩大，但是效益却不高。因此，我国计算机与信息服务业目前面临的问题与我国制造业面临的问题相似，即如何转变发展方式，研究和开发新的技术，不断进入到该产业的高端环节，如提供软件服务完整的解决方案。

我国政府需要对计算机与信息服务业提供支持。首先，我国软件人才的教育和训练结构需要调整。目前，我国高端项目的策划人员和系统分析员与低端软件操作员的人才相对缺少，而中端的计算机程序的编写人才又相对过剩。另外，我国软件技术人员英语能力还不强，而世界软件外包市场基本上使用英语。因此，我国需要通过高等职业教育提供低端的软件人才，通过与企业和研究机构合作培养高端的软件人才，同时在教育中强化英语训练，以增强我国计算机与信息服务业的对外竞争力。其次，我国许多计算机与信息服务企业规模比较小，往往难以得到银行的信贷支持。因此，我国政府要鼓励计算机与信息服务业的重组与兼并，扩大经营规模。另外，如果将计算机与信息服务业列入我国政府关注的服务业，需要向该服务业中的中小企业提供一定的信贷支持。

实际上，我国政府也意识到存在的问题。2011年12月，商务部等34个部门联合发布《服务贸易发展"十二五"规划纲要》，提出到2015年，要培育20家具有国际竞争力的大型信息技术服务企业，培养10万名具有国际接包能力的复合型高级工程师，使我国成为全球信息技术服务承接中心。

商务部等部门提出的相应措施是：推动企业做大做强，培育龙头企业，大力扶持为信息技术服务企业提供知识产权、投融资、产权交易、企业孵化和品牌推广等服务的专业机构；进一步完善人才培养机制，优化人才结构，建立适应发展需求的信息技术服务外包产业人才培训体系；加强软件产业基地、软件出口（创新）基地、软件名城和服务外包示范城市建设，发挥产业集聚区的龙头作用和示范效应；进一步加强信息技术服务外包公共服务平台建设；加强信息技术服务出口促进平台建设，组织企业积极参与国际交流活动，参与国际竞争（商务部，2015）。这些措施将有利于创建我国计算机与信息服务业的比较优势。

最后考察金融业。

从对外服务贸易的角度来看,金融服务包括银行服务和保险服务等,这是资本和技术密集型的生产性服务业。随着我国经济的发展,我国的国内金融业取得很大的发展。以银行业为例,按照英国《银行家》杂志以核心资本进行的排名,2014 年,我国有四家银行进入世界十大银行的行列,中国工商银行居第一位,中国建设银行居第二位,中国银行居第七位,中国农业银行居第九位(THE BANKER,2014)。但是,我国对外金融服务发展还不快,我国对外金融服务在我国对外服务贸易中所占的比例还不大,很有必要通过对外金融服务的发展来促进我国整个金融业的发展。

我国政府可以从下述三个方面推动对外金融服务的发展,创建我国金融业的比较优势。

第一,鼓励我国金融业"走出去",通过拓展对外金融业务、参与国际金融市场的竞争来提高我国金融业的经营管理水平。实际上,我国的银行业也在走向国际化。以原来并不擅长国际金融业务的中国工商银行为例,该行到2012 年末在 39 个国家和地区设立了 383 个境外分支机构,与 138 个国家和地区的 1630 个境外银行建立了代理行关系,形成覆盖亚、非、拉、欧、美、澳六大洲的全球服务网络(中国工商银行,工行简介)。不论从对内服务业还是从对外服务业发展方式转变的角度来看,我国金融业走国际化的发展道路是坚定不移的。

第二,推动人民币国际化。应该指出,并不是为了促进我国对外金融业的发展而推动人民币国际化,如果这样就本末倒置了。我国已经成为世界第二经济大国和第一贸易大国,人民币国际化的基本条件已经具备。人民币的国际化将给我国对外金融服务的发展提供一个巨大的机遇,我国对外金融服务势必有一个质和量的大发展。显然,如果在国际贸易、国际金融和直接投资活动中越来越多地使用人民币计价和结算,将使我国金融业的国际结算业务、国际借贷业务、国际汇兑业务大规模增长,我国的对外金融服务业将逐渐演变为比较优势产业。

第三，支持上海发展为国际金融中心。支持上海成为国际金融中心，是我国政府的既定方针。多年来，我国金融市场的布局一直向上海倾斜，如中国外汇交易中心、中国金融期货交易所等金融市场都建在上海。从对外金融服务的角度来看，2013 年 9 月 29 日成立的上海自由贸易区，也是推动上海向国际金融中心发展的一个步骤。在上海自由贸易区内，我国金融业可以在一定程度上不受人民币在资本与金融项目下的不可兑换的限制而从事更多的对外金融活动，这既有利于进行人民币国际化的尝试，又可以推动我国对外金融服务的发展。我国政府可以进一步采取优惠的税收政策和宽松的监管政策，鼓励国际金融机构聚集上海，办理外币和人民币在内的各种离岸金融业务，使上海迅速发展为国际金融中心。

从上面的分析可以看到，我国政府创建我国服务业的动态比较优势的方法是多样的。对于技术类的服务业，由于我国服务业处于技术落后状态，要提高我国服务业的技术水平，创建动态比较优势，我国政府就要投入一定的资源，如对技术的研究和开发提供资金上的支持，对技术服务业初期的发展提供减税的优惠，等等。对于非技术类的服务业，如金融业，我国政府可以通过提供制度上、政策上和机遇上的支持，也有可能推动它成为具有动态比较优势的产业。

五、培育可能具有超比较优势的服务业

从服务业的角度分析，所谓超比较优势是指某些服务只能由少数国家提供的情形。也就是说，如果某个国家提供这种服务的成本为一定，那么别的国家提供这种服务的成本为无穷。这样，当这两个国家进行这种服务的贸易时，前一个国家相对于后一个国家来说就具有超比较优势。超比较优势是一个国家服务业所能够达到的最高境界，也使一个国家在该服务业中具有最强的竞争力。我国是一个发展中大国，虽然我国在整体科学技术水平上落后于

发达国家，但是这并不意味着我国不可能在某些科学技术领域取得突破性的进展，并在某些服务业中培育起超比较优势。

从我国目前的科学技术和产业发展情况来看，我国有可能培育成具有超比较优势的服务业是与高速铁路有关的服务、卫星发射服务和卫星导航服务。

首先来分析高速铁路。

我国在高速铁路技术上的突破以及由此带来的高速铁路服务贸易的发展是我国在服务业中创建超比较优势的一个生动的例子。直到21世纪头10年的中期，我国的高速铁路技术仍落在发达国家的后面。当时，高速铁路技术最先进的国家是日本和法国。日本是世界上第一个建成实用高速铁路的国家。1964年10月1日，日本东海道新干线正式营业，列车运行速度是210公里/小时，代表了当时世界最高的高速铁路技术水平。随后，日本高速铁路上列车运行速度不断提高，从1975年的270公里/小时到2011年的300公里/小时。法国也不甘落后，于1983年建成了巴黎至里昂的铁路线。该铁路线全长417公里，其中新建高速铁路线389公里。在高速铁路线上，列车最高运行速度达到270公里/小时。

我国的高速铁路是从20世纪90年代中后期开始起步的。2002年，我国建成了第一条真正意义上的高速铁路——秦沈客运专线。当时全线设计时速达到200~250公里，"中华之星"电力动车组在秦沈客运专线曾创造了321.5公里/小时的时速。从2004年开始，我国从日本、法国、德国、加拿大引进先进的高速铁路技术，并经历了技术的消化和再创新的过程，使我国的高速铁路技术迅速走在世界的前列。从2008年开始，我国不断建成实际运行速度为350公里/小时的高速铁路。到2013年底，我国的高速铁路总营业里程达到11028公里，世界其他国家和地区高速铁路总营业里程11605公里，我国高速铁路总营业里程相当于世界其他国家和地区高速铁路营业里程的总和。我国成为世界上高速铁路实际运行速度最高、实际运营高速铁路路线最长的国家（百度网，2014）。

高速铁路的建设是一个系统工程，它包括基础工程、高速列车、系统集成、运营维护等组成部分。其中高速列车属于设备，基础工程、系统集成和运营维护则分别属于建筑服务、技术服务和运营服务，因而高速铁路的建设属于制造业和服务业的集成。由于世界上能够进行完整的高速铁路建设的国家只有中国、日本和法国，高速铁路对于这些国家来说实际上是一种具有超比较优势的商品。

从目前的情况来看，我国在高速铁路建设方面的优势是技术高成本低。我国的高速铁路技术不亚于甚至好于日本和法国，但是我国高速铁路的建造成本比日本和法国低约 30%～50%（中华铁道网，2013）。日本和法国在高速铁路建设方面的优势是经验。日本和法国的高速铁路已经运营了很长时间，它们用时间证明了它们高速铁路的稳定性。

2014 年 7 月 25 日，由中国铁建总承包建设的土耳其安卡拉至伊斯坦布尔高速铁路二期工程正式通车。安卡拉至伊斯坦布尔高速铁路二期工程项目全长 158 公里，设计时速 250 公里，合同金额 12.7 亿美元，由中国铁建组建的合包集团（简称 CCCI）中标承建。工程的设计和施工全部采用欧洲技术标准，中国铁建第五勘察设计院与中国铁建电气化局组成的联合体，按此标准中标承建了全线的电气化工程勘察设计和施工任务。这是我国在境外建设的第一条高速铁路（新华网，2014）。

到 2010 年底，我国已与 50 多个国家和地区建立了高速铁路建造合作关系，总合同金额达 260 亿美元。按照各国高速铁路发展规划，到 2020 年世界高速铁路总里程将超过 50000 公里，2013～2020 年由此带来的投资额将达到近 70000 亿元人民币（中华铁道网，2013）。我国高速铁路的出口具有广阔的前景。

高速铁路的建设耗资巨大，技术复杂，往往还需要建造方提供出口信贷。因此，这不是单靠商业公司可以运作的，政府应该参与和扶持。李克强总理2013 年 10 月访问泰国，2013 年 10 月访问澳大利亚，2013 年 11 月访问罗马尼亚，2014 年 5 月 5 日访问埃塞俄比亚，2014 年 6 月访问英国，2014 年 8 月访问美国，都积极推介了我国的高速铁路（李克强，2014）。我国政府还需要继续为我国的高速铁路走向世界提供更多的支持，使之成为真正具有超比较优势的产业。

其次来分析卫星发射服务。

我国运载火箭的研制和卫星发射技术的发展是特殊年代和特殊需要的产物。新中国成立以后，为了国家的尊严和民族的生存，我国政府倾国家之力，先后成功地研制出原子弹、氢弹、运载火箭和卫星，从而形成了我国的卫星产业。

卫星产业主要包括卫星制造、卫星发射、地面设备、卫星服务四个部分，其中卫星制造和地面设备属于制造业，而卫星发射和卫星服务属于服务业。在世界上，能够制造卫星以及地面设备的国家比较多，我国在这两个方面并不具有优势。但是，目前实际上能够提供商业卫星发射服务的国家和地区只有美国、欧盟、俄罗斯、中国和日本。对于这些国家来说，卫星发射服务实际上是具有超比较优势的服务业。

根据美国卫星工业协会（SIA）2013 年 6 月发布的《2013 年全球卫星产业状况报告》的统计资料，2012 年全球在轨工作卫星超过 1000 颗，其中超过 1/2 的卫星是通信卫星，超过 1/3 的卫星是商业通信卫星，至少拥有 1 颗卫星的国家有 50 多个。2012 年，俄罗斯、中国、美国、欧盟、日本的航天发射次数分别为 28 次、19 次、13 次、7 次、2 次，中国在发射次数方面首次超越了美国。到 2012 年 11 月，我国已经实施的国际商业发射 35 次，发射卫星 41 颗。据中国航天科技集团公司介绍，到 2020 年，我国年均发射数量达到 30 次左右，约占全球发射数量 30% 左右。另外，我国在卫星制造方面也奋起直追。在 2012 年发射的航天器中，32% 由美国制造，23% 由中国制造，22% 由欧盟制造，16% 由俄罗斯制造，2% 由日本制造，中国在数量上也占据了世界第二的位置（朱梓烨，2013）。

我国在卫星发射服务方面具有成本低和稳定性强的特点，因而具有一定的优势。我国在卫星发射服务出口方面遇到的最主要的障碍是美国设置的政治障碍。2006 年，美国政府宣布冻结我国政府批准经营卫星商业发射服务的中国长城工业总公司在美国的资产，并列入美国制裁的公司名单。2007年，美国商务部推出对中国高科技产品出口的最新管制条例，特别在航空和航天领域加强了对中国出口的管制。2013年，美国《2013财年国防授权法案》放宽了对部分国家卫星及相关物项出口管制，但禁止对中国出口、再出口或转移这些卫星及相关物项，也不允许在中国发射美国制造的卫星。由于美国在卫星制造技术方面具有优势，美国对中国的卫星出口限制减少了我国的商用卫星发射机会，我国只能发射自己制造的卫星或者在技术方面不受制裁规定限制的欧洲公司制造的卫星。

要发挥我国在卫星发射服务方面的超比较优势，我国政府和我国相关企业需要从下述三个方面进行努力：

第一，我国政府需要进行外交方面的努力，敦促美国政府放宽对我国高科技产品的出口管制，至少允许第三国从美国采购的卫星能够由中国发射。实际上，我国政府在多年来一直在这个方面进行努力，我国各届领导人一直呼吁美国放宽对中国高科技产品的出口管制，这种努力还需要坚持下去。

第二，我国相关企业需要在政府的支持下尽快提高卫星的制造技术，这是彻底打破美国管制的产业发展方法。实际上，我国的卫星制造技术也在迅速提高。2007年，我国为尼日利亚发射了一颗由我国制造的通信卫星，实现了通信卫星出口的突破。2012年，我国为委内瑞拉发射了一颗由我国制造的遥感卫星，实现了遥感卫星出口的突破。在这个方面的努力还要继续下去。

第三，针对不同的细分市场采取不同的营销策略。卫星发射服务可以划分为发达国家市场和发展中国家市场。对于发达国家，由于它们拥有较高的卫星制造和地面设备制造技术，我国主要提供卫星发射服务。对于发展中国家，我国可以根据实际情况实施"交钥匙工程"，即承担包括卫星制造、卫星发射、地面设备制造和安装等全部工作，发展中国家可以直接享受卫星服务。

最后来分析卫星导航服务。

如果仅仅从商业的角度考虑，各国分享美国的全球定位系统（GPS）可能就足够了。但是从政治和军事的角度考虑，如果世界只有美国的全球定位系统，各主要国家无异于将自己的命脉交给美国。因此，俄罗斯、欧盟、中国都在研制自己的全球定位系统。目前，能够实际投入商业运营的全球定位系统除了美国的全球定位系统以外，只有俄罗斯的格洛纳斯系统（GLONASS）和我国北斗星导航系统（BDS），欧盟伽利略定位系统由于资金问题而推迟成网，这四个系统的提供者是联合国卫星导航委员会认定的供应商。

北斗卫星导航系统是我国自行研制的全球卫星定位与通信系统。该系统由空间端、地面端和用户端组成，可在全球范围内全天候、全天时为各类用户提供高精度、高可靠定位、导航、测速、授时服务。另外，该系统还具有文字语言通信能力，定位精度 10 米，测速精度 0.2 米/秒，授时精度 10 纳秒。目前，我国的北斗卫星系统已经覆盖亚洲和太平洋地区，2020 年将覆盖世界。

由于卫星导航服务只有美国、俄罗斯和中国提供，这三个国家在卫星导航服务方面具有超比较优势。但是，卫星导航服务与公共物品相似，存在着非排斥性和非竞争性的特点。当全球卫星定位系统多向一个用户提供服务的时候，由此带来的边际成本趋向于零。因此，三大全球卫星定位系统的竞争将变得比较激烈。

从产业的角度来看，全球定位系统的产业链包括空间卫星、地面系统、终端设备和运营服务。空间卫星和终端设备属于制造业，地面系统和运营服务属于服务业。

全球卫星与导航系统在商业上具有广泛的用途。在海洋渔业方面，可以用于导航定位、气象通知、报警求救、双向通信；在交通运输方面，可以用于导航定位以及机场、飞机、港口、船舶、汽车、公路的监控；在防灾救灾方面，可以用于灾害预警、灾害定位、救灾调度；在通信和金融方面，可以用于电网、金融网和通信网的精确授时；在水利气象方面，可以用于水利和气象的监控。

我国北斗星定位和导航系统面临的问题是如何迅速产业化，首先向国内市场提供服务，进而向国际市场提供服务。2007 年 8 月，北京北斗星通导航技术股份有限公司在深圳证券交易所正式挂牌上市，它是在 2000 年伴随着我国北斗导航定位卫星成功发射，以推动中国卫星导航定位产业化发展为己任、从事卫星导航定位业务的专业化公司。2013年12月，国家发展和改革委员会、科技部、工业和信息化部、国防科技工作局、总参谋部、总装备部共同研究起草了《国家卫星导航产业中长期发展规划》，提出了我国发展卫星导航产业的发展目标和保障措施。该发展规划同时也明确地提出拓展国际市场的发展任务。

我国卫星导航产业发展的关键还在于掌握该产业的核心技术，包括核心芯片设计和制造技术、高精度定位技术、室内外无缝定位技术、卫星导航脆弱性监测评估与减缓技术、智能服务技术以及基于多模组合导航的关键技术。因此，我国政府需要对卫星导航产业核心技术的研究和开发提供支持，以培育我国这个可能具有超比较优势的服务业。

如果我国政府能够成功地培育若干个在对外服务贸易中具有超比较优势的服务业，将会促进我国对外服务贸易发展方式的转变，提高我国对外服务贸易的质量和效益。

可以预测，如果我国巩固具有静态比较优势的服务业，创建可能具有动态比较优势的服务业，培育可能具有超比较优势的服务业，一定能够加快我国对外服务贸易的发展。

参考文献

[1] 百度百科：世界遗产，http：//www.baidu.com。

[2] 百度百科：中国世界遗产，http：//www.baidu.com。

[3] 百度网：《中国高铁总里程多少公里》（2014），http：//www.baidu.com。

[4] 财经网：《华为披露全球4G业务进展：LTE商用网络数业界领先》，2014年11月19日，http：//www.ftchinese.com。

[5] 李翀：《论国际贸易中的超绝对利益》，载《国际贸易问题》2005年第3期。

[6] 李翀：《比较优势与超比较优势——论我国经济的发展战略》，载《学术研究》2006年第3期。

[7] 李克强：《推销中国高铁心中特有底气》，载《新京报》，2014年8月25日。

[8] 商务部：《2013年我国服务出口加速进口稳定增长》，2014年2月14日，

http：//www. mofcom. gov. cn。

［9］商务部：《2012 年中国服务贸易情况分析》（2013），http：//tradeinservices. mofcom. gov. cn。

［10］商务部：《服务贸易发展"十二五"规划纲要》（2015），http：//www. mofcom. gov. cn。

［11］中国工商银行：工行简介，http：//www. icbc. com. cn。

［12］中港网：《2013 年全球十大港口排行榜发布》，2014 年 1 月 27 日，ht-tp：//www. chineseport. cn。

［13］中华铁道网：《竞争澳洲高铁订单：中国以何优势胜?》，2013 年 7 月 9 日，http：//www. chnrailway. com。

［14］中华铁道网：《中国高铁出口多国，普及世界》，2013 年 11 月 26 日。

［15］中国海事服务网：《全球集运公司排名出炉》，2014 年 3 月 4 日，http：//www. cnss. com. cn。

［16］吴慧娟：《坚持改革不断创新推进工程勘察设计咨询业科学发展》，载《工程建设项目管理与总承包》2012 年第 4 期。

［17］新华网：《中国在海外承建的首条高铁在土耳其通车》，2014 年 7 月 25 日。

［18］朱梓烨：《中国航天器制造超欧洲俄罗斯》，载《中国经济周刊》2013 年第 27 期。

［19］THE BANKER，Top 1000 World Banks 2014，http：//www. thebanker. com.

［20］WTO，International Trade Statistics，2013，http：//www. wto. org.

［21］World Trade Organization，International Trade and Market Access Data，2014，http：//www. wto. org.

关于近年来我国宏观货币政策力度的剖析*

一、导　言

我国的宏观货币政策是指通过调整货币供给和利率来保持经济稳定的政策。我国中央银行的宏观货币政策工具包括：第一，调整法定准备金比率，即通过调整商业银行接受存款所缴存的准备金比率影响商业银行的信贷规模，从而影响货币供给量。第二，公开市场业务，即通过与交易商买卖政府债券或政策性金融债券来影响货币供给量。第三，对商业银行贷款，即通过对商业银行贷款来影响商业银行的信贷规模，从而影响货币供给量。第四，调整利息率，即通过调整中央银行基准利率和金融机构存贷款利率来影响资金的供给和需求，从而影响社会总需求。

在我国商业银行利率尚未市场化的条件下，我国的宏观货币政策的数量效应和价格效应是可以分离的。数量效应是通过货币供给和信贷规模对社会需求产生影响，价格效应是通过利率对社会需求产生影响。前面所述的我国宏观货币政策中前三个工具产生数量效应，后一个工具产生价格效应。我国

---

　　* 本文发表于《当代财经》2012年第10期，投稿时的题目是：《关于近年来我国货币政策力度的存疑》。该文认为我国中央银行在2009年和2011年对经济做出过度的反应。当然，事后决策是没有意义，但是事后的总结是有意义的。需要说明的是，本人在2011年第8期《福建论坛》上曾发表了题为《我国货币政策的有效性分析》，在我国中央银行2011年实行收缩性货币政策的过程中提出批评，这属于事中的分析。

中央银行可以调整资金的数量而不调整资金的价格，也可以同时调整资金的数量和资金的价格。

改革开放以来，特别是 90 年代以来，随着我国中央银行法——《中国人民银行法》的实施，随着决策机制的日益完善和成熟，随着政策手段的不断增加和完善，我国的宏观货币政策对我国宏观经济产生重要的影响，对于防范我国发生严重的经济衰退和通货膨胀发挥了重要的作用。但是，在笔者看来，我国中央银行往往对我国宏观经济作出过度反应，我国宏观货币政策的力度存在着可商榷的地方。

确实，要决定实行什么样的宏观货币政策不是一件很困难的事情，但是要决定宏观货币政策实行到什么程度是一件很困难的事情。具有丰富经验的美国联邦储备系统也不断受到美国经济学家的严厉批评。笔者提出这个问题是希望通过讨论或者争论来增强我国宏观货币政策的有效性。本文将以 2008 年以来我国中央银行对我国宏观经济的反应为例，来探讨我国宏观货币政策的力度问题。

二、2008～2009 年我国的宏观货币政策分析

2008 年美国"百年一遇"的金融危机激化，美国经济趋向衰退，给各国经济带来了严重的不利影响。由于美国是我国的第二大出口市场，美国的经济衰退主要通过导致我国出口减少这个途径对我国经济产生不利冲击。不可否认，当时我国的宏观经济形式十分严峻。2008 年 10 月到 2009 年 3 月是我国宏观经济最困难的时期。如表 1 所示，反映我国制造业景气情况的采购经理人指数（PMI）持续低于 50% 的景气分界线，甚至到了 40% 的有萧条之忧的低水平，2009 年 3 月以后才回复到 50% 的水平以上。我国国内生产总值 2009 年第一季度的增长率只有 6.6%，成为我国改革开放以来的一个很低的季度增长率，第二个季度才开始逐渐回升。

表1	2008 年 10 月至 2009 年 2 月我国的采购经理人指数			单位:%	
时间	2008 年 10 月	2008 年 11 月	2008 年 12 月	2009 年 1 月	2009 年 2 月
PMI	44.6	38.8	41.2	42.3	49.0

资料来源：中国物流与采购联合会。

在这样的宏观经济形势下，我国政府实行了高强度的宏观财政政策和宏观货币政策。在宏观货币政策方面，我国中央银行在 2008 年 9 月开始作出反应。2008 年第四季度。我国中央银行连续 4 次降低法定准备金比率，5 次降低金融机构存贷款利率，同时通过公开市场业务投放货币。在这个季度，货币供给量（M2）从 452898.71 亿元增加到 475166.60 亿元，增加了 22267.89 亿元，季度增加幅度为 4.9%（中国人民银行，2009）。2009 年，我国中央银行没有再进一步降低法定准备金比率和金融机构存贷款利率，主要通过公开市场业务投放货币，货币供给量不断增加。到 2009 年第一季度末，货币供给量（M2）与上一年同期相比增长 25.5%，增长率高 9.3 个百分点。到 2009 年第二季度末，货币供给量（M2）与上一年同期相比增长 28.5%，增长率高 11.2 个百分点。到 2009 年第三季度末，货币供给量（M2）与上一年同期相比增长 29.3%，增长率高 14.1 个百分点。到 2009 年第四季度末，货币供给量（M2）与上一年同期相比增长 27.6%，增长率高 10.0 个百分点（中国人民银行，2009 年第一、二、三、四季度）。

2009 年，在我国中央银行货币政策的影响下，货币供给量（M2）从 2008 年底的 475166.60 亿元增加到 606225.00 亿元，年增长率达到 27.6%。根据国家统计局各年《国际统计年鉴》的数据，从 2001 年到 2008 年，我国货币供给量（M2）的增长率一直比较稳定，最高没有超过 20%，最低没有低于 15%，平均每年增长率为 17.1%。这意味着 2009 年我国货币供给量（M2）比多年的平均增长率高出 10.5 个百分点。

可以肯定的是，我国中央银行扩张性的宏观货币政策与财政政策相结合，有力地刺激了我国的总需求，对我国宏观经济在 2009 年 3 月以后逐渐走向复苏作出了贡献。但与此同时也带来了一个疑问：我国宏观货币政策的力度是否过大了?

　　首先,可以考察我国货币供给的相对增长情况。为了客观评价我国宏观货币政策的力度,可以将我国货币供给增长率与发达国家相比较。当然,我国的国情特别是经济发展速度和货币流通速度与发达国家相比具有很大的差异,我国经济学界也一直在探讨我国货币供给量(M2)与国内生产总值(GDP)的比率畸高之谜,简单将我国货币供给的规模或速度与发达国家相比没有意义。但是,如果将我国与发达国家2009年前后的货币供给增长率与各自多年的货币供给平均增长率相比,则具有一定的参考价值。表2说明了中国、美国、德国和日本货币供给量的增长情况。

表2　　　　　　　中国、美国、德国和日本货币供给增长率的比较　　　　单位:%

国别	正常时期货币供给平均增长率	2009年货币供给增长率	超过正常水平的幅度
中国	17.1	27.6	61.4
美国	5.4	7.6	40.7
德国	7.5	10.1	34.7
日本	1.7	2.9	70.5

　　资料来源:国家统计局,统计数据,http://www.stats.gov.cn;Board of Governors of Federal Reserve System, Money Stock measures, http://www.federalreserve.gov;Bank of Japan, Statistics, http://www.boj.or.jp;Deutschebundesbank, Annual Report, 2002 - 2009, http://www.bundesbank.de。

　　在表2中,所以选择美国是因为美国是经济最发达的国家,同时又是金融危机的发源地,而德国和日本则是受美国金融危机影响最大、经济衰退最严重的发达国家。进行比较的是货币供给量(M2)。中国的M2与日本的M2相近,美国的M2要比中国和日本的M2宽泛一些,德国的M2要比中国和日本的M2狭窄一些,它们是可比的。关于正常时期的货币供给增长率,中国选择的是2001~2007年的平均货币供给增长率,美国由于2001年为了对付经济衰退大量增加货币供给以及2008年为了对付金融危机而大量增加货币供给而选择2002~2007年的平均货币供给增长率,德国选择2001~2006年的平均货币供给增长率,日本由于资料可获得的原因选择了2003~2008年的平均货币供给增长率。与正常时期相比的时期中国和日本选择的是2009年,由于美国

2008 年的货币供给增长率达到峰值而选择 2008 年，由于德国 2007 年的货币供给增长率到达峰值而选择 2007 年。

从表 2 中可以看到，我国 2009 年货币供给与正常时期相比的增加幅度远高于美国和德国，是美国的 1.5 倍，德国的 1.8 倍。在金融危机发生的初期，美国联邦储备系统曾声称：只要需要，联邦储备系统可以无限制地增加货币供给。但实际上，在美国金融危机继续深化的 2009 年，美国货币供给的增长率已经下降到 5.1%。德国则是欧洲国家中经济衰退最严重的国家，2009 年德国国内生产总值的增长率是 -5.0%。我国 2009 年货币供给与正常时期相比的增加幅度低于日本，是日本的 87.1%。但是，当时日本是经济衰退最严重的发达国家，2009 年日本国内生产总值的增长率是 -5.5%，而 2009 年我国国内生产总值的增长率是 8.7%。从增长率来看，2009 年我国货币增长率几乎是日本的 10 倍。通过比较可以看到，我国宏观货币政策的力度偏大了。

其次，再来分析我国宏观货币政策的不利后果。宏观经济学的分析表明，在经济衰退时期，中央银行增加货币供给降低利率有助于刺激消费需求和投资需求，从而有助于克服经济衰退。但是，如果具体分析现实经济，事情并不那么简单。在经济衰退时期，所以要增加货币供给主要有两个原因：第一，在经济衰退时期，金融机构经营状况恶化，一般存在着收缩信贷的倾向。在这种情况下，需要中央银行增加货币供给来抵消这种不利影响。第二，在经济衰退时期，部分金融机构和企业会发生短期资金上的困难并存在破产的风险。在这种情况下，需要中央银行注入流动性以帮助它们渡过难关。

如果说通过增加货币供给和降低刺激消费需求和投资需求，效果并不会很明显。在经济衰退时期，由于人们面临着失业和收入下降的影响，充裕的货币和低利率难以导致人们贷款消费。另外，由于预期利润率的下降，充裕的货币和低利率难以导致人们贷款投资。日本 20 世纪 90 年代充裕的货币加上接近于零的利率无法使日本摆脱经济衰退，2008 年以来的 5 年里美国充裕的货币加上很低的利率仍然难以使美国经济迅速复苏就是证明。

这样，宏观货币政策的力度就变得很重要了。中央银行应该寄希望于使用宏观货币政策来缓和经济衰退在货币和信贷方面造成的不利影响，而不能寄希望于使用宏观货币政策解决经济衰退问题。如果中央银行在经济下行时不断地增加货币供给，它的不利影响就会逐渐显现。由于在实体经济领域缺乏投资的机会，而资金又如此充裕和便宜，对房地产和股票等资产的投机风潮就会掀起，从而会导致泡沫经济的形成。20 世纪 80 年代后半期，为了抵御日元汇率升值而导致的经济衰退，日本中央银行大幅度增加货币供给和压抑利率，结果导致严重的经济泡沫，就是一个很好的证明。我国 2009 年扩张性的宏观货币政策也产生了相似的影响，当然程度远远没有日本 20 世纪 80 年代后半期那么严重。

从股票市场情况来看，上海证券交易所综合指数在 2009 年 1 月开始新的一年交易的时候为 1880.72 点，但是到了 2009 年 7 月底已经到达了 3412.06 点，7 个月的时间里上海证券交易所综合指数上升了 81.42%（上海证券交易所，2009）。结果，我国股票市场价格从 2009 年 8 月 5 日又开始了一个较大幅度的向下调整。应该指出，2009 年我国股票市场价格上升的基本原因是我国宏观经济情况好转，但是货币供给的大量增加不能不说是导致我国股票市场价格如此短时间和如此大幅度上升的一个因素。

从房产市场情况来看，2003 年以来，特别是 2006 年以来，我国房产价格迅速上升，我国政府不得不推出各种政策和措施来抑制房产价格的上升。但是，在 2008 年和 2009 年，即使在我国经济收缩的情况下，70 个大中城市新建住宅价格分别上升了 6.5% 和 5.42%。2010 年，我国经济刚刚走向复苏，70 个大中城市新建住宅价格又上升了 7.6%。我国货币供给的大量增加同样是导致房产价格上升的因素之一。

值得注意的是，从 2010 年开始，我国又出现了通货膨胀的压力，价格水平不断上升。到了 2010 年 7 月以后，我国的消费者价格指数（CPI）的增长率持续高于 3%，而食品价格指数已经高于 10%。尽管我国货币供给的增加不是这次通货膨胀的主要原因，但它同样是助长这次通货膨胀的一个因素。

总结 2008～2009 年我国的宏观货币政策，笔者认为力度偏大了。

三、2010～2011 年我国的宏观货币政策分析

2010 年，我国刚刚摆脱经济衰退的威胁，又开始面对通货膨胀的压力。消费者价格指数（CPI）2010 年 5 月突破 3%，6 月稍有回落，从 7 月开始持续高于 3%。食品价格 2010 年 10 月突破 10%，11 月稍有回落，从 12 月开始持续高于 10%。我国的通货膨胀情况如表 3 所示。

表 3 　　　　　　2010～2011 年我国的通货膨胀情况 　　　　　　单位:%

2010 年	CPI	2010 年	CPI	2011 年	CPI	2011 年	CPI
1 月	1.8	7 月	3.3	1 月	4.9	7 月	6.5
2 月	2.5	8 月	3.5	2 月	4.9	8 月	6.2
3 月	2.3	9 月	3.6	3 月	5.4	9 月	6.1
4 月	2.8	10 月	4.4	4 月	5.3	10 月	5.5
5 月	3.1	11 月	5.1	5 月	5.5	11 月	4.2
6 月	2.9	12 月	4.6	6 月	6.4	12 月	4.1

资料来源：国家统计局：统计数据，http://www.stats.gov.cn。

在这种情况下，我国中央银行连续实行了高强度的收缩性的宏观货币政策。在 2010 年 1 月和 2 月，我国中央银行 2 次提高了法定准备金比率，对宏观经济的变化作出迅速反应。2010 年，我国中央银行 6 次提高法定准备金比率，2 次提高了基准利率。进入 2011 年以后，我国中央银行又 6 次提高法定准备金比率，2 次提高了基准利率。这意味着在 2010 年到 2011 年中，1 年半的时间里，我国中央银行 12 次提高法定准备金比率，4 次提高基准利率。

2010 年，我国货币供给量（M2）同比增长率下降了 8 个百分点，下降到 19.7%。2011 年，我国货币供给量（M2）同比增长率下降了 6.1 个百分点，下降到 13.6%（中国人民银行，2010 年、2011 年第四季度）。如果说 2010 年是在 2009 年货币供给大规模增加的基础上向下调整，19.7% 的货币供给的增长率并不算低，那么 2011 年继续大幅度向下调整，13.6% 的货币供给的增长率就显得力度偏大了。另外，笔者认为，2010～2011 年我国的宏观货币政策不但力度过大，而且不完全对症。

笔者认为，我国2010年发生通货膨胀的主要原因是：

第一，货币供给的大量增加。如前所述，2009年，为了防止美国金融危机给我国带来的经济衰退，我国的货币供给和信贷规模巨额增加。2009年12月与2008年12月相比，货币供给量（M1）增长了32.2%，货币供给量（M2）增长了27.6%，如此巨额的货币增加将产生通货膨胀效应。

第二，国际原材料和石油价格上升。随着世界经济走出衰退，国际原材料和石油价格开始上升。例如，世界铁矿石价格在2010年上涨了80%，而我国钢铁工业对外国铁矿石的依存度在2010年是69%。又如，英国布伦特原油期货价格在2010年上升了22%，而我国产业对我国石油依存度2010年是55%。进口原材料和石油价格上升将导致我国生产成本的上升，这种通货膨胀属于进口成本推进通货膨胀。

第三，工资成本的上升。随着劳动合同法的实施，随着农民工的供给相对减少，我国大部分地区特别是沿海地区用工成本大幅度上升。工资成本的上升导致生产成本的上升，这种通货膨胀属于工资成本推进通货膨胀。

第四，部分农产品歉收和农产品生产成本上升。2010年我国多个地区先旱后涝，部分农产品的生产受到影响，如食糖、棉花等农产品产量有所减少。由于社会对这些农产品需求很旺盛，造成部分农产品供不应求，价格趋向上升。另外，我国农产品生产成本趋向上升，也造成了我国农产品价格上升。农产品价格上升是消费品价格上升的重要原因，食品价格上升幅度是消费品平均价格上升幅度的2倍。

由此可见，我国2010年以来通货膨胀的主要原因是成本推进通货膨胀和部分农产品歉收带来的通货膨胀，货币供给的增加只是起着推波助澜的作用。事实上，在我国中央银行大规模地收缩货币供给的2010年和2011年，我国的价格水平并没有下降。只是到了2011年底，由于国际原材料和原油价格明显下降，我国价格水平上升才开始减缓。

因此，严厉的收缩性的货币政策可以缓和由于货币供给增加过多所造成的通货膨胀，但不能解决成本推进通货膨胀和部分农产品歉收带来的通货膨胀。这就是说，宏观货币政策从性质上属于总需求管理手段，但问题是我国当时的通货膨胀不是总需求过度造成的通货膨胀。值得注意的是，如果过度地使用从紧的货币政策，一方面它不能克服目前的通货膨胀，另一方面它将会导致经济的收缩，从而有可能使我国经济陷入停滞膨胀的困境。

首先，我国经济在 2010～2011 年并不存在着过热的情况。我国的工业制品不存在着需求过度的情况，我国的农业产品存在着结构性供给不足的情况。一般来说，需求过度和供给不足是一个问题的两个方面，这对于工业制品来说可能是正确的，但对于农业产品来说则不一定正确。农业产品的需求既缺乏收入弹性也缺乏价格弹性，当部分农业产品供不应求导致价格上升的时候，增加供给比压抑需求将更有效地稳定农业产品的价格。因此，使用收缩性的宏观货币政策抑制部分农业产品因减产而导致的价格上升没有什么效果。

其次，我国 2010～2011 年的通货膨胀更多的是来自国际能源和原材料价格的上升导致的生产成本的上升。要控制进口成本推进通货膨胀，采用抑制总需求的宏观货币政策将付出沉重的代价。收缩性的宏观货币政策实际上是通过控制我国的总需求来抑制我国对进口能源和原材料的需求，以缓和国际能源和原材料价格的上升。虽然我国现在对国际能源和原材料的需求很大，我国减少对进口能源和原材料的需求有可能在一定程度上压抑对国际能源和原材料价格的上升，但为此付出的代价将是经济收缩。

与此同时，我们还必须注意到，在我国中央银行连续高强度地实行收缩性的货币政策的情况下，我国的信贷和货币趋向收缩。我国的中小企业本来就存在着资金融通困难的问题，当时就变得更加困难了。在这种情况下，许多中小企业不得不求助于灰色的资金融通渠道，结果造成的这种灰色资金融通的利率迅速上升。后来，我国温州等多个地区的资金链条终于断裂，企业融资问题终于激化。

另外，从 2010 年开始，希腊等欧元区国家相继发生了政府债务危机，欧元区国家的经济趋向衰退。由于以欧元区国家为核心的欧洲联盟是我国的第一大出口市场，欧元区国家的政府债务危机通过导致我国出口减少的途径对我国宏观经济造成影响。从 2011 年开始，我国出口企业已经明显地感觉到这种影响。如果我国中央还不断地收缩货币供给，有可能加剧我国经济的收缩。

2011 年 6 月，笔者意识到这个问题的严重性并撰写了论文《我国货币政策的有效性分析》，指出我国严厉的宏观货币政策不能解决我国通货膨胀的问题，而且有可能导致我国经济的收缩，我国中央银行不应再继续实行收缩性的宏观货币政策（李翀，2011）。2011 年 12 月 5 日，我国中央银行终于降低法定准备金比率 0.5 个百分点。接着，2012 年 2 月和 5 月，我国中央银行又连续两次降低法定准备金比率。

不少经济学家总在背诵着"通货膨胀本质上是一种货币现象"这句格言，似乎收缩货币供给就一定能够克服通货膨胀。实际上，问题的关键在于如何定义通货膨胀。如果将通货膨胀定义为货币供给过多造成的通货膨胀，通货膨胀当然是一种货币现象。但是，如果将通货膨胀定义为价格水平的持续上升，通货膨胀就不一定是货币现象。总需求的过度增加导致供不应求现象普遍发生，以及原材料成本和工资成本的上升导致的生产成本的普遍上升，都可以导致价格水平的上升。如果发生了需求拉动通货膨胀，收缩货币供给有助于通过压抑总需求来缓和通货膨胀，但如果发生成本推进通货膨胀，虽然收缩货币供给可以通过压抑总需求进而压抑总供给来缓和生产成本的上升，但这将要付出经济收缩的沉重代价。

因此，如果发生了非货币因素和需求因素导致的通货膨胀，宏观货币政策的目标应该是稳定货币供给，避免从货币供给方面助长通货膨胀，然后着手具体解决生产成本上升等问题。如果一味地收缩货币供给，不但不能克服通货膨胀，反而导致经济衰退。

总结 2010～2011 年我国的宏观货币政策，笔者仍然认为力度过大了。

四、对宏观货币政策规则的再认识

为了避免宏观货币政策过度地对经济的变化作出反应，正确地制定宏观货币政策的规则变得十分重要。在宏观经济分析中，关于宏观货币政策的规则包括工具规则和目标规则。工具规则主要有麦克勒姆规则和泰勒规则。目标规则主要有弗里德曼规则和通货膨胀责任制。

麦克勒姆规则是美国经济学家麦克勒姆（B. T. McCallum）提出的规则，其基本内容是，基础货币的增长率应该按照一定的系数随着名义国内生产总值的实际增长率与目标增长率差额的变化而变化。泰勒规则是由美国经济学家泰勒（J. B. Tayor）提出的规则，其基本内容是联邦基金利率应该随着实际国内生产总值与充分就业国内生产总值的差额，以及实际通货膨胀率与目标通货膨胀率的差额变化而变化。弗里德曼规则是由美国经济学家弗里德曼（M. Friedman）提出的规则，其基本内容是稳定货币供给增长率并使它与国民生产总值增长率相一致。通货膨胀目标制是指将稳定价格水平作为货币政策的主要目标，并持续地通过控制货币供给来控制通货膨胀。这些规则在不同的角度给予我们启示。

我国1995年制定的《中国人民银行法》确定，货币政策目标是保持货币币值的稳定，并以此促进经济增长。如果从字面上来理解，货币政策的目标是通过保持币值稳定来促进经济增长。但在实际的操作中，我国的宏观货币政策是兼顾保持价格水平稳定和保持经济稳定增长两个目标的。通货膨胀目标制主要适合于长期受通货膨胀煎熬的国家，并不完全适合于我国这样一个经济以较高速度发展的发展中国家。

弗里德曼规则的合理思想是应该稳定货币供给的增长率，但是使货币供给增长率与国民生产总值增长率相一致的建议并不可取。即使从货币需求的交易动机来看，不仅商品的交易需要货币，而且金融资产的交易也需要货币，仅仅根据商品的交易需求来考虑货币供给的增长是不够的。

麦克勒姆规则和泰勒规则对我国都有借鉴意义。麦克勒姆规则强调用货币供给的手段稳定国内生产总值的增长率，泰勒规则强调用联邦基金利率来达到充分就业的国内生产总值和保持价格水平的稳定。实际上，我国中央银行需要同时运用货币供给和利率去努力实现国内生产总值增长率的稳定和价格水平的稳定。

　　笔者认为,在运用宏观货币政策去努力实现政策目标的时候,中央银行要很明确地意识到什么是宏观货币政策可以做到的,什么是宏观货币政策不能做到的。在发生经济衰退时期,投资需求不仅是信贷数量和信贷利率的函数,而且还是预期利润率的函数,不能指望足够廉价和充裕的货币就能克服经济衰退。因此,宏观货币政策的目标是适当地注入流动性以缓和经济衰退时期往往出现的信贷收缩的情况。在发生通货膨胀时期,还要区分是需求过度造成的通货膨胀还是成本上升造成的通货膨胀,不能指望足够昂贵和稀缺的货币就能克服成本推进通货膨胀。因此,宏观货币政策的目标是适当地收缩流动性以防止由于货币的因素而助长了通货膨胀。

　　借鉴经济学界关于宏观货币规则的分析以及根据我国现实的宏观货币政策目标的分析,笔者认为,我国宏观货币政策的规则是:稳定货币供给的增长率和利率水平,使货币供给和利率随着实际国内生产总值增长率与国内生产总值目标增长率的差额以及实际通货膨胀率与目标通货膨胀率的差额进行适度调整。具体的操作方法是:根据实际经济情况制定现实可行的正常货币供给(M2)增长率、国内生产总值目标增长率和目标通货膨胀率。例如,现阶段可以将正常货币供给(M2)增长率确定为16%,国内生产总值目标增长率确定为7%,目标通货膨胀率确定为3%。在基本可以实现国内生产总值目标增长率和目标通货膨胀率的情况下,保持正常货币供给(M2)增长率的稳定和利率水平的稳定;在实际国内生产总值增长率偏低的时候一般通货膨胀率也偏低,可以适当地增加货币供给和降低利率;在实际国内生产总值增长率偏高的时候一般通货膨胀率也偏高,可以适当地减少货币供给和提高利率。在这里,所谓"适当"是采用尝试的方法,即小幅度调整以后等待一段时间观察效果,而不要连续地进行大幅度的调整。如果发生了实际国内生产总值增长率偏低而通货膨胀率也偏高,这个时候的通货膨胀往往不是需求拉上通货膨胀,仍然需要保持货币供给和利率的稳定。

　　应该指出,我国作为一个发展中国家,经济出现问题经常不是总量的问题而是结构的问题。例如，在2010～2011年我国发生通货膨胀的期间，食品价格的上升幅度是一般消费品价格上升幅度的2倍。在这种情况下，调整货币供给和利率没有意义，这就需要具体消除导致农产品价格上升的原因，如由于农产品流通成本的上升就设法降低流通费用和减少流通环节，如由于农产品供给减少就设法鼓励增加农产品的供给。应该指出，在2010～2011年通货膨胀期间，我国政府也正是这样做的。

参考文献

[1] 李翀：《我国货币政策的有效性分析》，载《福建论坛》2011年第8期。

[2] 中国人民银行：统计数据，2009，http：//www.pbc.gov.cn。

[3] 中国人民银行：《中国货币政策执行报告》，2009年第一、二、三、四季度，http：//www.pbc.gov.cn。

[4] 中国人民银行：《中国货币政策执行报告》，2010年第四季度、2011年第四季度，http：//www.pbc.gov.cn。

[5] 上海证券交易所：《统计月报》，2009年1～8月，http：//www.sse.com.cn。

以市场能够换技术吗

——我国提高科学技术水平的路径分析*

一、科学技术是决定我国经济命运的关键因素

1978 年改革开放以来，我国经济迅速发展，国内生产总值以平均超过 9% 的速度增长，创造了经济增长的奇迹，引起了世界各国的瞩目。但是，在我国经济高速发展了 35 年后的今天，我国经济发展到了一个关键时期，我国经济是否能够继续发展受到了质疑。究其原因，是我国再依靠原来的经济发展方式已经不可能继续长期发展了。

我国经济发展方式是粗放型的经济发展方式，即依靠大规模地投入劳动、资本和自然资源来实现产值增长。这种粗放型的经济发展方式导致两个后果：首先，经济发展的质量不高。在粗放型的经济发展方式下，劳动生产率提高缓慢。然而真正决定一个国家经济发展水平的是劳动生产率，而不是总产值。因此，这种经济发展方式只是脱贫之路，而不是富强之路。其次，社会资源耗费过大。尽管我国有着丰富的劳动力资源和自然资源，但是我国社会资源不是取之不竭，无限供给的。假如按照现行的经济发展方式再发展 30 年，那

* 本文发表于《经济社会体制比较》2014 年第 5 期，是本人主持的国家社会科学基金重大项目"加快推进我国对外经济发展方式转变研究"的研究成果。《新华文摘》2015 年第 2 期全文转载；中国人民大学报刊复印资料《社会主义经济理论与实践》2015 年第 1 期全文转载。

么根据过去 30 年我国劳动的投入和能源投入的增长率测算，到 2039 年我国需要投入到第二产业的劳动力是 6.32 亿人，投入到第三产业的劳动力分别是 13.50 亿人，年消耗标准煤是 165 亿吨，这显然是不可能的。因此，这种经济发展方式是不可持续的。

应该指出，我国经济发展方式是由我国经济发展水平决定的，它是适合于我国改革开放以后的现实经济情况的，我们不能超越客观经济现实空谈理想的经济发展方式。但是同时也应该指出，如果我国不加快经济发展方式的转变，将注意力放在提高劳动生产率上，我国经济发展的前途将变得暗淡。

显然，能否成功地实现我国经济发展方式的转变关系到我国经济能否实现均衡和可持续发展，关系到我国能否从经济大国转变为经济强国，关系到中华民族能否真正走向繁荣昌盛。然而，要实现我国经济发展方式的转变，最重要的因素就是科学技术进步。只有依靠科学技术的进步，才能对现行的生产过程进行改造，推动社会劳动生产率的提高；只有依靠科学技术的进步，才能建立和发展新兴产业，推动产业结构的升级。

因此，我国必须以最大的热情和最大的努力来促进科学技术的进步。从能否从外部获得技术的角度分析，技术可以分为两种：一种是核心技术，这种技术涉及相关国家的核心竞争力，涉及相关企业生存的商业秘密，它是不可能通过国际贸易和直接投资的方法获得；另一种是非核心技术，这种技术可以通过国际贸易或直接投资的方法获得。

对于不可能从外部获得的核心技术，只能依靠自主创新的方式来获取。胡锦涛在中国共产党第十八次全国代表大会的报告中明确提出了创新驱动的发展战略。报告指出："科技创新是提高社会生产力和综合国力的战略支撑，必须摆在国家发展全局的核心位置。要坚持走中国特色自主创新道路，以全球视野谋划和推动创新，提高原始创新、集成创新和引进消化吸收再创新能力，更加注重协同创新。"习近平主席在 2014 年 6 月 9 日召开的院士大会上也强调：创新、创新、再创新。我国要实现核心技术的自主创新，需要在政府的引导和组织下，通过高等学校、研究机构和企业的合作来争取突破。

对于可以从外部获得的先进的非核心技术，需要在我国的国有企业和民营企业中形成广泛的共识，努力通过技术贸易、对外直接投资、引进外国直接投资等途径获取，以加快我国企业的技术进步。

但是，在肯定不能从外部获得的技术和肯定可以从外部获得的技术之间，还存在着一个交叉地带。处于这个地带的技术不是肯定不能从外部获得，但也不能以普通的对外贸易或直接投资的方式获得，而是需要通过一种特别的方式从外部获得。本文所要分析的技术进步指的就是这类技术的进步，本文分析的"以市场换技术"就是讨论能否以本国市场来换取这类技术。

二、"以市场换技术"的失败教训

改革开放以来，我国一直在寻求用各种方法促进技术进步，"以市场换技术"就是在这个方面所进行的尝试。在这个过程中，既有失败的教训，也有成功的经验。总结这些教训和经验，有助于我国更好地实现以市场换技术。

我国汽车工业的发展是"以市场换技术"失败的案例。从 20 世纪 80 年代开始，为了发展我国的汽车工业，我国引进了几乎囊括世界上最著名的外国汽车制造企业的直接投资。按照我国政府的规定，外国汽车生产企业要在我国设立企业，必须与我国汽车生产企业 50% 对 50% 的股份进行合资，合资企业生产的汽车可以在我国市场销售。政府的初衷，是通过开放我国汽车市场，让外资和中资企业共同建立合资企业进行生产，使我国企业能够掌握外国先进的汽车生产技术，以推动我国汽车工业的发展。简言之，就是"以市场换技术"。

在这种情况下，上海通用、上海大众、一汽大众、一汽丰田、东风日产、北京现代、广州本田等大批合资企业迅速产生和发展。2012 年，我国汽车产量为 1927 万辆，连续 3 年居世界第一位。毫无疑问，我国的合资汽车企业为我国汽车产量的世界第一做出了主要贡献。但是，我国的合资汽车企业掌握了生产汽车的核心技术了吗？

以轿车的生产为例，它包含了许多技术，如模具制造技术、底盘悬挂技术、车身喷漆技术、车体焊接技术，等等，但核心的技术是发动机和变速器制造技术。由于核心技术是关系到企业竞争力的商业秘密，跨国公司是不会以对外直接投资的方式来培育自己的竞争者的。越是核心的生产技术，保密性就越强。我国的合资汽车生产企业并没有掌握先进发动机和变速器的设计和制造技术。

我国从发达国家汽车生产企业引进的汽车的国产化率一般都可以达到80%以上，但是由于我国的合资汽车企业缺乏自主技术创新能力，关键的汽车部件仍然依赖从外国汽车公司进口。引进的一个外国车型生产若干年后落后了，不得不再引进一个新的外国车型，陷入了"引进—落后—再引进"的恶性循环。

实际上，我国合资汽车企业的现状是由外国直接投资的性质和合资的制度安排决定的。在中外汽车生产企业各自占50%股份的情况下，由于核心技术掌握在外国企业手里，合资汽车企业的关键决策权就掌握在外国企业手里。对于参与合资的外国企业来说，它们怎么可能认真地推动合资汽车企业自主的研究和开发工作，来与母国企业竞争呢？

大量事实表明，即使发达国家跨国公司对发展中国家直接投资，核心技术的研究与开发部门也往往设在母国。在核心技术产品化以后，再通过跨国公司的内部贸易转让给发展中东道国的子公司，发展中东道国子公司是无法掌握这些核心技术的。

当然，发达国家跨国公司也会在发展中东道国设立研究与开发部门，并雇用发展中国家的研究与开发人员。但这些部门研究与开发的并不是核心技术，而是根据东道国的实际情况对产品的式样、性能等方面进行改良。在这种情况下，发展中东道国可以获得非核心技术。

另外，核心技术是可以保密的，但是管理方法和操作方法是难以保密的。尽管外国母公司可以在子公司的关键部门派驻管理人员，或者在关键的岗位派驻操作人员，即使东道国的管理人员或操作人员学不到最重要的管理方法或操作方法，但东道国仍然可以学到普通的管理方法和操作方法。因此，外国公司对资本和技术密集型产业的直接投资有助于东道国管理技术和操作技能的提高。

当然，不能否认外国直接投资对我国汽车工业发展的巨大作用。这种作用表现在它使中国人开得起好车，使合资的中方企业获得了利润，使我国政府得到了税收，使我国获得了大量的就业机会，还使我国大批汽车零部件生产企业得以发展。但是，令人不能不感到遗憾的是，我国汽车企业没有从外国的直接投资获得核心技术。

在我国经济学界不断出现这样的观点：在经济全球化的条件下，各国按照各自的比较优势进行国际分工，我国企业没有必要一定要掌握核心技术。以汽车产业为例，我国企业为什么不能从外国进口发动机和变速器，然后加工成汽车呢？

从国家利益的角度考虑，这种看法是一种目光短浅的幼稚看法。首先，从经济的角度来看，国际贸易并不是人们所想象的那样童叟无欺和公平合理，如果我国企业不掌握核心技术，那么在国际市场的竞争中将处于不利地位，在产品价值增值链条中只能获得很小比例利益。其次，从政治的角度看，如果我国企业不掌握核心技术，一旦发生冲突、战争等非常事件，我国将处于被动挨打的地位。再次，从经济发展的角度看，如果我国企业不掌握核心技术，一旦渡过了"人口红利"导致的劳动密集型产业的发展期，我国将出现"刘易斯拐点"（Lewis，1954）并陷入"中等收入陷阱"（World Bank Group，2007），经济将出现长期停滞。最后，从民族的命运来看，如果我国企业不掌握核心技术，我国将成为发达国家的经济附庸，不得不等待发达国家淘汰落后产业所带来的发展机会。在人类社会近代经济史上，没有哪个国家没有拥有重要产业的核心技术而成为经济强国的。

三、"以市场换技术"的成功经验

尽管核心技术是外国企业的商业秘密，但是这并不意味着以市场不能换取核心技术，中国三峡总公司引进外国企业巨型水轮发电机组先进制造技术就是一个典型的成功案例。

我国三峡水电工程是世界上最大的水电工程，该工程需要 32 台 70 万千瓦水轮发电机组，我国企业只能生产 30 万千瓦的水轮发电机组，因而依靠从外国进口。如此巨大的订单对世界各著名水电设备生产企业都具有极大的吸引力。

中国三峡总公司凭借着这样的市场吸引力，将核心技术转让确定为外国企业中标的前提条件。招标文件规定：外国企业必须与中国企业一起投标并且中国企业的份额不低于 25%；外国企业必须转让技术以及培训中国企业技术人员，中国企业能够在外国企业的指导下完整制造一台水轮发电机组；最后两台水轮发电机组必须主要由中国企业制造；外国企业要在中国企业认为已经掌握技术以及人员培训已经到位后才能收到货款。

我国水电设备制造企业通过技术引进、消化和吸收，成功地掌握了巨型水轮发电机组的先进生产技术。我国首台国产化 70 万千瓦水电机组于 2007 年 7 月 10 日投产发电，国产化率达到 100%。我国水电设备制造企业只用了 7 年时间实现了从设计制造 30 万千瓦水轮发电机组到设计制造 70 万千瓦特大型水轮发电机组的跨越，这就是用 7 年的时间完成了与国外企业存在的 30 年技术差距的跨越。现在，我国企业水轮发电机组有的关键技术已经达到国际先进水平。一个可以由我国企业自主设计、制造、安装巨型水轮发电机组的时代已经开始。

从这个案例可以看到，如果没有如此巨大的市场需求的诱惑，外国企业难以愿意转让核心技术。但是，这个案例所以经典，是因为它显示了中国三峡总公司强烈的技术进步意识。显然，中国三峡总公司以巨大的市场需求为条件压低价格全部进口外国水轮发电机组也是一种选择。但是，该公司却选择了引进技术，从而对我国水轮发电机制造行业的发展产生了极为深远的影响。前一种选择获得的是设备，后一种选择获得的是技术；前一种选择属于短期的生意上的考虑，后一种选择属于长期的国家经济发展的考虑。

如果说我国的水电产业是"以市场换技术"的成功案例，我国高速铁路产业则是我国"以市场换技术"另一个典型的成功案例。

2004 年我国正式通过《中长期铁路网规划》，明确提出到 2020 年全国铁路营业里程要达到 10 万公里。要实现我国铁路网的跨越式发展，采用高速铁路技术成为当务之急。我国政府部门的思路非常清晰：要系统地引进已被验证过的发达国家高速机车制造关键技术，进行消化吸收和系统合成，推动我国高速铁路的建设。因此，我国铁道部决定，要以巨大的市场来迫使外国企业转让核心技术，让我国企业能够掌握高速机车制造的核心技术。当时，我国政府规定，国外企业进入我国铁路市场，必须与我国企业组成联合体，我国企业与外国企业谈判要由铁道部出面统一协调和组织。

在引进高速机车前后三次重大招标中，铁道部的谈判策略十分成功：一是引入了多家国外企业进行竞争，要求竞标方组成中外企业联合体。二是铁道部在谈判中发挥主导作用，所有外国企业都要直接与铁道部谈判。这样，我国高速铁路市场被有效整合在一起，如果中方不让步，外方没有任何办法。三是中方要求，外方的技术转让必须通过国产化的考核才会支付相关费用。

在 2004 年的第一轮动车组招标中，德国西门子公司十分自信，它不仅拒绝《招标说明书》中规定的 50 多项技术转让的要求，而且还开出了每列原型车价格 3.5 亿元人民币，技术转让费 3.9 亿欧元的天价。铁道部谈判代表明确表示，如果原型机车价格不降到 2.5 亿元人民币以下，技术转让费不降到 1.5 亿欧元以下，肯定出局。结果，西门子公司出局，法国阿尔斯通公司、日本川崎公司、加拿大庞巴迪公司中标。后来，在 2005 年进行时速 300 公里动车组招标中，西门子公司再次竞标，不仅原型机车每列价格降到 2.5 亿元人民币，技术转让费也降到 0.8 亿欧元。

由于我国企业成功地引进外国高速铁路机车制造的核心技术，并在此基础上进行消化、吸收和创新，我国高速机车制造技术在短的时间里跃居世界前列。原来我国列车运行的最高时速约为160公里，平均运行时速远低于160公里。但是，2007年正式运行的京津城际高速铁路最高时速达到350公里，平均时速达到260公里。2009年正式运行的武广高速铁路最高时速达到350公里，平均时速达到340公里以上。

现在，我国已经形成了可以在平均时速300公里以上运行的庞大的高速铁路网，我国建成的高速铁路的里程约等于全世界国家高速铁路的里程。我国企业已经可以出口高速列车以及承建高速铁路，提供完整的高速铁路设备制造和运营服务。

从这个案例同样可以看到，如果没有我国高速铁路如此巨大的市场，我国企业难以实现引进外国的核心技术。另外，如果当时不是某些外国企业在经营上处于困境，我国企业引进外国核心技术也不会这样顺利。当时，法国阿尔斯通公司债台高筑，日本川崎公司经营艰难，为我国"以市场换技术"提供了有利的机会。

四、"以市场换技术"的博弈分析

在以市场换技术的过程中，我国是市场的需求方，外国企业是市场的供给方，外国企业处在博弈的状态，关键在于作为需求方的我国如何设置博弈的条件。

以我国汽车产业为例，我国政府设置的博弈条件是必须与我国企业建立50%对50%股份的合资企业。这样，相互竞争的外国企业面临着两种选择：一种选择是与我国企业合资生产汽车，这样可以绕过关税壁垒在我国市场上销售汽车，但需要与我国企业分享利润；另一种选择仍然通过出口的方式向我国出口汽车，这样需要交纳高额的关税，但不需要与我国企业分享利润。外国企业作出何种选择，取决于这两种选择的利润前景。

实际上，外国企业与我国企业分享利润对外国企业的利润率没有影响。虽然外国企业得到的利润是50%，但是它的出资额也只是50%。外国企业主要考虑的是如果本企业不采用直接投资的方式生产汽车而别的企业采取直接投资的方式生产汽车，本企业通过出口的方式销售汽车会受到什么影响。

假定有两家外国企业A和B，它们面临的情况如表1所示。如果A选择合资而B不选择合资，B的市场会受到不利影响，A公司年利润4亿美元，B公司年利润1亿美元。相反，如果B选择合资而A不选择合资，A的市场受到不利影响，A公司年利润2亿美元，B公司年利润3亿美元。如果A和B都选择合资，A公司年利润3亿美元，B公司年利润2亿美元。如果A和B都选择不合资，A公司年利润2亿美元，B公司年利润1亿美元。

表1		合资生产的博弈		单位：亿美元	
A		B			
		合资		不合资	
	合资	3	2	4	1
	不合资	2	3	2	1

在这个博弈过程中，A和B公司的上策（dominant strategy）都是合资。所谓上策是指不论对方选择什么策略，本公司选择的策略都是最优策略。例如，不论B公司选择什么策略，合资都是A公司的最优策略；不论A公司选择什么策略，合资都是B公司的最优策略。这样，A和B公司形成了上策均衡。

在上面的例子中，A和B公司不仅形成上策均衡，还形成了纳什均衡。所谓纳什均衡（Nash equilibrium）是指在对方选定某种策略的情况下，本方选择的策略是所能选择的最优策略。显然，不论对方选定什么策略，合资都是A和B公司所能选择策略中的最优策略。

正因为如此，外国汽车制造企业通过合资的方式大规模进入我国，在25年以后使我国成为世界第一汽车生产大国。我国实现了当时政府设立的博弈条件即让我国企业分享了50%的利润，但是在我国合资的汽车企业没有掌握汽车生产的关键技术。

但是，在水电机组和高速机车产业的例子里，我国政府设立的博弈条件发生了变化：要么转让核心技术，要么得不到市场。仍然假定有两家外国企业A和B，它们面临的情况如表2所示。如果对方不愿意转让核心技术，而本方愿意转让核心技术，本方可以独占100%的市场；如果A和B公司都愿意转让核心技术，它们可以按照60%对40%分享市场，如果A和B公司都不愿意转让核心技术，它们将失去市场。

表2   进入市场的博弈   单位:%

A		B			
		进入		不进入	
	进入	60	40	100	0
	不进入	0	100	0	0

这样，从在一段时期获取收益的角度分析，这两家外国企业之间的博弈结果都会选择转让核心技术策略，它们形成的均衡也是上策均衡和纳什均衡。

当然，在现实的经济里，不是我国政府要设立什么博弈条件就可以设立什么博弈条件，这里不仅存在作为供给方的外国企业之间的博弈，而且还存在作为我国的需求方和作为外国企业的供给方之间的博弈。如果我国政府设立的条件过于苛刻，各个外国企业经过权衡收益和代价，或者经过权衡短期利益和长期利益而拒绝转让核心技术，那么将无法进入外国企业之间博弈的过程。

因此，我国要设立转让核心技术的博弈条件，必须要让我国的市场具有足够的诱惑力；而要我国的市场具有足够的诱惑力，必须要将我国整个行业的市场整合起来。如果不能将整个行业的市场整合起来并利用提供技术方的相互竞争来引进核心技术，是无法用市场换技术的。但是，要对行业市场进行整合和促使提供技术方竞争，只能依靠政府。从前面的案例可以看到，如果没有三峡总公司和铁道部的统筹与协调，我国将无法以市场换取水电机组和高速机车的核心技术。因此，政府在"以市场换技术"的过程中扮演着不可替代的重要角色。

我国汽车行业所以没有能够实现"以市场换技术",是因为仅仅规定了中外汽车生产企业合资的比例而没有规定相关的技术转让条件,也没有将我国汽车行业的市场整合起来以充分利用外国汽车生产企业的相互竞争。结果,外国汽车企业各自在我国寻找自己的合作伙伴并分享我国的汽车市场。

我国的水电行业和铁路行业所以能够实现"以市场换技术",是因为通过三峡总公司和铁道部将该行业的市场整合起来,明确提出了核心技术转让条件,并充分利用外国企业的相互竞争:要么答应条件,要么得不到市场。试想一下,当时三峡总公司和铁道部以巨大的市场为条件压低价格全部进口外国产品也是一种选择,这样同样也会出现"进口—过时—再进口"的局面。但是,三峡总公司和铁道部却选择了引进核心技术。

当然,当时汽车制造行业的情况与水电制造行业以及铁路制造行业的情况可能有所不同。我国第一家合资轿车制造企业是中德合资上海大众公司。中德两方经过长达6年的谈判,才于1984年10月正式签订协议,并于1985年3月正式生效。虽然法国汽车公司也很快以直接投资的方式进入我国市场,但是在以后很长的时间里,日本汽车公司和美国汽车公司仍然拒绝与我国汽车公司合资生产轿车。这说明在20世纪80年代,我国的汽车市场还不是足够大,对外国汽车企业还没有足够的诱惑力。在这样的情况下,我国政府提出转让核心技术的要求是不现实的。

但是,到了20世纪90年代,我国汽车市场发生了很大的变化,对轿车的需求急剧增加。在这种情况下,如果我国政府凭借着我国巨大的汽车市场的诱惑,从提高我国汽车生产企业的自主研究和开发能力考虑,规定合资的外国汽车生产企业必须将某个车型以及相应的技术转让给合资企业,规定合资企业一定比例的经费用于研究和开发工作,如此等等,表1所表示的博弈情形可能会转变为表2所表示的博弈情形,我国汽车生产企业的技术水平有可能得到更快的发展。

当然,事后决策是没有意义的,但事后总结是有意义的。我国政府在规划未来的对外贸易和直接投资政策的时候，有必要努力解决这样一个问题：如何借助于对外贸易和直接投资使我国企业能够掌握核心技术。本文的分析表明，以市场换技术需要有三个前提条件：第一，政府的统筹安排；第二，市场具有足够的吸引力；第三，掌握好合适的时机。在具备这三个条件的情况下，以市场是可以换取介于肯定不可引进的技术和可以引进的技术之间的核心技术的。

因此，要实现"以市场换技术"，就要在全国上下，特别是在政府部门、国有企业和民营企业宣传技术进步的意义，树立起"科技立国"的强烈意识。作为政府部门，要关注分管产业的技术进步情况，特别关注国内企业成套设备的采购情况，努力寻求"以市场换技术"的机会。作为企业，如果遇到大规模采购外国先进技术设备的情况，要主动与政府部门磋商，避免单兵作战的局面，同样要努力寻求"以市场换技术"的机会。

参考文献

［1］胡锦涛：中国共产党第十八次全国代表大会报告，2012，http：//www.baidu.com。

［2］习近平：在两院院士大会上的讲话，2014，http：//www.xinhuanet.com/。

［3］Lewis，W.Arthur，Economic Development with Unlimited Supplies of Labor，Manchester School 22，May 1954.

［4］World Bank Group，An East Asian Renaissance：Ideas for Economic Growth，2007，http：//www.worldbank.org.

图书在版编目（CIP）数据

经济学研究：李翀文集／李翀著．—北京：经济科学出版社，
2015. 12

（京师经管文库）

ISBN 978 - 7 - 5141 - 6325 - 4

Ⅰ. ①经… Ⅱ. ①李… Ⅲ. ①经济 - 文集 Ⅳ. ①F0 - 53

中国版本图书馆 CIP 数据核字（2015）第 287192 号

责任编辑：齐伟娜
责任校对：郑淑艳
责任印制：李 鹏

经济学研究

——李翀文集

李翀 著

经济科学出版社出版、发行 新华书店经销

社址：北京市海淀区阜成路甲 28 号 邮编：100142

总编部电话：010 - 88191217 发行部电话：010 - 88191540

网址：www. esp. com. cn

电子邮件：esp@ esp. com. cn

天猫网店：经济科学出版社旗舰店

网址：http://jjkxcbs. tmall. com

固安华明印业有限公司印装

710 × 1000 16 开 27 印张 380000 字

2016 年 7 月第 1 版 2016 年 7 月第 1 次印刷

ISBN 978 - 7 - 5141 - 6325 - 4 定价：65. 00 元

（图书出现印装问题，本社负责调换。电话：010 - 88191502）

（版权所有 翻印必究 举报电话：010 - 88191586

电子邮箱：dbts@ esp. com. cn）